Georg Joachim Goefchen

Bergbaukunde

Georg Joachim Goefchen

Bergbaukunde

ISBN/EAN: 9783741167003

Hergestellt in Europa, USA, Kanada, Australien, Japan

Cover: Foto ©Andreas Hilbeck / pixelio.de

Manufactured and distributed by brebook publishing software (www.brebook.com)

Georg Joachim Goefchen

Bergbaukunde

BERGBAUKUNDE.

Zweyter Band.

Leipzig
bey Georg Joachim Goeschen.
1790.

Erklärung der Titelvignette.

Prospect von der Gegend des Rammelsberges, woselbst der, in Anglesey gebräuchliche Colossal-Röstofen erbauet worden ist.

---

a. Der Treibegaipel des Kaneekuhler Treibeschachts am Rammelsberge, durch den allein jetzt alle Erze dieses Bergwerks herausgefördert werden.

b. Der Karrenlauf, welcher von diesem Schachte bis zu dem Röstofen vorgerichtet ist.

c. Ein kleines Gebäude im rechten Winkel mit dem Gebäude über den Condensor des Röstofens, worinne eine Stube sich befindet, in welcher sich die Arbeiter aufhalten können. Fortlaufend mit diesem Gebäude gegen Mittag, also auch im rechten Winkel mit dem Condensorgebäude, ist ein nur wenig größeres eben solches Gebäude errichtet, worinne das Schwefelläutern mit seinen Zubehörungen enthalten ist, und Raum zu den Schwefelvorräthen.

d. Der Condensor, 40 Fuß lang, 6 Fuß im Lichten weit, mit

e. e. e. e. seinen 4 Zuglöchern und Rauchlotten, in welchen der Ueberrest des Schwefelrauchs, der sich nicht hat condensiren wollen, abgehen, und in welchen, durch unten, gleich über dem Gewölbe des Condensors angebrachte Schieber, in den Lutten dieser Rauchzüge, und deren Auf- und Zuschieben, mehrerer oder weniger äußerer Luft, der Zutritt verschafft werden kann. Gewöhnlich ist nur eins dieser Löcher und dessen Schieber geöffnet, wenn das Schwefelerzeugen gut gehet, und mehrentheils das, welches von dem Röstofen am entferntesten sich befindet.

f. Die fordere Thür in dem Condensor, welcher gegenüber, in der hintern schmalen Seite desselben, eine zweyte sich befindet, beyde müssen aufgemacht werden, wenn die Schwefelblumen ausgekehrt werden sollen.

g. Der

g. Der Canal, mittelst welchem der Rauch aus dem Ofen in den Condensor geleitet werden kann. Soll der Rauch dahin nicht gehen, so wird eine eiserne gegossene Platte vorgesetzt, und der Rauch geht sodann durch ,

h. eine auf dem Röstofen aufgesetzte bretterne Lotte weg, wenn eine andere eiserne Platte womit der Ofen oben bedeckt wird, weggenommen, eine sonst mit Letten wohl verschmierte Fallthür in dieser Lutte, und ein gegen ihr über im Gebäude befindlicher Laden geöffnet worden sind, um dem Schwefeldampfe Zug zu verschaffen.

i. Ist der Röstofen selbst, über dem Keller seinem untern Theile 24 Fuß hoch, unten gleich auf dem Keller 14 Fuß, oben wo eingestürzt wird, nur 4 Fuß im Lichten weit. Die Mauer ist unten 3 Fuß, oben nur 1 Fuß 6 Zoll dick. Er ist mit 10, nur ½ Zoll dicken, 3 Zoll breiten eisernen Schienen, und 15 eben solchen Reifen belegt.

k. Ist eins von den 4 Zuglöchern, welche 2 Fuß weit, 3 Fuß hoch, unten gleich über dem Keller angelegt sind. Sie werden mit eisernen gegossenen Platten zugesetzt und gut verschmiert, sobald der Ofen in Arbeit ist, und nicht Erze heruntergestockelt werden.

l. Ist die Thür zum Keller, wohin die Erze, wenn sie geröstet sind, durchfallen. Seine Höhe, als Postement des Ofens, ist 7 Fuß, die Weite 5 Fuß, und er muß mit einer Thür versetzt werden, wenn das Rösten geht, die noch überdieß mit Letten wohl zu verschmieren ist.

m. Ist der Platz vor dem Keller, wohin die Erze gezogen werden, wenn sie im Keller gnüglich erkaltet sind, sie werden hier in gut und nicht gut geröstete auseinander gesondert, und dann zum Abfahren auf die Hütte nach den Platz

n. heruntergestürzt, diese beyden Plätze sind durch den Schauer

o. bedeckt, damit die hier liegenden gerösteten Erze, vor der Nässe bis zum Abfahren gang gesichert seyn können.

Zellerfeld 1789.

I. AB-

I.
ABHANDLUNGEN.

I.
Nachricht von dem Goldbergwerke
bey la Gardette,
nebſt Grund- und Profilriſs deſſelben Tab. I.

Mitgetheilt

vom

Herrn I. G. Schreiber,
Directeur des Mines de Monſieur et Inſpecteur honoraire des Mines de France.

Aus dem Franzöſiſchen.

Schon ſeit vielen Jahren wurde zu *Oiſans* allgemein dafür gehalten, daſs in dem Berge über dieſem Flecken, nahe bey dem Dörfchen *la Gardette* (*) im Kirchſpiel *Villard Eymond* ſich ein Gold führender Gang befinde.

Dieſes Gebirge, welches in einem Diſtricte liegt, wo dem Grafen von Provence das Recht des Bergbaues zuſtehet, erhebt ſich ſehr ſteil von Nordoſt gegen Südweſten, und hat nach der Ebne von Oiſans hin einen hundert Toiſen hohen, jähen Abhang. Es beſtehet aus primitiven und ſecundairen Felsarten. Sein Fuſs beſtehet aus Granit, dann folgt blättricher Granit, (der Gneiſs der Sachſen) worinn die am meiſten

---

(*) Zwey und eine halbe Meile von Allemont, und dreyviertel Meilen von Bourgan gegen Mittag gelegen.

Nachricht von dem Goldbergwerke bey la Gardette.

ften regelmäſigen und anhaltenden Gänge vorzüglich, und faſt nur allein in allen Ländern angetroffen werden. Sein höchſter Gipfel iſt Kalk.

Ungefähr 280 Toiſen ſenkrechter Höhe über der Ebne von Oiſans, ſtreicht in der Stunde 7½ ein, einige Zolle bis 2 Fuſs mächtiger Quarzgang in dem blättrichen Granit (Gneiſs) zu Tage aus, mit einer Verflächung von 80 Graden gegen Mittag. Auf dieſem Gange ſoll 1733 auf königliche Koſten ein Schacht N. 2. 13 Toiſen tief nieder gebracht, aber nichts damit erſunken ſeyn. Unglücklicher weiſe gieng der Schacht unter den Füſsen der Arbeiter ein, und nun wurde die ganze Unternehmung aufgegeben. Mit einem, auf dem Riſſe mit N. 1. bemerkten Angriffe, war ſchon vorher ein eben ſo fruchtloſer Verſuch gemacht worden.

Nachher haben die Einwohner dieſer Gegend, bey N. 3. und 3ᵃ nach Bergcryſtall geſchürft. Der Schurf bey N. 3. iſt unbeträchtlich, der andere aber, der unter der Kähe N. 16. liegt, hat faſt ſechs Toiſen Teufe. Der mit dieſen Schürfen entblöſste Gang, beſteht aus 6, 12, und 18 Zoll mächtigen Quarz, mit ſchlechten Cryſtallen, ohne die geringſte Spur von Gold, oder andern metalliſchen Subſtanzen.

Die alte Sage, daſs der Gang bey la Gardette Gold führe, hatte einen Einwohner des Kirchſpiels Villard Eymond Namens *Lorenz Garden* aufgemuntert, einige Tage Arbeit auf einen Verſuch zu verwenden. Er ſchürfte um das Jahr 1770 nachdem das Silberbergwerk bey *Allemont* ſchon entdeckt war, bey N. 17. und traf, nachdem er einige Löcher weggeſchoſſen hatte, etwas Kupferkies, und hierauf eine Stuffe mit gediegenem Golde, welche er eine Zeitlang ſehr ſorgfältig aufbewahrte.

Lorenz

Lorenz Garden zeigte dieses dem Herrn Binelli, damaligen Bergdirector zu Allemont an. Er führte diesen Bergwerksverständigen auf den Fleck wo er die Stuffe gefunden hatte, und bot sie ihm für achtzehn Livres zu Kauf an. Herr Binelli fand den Preis zu hoch, und konnte, da er bey seinen Versuchen mit den Kupferkiesen des Ganges bey la Gardette, kein Gold zu finden vermögend gewesen war, auch nachdem er den Gang in Augenschein genommen hatte, sich nicht überzeugen, daſs die ihm vorgezeigte Stuffe wirklich daselbst gebrochen habe. Und so wurde die ganze Sache bey Seite gesetzt.

Im Jahr 1779 hörte ich von dem Gold führenden Gange reden, und hatte Gelegenheit die Stuffe des Lorenz Garden zu sehen. Allenthalben wo der Gang zu Tage ausſetzte, oder *Garden* ihn entblöſst hatte, nahm ich denselben in genauen Augenschein, verglich die Stuffe mit der Gangart, und fand zwischen beyden viel Aehnlichkeit. Ich kaufte die Goldstuffe, und stellte sie dem verstorbenen Oberfinanzintendanten des Grafen von Provence, Herrn von Cromot zu, dem ich zugleich noch mehr Stuffen von der Gangart gab, um sie mit jener zu vergleichen.

Schon der erste Anblick dieser Stuffen überzeugte den Oberfinanzintendanten und mich, daſs die Goldstuffe wirklich von demselben Gange war. Wir überlegten die Sache mit einander; Herr von Cromot hohlte Verhaltungsbefehle vom Prinzen ein; und ich wurde bevollmächtigt Versuche anzustellen.

Den 18ten Jun. 1781, nach meiner Zurückkunft von Paris, setzte ich das erste Ort auf der im Grund- und Profil-

Nachricht von dem Goldbergwerke bey la Gardette. 11

dem, 13 Toifen tief fortgefetzten Abfinken diefes Schachts, traf man auch wirklich zweymal Stuffen gediegenen Goldes in Quarz, der Anbruch fetzte aber nicht fort. Auch diefe beyden Stellen find mit ☉ bezeichnet. Man trieb hiernächft aus dem Gefenke die beyden Auslängen N. 38., die aber auch nicht mehr Erfolg hatten.

Man hoffte dafs die mit dem Feldorte N. 22. (im Profilriffe B.) überfahrnen Klüfte, in deren Nachbarfchaft die beften Goldftuffen gefunden waren, auf der Oftfeite niederfetzen würden. Man trieb alfo das Feldort N. 23. 17 Toifen weiter nach Often fort, ohne etwas zu entdecken; und da man damit nun bis unter das alte Ort N. 3ª gekommen ift, wo der Gang auch noch nichts gezeigt hat, das zu einer fernern Forttreibung diefes Feldorts Veranlaſſung geben könnte; fo ift es eingeftellt, obgleich der Quarzgang noch dafelbft im Anbruch ftehet.

Auch auf den übrigen Stellen, und faft allenthalben wo er zu Tage ausfetzt, ift der Gang unterfucht. Allenthalben hat man eingefchlagen, wie auf dem Grundriffe, und dem Profilriffe A. und B. zu erfehen ift. Die Stroſſen bey N. 4. das Auslängen N. 5. im alten Schacht N. 2. der bis zu felbigen verftürzt ift, die Baue N. 6. 7. 8. 9. 10. 11. 12. 13. 14 und 15. haben alle die Unterfuchung diefes Ganges zum Zwecke gehabt, fie find aber alle fruchtlos gewefen, blos N. 10. ausgenommen, wo man ein wenig Ganggebirge mit einem Goldblättchen antraf.

Zuletzt fchlug man auf dem Gange an einer Stelle ein, wo das Gebirge einen beynahe faigern jähen Abhang hatte, fetzte dafelbft das vierte Feldort N. 32. an, und richtete in demfelben den Höhenbau N. 33. vor. Man gewann hier fchöne

Hand-

Schacht 20. fortgebracht war, mit demselben mittelst eines Ueberfichbrechens durchschlägig gemacht. Und auf diesem Fleck unter dem Schachte, traf man zum viertenmale Gold an, aber in sehr geringer Menge.

Alle diese Entdeckungen waren indessen überflüssig hinreichend, um zu einer Untersuchung des Ganges in mehrerer Teufe aufzumuntern. Man setzte also den zweyten Cromot's Schacht bey N. 25. an, und brachte ihn zwanzig Toisen nieder, aber ohne eine einzige Goldflimmer zu sehen. Der Kupferkies den man von Zeit zu Zeit antraf, zeigte bey dem Probiren nur eine schwache Spur von Golde. Eilf und eine halbe Toise unter dem Stollen, traf man bey dem Absinken des Schachts auf ein, mehrere Toisen langes und hohes Drusenloch, welches an allen Seiten mit Bergcrystallen besetzt war; um diese Drusen zu gewinnen wurde der Bau N. 26. vorgerichtet.

Sechszehn und eine halbe Toise unter dem Stollen, warf sich der Gang ins Hangende des Schachts. Man konnte also bey dem Absinken des Schachts dem Fallen des Ganges nicht weiter folgen, weil sonst der Schacht irregulär, die Fördernis zu beschwerlich, und die Abnutzung der Treibseile zu beträchtlich geworden seyn würde.

Der auf dem Profilrisse A. befindliche Durchschnitt des Cromot's Schachts, giebt eine deutliche Vorstellung von der Veränderung in der Verflächung des Ganges, und zeigt zugleich wie er wieder ausgerichtet worden ist. Bey dem Punct a. warf er sich ins Hangende, und bey b. traf man ihn wieder. Bey dem Punct a. bemerkte man eine Kluft, welche fast saiger aus dem Hangenden kam, und in mehrerer Teufe dem Hauptgange zufallen musste. Da man nun oft findet,

findet, daß Gänge, welche sich das Creuz geben oder sich schaaren, in der Gegend des Vereinigungspuncts sich mit Erzen veredlen; so wurde der dritte Cromot's Schacht bey N. 30. angesetzt und beynahe zwölf Toisen niedergebracht. Die gedachte Kluft, welche gelbe phosphorescirende Blende, Bleyglanz und Kupferkies der aber nicht güldisch war, führte, vereinigte sich auch mit dem Hauptgange, jedoch ohne irgend eine Veränderung hervorzubringen. Im Gesenke des Schachts besteht dieser Hauptgang in 5 bis 6 Zoll mächtigen Quarz, worinn sich aber keine Spur weder von Kupferkies noch Bleyglanz zeiget. Der Profilriß *A.* ergibt, daß der Gang da, wo der dritte Schacht darauf abgesunken ist, ein weit stärkeres Fallen hat, als in den beyden andern Schächten, bis an den Punct *a*.

Beym Absinken dieses dritten Schachts, kam man gleichfalls auf ein Drusenloch von Bergcrystallen mit Schwerspath, welche herausgewonnen wurden. Es ist auf dem Grund-Risse und dem Profile *B.* mit N. 31. bezeichnet.

Als man das Gesenke des Schachts N. 30. stehen gelassen hatte, fing man an die obgedachte Kluft mit dem 5ten Feldort N. 27. zu untersuchen, da aber die Kluft ein von dem Hauptgange verschiedenes Streichen hatte; so kam man mit diesem Bau von demselben ab. Weil die Mächtigkeit der Kluft abnahm, und die Erzanbrüche auf derselben sich abschnitten, wurde dieses Feldort eingestellt, und dagegen das sechste mit 28 bemerkte angesetzt, und acht und eine halbe Toise, auf dem Schaarcreuz der Kluft und des Ganges fortgetrieben. Man traf aber nichts als eine Spur von Blende mit Eisenocher, und Bergcrystallen bey N. 29, welche man mit einem Förstenbau zu gewinnen noch jetzo beschäftiget ist.

Während daſs man das Abſinken des Schachts bis zu einer Saigerteufe von vierzig Toiſen fortſetzte, verlohr man die Unterſuchung des Ganges im Hangenden und Liegenden nicht aus den Augen. Das erſte Feldort N. 19. war wegen der, auf dem Puncte 18. entdeckten Spuren von Golderz angeſetzt. In der Länge von 14 Toiſen, und ſo lange ſich der Gang mit der vorhin erwähnten Kluft ſchleppte, bemerkte man, wiewohl nur ſelten Goldflimmern. Aber von da an bis vor den Ortſtoſs fand man nur Kupferkies, der in der Probe kaum eine Spur von Golde zeigte. Vor dem Feldorte iſt der Gang höchſtens einen Zoll mächtig, und da man mit demſelben in einem Mittel von 53 Toiſen, als ſo weit daſſelbe nach Weſten fortgetrieben iſt, nichts mehr angetroffen hat, ſo iſt es gänzlich eingeſtellt. Auch der Stollen N. 24 iſt vom Cromot's Schachte ab noch 53 Toiſen fortgetrieben, und man hat damit viermal mittelmäſsig reiche Goldſtuffen angetroffen. Die Stellen ſind auf dem Grundriſſe und auf dem Profilriſſe *B.* mit dem Zeichen ⊙ bemerkt. Vor dem Stollorte war der Gang ſo zuſammen geklemmt, daſs nur noch eine ſchwache Spur davon übrig war. Vorher hatte der Gang ſein Fallen gegen Mittag; hier aber gegen Mitternacht. An einer der Stellen wo man Gold gefunden hatte, ſetzte eine Kluft über den Gang, und nicht weit von da war eine andere überſetzende Kluft, welche nach ihrer Verflächung zu urtheilen, in gröſserer Teufe der erſtern zufallen muſste. Man entſchloſs ſich alſo den Schacht N. 37. darauf abzuſinken, und hatte um ſo mehr Grund denſelben auf dieſer Stelle nieder zu bringen, da das Geſtein in der Gegend dieſer Queerklüfte ſehr geſchneidig war, und weil es immer mehr Hoffnung für ſich hat, auf den Schaarkreuzen verſchiedener Gänge Erze zu finden. Bey
dem,

Handstuffen mit Gold, vornemlich in der Förste, wo dieselbe mit ⊙ bezeichnet ist. Das Gold zeigte sich hier noch einmal am Tage, jemehr man aber in die Teufe kam, desto mehr verminderte es sich, und verschwand endlich ganz und gar. In dem auf der Strecke vorgerichteten Strossenbau war kein Gold zu sehen. In den Cromot's Schächten und an allen übrigen Stellen wo man Gold fand, war es immer von Blende, Eisenocher und Kupferkies begleitet.

Ich habe vorhin schon weiter oben angemerkt, daſs der Gipfel des Gebirges bey la Gardette kalkartig sey. Dieses Gestein ruhet in dem siebenten Feldort N. 34. auf Gneuſs, und es ist dasselbe sogar auf der Scheidung dieser beyden Gesteinarten fortgetrieben, bis damit bey N. 34ᵃ der Gang getroffen worden ist.

Es war interessant den Gang in dieser Gegend kennen zu lernen, um Gewiſsheit zu erlangen, ob er daselbst nicht etwan edler als an den übrigen Stellen sey. Er war 6 Zoll mächtig, bestand aus Quarz mit Eisenocher, Kupferkies und Bleyglanz, welcher oft mit Bleykalk und kleinen weissen und gelben Bleyspath-Crystallen bedeckt war. Bey der Zerlegung dieser Substanzen zeigte sich eine Spur von Gold. Man untersuchte den Gang mit einem kurzen Auslängen, das nach Westen gegen das Kalkgebirge getrieben wurde, wo der Gang absetzte. In der Folge fing man an, ihn auch von der östlichen Seite her zu untersuchen, und man treibt noch jetzt ein Ort dem zweyten Feldorte N. 32. entgegen. Der Gang streicht in dieser Gegend in der Stunde 6½, und fällt unter einer Verflächung von 68 Graden gegen Süden. Die Scheidung zwischen dem Gneuſs und kalkartigen Gestein, streicht in der Stunde 1½, und ihr Fallen ist 26 Grad gegen Westen.

Auf

Auf der Strecke wo der Gneuſs und das Kalkgebirge ſich ſcheidet, habe ich folgende für die Naturgeſchichte wichtige Bemerkung gemacht. Der Gneuſs hat nicht das geringſte kalkartige angenommen, ob er gleich von dem Kalkgebirge nur durch eine, einen Zoll mächtige, mit Thon und Kalkerde ausgefüllte Kluft getrennt iſt; dahingegen das Kalkgebirge viel Geſchiebe von Granit und Gneuſs in der Nachbarſchaft der Steinſcheidung enthält. Dieſe Bemerkung beweiſet unwiderleglich, daſs, als das Kalkgebirge ſich bildete, der Granit und der Gneuſs ſchon zu einer, der Einſicherung (infiltration) des Kalks hinlänglich widerſtehenden Feſtigkeit gelangt waren, und daſs ſie ſich ſchon ungefähr in ihrem jetzigen Zuſtande befanden, als der Kalkſtein ſich zu bilden anfing, weil die davon abgeriſſenen Stücke ſich ſonſt in dem Kalk nicht hätten verwickeln können. Mit Recht hat man dahero jenen Gebirgsarten alſo den Beynamen der uranfänglichen, oder von der erſten Entſtehung gegeben. Auch der Gang bey la Gardette muſs älter als das Kalkgebirge ſeyn. Wäre er ſpäter entſtanden, ſo iſt nicht abzuſehen, warum er vor dem Kalkgebirge auf einmal ſich abſchneiden, und nicht vielmehr auch in dieſe Felsart fortſetzen ſollte. Der Gneuſs oder blätterichte Granit in dem ſiebenten, auf dem Grundriſſe mit N. 34. bezeichneten Feldorte, befindet ſich ſo nahe bey dem Kalkgebirge, und iſt ſogar damit bedeckt, und doch zeigen die Säuren nicht die geringſte Spur von Kalk darinnen. Woher mag es nun aber kommen, daſs der Granit bey Chalanches, der doch in Vergleichung des Granits bey la Gardette, ſo weit von dem Kalkgebirge entfernt iſt, ſo oft mit Säuren brauſet, vorzüglich in der Nachbarſchaft der Gänge? da zu der Zeit, als die mit kalkartigen Theilen geſchwänger-

Nachdem nun alles beygebracht ist, was die Geschichte und den Erfolg dieses Bergbaues betrifft, so entsteht ganz natürlich diese Frage:

Kann man, da man auf dem Gange bey la Gardette 6½ Jahr lang, mit einem Schaden von 21061 Livres 14 Sous 9 Deniers gebauet hat, eine bessere Hoffnung für die Zukunft fassen? und wie muss der Bau betrieben werden, wenn die Administration des Prinzen sich noch zu einem letzten Versuche entschliesen sollte? Um diese Aufgabe auflösen, und die Frage beantworten zu können, ist vorher eine Untersuchung der natürlichen Beschaffenheit des Ganges bey la Gardette, und eine nochmalige Uebersicht aller der Resultate nöthig, welche die bisher darauf gemachten Versuche ergeben haben.

Wenn auf einem Gange mit Vortheil gebauet werden soll, so müssen die Erze, wenn sie arm sind, in grosser Mächtigkeit brechen und fortsetzen, oder in reichen Nestern liegen, die nicht zu weit von einander entfernt sind, damit man nicht nöthig hat sie mit zu beträchtlichen Kosten aufzusuchen. Ich rede hier nicht von den örtlichen Umständen, welche den Bau mehr oder minder ergiebig machen können. So kann, zum Beyspiel, die Festigkeit des Gesteins worinn der Gang streicht verhindern, dass mit Vortheil darauf gebauet werden kann.

In dem Gange bey la Gardette finden sich weder arme Erze in grosser Mächtigkeit, noch häufige Nester von reichen Erzen. Man hat zwar in dem Cromot's Schacht N. 20. nahe bey dem dritten Feldort N. 22. wie auch auf den Strossen bey N. 33. in einem kleinen Raume verschiedene sehr reiche Goldstuffen gefunden, an den übrigen Stellen aber, wo dieses Metall sich spüren liefs, war es nur in die Gangart eingesprengt. Oft

Oft fand man nur eine einzige Stuffe, und darüber, und darunter, und rings herum, war der Gang unedel.

Von dem östlichen Feldort N. 23. an, bis in das Gefenke des dritten Schachts N. 30, einem Mittel von 32 Toifen; in den Feldörtern N. 27. und 28., wie auch in dem eben erwähnten östlichen Feldort N. 23, hat man keine Spur von Golde angetroffen. Vom Schacht N. 37. an bis an das Stollenmundloch N. 24., in einer Länge von 35 Toifen, fand man nur eine einzige Goldftuffe. Im obern Feldort N. 19. ließ fich in einem, wenigftens 36 Toifen langen Mittel, nicht die geringfte Goldflimmer fehen. Alle über Tage auf dem Gange angefetzte Verfuchörter N. 4. 5. 6. 7. 8. 9. 11. 12. 13. 14 und 15. waren vergeblich. Diefe Beobachtungen ergeben, daß diefer Gang nur an wenigen Stellen Gold führet, und im Innern des Berges beynahe taub ift. Er hat diefes in Anfehung der reichen Erze, mit den meiften Gängen in den Alpen des obern Delphinats gemein. Ohne fich zu täufchen, darf man alfo nicht hoffen, daß der Bau künftig mit glücklicherm Erfolge als bisher gefchehen, betrieben werden könne, da die Bergcryftalle ein unerhebliches Object find. Ich bin faft gewiß, daß die Aufkünfte diefes Bergbaues nie zur Beftreitung der Koften zureichen werden, welche zur Gewinnung des wenigen, in dem Gange verborgenen Goldes verwendet werden müßten. Denn wie könnte es möglich feyn, daß diefe kleinen Nefter den koftbaren Bau bezahlen follten, welcher, um fie zu entblößen, in einem dichten und feften Geftein vorgerichtet werden muß.

Ich ftelle nicht in Abrede, daß nicht noch verfchiedene dergleichen Goldhaltige Nefter auf diefem Gange vorhanden feyn follten, ich bin fogar davon überzeugt; aber die Erfahrung

fahrung hat mir die Lagerſtätte dieſer Neſter zu gut kennen gelehrt, als daſs ich glauben könnte, daſs man je einige von groſser Beträchtlichkeit antreffen werde. Auch der neue Gang, welchen man mit den Oertern N. 35. und 36. unterſucht hat, macht nicht mehr Hoffnung als der alte, oder vielmehr gar keine; und wenn man mit dem Schacht, welcher auf der Sohle des Feldorts N. 35. angeſetzt iſt, nichts erſinket, ſo wird man dieſen Gang ohne Bedenken verlaſſen können. Alle dieſe Bemerkungen konnten der Adminiſtration des Prinzen nicht früher vorgelegt werden, da der Gang eine Zeitlang ſich ſo verführeriſch höflich bewies, und das Gold ein ſo reizendes Metall iſt. Ueberdem war es das einzige Goldbergwerk in Frankreich; die Augen aller Mineralogen und Freunde der Naturgeſchichte waren darauf gerichtet, und der Betrieb deſſen gereichte dem erſten Prinzen des Königreichs zur Ehre. Hätte man ihn eingeſtellt, ehe man eine vollkommene Kenntniſs von der Beſchaffenheit des Ganges erlanget hatte, ſo würde man diejenigen, denen die Direction dieſes Bergbaues anvertrauet war, mit Recht des Leichtſinns beſchuldiget haben.

Sollte aber dieſem allen ungeachtet die Adminiſtration die Vorſichtigkeit und Behutſamkeit ſo weit treiben, und noch einen letzten Verſuch machen wollen; ſo würde ich unmaſsgeblich vorſchlagen:

1) Das Ort N. 34. einige Toiſen weiter nach dem Bau bey 32, 33. hinzutreiben.

2) Mit Förſten- und Stroſſenbauen, und Ausländen die mit ⊙ bezeichneten Stellen ſo wohl auf dem Stollen N. 24, als in dem Schacht N. 37. zu unterſuchen.

3) In

3) In dem Feldort N. 19. 10 bis 12 Lachter von dem Cromot's Schacht gegen Weften einen Fürftenbau auf der Stelle vorzurichten, wo man die letzte Spur vom Golde gefunden hat.

Gefchieht diefes, und werden die bereits getroffenen Bergcryftalle vollends zu Tage gefchafft, fo ift man vor dem Vorwurf ficher, die geringfte Anzeige vernachläffiget zu haben. Da das Geftein auf allen diefen Flecken aufferordentlich feft ift, fo dürfte die Ausführung obiger Vorfchläge, leicht einen Aufwand von zweytaufend Livres erfodern. Uebrigens muß ich noch bemerken, daß die meiften Eifen- und Kupferkiefe aus den Bergen bey Oifans, eine mehr oder minder beträchtliche Spur von Golde halten. Auch in manchen Stuffen von Kupfernickel und Kiefen, von dem Gange bey Chalanches, habe ich bey der Unterfuchung Gold gefunden, fo wie in einer Bleyglanzftuffe von einem Gange in dem Berge les petites Rouffes bey Poutrand. Desgleichen fand ich auf einem Gange in der Nachbarfchaft von Molard bey Allemont, welcher 1785 auf Rechnung des Grafen von Provence gebauet wurde, Bleyglanz, der im Centner 4 Loth Silber und 12 Gran Gold hielt. Auf diefem Gange traf ich auch eine bisher unbekannte Cryftallifation des weißen Bleyfpaths an, welche acht längliche Rautenförmige Seiten hatte.

Nach diefen Anzeigen darf man glauben, daß das Gebirge bey la Gardette nicht das einzige ift, welches Gold führende Gänge enthält. Vielleicht entdeckt man noch künftig dergleichen mit Hülfe der Zeit, des Nachforfchens, und des Ungefährs, auch in andern Bergen des obern Delphinats.

Allemont den 15ten Jan. 1788.

Nachricht von dem Goldbergwerke bey la Gardette.

Erklärung der Zahlen auf dem Grund- und Profilriß von den Goldgruben bey la Gardette.

- N. 1. Alte Schürfe.
- " 2. Ein im Jahr 1733. auf Kosten des Königs abgesunkener Schacht.
- " 3. und 3ª Arbeiten welche die Einwohner gemacht haben Bergcrystalle aufzusuchen.
- " 4. Ein zu Untersuchung des Ganges neuerlich gemachter Schurf.
- " 5. Auslängen, womit 1787 der Gang im östlichen Stoß des alten Schachts N. 2. untersucht ist.
- " 6.
- " 7.
- " 8.
- " 9. Arbeiten, welche auf Kosten des Grafen von Provence seit
- " 10. 1781. gemacht sind, um den Gang am Tage zu untersuchen.
- " 11. Im Nro 10. ist ein wenig Quarz mit angeflogenem Golde ge-
- " 12. funden.
- " 13.
- " 14.
- " 15.
- " 16. Das Zechenhaus, worinn zugleich die Bergschmiede ist.
- " 17. Die Stelle, wo man im Jahr 1781. die erste Untersuchung anfing.
- " 18. Der Punct, wo man das erste Gold getroffen hat.
- " 19. Das erste Feldort, wo man bis auf 14 Toisen vom Tage hinein, Spuren von Golde bemerkt hat.
- " 20. Erster Cromots Schacht.
- " 21. Zweytes Feldort mit einem Strossenbau.
- " 22. Drittes Feldort mit einem Förstenbau. Diese beyden Feldörter sind getrieben, um das beym Absinken des Schachts N. 20. getroffene Golderztrumm zu verfolgen.
- " 23. Feldort nach Osten.

N. 24. Stollen. Das Mundloch ist bey N. 24ᵃ. Auf diesem Stollen ist bey den mit ☉ bezeichneten Puncten Gold getroffen.
- 25. Zweyter Cromot's Schacht.
- 26. Förstenbau, wo man Bergcrystalle gewonnen hat.
- 27. Fünftes Feldort, womit auf einem schmalen, aus dem Hangenden kommenden und dem Hauptgange bey dem Schacht N. 30. zulaufenden Blendtrumm aufgefahren worden.
- 28. Sechstes Feldort, so auf dem Streichen des, mit gedachtem Trumm vereinigten Hauptganges fortgetrieben worden.
- 29. Förste, wo Crystallen gewonnen worden sind. Es ist hier eine Weite von mehrern Toisen, und diese ist an den Seiten rings herum mit Bergcrystall besetzt.
- 30. Dritter Cromot's Schacht.
- 31. Ein Bau in diesem Schachte, womit man ein Drusenloch von Bergcrystallen, die von Schwerspath begleitet wurden, verfolgt hat.
- 32. Viertes Feldort.
- 33. Stroffen hinter diesem Feldorte. Auf den mit ☉ bezeichneten Puncten sind einige schöne Goldstuffen angetroffen worden.
- 34. Siebentes Feldort. Dieses ist auf der Scheidung des Gneußes und Kalks fortgetrieben. Man hat damit einen Quarzgang mit Kupferkies und Blende bey N. 34ᵃ überfahren. Der Gang wird vom Kalk abgehoben, welcher dem Gneuß nach Westen unter einer Verflächung von 26 Graden zufällt, und in der Stunde 1½ streicht.
- 35. Neuer Schurf auf dem Streichen des Ganges worauf das Feldort N. 36. getrieben ist. Jetzt wird daselbst ein Schacht abgesunken.
- 36. Suchort, welches 1782. auf einem andern, von dem ersten ungefähr 50 Toisen entfernten Quarzgange angesetzt ist. Man findet dieses Ort nicht auf dem Profilriß, weil es tiefer, und ausser den Grenzen desselben liegt.

Nachricht von dem Goldbergwerke bey la Gardette.

N. 37. Ein, 1787. auf dem alten Gange abgesunkener Schacht, zwey schmale Gänge denselben durchsetzen. Auf den  bemerkten Puncten, hat man Stuffen mit gediegenem Golde gefunden.

- 38. Aus dem Gesenke getriebene Auslängörter.

A.

Durchschnitt des Berges und der 3 Cromot's Schächte nach einer Linie, welche mit dem Hauptstreichen des Goldganges bey la Gardette einen rechten Winkel macht.

B.

Durchschnitt nach dem Hauptstreichen des Ganges bey la Gardette in der Stunde 7½.

II. Che.

II.
Chemiſche Unterſuchung
der Kreuzkriſtallen von St. Andreasberg am Harze,
und
einer Art des derben Schwerſpathes
aus dem Rammelsberge.

Von dem

Herrn Apotheker Weſtrumb

zu Hameln.

Die Kreuzkriſtallen von Andreasberg, die man bisher blos ihrer Seltenheit, und ihrer ſo ganz beſondern Kriſtalliſation wegen ſchätzte, ſind zwar ſchon vom Herrn *Heyer* (*) unterſucht, und durch genaue Erörterung ihrer Grundmiſchung, den Mineralogen auch von dieſer Seite wichtig gemacht worden; ſo daſs es ſcheint, als ſey eine anderweite Unterſuchung, und die Beſchreibung der äuſſern Geſtalt dieſes Foſſils völlig überflüſſig. Ich wage es indeſs, dennoch dieſe Beſchreibung zu entwerfen, und meine Unterſuchung dieſes Foſſils hier zu beſchreiben, theils weil ich in Stand geſetzt wurde, zwey Varietäten der Kreuzkriſtallen zu unterſuchen, theils aber auch, weil ich bey ihrer Zerlegung einen ganz andern Weg ging, als

(*) Chemiſche Annalen 1789. St. 3. S. 212.

als Herr *Heyer*, und weil eben dadurch bewiesen werden wird, daß die von ihm angegebene Grundmischung des Fossils die wahre, und kein Stäubchen Kalkerde in ihm zu finden sey.

§. 1.
Beschreibung der äussern Beschaffenheit der Kreuzkristallen.

Die Kristallen sitzen auf Kalkspath, zuweilen auch auf Quarz.

Ihre Gestalt ist tafelartig. Jede Tafel hat zwey schmale und zwey ungleich breitere Seitenflächen. Die Endspitzen dieser Tafeln sind vierseitig und durch rautenförmige Flächen zugespitzt. An den breitern Seitenflächen werden die Tafeln von einer andern, vollkommen eben so gebildeten Tafel durchschnitten, wodurch das Ganze die Form eines Kreuzes erhält, das in eine, aus acht rautenförmigen Flächen gebildete Endspitze ausläuft. Genau genommen, so besteht ein solches Kreuz aus zwey, der Länge nach rechtwinklich durch einander gesteckte, oblonge, sechseckigte Tafeln, die an ihren Endflächen sich in eine Spitze endigen, deren Zuspitzung an den vier Seitenflächen so zugeschärft wird, daß ein vollkommner Kreuzkristall einen Körper, von 24 vierseitigen, und 4 oblongen sechsseitigen, also eigentlich von 28 Flächen bildet. Seltener sind diese Tafeln nicht zugespitzt, sondern bilden regelmäßige Oblongen, die an den schmalen Enden von zwey Seiten zugeschärft sind, und ein rechtwinkliches Kreuz, in Form eines Hausdach-Kreuzes bilden. So ist die bekanntere Art der Kreuzkristallen von der Grube *Abendröthe* gebildet.

Die seltenere, und nur einmal auf der Grube *Andreaskreuz* vorgekommene Art, ist weniger regelmäßig kristallisirt, firt, und leidet hier in Abficht auf das Durchkreuzen beyder Tafeln, der Bildung der Tafeln, und der aus rautenförmigen Flächen gebildeten Endfpitze, mehr als eine Verfchiedenheit. Vorzüglich unterfcheiden fich diefe Kreuzkriftallen von der bekannten Art dadurch, daß fie auf ihrer Oberfläche unregelmäfsig ziemlich tief gefurcht find, fo daß fie, durch die Luppe betrachtet, das Anfehen befitzen, als wären fie aus mehrern Kriftallen zufammengehäuft.

Die bekanntere Art diefer Kriftallen hat eine milchweifse, die feltenere eine bräunlichgraue Farbe.

Auf den äuffern Seiten fowol als auf dem Bruch, find beyde Varietäten mehr oder weniger glänzend. Doch ift der Glanz der feltnern Art überhaupt ftärker, als der der gemeinen. Den Glanz der letztern könnte man Wachs- den der andern Art aber Perlmutter-Glanz nennen.

Es gibt ganze Gruppen völlig durchfichtiger Kriftallen; doch find die mehrften, die ich gefehen habe, nicht durchfichtig fondern undurchfichtig. Einige unter ihnen waren durchfcheinend; überhaupt genommen, fo hat die feltnere Art mehrere Durchfichtigkeit und Durchfcheinlichkeit als die andere.

Ihr Bruch ift blättrich und nähert fich dem fpathartigen.

Sie zerfpringen in unbeftimmt eckichte, fcharfkantige Stücke.

Ihre Härte ift nicht fehr beträchtlich, fie ritzen zwar Glas, aber nur fchwach. Man kann auch durch den Stahl fchwache Funken aus ihnen erzwingen, aber man kann fie zwifchen den Fingern zerbrechen, und zwifchen diefen, wenn man mehrere Stücke zufammen nimmt, zerbröckeln. Sie fühlen fich kalt an.

Sie sind nicht sonderlich schwer. Die specifische Schwere der weissen Art ist 2, 355.
und der gefärbten Art 2, 361.

§. 2.

Verhalten der Kreuzkristallen gegen das Feuer, Wasser, Alkali, Säuren und die Schmelzmittel.

1) *a*) Brennt man die bräunlichen Kristallen im Feuer und vermehrt dieß nach und nach; so zerspringen sie unter einigem Geräusch, verliehren die Farbe, werden weiß, mit rothen und braunen Puncten untermischt. Sie verliehren dabey 15 bis 16 von hundert, und zerfallen in Pulver.

b) Brennt man die weissen Kristallen in einem nach und nach vermehrten Feuer; so zerfallen auch diese unter Geräusch zu Pulver, und verliehren von 100, 15 bis 16 Theile.

2) Brennt man die eine oder die andere Art der Kristallen in einer Retorte, die mit der Luftgeräthschaft verbunden, oder mit Kalkwasser gesperrt ist, so steigen Wassertropfen, aber keine andere als die gemeine Luft der Gefässe auf, auch wird aus dem vorgeschlagenen Kalkwasser nichts gefällt. Es gehen so wie bey 1, 15 bis 16 Theile von 100 während diesem Versuche verlohren.

3) Aufs feinste gepulvert, und dem heftigsten Feuer ausgesetzt, schmelzt das Fossil so wenig im Tiegel, als vor dem Löthrohr auf der Kohle.

4) Kocht man die eine oder die andere Art, der aufs feinste gepulverten Kristallen mit Wasser, so nimmt dieses nichts davon auf.

5) *a*) Säuren nehmen etwas aus beyden Arten der Kreuzkristallen auf, ohne merklich mit den rohen und gepulverten

verten Kriftallen aufzubraufen. Die Vitriolfäure zieht ein wenig Alaun, die Salz- oder Salpeterfäure ein wenig Alaun- und Schwererde aus.

b) Mit mäfsig gebrannten weifsen Kriftallen brauset das Goldscheidewasser ein wenig auf, und läfst von 100 Gran 74 zurück. Die Auflöfung ist völlig ungefärbt und enthält blos Schwer- und Alaunerde.

c) Die gefärbten Kriftallen braufen nach mäfsigem Brennen gleichfalls etwas mit Goldscheidewasser. Das Auf- löfungsmittel färbt fich gelb, nimmt von 100 Granen etwa 28 Gran auf, und enthält Schwer- Alaun- und Eifenerde.

6) Mit Mineralalkali fchmelzen beyde Arten der Kri- ftallen, und unter Schäumen, zu einer blafsigen Schlacke, die bey den gefärbten Kriftallen amethyftfarben getüpfelt und gelb, bey den ungefärbten aber weifslich ift.

7) Mit wefentlichem Harnfalze, und 8) mit Borax, braufen beyde Varietäten der Kreuzkriftallen auf. Sie verei- nigen fich indefs mit diefen Schmelzmitteln nicht genau, fon- dern fliefsen in eine undurchfichtige, poröfe und grünliche Schlacke zufammen.

Diefen Verfuchen nach enthielten die Kreuzkriftallen wenig oder nichts vom Brennftoff, wenig oder gar keine Luftfäure, dagegen ziemlich vieles Waffer, Kiefel- Alaun- und Schwererde, und die gefärbten überdies noch etwas metalli- fches, Eifen oder auch wol Braunftein.

§. 3.
Unterfuchung der Kreuzkriftallen, und zwar der unge- färbten Art.

Der ganze Vorrath von Kreuzkriftallen, den ich zu diefer Unterfuchung verwenden konnte, betrug 200 Gran; ich

Chemische Untersuchung der Kreuzkristallen.

warf diese, um sie von aller anklebenden Kalkerde zu befreyen, in mäßig starken und warmen Essig. Wie der Essig nicht mehr aufbrauste, so goß ich ihn ab, und frischen mit etwas Salpetersäure geschwängerten Essig wieder auf. Endlich wusch ich die Kristallen mit vielem Wasser und trocknete sie; es blieben nur 155 Gran übrig.

1ter Versuch. 50 Gran dieser Kristallen erhielt ich, in einem bedeckten Tiegel, fünf Stunden in Weissglühefeuer; sie verlohren 8 Gran und waren zu einem groben Pulver zerfallen.

2ter Versuch. a) Ich zerrieb die 42 Gran, die ich um das Stäuben zu verhüten mit etwas Wasser angefeuchtet hatte, in einem agathenen Mörser zum feinsten Pulver.

b) Der feine unfühlbare Staub wurde zu zweyenmalen, jedesmal mit zwey Loth Salpetersäure übergossen, nach und nach erhitzt und gekocht. Zuletzt sammlete ich das Unauflösliche in einem Filter, und behielt nach dem ersten Durchseihen 37, nach dem zweyten aber 36 Gran übrig. Die Auflösung war ungefärbt und wurde zur Seite gestellt.

3ter Versuch. a) Jene 36 Gran vermischte ich mit 56 Gran zerfallnen Mineralalkali, und ließ diese Mischung drey Stunden in einem bedeckten Tiegel glühen.

b) Die geglühte Masse wurde zerrieben, mit Wasser gekocht und mit kochendem Wasser ausgesüßt. Es blieben 40 Grane im Filter.

c) Ich kochte diese 40 Gran mit Salpetersäure, filtrirte die Auflösung, süßte den Rückstand aus, und behielt 25 Gran.

d) Diese 25 Gran wurden mit 50 Gran Mineralalkali gemischt und geglüht; die geglühte Masse gepulvert und mit Wasser

Waſſer ausgekocht. Das Waſſer nahm alles bis auf 1 Gran Erde auf, der völlig unauflöslich in Salpeterſäure und Goldſcheidewaſſer war.

4ter Verſuch. *a*) Die alkaliſchen Auflöſungen (2ter Verſ. *b. d.*) wurden mit einander vermiſcht und abgeraucht, dann mit Salpeterſäure verſetzt, und die niedergefallene Kieſelerde in dem vorigen Filter geſammlet. Sie betrug, nachdem ſie ausgeſüſst und in einer Wärme von 112° Fah. getrocknet war, 25½ Gran; ich glühte ſie nun in einem abgeäthneten und gewogenen Tiegel 3 Stunden, und behielt zuletzt 22 Gran waſſerleere Kieſelerde übrig.

b) Die Salzlauge wurde nun wieder abgeraucht, dann aber genau mit Mineralalkali geſättigt. Es fiel etwas weniges Alaunerde nieder, ich ſammlete dieſe, ſüſste ſie im Filter aus und trocknete ſie. Sie betrug nur 1½ Gran.

c) Die Salzlauge wurde nun mit etwas Salpeterſäure überſäuert, und mit ſalpeterſaurer Schwerſpatherde auf Vitriolſäure geprüft. Es zeigte ſich nur eine ſchwache Spur von Vitriolſäure, denn es wurden etwa nur 2½ Gran wieder hergeſtellter Schwerſpath niedergeſchlagen, die, da mein Alkali wohl nicht ganz frey von Vitriolſäure war, eben ſo gut aus dieſem, als aus den Kreuzkriſtallen geſchieden ſeyn können. Da ich indeſs bey allen Unterſuchungen Vitriolſäure, und immer mehr fand, als das Alkali enthielt, ſo führe ich dieſen Verſuch mit auf, damit andere Scheidekünſtler, die ihren Verſuchen mehr Kreuzkriſtallen aufopfern können als ich, mit mehrerer Aufmerkſamkeit darnach ſuchen mögen.

5ter Verſuch. *a*) Die ſalpeterſauren Auflöſungen (1r Verſ. *b.* 2r Verſ. *c. d.*) wurden mit einander vermiſcht, und zur Verjagung der überflüſſigen Säure aufs allerlangſamſte abgeraucht.

b) Der Rückstand wurde wieder aufgelöst, und mit ätzendem flüchtigen Alkali vermischt. Es erschien kein gefärbter, sondern ein klarer schwammigter Niederschlag, den ich sogleich nach dem Fallen sammlete, und noch feucht in reiner Vitriolsäure auflöste. Diese Auflösung schmeckte alaunigt, und zeigte, da ich sie abrauchte, keine Spur von Bittersalz.

d) Ich löste diesen Rückstand (*b*) wieder auf, fällte die Alaunerde durch Alkali, sammlete sie im ersten Filter (4ter Verf. *b*) süßte sie aus und trocknete sie. Es blieben nur in allem 16½ Gran, die sich durch langes Glühen bis auf 10 Gran Luft- und Wasserleere Alaunerde verminderte.

6ter Versuch. *a*) Die Alaunerde freye Auflösung (5ter Verf. *b*) war während der Zeit bis auf 4 Loth abgeraucht, ich fällte aus dieser Auflösung 13½ Gran einer weißen Erde, die nach heftigem, 4 Stunde anhaltendem Glühen 10 Gran betrug. *b*) Diese 10 Gran Erde verband ich mit starker Vitriolsäure, süßte das Unauflösliche aus, und rauchte das Abflußwasser ab. Es zeigte sich hier kein Selenit, Bittersalz oder Alaun. Der ausgesüßte und stark ausgetrocknete Schwerspath betrug 12½ Gran.

Diesen Versuchen zufolge stehen die Educte, die ich aus 50 Gran der weißlichen Kreuzkristallen geschieden habe, in folgendem Verhältniß.

Kieselerde	—	22 Gran
Schwererde	—	10 —
Alaunerde	—	10 —
Wasser	—	8 —
Vitriolsäure.		
		50 Gran.

§. 4.

Chemische Unterfuchung der Kreuzkriftallen. 31

§. 4.
Wiederholte Unterfuchung diefer Kriftallen.

1ſter Verſuch. *a*) 100 Gran, die ich zwifchen vielfachem Papier zerklopft, und in einem agathenen Mörfer aufs feinfte zerrieben hatte, vermifchte ich mit 156 Gran Mineralalkali, fchüttete diefs in einen Tiegel, bedeckte diefen mit einem gröfsern, und liefs diefe Vorrichtung mehrere Stunden dunkelroth glühen.

b) Die Maffe wurde zerrieben, mit Waffer ausgekocht, und das Unauflösliche in einem Filter gefammlet. Nachdem ich diefes getrocknet hatte, fo fanden fich 94 Gran.

c) Diefe 94 Gran kochte ich mit reiner Salzfäure; fie löſten fich unter Aufbraufen bis auf 29 Gran, alfo 65 Gran auf.

d) Die übrigen 29 Gran, vermifchte ich nochmals mit 60 Gran Mineralalkali, und überliefs diefe Mifchung dem Glühefeuer.

e) Die Maſſe wurde zerrieben, mit Waffer ausgekocht, und die Flüffigkeit filtrirt. Es blieb ein unbedeutend Wenig Erde übrig, die indefs von der Salzfäure nicht angegriffen wurde, alfo Kiefelerde war.

2ter Verfuch. *a*) Die alkalifchen Auflöfungen (1r Verf. *d. e.*) wurden mit einander vermifcht und bis auf 6 Loth abgeraucht. Salzfäure, die ich nun zufetzte, fällte die Kiefelerde aus diefer Auflöfung in Form einer Gallerte, die ich fammlete, ausfüfste und trocknete. Sie betrug in allem, mit jener Erde (1r Verf. *c.*) 56½ Gran, nach langem Glühen 44 Gran.

b) Luftfaures Mineralalkali fällte aus der Lauge, nachdem ich fie etwas abgeraucht hatte, 4½ Gran Alaunerde.

c) Das

c) Das Abfüsewasser der Alaunerde wurde mit etwas Salzsäure übersäuert, und dann mit salzsaurem Barit geprüft. Es fiel etwas wiederhergestellter Schwerspath zu Boden, der gesammlet, ausgesüsst und getrocknet 5 Gran betrug.

3ter Versuch. *a*) Die sauren Auflösungen (1r Verf. *c. e.*) vermischte ich und brachte sie durch Abrauchen etwas in die Enge, dann fällte ich die Schwererde durch die reinste Vitriolsäure, sammlete den entstandenen vitriolsauren Barit, süsste ihn sorgfältig aus, und trocknete ihn bey einer Hitze von 112° Fah. Er betrug 24½ Gran, die, wie wir oben (§. 3. Verf. 6. *b*) gesehen haben, 20 Gran Luft- und Wasserleere Schwererde enthalten.

b) Das Abfüsewasser des Schwerspaths, rauchte man ab, und stellte den Rückstand mehrere Tage an einen kühlen Ort. Ich sahe hier keinen Selenit und kein Bittersalz anschiessen.

c) Jetzt vermischte ich die aufs neue verdünnte Flüssigkeit, mit flüchtigem kaustischem Alkali; es erschien ein ungefärbter Niederschlag; daher fällte ich die übrige Erde mit Mineralalkali und sammlete sie. Sie betrug in allem, mit jener vom 2ª Versuch *b*, 30 Gran, durch langes Glühen verminderte sie sich um 10 Gran.

Die einzelnen Bestandtheile der Kreuzkristallen, tragen also diesen letztern Versuchen nach aus, an

Kieselerde	0, 44
Schwererde	0, 20
Alaunerde	0, 20
Wasser	0, 16
	100

Vergleicht

Vergleicht man die Refultate der Unterfuchungen des Herrn *Heyers* hiemit, der 0, 44 Kiefel - 0, 24 Schwer - 0, 20 Alaunerde, und 0, 12 Waffer gefunden hat; fo findet fich ein Unterfchied von 0, 04 bey der Schwererde, die ich weniger habe. Da meine Kriftallen aber 0, 04 Waffer mehr hielten wie die feinigen; fo ift es wohl möglich, dafs fich das Abweichende unferer Refultate, blos um diefe 0, 04 Waffer dreht, und dafs er die rohen Kriftallen, und die daraus gefchiedene Schwererde eine kürzere, ich aber eine längere Zeit dem Glühefeuer ausgefetzt habe; oder, welches auch fehr wohl feyn kann, dafs das Gewicht der einzelnen Beftandtheile der Kreuzkriftallen, nicht immer mathematifch genau daffelbe ift. Ferner finden wir bey der Vergleichung meiner Verfahrungsart, mit jener des Herrn *Heyers*, dafs es ihm gelungen ift, die auflöslichen Erden durch blofses Kochen des gepulverten Foffils mit Säuren wegzunehmen. Mir gelang diefs bey aller Sorgfalt und Mühe nie, und ich verlohr einmal, da ich diefs durch heftiges Kochen erzwingen wollte, eine ganze Arbeit. Die Erden wurden ftofsweife vom Boden des Kolbens gehoben, und fprangen um mehrere Zolle aus der Mündung in die Höhe. Diefs alles zwang mich meine Zuflucht zum Glühen des Foffils mit Alkali zu nehmen, um die Erden empfänglicher für die Säuren zu machen. Endlich fand Herr *Heyer* — oder er fuchte vielmehr nicht darnach — keine Vitriolfäure. Da die Menge derfelben aber überhaupt gering ift, kaum einen Gran in 100 beträgt, und beym Zufammenrechnen der gefundenen Beftandtheile nichts mangelt; fo glaube ich, dafs fie weniger Beftandtheil des Foffils, als meines Mineralalkalis gewefen fey, und führe fie daher unter den Beftandtheilen deffelben nicht auf. Ich bedaure es übrigens, daß der kleine Vorrath an Kreuzkristallen den ich besaß, meinen Versuchen Schranken setzte, und mir nicht erlaubte, mehrere 100 Grane der Prüfung zu unterwerfen, sonst würde ich vielleicht im Stande seyn, gewisser zu bestimmen, ob die Vitriolsäure nicht unter die Bestandtheile der Kreuzkristallen gezählt werden dürfe.

§. 5.
Untersuchung der gefärbten Kreuzkristallen.

1ter Versuch. Mein ganzer Vorrath reiner, durch Waschen mit Essig und Salpetersäure, von aller Kalkerde befreyeter Kristallen, betrug 100 Gran. Ich glühte diese 4 Stunden, sie zerfielen zu einem gröblichen Pulver, waren weiß geworden, und wogen noch 84 Gran.

2ter Vers. *a)* Jene 84 Gr. kochte ich zu dreyen verschiedenenmalen mit einer angemessenen Menge Wasser und Salzsäure, goß die Flüssigkeit jedesmal ab, und sammlete den Ueberrest endlich in einem Filter. Dieser Rest wog 69 Gran, die Säure hatte demnach nur 15 Gran aufgenommen.

b) Die 69 Gran vermischte ich mit 160 Gran Mineralalkali, und überließ diese Mischung 4 Stunden dem Rothglühefeuer.

c) Die Masse kochte man mit Wasser, sammlete das Unauflösliche, süßte es aus, und ließ es trocknen, es betrug 60 Gran.

d) Von diesen wurden 33 Gran unter Brausen in Salzsäure aufgelöst.

e) Die übrigen 27 Gran lösten sich, nachdem sie mit 60 Gran Mineralalkali geglüht waren, bis auf 1 Gran in Wasser auf.

3ter Ver.

Chemische Unterſuchung der Kreuzkriſtallen. 35

3ter Verſuch. Mit den alkaliſchen Auflöſungen verfuhr ich genau ſo, wie ich ſchon einigemale erzählt habe. Ich ſchied die Kieſelerde durch Säure, dann die Alaunerde durch Alkali, und prüfte die letztere Lauge durch ſalzſaure Schwererde. Ich erhielt 47¼ Gran geglühte Kieſelerde, 3½ Gran Alaunerde, und 1½ Gran Schwerſpath.

4ter Verſuch. *a*) Die ſauren Auflöſungen wurden zuſammen gegoſſen, und die Schwererde mit Vitriolſäure gefällt. Nachdem ich dieſen Niederſchlag geſammlet, ausgeſüſst und getrocknet hatte, fanden ſich 24½ Gran Schwerſpath, die 20 Gran Waſſer und luftleere Schwererde enthalten.

b) Das Abſüſsewaſſer des Schwerſpaths wurde abgeraucht, und der geringe Rückſtand mehrere Tage an einem kühlen Orte aufbewahrt, es zeigte ſich aber nichts von Selenit oder Bitterſalzkriſtallen.

c) Da die Kriſtallen ſelbſt gefärbt waren, und die Flüſſigkeit eine gelbe, ins rothe ſchielende Farbe hatte, ſo durfte ich mit Recht etwas metalliſches in dieſer letztern ſuchen. Ich warf daher nach und nach 10 Gran färbendes Alkali hinzu; es entſtanden 16¼ Gran Berlinerblau, die ich ſorgfältig ſammlete, ausſüſste und glühte. Nach dem Glühen fand ich 8 Gran Eiſenkalk, der weniger dem Hinterbalte des färbenden Alkalis 4½ betragen.

d) Die Farbe der Kriſtallen und ihrer Auflöſung ließ mich vermuthen, daſs jener Kalk nicht lauteres Eiſen ſeyn würde. Um dieſs zu erforſchen, ſchmolz ich den Kalk in einem kleinen Porzellan-Tiegelchen mit 30 Gran Salpeter. Ich warf den, hie und da blau gefleckten Rückſtand in reines Waſſer; die Flüſſigkeit wurde roth, grün und braun. Es blieben 7½ Gran Eiſenkalk am Boden des Glaſes liegen, und aus der

der abgegossenen Lauge, fiel nach und nach ⅜ Gran braunes Pulver nieder, das sich wie Braunstein verhielt. Die geringe Menge des metallischen Stoffes, verhinderte indeß die genaue Zerlegung in seine Bestandtheile.

e) Die Lauge, aus der ich den metallischen Stoff durch färbendes Alkali geschieden hatte, wurde nun ferner durch Laugensalz zerlegt, die Alaunerde aber gehörig gesammlet. Sie betrug mit jener (3ter Vers.) 18½ Gran, nach langem Glühen aber 12 Gran.

Die Bestandtheile der gefärbten Kreuzkristallen verhalten sich demnach folgendergestalt gegen einander:

Kieselerde	47, 50
Schwererde	20, 00
Alaunerde	12, 00
Eisen mit Braunstein	4, 50
Wasser	16, 00
	100

§. 6.
Schluß.

Aus der so eben aufgestellten Verhältnistafel sehen wir, daß, so wie beyde Varietäten der Kreuzkristallen, sich in Absicht auf ihre Figur gleichen, daß sie auch eben so nahe, in Hinsicht auf ihre Bestandtheile und das Verhältniß derselben, mit einander verwandt sind. Sie weichen indeß darinn von einander ab, daß die gefärbte Art etwas mehr Kiesel- etwas weniger Alaunerde, zugleich aber auch Eisen und Braunstein enthält, die der ungefärbten mangeln; aber Schwererde und Wasser enthalten beyde Varietäten in gleicher Menge. Für die Mineralsysteme sind diese Kreuzkristallen jetzt eine ganz

ganz neue Erfcheinung; es findet fich in keinem derfelben, fo viel ich ihrer auch kenne, ein Foffil zu dem fie eingeordnet werden könnten. Der einzige *Kirwann* führt, (*) auf das Anfehen des Herrn *Bindbaims*, unter den Schwererdarten, *eine milde Schwererde mit einem merklichen Theil Kiefel und Eifen* mit auf. Diefe Schwerfpathart erhielt Herr *Bindbaim* (**) von der Jfaac Fundgrube zu Freyberg, fie war kriftallifirt, da aber die Kriftallen gröfstentheils zerbrochen waren, fo beftimmt er fie nur ohngefähr als Prismen mit undeutlichen Pyramiden, und als Tafeln mit abgefchliffenen Kanten, die feiner Erzählung nach auf einer Kiesfchale auffafsen. Da diefe Schwerfpathart aber keine Alaunerde, und wie ich aus einigen Erfcheinungen bey den damit angeftellten Verfuchen folgern mufs, weit mehr Vitriolfäure enthält, wie unfere Kriftallen zu enthalten *fcheinen*; fo machen fie auch nicht mit jenem Schwerfpath ein und diefelbe, fondern eine befondere Art aus, die ich nach *Kirwanns* Grundfätzen, *Schwererde mit einem grofsen Theil Kiefel, einem merklichen Theil Alaunerde und Waffer, oft auch etwas braunfteinhaltigem Eifen*, nennen würde.

Der derbe Schwerfpath
aus dem Rammelsberge.

Die aufserordentliche Schwere eines Gefteins, das feit einiger Zeit zwifchen den Erzen und Gangarten des Rammelsberges mit vorkömmt, reizte die Aufmerkfamkeit; man wünfchte diefe Gefteinart unterfucht, und die Urfach der befondern

---

(*) Mineralogie, S. 65.
(**) Schriften d. G. N. Freunde zu Berlin, 4. S. 397.

dern Schwere derselben entdeckt zu sehen. Mir wurde diese Untersuchung übertragen, ich unternahm sie mit dem größsten Vergnügen, und lege hier die Beschreibung des Fossils und die Resultate meiner Arbeiten, in die Acten der Societät nieder.

§. 1.

Beschreibung der äussern Beschaffenheit des Fossils.

Es hat eine bläulichtgraue Farbe, welche an einigen Stellen ins schwarzgraue, an andern ins weissgraue übergeht.

Es ist in grossen derben Stücken.

Es hat einen matten nicht metallischen Glanz; dieser Glanz grenzt indeß, vorzüglich bey den dunklen schwarzgrauen Parthien, nahe an den schimmernden. Sein Bruch ist nicht sehr rauh und gewöhnlich etwas splittrich. Zuweilen ist es im Einzelnen undeutlich blättrich, schalig und späthig.

Es zerspringt in unbestimmt eckichte, fast muschelichte, scharfkantige Stücke.

Es ist undurchsichtig; die helleren weissgrauen Parthien sind an den Kanten durchscheinend.

Es ist dicht, aber nicht hart. Man kann mit dem Nagel Furchen auf seiner Oberfläche ziehen. Am Stahl nutzt es sich ab, und gibt nur sehr selten Funken damit. Die helleren Parthien sind härter als die dunklern.

Es ist spröde und leicht zersprengbar.

Fühlt sich kalt, nicht fettig an.

Und ist beträchtlich schwer, denn seine Schwere verhält sich gegen die Schwere des destillirten Wassers, wie 4,313 zu 1,000.

§. 2.

§. 2.
Verhalten des Foſſils im Feuer, gegen das Waſſer, die Säuren, Alkalien und andere Salze.

A) Brennt man das aufs feinſte gepulverte Foſſil im Rothglühefeuer, ſo zeigt es keine Spur von Schmelzung, wird weiſs, und verliehrt von 100 Theilen 2 Theile.

B) Brennt man das Foſſil in einer Glasretorte, die mit der pneumatiſchen Geräthſchaft verbunden iſt, ſo ſteigen einige Waſſertropfen auf, und der Hals der Retorte wird, wie von einem fettigen kothigen Weſen, wie angeſchmaucht. Luft ſteigt nicht auf, wenigſtens keine andere als die gemeine, welche das Gefäſs beherbergte. Das ſo geglühte Foſſil iſt weiſs, und büſst 18 bis 20 Gran von 1000 Granen ein.

C) In ganzen Stücken dem Glühefeuer ausgeſetzt, knackt es, zerſpringt in kleinere Stücke, und wird mit Verluſt von 2 von hundert weiſs.

D) Im heftigen Glühefeuer, vorzüglich vor dem Löthrohre auf der Kohle, wird es erſt weiſs, ſchmelzt dann in eine undurchſichtige Kugel zuſammen. Dieſe Kugel riecht ſchwach leberartig.

E) 1000 Grane des aufs feinſte gepulverten Foſſils, verliehren, wenn ſie mehrere Stunden in deſtillirten Waſſer gekocht werden, 7 bis 8 Gran. Aus dem damit gekochten Waſſer fällt a) zuckerſaure *Kalkerde;* b) flüchtiges ätzendes Alkali *Alaunerde,* und c) ſalpeterſaure *Schwererde* zeigt die Gegenwart der Vitriolſäure an. Abgeraucht liefert die Abkochung Selenit, und eine Spur von Alaun.

F) Die Vitriol- Salz- und Salpeterſäure löſen von dem gepulverten Foſſil nur wenig, etwa 3 bis 7 Gran von 100, ohne Brauſen auf. Die Vitriol- und Salzſäure entwicklen aus ihm

keine

Chemische Untersuchung des derben Schwerspaths.

ine Leberluft oder Luftsäure; aber die Salpetersäure gibt was Salpeterluft.

G) Ich kochte hundert Grane des gebrannten und gepulverten Fossils, mehrere Stunden, in einem achtfachen Gewicht Goldscheidewasser, aus 2 Theil. Salz und 3 Theil. Salpetersäure. Das Goldscheidewasser nahm 7½ Gran auf, und färbte sich gelb. Abgeraucht lieferte diese Auflösung etwas Selenit, Eisenkalk und eine Spur von Alaun.

H) In fliefsendem Mineralalkali löfst sich das gepulverte Fossil nicht klar auf; es schmelzt damit zu einer gelblichen undurchsichtigen Masse zusammen. Dagegen

J) verbindet es sich unter Aufbrausen mit fliefsendem Borax, und

K) mit fliefsendem Harnsalze, zu einer gelblichen durchscheinenden Masse.

Diesen Versuchen zufolge enthielte das Fossil etwas Wasser, einen erdharzigen Stoff, Selenit, Alaun, Eisen und glaublich Schwerspath.

§. 3.
Untersuchung des Fossils.

1ter Versuch. Ich zerrieb 200 Grane des Fossils in einem agathenen Mörser zum feinsten Pulver. Dieses Pulver übergofs ich mit zwey Loth Goldscheidewasser, das mit vier Loth destillirtem Wasser verdünnt war, und erhielt diese Mischung 2 Stunden in stetem Kochen. Nachdem ich die Flüssigkeit abgegossen, filtrirt, den Rückstand ausgesüfst, getrocknet und geglüht hatte, war er weifs, und wog 190 Gran.

2ter Versuch. *a*) Jene 190 Gran mischte ich mit 250 Granen zerfallnen Mineralalkali, schüttete diese Mischung in einen Tiegel, und setzte ihn, mit einem gröfsern bedeckt,

nem dreyſtündigen Glühefeuer aus. Die Maſſe war zuſammengebacken, aber doch ſo, daſs man ſie ohne Verletzung aus dem Tiegel nehmen konnte.

b) Dieſe Maſſe wurde gepulvert, mit Waſſer gekocht, mit deſtillirtem Waſſer ausgeſüſst, und der Rückſtand in einem Filter geſammlet; er betrug 169 Gran.

c) Reine Salpeterſäure, mit welcher ich jenen Rückſtand übergoſs, nahm unter Aufbrauſen 114 Gran auf.

d) Die übrigen 55 Grane, wurden mit 75 Gran Mineralalkali gemiſcht, und in der oben beſchriebenen Geräthſchaft geglüht.

e) Die geglühte Maſſe zerrieb ich, kochte ſie mit Waſſer, filtrirte die Lauge, ſüſste den Rückſtand aus, und trocknete dieſen. Es blieben nach dem Trocknen 55 Gran, von welchen *f*) Salpeterſäure 30 Gran aufnahm.

g) Die übrigen 16 Gran wurden nochmals mit 35 Gran Mineralalkali gemiſcht, geglüht, die geglühte Maſſe mit Waſſer ausgekocht, und das Unauflösliche in einem Filter geſammlet. Nach dem Trocknen betrug dieſer Reſt 11 Gran, die ſich *b*) in reiner Salpeterſäure bis auf 1 Gran auflöſsten.

3ter Verſuch. *a*) Die alkaliſchen Auflöſungen (*b. e. g.* Verſ. 2.) wurden zuſammen gegoſſen, und in einer reinen Porcellain-Schale bis auf 4 Loth abgeraucht.

b) Jetzt überſättigte ich das Laugenſalz mit Salpeterſäure, rauchte die Miſchung ganz ab, löſte den Rückſtand in Waſſer auf, und ſammlete die Kieſelerde im Filter. (2ter Verſuch *b.*) Dieſe Erde betrug mit jenem Rückſtande (2ter Verſuch *b.*) 14½ Gran; ich glühte ſie 3 Stunden, ſie verlohr dadurch 1¼ Gran.

c) Die Auflöſung wurde nun nochmals abgeraucht, und dann

...vorsichtig mit reinem Alkali gesättigt. Es wurde et-
...eniges Alaunerde niedergeschlagen, die ich in einem
...sammlete.

d) Endlich vermischte ich die Mischung (c) mit etwas
...erfäure, und tröpfelte so lange salpetersaure Schwer-
...hinzu als etwas gefällt wurde. Der wiederhergestellte
...erspath wurde in einem Filter gesammlet, ausgesüßt
...getrocknet. Er betrug troken 190, geglüht 18½ Gran.

...ter Versuch. a) Die sauren Auflösungen (1ter Versuch a.
...ersuch c. f. h.) wurden mit einander vermischt. Es ent-
...gleich ein weißer Niederschlag. Verdünnte Vitriolsäure
...ehrte diesen Niederschlag, und ich setzte so lange kleine
...eile Vitriolsäure zu, als der Niederschlag vermehrt wur-
...Dieser Niederschlag wurde gesammlet, ausgesüßt und
...ecknet. Er betrug 177½, nach langem Glühen 167 Gran.
...Der Erfolg dieses Versuchs beweist, daß das untersuch-
...ossil nicht blos vitriolsaure Schwererde, sondern mehre-
...s Vitriolsäure und Erden bestehende Salze enthält. Denn
...dieß nicht der Fall, so hätte man hier genau so vielen
...erspath erhalten müssen, als durch die Vitriolsäure her-
...bracht wurde, welche das Fossil würklich enthalten hat-
...5ter Versuch d).

b) Die Auflösung (4ter Versf. a) wurde wieder abge-
..., der Rückstand mit einigen Tropfen Salzsäure ver-
...um das Fällen des Eisens zu verhindern, und dann mit
...intem Weingeist ausgesüßt. Es blieben hier 4½ Gran Se-
...urück, die ich durch langes Glühen bis auf 4 Gran
...derte.

c) Diese Auflösung (b) wurde durch Abrauchen vom
...eist und Wasser befreyet, dann nach und nach mit 4
Gran

Chemische Unterfuchung des derben Schwerfpaths.

Gran färbenden Alkali vermifcht, und das gefällte Blau gefammlet. Es betrug nach dem Ausfüfsen und Trocknen 35½ Gran, nach dem Glühen aber 18 Gran, die, wenn ich die 10 Gran Eifenkalk abziehe, welche weinfärbendes Alkali enthielt, 8 Gran anziehbaren Eifenkalk für 200 Gran unfers Foffils andeuten werden.

d) Jetzt fällte ich die Alaunerde mit Alkali, fammlete fie in dem erftern Filter (3ter Verfuch *c*), löfte fie noch feucht in Vitriolfäure auf, und rauchte die Auflöfung bis zur Trockne ab. Während dem Abrauchen entftand kein Selenit und kein Bitterfalz. Der Rückftand wurde nun geglüht und lieferte nur 3 Gran gebrannten Alaun.

§. 4
Beftandtheile des Foffils und ihr Verhältniß.

Den Verfuchen zufolge, welche ich in dem vorhergehenden §. §. befchrieben habe, enthält unfer Foffil, Waffer, Erdharz, vitriolfaure Schwererde oder Schwerfpath, Kiefelerde, Selenit, Eifenkalk und Alaun. Das Verhältniß diefer Theile ift das folgende:

	in 200 Granen	in 100 Granen
Schwerfpath	167 Gran	83,50
Kiefelerde	13 Gran	6,50
Eifenkalk	8 Gran	4,00
Selenit	4 Gran	2,00
Alaun	3 Gran	1,50
Waffer und Erdharz	4 Gran	2,00
	199 Gran	99,50
Verluft	1 Gran	0,50

Chemische Untersuchung des derben Schwerspaths.

§. 5.
Wiederholte Untersuchungen des Fossils.

Voll Mistrauen gegen meine eigene Arbeit, und in [de]r Vermuthung, daß ich vielleicht ein oder den andern [Be]standtheil des Fossils übersehen haben könne, unternahm [ic]h eine zweyte Untersuchung, und übergab zugleich den [Hä]nden eines meiner Mitarbeiter eine dritte. Durch dieses [M]ittel hoffte ich mich von der Richtigkeit meiner Verfah[r]ungsart, und der Genauigkeit der Erfolge, mehr zu verge[w]issern, als dieß bey eigenen und nur einmal angestellten [U]ntersuchungen der Fall zu seyn pflegt. Die Erfolge bey der [U]ntersuchungen trafen bis auf geringfügige Abweichungen [ü]berein, daher werde ich nur noch eine Reihe von Versu[c]hen beschreiben.

1ter Versuch. *a*) 100 Gran des aufs feinste gepulverten Fossils, wurden mit 150 Gran trocknen Mineralalkali gemischt, und fünf Stunden geglüht.

b) Der Rückstand wurde zerrieben, mit Wasser ausge[la]ugt, das Unauflösliche aber in einem Filter gesammlet und getrocknet. Es betrug 92 Gran.

c) Jene 92 Gran trug ich in reine Salzsäure, sie nahm [u]nter Brausen 72 Gran auf.

d) Der in der Salzsäure unauflösliche Stoff, 20 Gran, [w]urde mit 40 Gran Alkali gemischt, geglüht, dann wieder [z]errieben, und mit Wasser ausgekocht. Es blieben hier 16 [G]ran übrig.

e) Diese 16 Gran lösten sich in reiner kochender Salz[s]äure bis auf ein weniges auf, das wie gallertartige Flocken [d]arinn herumschwamm. Ich sammlete diese Flocken in einem [F]ilter und hob sie auf.

2ter Ver[s.]

Chemische Unterſuchung des derben Schwerſpaths.

2ter Verſuch. *a*) Ich verfuhr nun mit den alkaliſchen Auflöſungen (2r Verſuch *c. d.*) wie vorhin; das iſt: ich rauchte ſie ab, fällte die Kieſelerde durch Salzſäure, und ſammlete dieſe im letztern Filter (*e*) vom vorigen Verſuche. Sie betrug nach dem Ausſüſsen und Trocknen 8¼ Gran, nach heftigem und langdauerndem Glühen aber 6¼ Gran.

b) Die kieſelerdefreye Auflöſung lieſs ich abrauchen, ſättigte den, einige Loth betragenden Rückſtand mit Mineralalkali, und ſammlete die Alaunerde, die ſich durch das Alkali hatte fällen laſſen. Dann ſonderte ich

c) alle Vitriolſäure durch die Auflöſung des Barits in Salzſäure ab. Der wiederhergeſtellte Schwerſpath betrug nachdem er geſammlet, ausgeſüſst und getrocknet war 94 Gran, nach langem Glühen aber 89¼ Gran.

3ter Verſuch. *a*) Die ſauren Auflöſungen (1. Verſ. *b. e.*) vermiſchte ich mit Vitriolſäure. Es fielen 89 Gran Schwerſpath nieder, die nach langem Glühen nur noch 83 Gran betrugen.

b.) Das Abſüſsewaſſer des Schwerſpaths wurde bis zur Trockne abgeraucht, und der Rückſtand mit wäſsrigem Weingeiſt ausgeſüſst. Der Stoff, den ich hier im Filter behielt, war Selenit, und betrug 3¼ Gran; durch langes Glühen reducirten ſie ſich auf 2¼ Gran.

c) Die Auflöſung wurde nochmals abgeraucht, und dann mit 20 Gran färbenden Alkali vermiſcht. Es fielen 18¼ Gran Berlinerblau nieder, die ich ſammlete, ausſüſste, trocknete, und glühte. Der anziehbare Eiſenkalk betrug 9 Gran, ziehe ich hier fünf Gran, oder den Hinterhalt des färbenden Alkali ab, ſo bleiben 4 Gran Eiſenkalk für 100 Gran.

e) Der Eiſenkalk von dieſer und der vorigen Unterſuchung,

Chemische Untersuchung des derben Schwerspaths.

27 Gran, wurden mit 50 Gran Salpeter gemischt, in einem kleinen bedeckten Tiegel geschmolzen. Spu- von Braunstein sahe man bey diesem Versuche nicht, der Rückstand hatte keine der Eigenschaften des mine- chen Chamäleons.

c) Endlich fällte ich die Alaunerde durch fixes Alkali jener Auflösung (c) nahm die vom 2ten Versuch (b) dazu, te sie aus, und löste sie wieder in Vitriolsäure auf. Diese lösung rauchte ich ab, und glühte den entstandenen Alaun. betrug jetzt 1¼ Gran.

§. 6.

Während der Zeit da ich diese Versuche anstellte, kam n Mitarbeiter, jedoch auf einem andern Wege, zu dem- en Zwecke. Er fand dieselbe Menge Schwerspath, die- e Menge Kieselerde und Vitriolsäure, nur etwas mehr Ei- , Selenit und Alaun. Dieß kann theils daher kommen, daß die Masse, bey der ersten Glühung des Fossils mit Alkali, chmolzen war und an dem Tiegel fest hing; theils auch da- , daß er die kleinen Mengen Blau, Selenit und Alaun nicht ge genug geglüht hatte, welches ich daher vermuthe, daß Resultate meiner zweyten Untersuchung, fast genau mit der ersten zutreffen, und nur um ½ Gran beym Schwer- h und Selenit differiren. Ein Erfolg, den ich wahrschein- dem zu früh beendigten Aussüssen des Schwerspaths, bey ersten Untersuchung verdanke.

Aus allen Versuchen erhellet indeß, daß das untersuch- Fossil zu den derben, und wegen seiner übrigen Bestand- le zu den, aus Schwerspath, Eisenkalk, Selenit, Erd- und Wasser gemischten Schwerspathen gehöre. Ich nenne daher so lange, bis die Nomenclatoren einen andern Na- me men dafür gefunden haben werden, Erdharz führenden Schwerspath, oder auch mit *Kirwann* (*) Leberstein, ob er gleich keine Schwefelleber enthält, und von dem, durch *Kirwann* und *Bergmann* so genannten, und vom letztern unterfuchten Leberstein (**) in Absicht auf das Verhältniss seiner Bestandtheile sehr abweicht. Dieser enthielt 33 Theile Schwerspath, 38 Kiesel, 22 Alaun, 7 Gips, und 5 Theile mineralischen Oels. Der Rammelsberger enthält aber, nach der letzten Untersuchung, die ich für die richtigste halte:

Schwerspath	83,00
Eisenkalk	4,00
Kieselerde	6,50
Selenit	2,50
Alaun	1,50
Waller und Erdharz	2,00
	99,50
Verlust	0,50

Diese Beobachtung, dass sich der Rammelsberger Erdharz führende Schwerspath, in Hinsicht des Verhältnisses der Bestandtheile, so sehr von jenem unterscheidet, ist mir ein abermaliger Beweis, dass sich die Natur nie an die Gesetze kehrte, die wir ihr in unsern, zu sehr auf einseitige chemische Untersuchungen, Folgerungen, Vermuthungen und Voraussetzungen gebauten Systemen unterlegen. Gewiss ists, und immer wirds gewisser werden, dass sie frey, ohne Rücksicht auf solche Gesetze, und unabhängig bey der Wahl ihrer Mittel, bey der Zusammensetzung und Zusammenhäufung ihrer

Erzeug-

(*) Kirwans Mineralogie, Seite 66.
(**) Sciagraphia, s. 90.

Chemische Unterſuchung des derben Schwerſpaths.

miſſe handelt. Sie nimmt, was und wie ſie es findet,
ſich an Wage und Gewicht zu binden, ſo daſs alſo zwey
, die ſich im Aeuſſern, und im Verhalten gegen das
, das Waſſer, die Auflöſungsmittel völlig gleich ſind,
ſcheinen, doch in Abſicht auf das Verhältniſs ihrer Thei-
nmelweit verſchieden ſeyn können. Daſs es demnach
nlich, oder noch zur Zeit viel zu früh ſey, ein Mineral-
m blos auf chemiſche Unterſuchungen, und die dadurch
:ckten Verhältniſſe der Beſtandtheile gründen zu wollen.

III.
Beschreibung
eines
auf dem Sachsenhäuser Bergwerke eingeführten grofsen, mit einer beweglichen Axe, und vorlaufendem Spurnagel versehenen Hundes.

Vom

Herrn Bergcommissair Stockicht
zu Braubach.

Zu Erfindung und Vorrichtung dieses Hundes gab der, auf diesem Werke befindliche tiefe Stolln Gelegenheit. Dieser Stolln stehet nicht nur bey 100 Lachter in einem faulen und zusammendrückenden Gesteine, sondern hat auch, da der Gang sehr oft durch Lettenklüfte abgeschnitten, ins Hangende geschleppet, und daselbst wieder ausgerichtet worden ist, sehr viele und grofse Winkel, wie die Fig. 1. Tab. II. von dem vorgerichteten Hundsgestänge zeigt. Die vor einigen Jahren eingetretene Nothwendigkeit, auf dem Sachsenhäuser Werke einen starken Erzbau vorzurichten, liefs, da man in diesem verkrüppelten Stolln auf keine Förderung mit einem sonst gewöhnlichen Hunde Rechnung machen konnte, sondern blos auf viele Karnläufer zählen musste, in dieser Rücksicht

Beschreibung eines Hundes.

icht sehr viele Förderungskosten mit Recht befürchten. Man fiel daher glücklicher Weise auf den Gedanken einer wendbaren Achse mit vorgehenden Spurnagel, um den Hund ohne Widerrennen und Aufenthalt durch die vielen Krümmen durchzuschieben. Dieser Gedanke wurde ausgearbeitet, zugleich aber ein anderer, nämlich eine große Last mit einem Manne fortzuschieben, damit verbunden. Und da der starke Fall des Stollns, welcher auf 100 Lacht. wohl 2 Lacht. beträgt, dieses Vorhaben zu begünstigen schien; so wurde der Inhalt des ersten Hundes auf 10 bis 11 Centner, und seine Gröſse auf 4 Schu Länge, 17½ Zoll Weite, und 20 Zoll Tiefe im Lichten; zu Ueberwältigung der Friction einer großen Last mit einem Manne aber, die Höhe der großen Räder, auf 12 Zoll, und die mittlere Dicke ihrer Achsen auf 13 Linien bestimmt.

Ein also verfertigter Hund enthielte mit Blend und Bergwänden vollgewogen 1100 Pfund, wog selbst mit allem 315 Pfund, und wurde auf einem horizontalen Gestänge mittelst eines, über eine Rolle gehenden Seils, und daran hängenden 46 Pfund Gewichte fortgezogen, wovon nach Abzug der gezwungenen Beugung des Seils, und der Friction der Rolle mit ihrem Nagel, an Friction für einen Hundsläufer 40⅗ Pfund zu überwältigen übrig blieben.

In Rücksicht des Falles des Gestänges, gab man einem andern Hunde, welcher gleich darauf verfertigt wurde, in der Länge und Höhe 2 Zoll, und in der Breite ½ Zoll mehr, und eben solche Räder wie dem vorigen. Dieser Hund mit Erzwänden vollgeladen, mag etwan 1400 Pfund enthalten, und wird nun alltäglich zur Förderung gebraucht.

Ein Hundsläufer, welcher die 8 stündige Schicht 13½ Kreuzer, auf 6 Schichten einen Schoppen, oder 20 Loth Oehl zum Brennen, und auf 7 Schichten 5 Loth Oehl zum Schmieren der Laufbahn und Achsen bekömmt, muſs denselben vollgefüllt in der Frühschicht 11, und in der Nachmittagsschicht 12 mal, auf 170 Lachter heraus laufen. Hierbey ist aber noch anzumerken, daſs gleichviel, und oft noch mehr unreines Klarzeug und Berge, als grobe Wände gefördert werden müſſen, und zum Vollfüllen des Hundes mit erſteren 12, und mit letzteren nur 7 Minuten erfordert werden.

Die ganze Förderung im Durchschnitt auf eine Schicht, kann sich also auf 16000 Pfund belaufen.

Will man die Gröſse des Hundes noch vermehren, und z. E. jedesmal mit einem Hundsläufer 2000 Pfund fördern; so ist es nur nothwendig die Kraft zur Ueberwältigung der vermehrten Friction, durch Vergröſserung der Räder, wieder in ihr voriges Verhältniſs zu setzen, und zugleich den Achsen zu Tragung der vermehrten Laſt, die verhältniſsmäſsige Stärke zu geben.

Nimmt man in diesem Falle die Achsen der groſsen Räder $\frac{1}{4}$ Zoll ſtärker, und diese Räder ſelbſt 28 Zoll hoch; so werden zu Ueberwältigung der Friction wieder 41 Pfund hinreichend ſeyn. Von ſelbſten verſtehet es ſich, daſs zu Tragung dieſer Laſt die Dielen des Geſtänges ſtärker ſeyn, oder die Unterlager deſſelben näher zuſammen geleget werden müſſen, und daſs, da die 28 zölligen Räder von gegoſſenem Eiſen zu ſchwer werden würden, dieſelben aus gegoſſenen Stäben, eiſernen Speigen von $\frac{1}{2}$ Zoll dickem geſchmiedetem Eiſen, und eiſernen Radſchienen zuſammengeſetzt werden können.

Zu Einführung eines groſsen Hundes iſt es nothwendig, daſs der Stolln einen etwas ſtarken Fall, ohngefähr pro 100 Lacht.

Beschreibung eines Hundes.

1½ bis 2 Lachter habe; das Gestänge stark genug ge-
t; in ein ziemlich gleiches Fallen gebracht, und wohl
halten; der Hund aber auch wohl im Stande gehalten,
ordentlich gefüllet und ausgeleeret werde.

Auf dem Sachsenhäuser Werke bestehet das Gestänge
1 Schu breiten, 3 Zoll dicken, und 2½ Zoll zum Spur
einander liegenden eichenen Dielen, welche ohngefähr
3 Schu auf 5 Zoll hohen, 3 Zoll breiten, und 27 Zoll
en Unterlagen, so unter dem Spur noch 1 Zoll tief aus-
eisselt worden, aufgenagelt sind. Nur zu denen Wechseln
die Unterlagen 5 Zoll breit, und daselbst bekommt jede
le zwey, sonsten aber auf jedem Unterlager nur einen,
s 1 zölligen hölzernen Nagel. Um auf dem Gestänge ne-
denen grosen Rädern noch 1½ Zoll Bord zu behalten,
hier dem Hunde nach dem Zirkel der grosen Räder ⅛ Zoll
lz genommen worden, welches man aber bey breitern
len nicht nöthig hat. Uebrigens sind die vorfallenden Windes Gestänges durch genau einpassende Zwickel, welche
nmäsig auf denen Unterlagern aufgenagelt aufliegen, und
den Enden an die Diele angeheftet sind, ausgefüllet, da-
die grosen Räder daselbst nicht überlaufen.

Die gute Unterhaltung des Gestänges und des Hundes,
hier denen Untersteigern bey Strafe eingebunden, und
sie besonders alle Tage nachsehen, ob der Spurnagel
die wendbare Achse in gutem Stande seyen, und letzte-
icht zu viel und nicht zu wenig Spiel habe. Zudem ist
er eine wendbare Achse mit Spurnagel, Spille und Schei-
und etlichen Schliesen vorräthig, um solche im Fall der
h einzuwechseln.

De.

Der Hund wird so geladen, daſs der fordere Theil 100 Pfd. Laſt mehr habe, als der hintere, und dadurch der Spurnagel im Spur gehalten werde. Jedoch darf dieſe fordere Laſt auch nicht viel gröſser ſeyn, damit ſowohl zwiſchen der Laufbahn und der wendbaren Achſe nicht zu viel Friction entſtehe, als auch der Hundsläufer im Stande ſeye, den Hund durch den Druck in die Wage zu ſtellen. Nicht weniger hat der Hundsläufer die Einladung mit groben Wänden behutſam zu verrichten, damit vorzüglich das im Hund angebrachte Schutzthürchen etc. nicht zerbrochen werde.

Das Ausladen des Hundes verrichtet der Hundsläufer in Zeit von 3 Minuten, und zwar wenn er grobe Wände geladen hat mit den Händen, und wenn die Ladung aus klarem Zeug oder Bergen beſtehet, durch Umſtürzung des Hundes. Letzteres geſchiebet alſo: der Hundsläufer drücket den Hund, ſobald er an dem Ausſtürzplatz iſt in die Wage, zugleich drehet er denſelben mit einem fordern Rad über das Geſtänge, und ſchiebet den Hund nach, da dann das eine groſse Rad auch vom Geſtänge abweichet, und nunmehro ſtürzet er ihn leicht, da er auf einer Seite 5 bis 6 Zoll tiefer ſtehet, als auf der andern, auf eine unterliegende dünne Welle von Reiſern, und ziehet den Ueberreſt mit einer Kratze heraus.

Die bewegliche Achſe mit vorlaufendem Spurnagel hat in den, mit vielen und groſsen Winkeln verſehenen Stölln, ihren groſsen Nutzen, allein in ganz oder meiſtens geradſinigten Stölln, fällt derſelbe weg, und es iſt alsdann nur nothwendig, einem groſsen Hunde von dieſem Inhalte, einen ſteifen Spurnagel mitten durch die fordere Achſe zu geben.

Die Koſten eines ſolchen Hundes mit einer beweglichen Achſe, betragen mit Bord, Nägeln, Eiſen- Arbeiter- und Schmie-

...iedekosten, beynahe 30 Gulden. Die Unterhaltung aber
...hen will wenig sagen, da sich an dem auf dem Sachsen-
...er Werke schon über ein Jahr gebrauchten Hunde, aufser
...vechselung einiger Schliesen, Scheiben, Spillen, und
...yer Spurnägel, welche letztere aber blos durch die Un-
...samkeit der Arbeiter bey Anfang dieser Vorrichtung ver-
...en und verdorben worden, noch keine Reparatur erge-
...hat.

In der Vorstellung dieses Hundes und einiger seiner Thei-
Fig. 2. 3. 4. 5. 6. 7. Tab. II., ist dieser Hund mit allen Be-
...ndtheilen in gehörigem Verhältnisse gezeichnet, aufser, dafs
...en grosen Rädern 15, und denen kleinen 7 Zoll mit Fleifs
...eben worden sind.

Der Hund selbst bestehet aus dem Rumpf oder dem Ka-
n 1) welcher im Lichten 4½ Schu lang, 22 Zoll hoch,
...d 18 Zoll weit ist, dessen Boden- 2½ Zoll, Kopf- und Sei-
...bretter aber 1½ Zoll Dicke haben. Dieser Kasten ist erst
...t halben und ganzen Mastspeigernägeln zusammen geschla-
..., sodann an beyden Köpfen mit zwey zusammen ge-
...weifsten Reifen von 1½ Zoll breiten, und ½ Zoll dicken Ei-
...gebunden, auch noch vor und hinter dem grosen Rade
...solchen eisernen Reifen verwahrt, nicht weniger ist die
...re Kante der Seitenbretter mit solchem Eisen belegt.

2) Ist ein Brettstück dessen Länge der Breite des Hun-
...fast gleich, 12 Zoll breit, 1½ Zoll dick, und ½ Zoll in
...Boden des Hundes eingelassen ist. Die Dicke dieses Bret-
...mus mit der zunehmenden Höhe der fordern Räder wach-
..., wenn wegen dem zirkelförmigen Ausschnitte der Boden
...Hundes nicht zu viel verschwächt werden soll.

3) Ei...

3) Ein Stab Eisen 2 Zoll breit und ½ Zoll dick, an beyden Enden nach der Breite, Dicke, und dem Zirkel der Laufbahn eingesetzet, er ist in jenes Brettstück ¼ Zoll eingelassen. Auf diesem Brettstücke wird

4) die Laufbahn der beweglichen Achse, welche erstere an ihrem geraden Theile 2 Zoll, sonsten aber nur 1 Zoll breit, ½ Zoll dick, und an beyden Enden ¾ Zoll lang winkelicht gebogen ist, um die weitere Zurücktretung der Achse zu hemmen. Sie ist vorhero durch ¼ - ½ Zoll starke Niednägel, deren Köpfe oben ⅛ breiter als unten sind, in die Löcher ohne hervorzuragen genau passen, und mittelst auf der inwendigen Seite dieses Brettes eingelassner eiserner Blättchen fest aufgeniedet werden, ehe man dieses Brettstück mit denen ⅜ Z. starken, an einem Ende mit oben ⅝ und unten ⅜ Z. dicken Köpfen, und am andern Ende mit Schrauben versehenen Nägeln, an den Boden des Hundes auf eine in demselben liegende 2 Zoll breite, und ½ Zoll dicke eiserne Schiene, durch die Schraubenmutter fest anziehet.

5) Ein Stück Eisen 1 Zoll breit und ½ Zoll dick, worauf der Knopf vom Leitarm spielt.

6) Die bewegliche Achse 2 Zoll breit und ½ Zoll dick, ist an beyden Enden, welche durch die Naben der Räder gehen, hinten 1 Zoll, und forne ¾ Zoll stark, unten wohl gestählet, und mit Löchern zum Vorstecknagel versehen.

7) Der Leitarm von 1 Zoll breiten und ½ Zoll dicken Eisen, forne mit einem, 1 Zoll vierkantig durchlochten Blatte

8) zum Einstecken des Spurnagels, und hinten mit

9) einem Knopfe, welcher auf Nr. 5. hin und her spielet, und das Niedersinken des Spurnagels verhindert. Dieser Leitarm ist mit ⅜ Zoll dicken Schrauben, deren Köpfe oben ⅝ Zoll breit sind, durch

10) die

Beschreibung eines Handes.

10) die Schraubenmutter fest angezogen, die Schrau-
Mutter selbst aber vorhero mit

11) eisernen Schienen zu mehrerer Steifhaltung des Leit-
unterleget.

12) Die Pfanne, deren Armen eben so mit ½ Zoll star-
Schrauben auf die Achse befestiget, und mit

13) einem Blatte, so ½ Zoll vierkantig durchlocht ist,
den Nagel hineinzustecken, versehen wird.

14) Der Spurnagel, welcher im fordern Blatte 1 Zoll,
hintern Blatte ½ Zoll vierkantig, und unter der Spille ge-
det 1¼ Zoll dick ist, Ende der Spille aber einen ½ Zoll
kantigen Absatz mit einem Loche hat, um die in demsel-
festruhende Scheibe durch eine Schliese zu befestigen.

15) Die Spille, welche 1½ Zoll weit, und von ½ Zoll
rkem Eisen ist.

16) Vorgedachte Scheibe, welche 1½ Zoll breit, und ½
ll dick ist, und die Spille trägt.

17) Der fordere grosse Nagel, 1 Zoll dick, trägt die
ize zusammengesetzte bewegliche Achse, hat an einem
de einen breiten Knopf, und vor dem andern Ende ein,
Zoll hohes, und ½ Zoll weites Loch, um ihn durch

18) die Schliese, welche hinten 1 Zoll, und forne ½ Zoll
:h, und ½ Zoll dick ist, und in ihrem Blatte ein Loch zum
heften hat, auf

19) der 2 Zoll breiten, und ½ Zoll dicken eisernen Schie-
gehörig fest anzuziehen, dass die Achse auf der Laufbahn
e Zwang hin und her spielen könne.

20) Eine Scheibe, welche dem Kopf des Nagels un-
lieget, und dazu dienet, dass die Achse um so eher, weil
etwas grösser als der Kopf des Nagels ist, horizontal
spie

spiele, und dann auch, dafs der Kopf des Nagels nicht felbft verfchleife.

21) Ein Thürchen, (am Boden des Hundes inwendig,) fo in eifernen Bändern gehet, und die unter ihm befindlichen Schrauben und Schliefe, vor dem Druck der Ladung fchützet.

22) Die grofse hintere Achfe, von $2\frac{1}{4}$ Zoll breiten und $\frac{3}{4}$ Zoll dicken Eifen, $\frac{3}{4}$ Zoll in den Boden des Hundes alfo eingelaffen, dafs von dem Mittelpunct diefer Achfe an, der fordere Theil des Hundes 1 Zoll länger als der hintere feye, ift im weiten Theil der Naben 14, und im engen Theil derfelben 12 Linien dick, dafelbft unten geftählet, und mit $2\frac{1}{4}$ Zoll dicken, an einem Ende mit einem Kopf, am andern mit einer Schraube verfehenen Nägeln, welche durch eine im Hunde liegende 2 Zoll breite und $\frac{1}{7}$ Zoll dicke

23) eiferne Schiene gehen, durch

23b) Schraubenmutter feft angezogen.

24) Der hintere grofse, 1 Zoll dicke, und 2 Zoll ins Spur reichende Nagel, welcher alsdann durch die Mitte der hintern Achfe eingeftecket wird, wenn der Hundsläufer den leeren Hund wieder hereingelaufen, und an dem nächften, beym Füllorte gelegenen geräumigen Platze, mit der Stirne herauswärts gewendet hat, und ihn alfo rückwärts bis zum Füllorte fortziehet. Er verhütet in diefem Falle die Abweichung des Hundes vom Geftänge, und wird vor Anfang der Einfüllung wieder herausgezogen und in den Hund geleget. Bey einem fchon zugeftutzten Hundsläufer ift er nicht mehr nöthig.

25) Ein Griff, um den Hund zu regieren, oder denfelben damit bey ftarkem Falle des Geftänges hinten in die Höhe zu halten, dafs der Spurnagel nicht aus dem Spur fpringe, und der geladene Hund vom Geftänge herunter falle.

H

26) von Eisen gegossene grosse Räder, zwischen der Nabe und dem äussern Rande auf beyden Seiten 8½ Linie ausgehöhlet, in der Mitte der Nabe 13½ Linie weit. Die Höhe derselben ist 15 Zoll, und die Breite der Bahn 2 Zoll.

26b) Kleine fordere Räder, 7 Zoll hoch, mit Naben im Mittel 11½ Linien weit, und auf beyden Seiten ausgehöhlt.

27) ½ Zoll dicke eiserne Scheiben, so sich auf jeder Seite der Räder befinden.

28) Beschlag des Hundes von 1½ breiten und ½ Zoll dicken Eisen.

29) 2 gebogene Stücke Bandeisen, womit das Brett Nr. 2. hinten auf den Boden des Hundes aufgenagelt ist.

30) Beschlag des Hundes mit Bandeisen auf beyden schmalen Seiten.

Das aus dem Stolln kommende Gestänge, theilt sich vor dem Mundloch nach der Vorstellung Fig. I. Tab. II. in zwey Gestänge, deren eins *a.* nach der Erzrolle, das andere *b.* aber nach der Klarzeugrolle und Berghalle führt. Zwischen beyden ragt eine Spitze *c.* vor, in welche der Spurzeiger *d.*, je nachdeme nach einem oder dem andern dieser Plätze gefördert werden soll, in das Spur *e.* oder *f.* geleget werden muss.

IV. Ueber

IV.
Ueber die Aufbereitung der Erze
auf dem St. Annaschacht zu Kremnitz.

Mitgetheilt

von *I. F. W. von Charpentier*,

Churfürstlich Sächsischen Bergrathe zu Freyberg.

Was für ein vorzüglich wichtiges Geschäfte die Aufbereitung der Erze, unter den bey dem Bergbau vorkommenden mehrern bergmännischen Arbeiten ausmachet, ist einem jeden Bergmanne bekannt, und wie sehr selbiges die äusserste Aufmerksamkeit und geschickteste Behandlung verdienet, weil durch Vernachläßigung der Aufbereitung, die Vortheile niemals erlangt werden können, die eine zweckmäßige Gewinnung der Erze, und sonst veranstaltete haushälterische Grubenwirthschaft gewiss erwarten läst, ist längst entschiedene Wahrheit. Unternehmungen die zu Verbesserung der Erzaufbereitung dienen, können daher dem Bergmann nicht anders als interessant und höchst willkommen seyn. Eine dergleichen glaube ich in nachstehender Beschreibung bekannt zu machen, die ich während meines Aufenthalts in Kremnitz im Jahr 1786, auf dem St. Annaschacht mehrmalen zu beobachten Gelegenheit gehabt habe. Es hat zwar Delius im 3ten Abschnitte seiner Anleitung zur Bergbaukunst, eine vollständige und lehrrei-

lehrreiche Befchreibung der in Ungarn gewöhnlichen Aufbereitungsarten gegeben, die auch noch ohne die mindeſte Abänderung in den Poch- und Waſchwerken des Windſchachts, im Steptitzgrunde, im Hodritzſchthale, und an mehrern Orten, wo ich ſelbige geſehen habe, beobachtet wird. Man wird jedoch in folgender nachher eingeführter, ſo merkliche Abweichungen finden, und die Genauigkeit, die, in einer grofsen Maſſe äufserſt geſtreuten kleinſten Erztheilchen zu ſammlen, ſcheint mir hier auf ſo einen grofsen Grad der Vollkommenheit gebracht zu ſeyn, dafs es wohl nicht ſchwer werden dürfte, ihr den Vorzug für den vorher beſchriebenen, und bisher in Ungarn bekannt geweſenen Aufbereitungs-Methoden zuzugeſtehen. Da bey der Abbauung und Gewinnung der Kremnitzer mächtigen Gänge, auf ähnliche Weiſe wie in dem Schemnitzer Gebirge, die Maſſe der gewonnenen Pochgänge weit gröfser iſt, als die Maſſe der dabey auszuhaltenden Scheiderze, ſo kann von erſtern der Vortheil nicht anders als vermittelſt der Waſchwerke erhalten werden. Es ereignet ſich aber zu gleicher Zeit, wie bey ſo mächtigen Gängen leicht zu erachten, der Umſtand, dafs aufser den vielen Pochgängen, auch noch eine grofse Menge Grubenkleines erzeuget wird, beydes aber mit einem Schlamm überzogen iſt, der ſo wie die ganze, von Gängen gewonnene Maſſe, mit Goldhaltigen Silbererztheilchen, beſonders aber mit gediegenen Goldtheilchen imprägnirt iſt, deren Gewinnung die äufserſte Sorgfalt erfordert.

Zu ſolchem Ende iſt demnach in dem St. Anna Waſchwerke, folgende Vorrichtung nach beygefügten Zeichnungen gemacht worden. Fig. 1. Tab. III. ſtellet den Grund eines, in der Fig. 2. im Perſpectiv gezeichneten ſogenannten Waſchkaſtens

kastens vor; in selbigen werden die Pochgänge und das Grubenkleine, so wie es aus der Grube kömmt, von oben eingestürzt, und durch die fordern Oeffnungen, die mit angebrachten Schützen leicht auf und zugemacht werden können, vermittelst kleiner Kratzen ausgezogen, und auf die bey *a.* angebrachten eisernen Gitter, welche ohngefähr nach der Länge ½ zöllige Oeffnung haben, gebracht, während daß durch eine, hinter den Kasten befindliche Rinne *h.*, frische Wasser in die Abtheilungen unter selbige gelassen, und die ausgezogenen Pochgänge und das Grubenkleine damit gemenget, und von den anhängenden Schlamm abgewaschen werden. Ein Grubenjunge, deren so viele angestellt sind als der Kasten Abtheilungen hat, rühret mit seiner Kratze im währenden Ausziehen auf der Ebene *c.* das ganze Gemenge wohl durcheinander, spühlet den noch daran hängenden Schmand, und einen Theil des Grubenkleines von den kleinsten Theilchen an, bis zu denen, welche noch durch die angebrachten Gitter durchfallen können, ab, und ziehet sodann die übrigen nun ganz rein abgespühlten Pochgänge auf die Ebene *d.*, von da sie bis zur Verarbeitung im Pochwerke selbst, auf einen Haufen gestürzet werden. Der mit Wasser gemengte und verdünnte Schlamm, gehet nebst allem was durch die Gitter von gröbern Theilen gefallen ist, in das unterliegende Gerinne *e.* und fliesset mit einigem Abfall auf eine bey *f.* befindliche kupferne, halbrund durchlöcherte Platte, deren Oeffnungen jedoch nur so groß sind, daß Theilchen von ohngefähr 1 Linie lang und breit, durchfallen können. Auf dieser Platte wird von angestellten zwey Grubenjungen, die zufliessende Masse von neuen durcharbeitet, und was auf selbiger zurück geblieben ist, zu den vorgedachten abgeläuterten Pochgängen gestürzet.

Das

Das durchgedrungene Gemenge wird nunmehro von der darunter angebrachten Rinne g. aufgenommen, und verbreitet sich mittelst der darinnen befindlichen Oeffnungen, über die in der Abtheilung *B.* angebrachten Eilf Herde. Sämmtliche diese Herde, sind bis auf ⅓ ihrer Länge mit Planen bedeckt, und wegen ihres starken Fallens, wird das überfliessende Gemenge mit ziemlicher Geschwindigkeit, hinab in die untere Rinne *b.* getrieben. Die Absicht hierbey ist, die schweren Goldtheilchen in währendem Ueberfliessen auf der Plane aufzufangen. Zu diesem Ende muss ein Knabe, sobald er siehet, dass die Planen gnüglich mit Schmand überzogen sind, selbige in den dabey befindlichen Kasten *i.* abflauen, oder abspuhlen, und währender Zeit, dass er auf diese Weise jeden Herd von seinem Schlamme reiniget, wird dessen Oeffnung so das Gemenge herzuführet, verstopfet, bis er von neuen mit den abgeflauten Planen belegt ist. Er fährt auf diese Weise von einem Herde zum andern fort, und braucht gerade so viel Zeit darzu, dass wenn er mit dem letzten fertig ist, die andern schon wieder so weit mit dem Gemenge belegt sind, dass er bey dem ersten wieder anfangen kann.

Das was von diesen Planen in den Kästen *i.* zu Boden fällt, wird, wenn es in gnüglicher Menge vorhanden ist, auf der Goldlutte nach der, im Delius §. 747. S. 478. beschriebenen gewöhnlichen Weise verwaschen, und das Gold daraus, da es gemeiniglich aus sogenannten frischen und milden Theilchen zu bestehen pflegt, vermittelst des Scheidetrogs ausgezogen.

Das von den Planenherden in die Rinne *b.* geleitete Gemenge, fliesset sodann in die Gerinne der Abtheilung *C.* und da selbige gegen die vorgedachten Planenherde weit

weniger

weniger Fall haben, so entstehet auch hierinnen die erste Scheidung der *gröbern* von den *feinern* Theilchen des Gemenges, als welche erstere sich zu Boden setzen, und die letztern durch die Rinne *K*. den Gerinnen der Abtheilung *D*. zueilen. Weil in diese Gerinne das Gemenge schon mit vielen zarten Schlammtheilchen verbunden einkömmt, welche die Absonderung des feinen von den gröbern allemal erschweren, und ohngeachtet man diesem Gerinne eine mehrere Länge als denen in der Abtheilung *C*. gegeben hat, der mehrere zu durchlaufende Raum dennoch nicht hinreichend seyn würde, eine vollkommne Scheidung zu bewirken, so ist bey *l*. eine Rinne über *k*. angebracht, in welcher frisches Waſſer zugeführet, und mit dem Gemenge in die Gerinne zugleich eingeleitet wird. Hierdurch entstehet eine vortheilhafte Verdünnung des ganzen Gemenges, die gröbern Theile fallen zu Boden, und die feinern werden nach dieser Verdünnung durch die Rinne *m*. den in der Abtheilung *E*. angelegten Gerinnen welche keinen Fall haben zugeführet. Letztere sind zwar wieder um ein beträchtliches länger, als die in *D*., um jedoch die Absonderung der ungleichen Theilchen noch vollständiger zu bewirken, wozu man die mehrere Länge alleine nicht für hinreichend hält, so wird abermals durch eine über *m*. angebrachte Rinne *n*., frisches Waſſer in das Gemenge wie vorhin geleitet, um was von groben Berg, und schweren metallischen Theilchen noch vorhanden seyn dürfte, in diesem Gerinne aufzuhalten, aus welchen denn zuletzt das ganze noch übrige, und aus den feinsten Schlammtheilchen bestehende Gemenge, dem Sumpfe *F*. zugeführet wird, in welchen es sich bey dem ziemlich ruhigen Stande des Waſſers zu Boden setzet, die Trübe aber wird in das sogenannte

genannte Schlammwafchwerk geleitet, wovon hernach unten ein mehreres vorkommt. Was fich nun in den verfchiedenen Gerinnen der Abtheilungen C. D. E, und dem Sumpfe F. gefetzet hat, wird nachhero auf den, in dem Wafch- oder Pochwerke zugleich erbauten Schlämmgraben G. den Kehrherden H. und dem liegenden Herde I., auf folgende Art, und nach Befchaffenheit der abgefetzten Mafſe, aufbereitet, und zu einem Schlieg gezogen.

Das, was aus den Gerinnen C. ausgefchlagen worden ift, wird auf dem erften 2 Fuſs breiten Schlämmgraben genommen, auf die Gumpe o., oder den obern Theil deffelben aufgeftürzet, mit frifchen Waſſer gemenget, und von da flieſst es durch die, auf dem Happenbrette gefetzten Klötzchen gleichförmig vertheilet, in den untern Theil des Schlämmgrabens p. herab. Im währenden Herabflieſsen aber, wird durch eine eigene, unter dem Schlämmgraben angebrachte Vorrichtung, zu gleicher Zeit ein, über die ganze Breite des Schlämmgrabens gehender Strahl von frifchem Waſſer, fo zugeleitet, daſs das herabflieſsende Gemenge mit felbigen vermifcht, und immer von ihm durchkreuzet wird. Wenn der Schlämmgraben überlaufen ift, fo arbeitet ein Knabe mit einer Kifte deren Breite ohngefähr $\frac{2}{3}$ des Herdes ift, das Gemenge von unten herauf, gegen das Happenbrett des Herdes zu, und giebet dabey Acht, daſs die von dem abfallenden Gemenge, und zugemifchten frifchen Waſſer herabgehenden Wellen, den ganzen Graben gleichförmig, und mit mäfsiger Gefchwindigkeit bedecken und herablaufen. Aus diefer Bearbeitung, und indem er mit der hohen Kante der Kifte, öfters Eintiefungen in Entfernung von 6 zu 6 Zollen fchlägt, bewirket er eine Gleichheit der Arbeit über den

ganzen

ganzen Herd, und eine Abſonderung der auf der Oberfläche befindlichen trüben Theile. Hieraus entſtehen dreyerley verſchiedene Abſonderungen des eingelaſſenen Gemenges, wovon die erſte ohngefähr den dritten Theil des Raums im Schlämmgraben unter dem Happenbrette, die zweyte die Mitte, und die dritte den untern Theil deſſelben einnimmt.

Es folget von ſelbſten, daß, was das erſte Drittheil einnimmt, das am meiſten von groben und leichten Theilchen abgeſonderte ſeyn müſſe; dieſes wird ſodann, wenn der ganze Schlämmgraben nach und nach angefüllet, und mit der vorherbeſchriebenen Behandlung immer bearbeitet worden iſt, ausgeſtochen, und auf die Gumpe o. des zweyten Schlämmgrabens zur ähnlichen Bearbeitung gebracht. Das zweyte Drittel hingegen, wird von nun an in die des erſten Schlämmgrabens zu einer zu wiederholenden Bearbeitung, der dritte oder unterſte Theil aber, welcher aus den gröbſten und leichteſt abgeſonderten Theilen beſtehet, in das Pochwerk zur noch mehrern Zerkleinung geſtürzt.

Die Behandlung im zweyten Schlämmgraben, iſt der im erſten im Ganzen genommen, vollkommen gleich, die daher entſtehenden drey verſchiedenen Abtheilungen werden aber folgendergeſtalt vertheilet: das erſte Drittel vom Happenbrette, kommt auf den dritten Schlämmgraben; das zweyte Drittel bleibt zur neuen Bearbeitung auf dieſem zweyten, und das dritte oder unterſte kommt wiederum auf den erſten Schlämmgraben, da es gemeiniglich dem Gemenge der zweyten Abtheilung deſſelben beykommt, zurück. Es iſt jedoch hierbey annoch zu bemerken, daß dieſe Abtheilung nicht allemal für gewiß angenommen werden kann, ſondern daß ſich ſelbige jederzeit nach der gefundenen Beſchaffenheit des Gemenges bey der Untersuchung mit dem Scheidetroge richtet, als welcher nachher die Arbeiter anweiset, auf welchen Herd die Poften zur neuen Verarbeitung geftürzt werden follen.

Eine ganz gleiche und ähnliche Bearbeitung fällt auch auf dem dritten Schlämmgraben mit den vom erften Drittel des zweyten Schlämmgrabens, und unter gleichmäßiger Vertheilung des frifchen Waffers über alle drey Schlämmgraben vor, und es entftehen hier abermalen drey verfchiedene Abtheilungen, wovon jedoch die erfte und oberfte, da felbige aus meift reinen Theilchen beftehet, als rein gefchlämmter Kiesfchlieg gefammlet wird, bis ein hinlänglicher Vorrath vorhanden ift, wo fodann derfelbe zu einen Schlieg auf eben dem Durchlafs oder Schlämmgraben gezogen wird. Die zweyte Abtheilung wird auf eben diefen Schlämmgraben zur nochmaligen Bearbeitung, und die dritte wiederum auf den zweyten Schlämmgraben, zu noch befferer Scheidung und Abfonderung genommen.

Es fällt von felbft in die Augen, dafs während der Behandlung auf allen drey Schlämmgraben, zugleich eine Abfonderung der feinften Schlammtheilchen fowohl durch die Behandlung felbft in dem Gemenge, als vermittelft der, durch das frifch eingelaffene Waffer bewirkten Verdünnung deffelben erfolgen mufs. Diefer feine Schlamm fliefset denn durch die, an der untern Seite des Schlämmgrabens verfchiedentlich über einander gebohrten Löcher g, fo wie er fich nach und nach füllet, in den angebrachten, mit einem Brettchen überdeckten Sumpf s., und wird in felbigen zum völligen Reinmachen, oder zu Darftellung des darinnen noch enthaltenen ganz reinen Kiesfchlieges aufbewahret.

Das

Das Reinmachen der Schlämme aus dem Sumpfe *r.*, ingleichen was fich in den Filzgerinnen *E.* und den Schmandgerinne *F.* abgefetzet hat, gefchiehet auf den beyden Kehrherden *H*. Die Gumpen werden mit diefen Schlämmen gehörig gefüllet, mit Waffer verdünnet, und indem die Maffe fich durch die, auf dem Happenbrette angebrachten Klötzchen gehörig verbreitet, fo wird zugleich, fo wie bey den Schlammherden, auch hier frifches Waffer über den Herd gelaffen. Ein Knabe hat indeffen die Theile *s. s.* der Schieber genannt, an die Kehrherde angelegt, und giebt nun auf die auffliefsende Maffe Acht, dafs von felbiger gleiche Wellen über die Flächen der Herde mit mäfsiger Gefchwindigkeit verbreitet werden. Hierbey wird man fogleich eine Abfonderung der fchweren Schliegtheilchen, und ein Niederfallen auf die rauhen Oberflächen der Bretter gewahr, indem die leichten und unhaltigen Gefteintheilchen mit dem Waffer herablaufen; und weil es fchon bekannt ift, dafs diefe unhaltig find, fo werden fie auch fogleich vermittelft der angeftofsenen Theile *s.* in die wilde Fluth geleitet. Sobald der Knabe gewahr wird, dafs fich die ganze fchiefliegende Fläche des Herdes mit Schlieg belegt hat, welches durch das verdünnte Gemenge gut zu erkennen ift, fo ftopfet er die Oeffnung der Gumpe, und alsdann werden ohngefähr ein Fufs breit die fchlammigten Theile unten in den erften Kaften abgekehrt, der Knabe fchlägt die Waffer ab, macht den Schieber zu, läffet wenig klares Waffer über den Herd laufen, und fuchet mit einem kleinen Befen von unten auf die gröfste Trübe von den, auf den Brettern fitzen gebliebenen Schlieg abzufondern, welche Trübe, weil fie noch metallifche Theile mit fortreifst, allein in den zweyten Kaften geführet wird. Ift diefes geschehen, welches man abläutern nennt, so wird eine Lutte oder Gerinne angestossen, auf die Oeffnung des dritten Kastens gelegt, und alsdann mit stärkern klaren Wasser und grölsern Besen der angehängte Schlieg, auf den Brettern ab, und in den dritten Kasten gekehret. Kömmt dieser Schlieg auf einen schmelzwürdigen Halt, so wird er gerade in die Kieskammer gelaufen, widrigenfalls aber auf einen Reinmachherd nochmals behutsam bearbeitet. Auf diese Weise wird sodann die Arbeit wieder von forne angefangen, und mit dem Reinmachen der Schliege fortgefahren, wobey der Knabe nur auf die gehörige Consistenz des Gemenges, dafs solches nicht zu dicke ausfalle; auf die mäfsige Geschwindigkeit, womit es über die Herde läuft; und auf die gleiche Verbreitung der Wellen; auch dafs sobald der Schlieg den ganzen Herd belegt hat, die Gumpen gestopft werden, Acht geben mufs, da aufserdem die Arbeit äufserst leicht und geschwind von Statten gehet.

Wenn die Bretter auf den Herden durch einen anhaltenden Gebrauch glatt geworden sind, so müssen sie wieder durch Eisen rauh gerissen werden, damit das Anhängen der Kiestheilchen und der Erze dadurch erleichtert werde. Es ist hier noch zu bemerken, dafs in währender Absonderung, das verschiedene Gemenge in denen Gerinnen C. D. E. und F. nach Beschaffenheit des Korns zu verschiedenen Zeiten mit der breiten Seite der Kiste gestaucht werde, um die Präcipitation desto mehr und eher zu befördern. Pochwerks-Schliege werden nebst dem, was sich in den Gerinnen D. absetzet, auf dem liegenden Herde I., nach der allgemein bekannten und im Delius ausführlich beschriebenen Methode behandelt und rein geschlämmt, so dafs ich hiervon etwas anzuführen für überflüssig halte.

Die

Ueber Aufbereitung der Erze zu Kremnitz. 69

Die erhaltenen Schliege fallen, wie leicht zu erachten, aus verfchiedenen Gerinnen, nach verfchiedener Behandlung auf denen Schlämm- Kehr- und liegenden Herden, auch verfchieden in Anfehung des Korns aus, und find daher auch verfchiedentlich benennet, als 1) Scheidewerkfchlieg fo aus der Goldlutte und dem Scheidetroge fällt, 2) mittlerer Schlieg, 3) milder Schlieg, 4) Kehrherdfchlieg u. f. w. deren Gehalt im Centner bald mehr bald weniger nach Befchaffenheit der Gänge ausfällt, wie denn die ganz reinen öfters 5 Lt. güldifches Silber geben follen. Wöchentlich werden in einem Wafchwerke von der befchriebenen Anlage, 1000 Cr. aufbereitet, oder wie es hier heifst, verfchlämmt, weil man die Aufbereitung der Erze fo durch das Pochwerk allein fallen, hiervon gänzlich ausnimmt, und für fich allein betrachtet. Jedoch follen von letztern eben fo viel in einer Woche aufbereitet werden, wenn 20 Pocheifen dabey beftändig im Gange find, und das dazu erforderliche Pochmehl befördern. Das Gängewafchwerk ift mit Innbegriff des Schaffners oder Wäfchfteigers, mit 15 bis 18 Arbeitern belegt, wovon der Schaffner täglich 19 Kreuzer, ein Wäfchknabe aber, (denn alte erwachfene Leute habe ich hier nicht angetroffen,) nach Verhältnifs ihrer Arbeiten täglich 5 - 6 - 7 Kreuzer Lohn erhalten.

Nach der nunmehro umftändlich gegebenen Befchreibung von der Aufbereitung der, fowohl von dem Wafchals Pochwerk erhaltenen verfchiedenen Mehle, und fogenannten Schmanden, bleibt mir noch die Befchreibung der Behandlung der Trübe, oder desjenigen was gemeiniglich in die wilde Fluth geleitet wird, übrig. —— Es ift unmöglich, dafs bey der genaueften und forgfältigften Bearbeitung fowohl

wohl auf denen Schlamm - Kehr- als liegenden Herden, nicht noch mehrere, und zwar die allerfeinsten Erz- und Kiestheilchen nach dem Verhältniß ihrer eigenthümlichen Schwere und Größe mit der Trübe, welche aus den Schlammgerinnen abgeleitet wird, fortgerissen werden sollten. Um nun diese wegen des darinnen auch noch befindlichen wenigen zarten Goldstaubes zu erhalten, sind besondere Vorrichtungen, welche sich ausserhalb der Wäsche, in einiger Entfernung wo der Platz eine schickliche Gelegenheit dazu anbietet, auf folgende Art veranstaltet worden. Die Trübe wird, so wie sie aus dem Waschwerke kommt, durch Rinnen in zwey neben einander gelegte große Sümpfe von 40 Fuß Länge, 17 - 19 Fuß Breite, und 8 Fuß Tiefe geleitet. Wenn ein dergleichen Sumpf angefüllet ist, so wird die Oeffnung des Zuleitegerinnes verstopfet, der Sumpf ausgeschlagen, während welcher Zeit sich der andere Sumpf anfüllet, und der ausgeschlagene Schmand wird auf die darneben angelegten Kehrherde, von welchen sich zwey, zuweilen auch vier Reihen, jede Reihe von 24 und mehr Herden neben einander befinden, und welche 22 Fuß lang, 3 Fuß 1½ Zoll oben breit sind, verwaschen. Die Herde haben 6 - 7 Grad Fall, und sind so angelegt, daß immer zwey und zwey eine gemeinschaftliche Oeffnung, zur Einkehrung des gewaschenen Schliegs haben. Der Schlamm wird durch ein, nach der Länge der Herde angelegtes Gerinne, auf die Herde geleitet, mit frischen Wasser verdünnet, und auf ähnliche Weise wie ich schon vorhin angeführet habe, gibt man auf den Gang und die Geschwindigkeit der Wellen Acht. Wenn der ganze Herd überlaufen ist, binnen welcher Zeit die leichten und gröbern Theile durch die eine Oeffnung in die wilde Fluth laufen, stopfet der Knabe

Knabe diese Oeffnung, und eröffnet diejenige, durch welche die abgesetzten Schliege in das darunter angelegte Rinnwerk aufgesammelt werden sollen, und fängt sodann von oben an, mit Einlassung frischen Wassers, das was sich auf den Herden niedergefället hat, mit einem Besen abzukehren. Sobald dieses geschehen ist, wird diese Oeffnung wieder verstopft, das Zulassgerinne von neuen geöffnet, und die Arbeit wieder von forne angefangen. Ein Knabe kann auf diese Weise füglich sechs Herde besorgen, daß wenn er mit dem sechsten fertig ist, der erste wieder zum sogenannten Reinmachen oder Abkehren genommen werden kann. Es ist indessen doch der abgekehrte feine Schlieg durch diese Behandlung noch nicht so reine, daß davon der gehörige Gebrauch gemacht werden könnte, sondern er wird sodann aus dem Rinnwerk in welchem er sich während der Arbeit sammlet und absetzet, ausgeschlagen, und von neuen in einen, gemeiniglich zwischen den grossen Sümpfen, und den Kehrherden besonders dazu erbauten Waschhause, auf den darinnen vorgerichteten bekannten liegenden Herden geschlämmet, welche Arbeit denn wegen der äussersten Feine der Theilchen, öfters zu viermalen wiederholet werden muß, ehe der erforderliche Grad der Reinigkeit des Schliegs erhalten werden kann, oder ein ganz reiner Schlieg ausfällt. Allerdings ist diese Arbeit weitläuftig, um jedoch von dem Golde nichts zu verlieren, wird es zur unentbehrlichen Nothwendigkeit, die Genauigkeit auf dem Schlamme, (denn so wird eine ganze Vorrichtung von der jetzt beschriebenen Art, welche zwey grosse Sümpfe, ein Waschhaus mit liegenden Herden, und eine gewisse Anzahl Kehrherde enthält, genennt,) so weit zu treiben, als es nur immer möglich seyn will. Indessen hat man das Schlämmen

auf

auf den liegenden Herden abzuwerfen, und denn ganz reinen Schlieg fogleich auf denen Kehrherden zu erhalten, durch nachstehende Vorrichtung möglich zu machen gesucht, welche auch mit gutem Erfolg auf dem gemeinschaftlichen Josephi- und Matthäi-Schlamm versucht worden ist, als woselbst ich sie in Augenschein genommen habe.

Die Trübe, welche in mittlere und milde Trübe eingetheilet wird, und wovon die mittlere aus solcher Arbeit kömmt, aus der das Korn nicht ganz frisch aber auch nicht ganz milde ist, wird hier, anstatt sie durch Gerinne in die vorgedachten großen Sümpfe zu leiten, vorher über 17 Planenherde, welche alle eine Ebene ausmachen, und nur mit starken Leisten von einander unterschieden sind, ganz gleich vertheilt. Jeder derselben ist 1 Fuss breit, 6¼ Fuss lang, und hat 6 Grade Fall. Nach Verlauf von ein bis zwey Stunden, werden die Planen von den Herden in gleich darneben befindlichen Abflaukästen abgespühlet, und derjenige Schlamm, welcher durch dieselben gegangen ist, und sich auf den Herd selbst geleget hat, wird mit der Schaufel in eben diesen Kasten gethan. Die weitere Bearbeitung desselben geschieht im Waschhause. Die ablaufende Trübe von diesen Planenherden wird in einem unten vorliegenden Gerinne aufgefangen, und in acht Schlammgräben ganz gleich vertheilt. Ein jeder derselben ist 2 Fuss tief, 39 Fuss lang, 2 Fuss 9 Zoll breit, und hat ½ Grad Fall. Zu noch besserer Verdünnung der Trübe, ist oben queer vor, ein Gerinne angebracht, worinne helles Wasser zugeführt, und mit aufgegeben wird. Die ablaufende Trübe von allen Schlammgräben, wird durch ein untergelegtes Gerinne in die wilde Fluth geführt. So wie der Schlamm in den Gräben sich anhäuft, so setzt man unten beym Ausfluss

Vorlegbölzer ein, damit das Waſſer beſtändig einen faſt horizontalen Stand behält, und alſo die Trübe leichter abſetzen kann. Sobald ein ſolcher Graben voll Schlamm iſt, wird der Ausfluſs durch ein kurzes Unterleggerinne, in das vorliegende Schlammgerinne geleitet, dieſes iſt durch einen Unterſchied in zwey Theile getheilet, die gröſste Hälfte wird in dem Gerinne herumgeleitet, und auf ſechszehn liegende Herde vertheilt. Dieſe Herde haben alle einerley Länge und Breite, erſtere beträgt 27 Fuſs, und letztere 3 Fuſs. Ihre Neigung gegen den Horizont aber iſt verſchieden. Die erſtern viere haben 6 Grad Fall, die darauf folgenden viere aber $5\frac{1}{2}$ Grad. Von den übrigen achten haben einige mehr und einige weniger als $5\frac{1}{2}$ Grad Fall. Jeder dieſer Herde hat zwey Ausflüſſe, wovon der eine, wenn der Herd nicht abgekehrt wird, verſtopft iſt, und die ablaufende Trübe geht ſodann durch den zweyten Ausfluſs, in das darunter gelegene wilde Fluthgerinne. Sobald der Herd aber abgekehrt wird, welches täglich ohngefähr vierzehnmal geſchieht, ſo wird der zweyte Ausfluſs verſtopft und der erſte geöffnet. Der noch unreine Schlieg geht ſodann in das Schlammgerinne, gleich neben dieſen iſt noch ein anderes, in welchen ſich die ganz milde Trübe aus dem Gerinne ſetzt. Aus beyden Gerinnen kömmt der Schlamm zu weiterer Aufbereitung in das Waſchhaus. Das Gerinne, welches die Schlämme von zwey Schlammgräben aufnimmt, führt dieſe auf vier andere Herde, deren Länge 23 Fuſs, die Breite aber 3 Fuſs, und ihr Fall 7 Grad iſt. Die abflieſsende taube Bergart wird durch ein Unterleggerinne in den Fluthgraben geführt; der abgekehrte unreine Schlieg hingegen in das Unterfaſs. Auch dieſer unreine Schlieg wird in dem Wäſchhauſe vollends rein gemacht,

macht, nur mit dem Unterschiede gegen jenen von den andern liegenden Herden, daſs erſterer nur zweymal, der letztere hingegen viermal überarbeitet werden muſs, und daſs erſterer im Gehalt auf 1½ bis 2 Lt., letzterer aber nur auf 1 bis 1½ Lt. kömmt. Dieſe letztern Herde haben demnach wegen kürzerer Arbeit, und Erſparung der Zeit, nicht weniger wegen des höhern Gehalts einen merklichen Vorzug vor jenen.

Die zweyte Art von Schlämmen, welche man hier aufbereitet, iſt die milde Trübe. Auch dieſe iſt nichts anders, als ein Abgang von zähen Schlämmen, woraus man den Schliegehalt ſo gut wie möglich zu ziehen geſucht hat. Dieſe milde Trübe wird durch Gerinne in Setzgruben geleitet, wovon die erſten 23 Fuſs lang, 1 Fuſs 3 Zoll breit, die letztern aber 26 Fuſs lang ſind, und Breite und Fall von ⅜ Grad mit den erſten gemein haben. Der Schlamm aus dieſen Setzgruben wird auf einen breiten Kaſten geſchafft, und über zwey liegende Herde gewaſchen. Weil auch hierbey eine mehrere Verdünnung nöthig iſt, ſo hat man zu dieſem Behuf durch Gerinne helles Waſſer herbey geleitet. Dieſe Herde ſind 20 Fuſs lang, 3 Fuſs breit, und haben 9 Grad Fall. Der Unterſchied der Arbeit beruht auf der weit gröſsern Feinheit des Korns, und dem ſtärkern Fall der Herde. Die leichte und unhaltige Trübe geht in das vorliegende Fluthgerinne. Alle Stunden wird abgekehrt, und zwar das erſteremal ganz behutſam und leicht in das erſte Unterfaſs, zum zweytenmal aber erhält man den Kieſschlieg ziemlich rein und lieferungswürdig. Hiermit iſt die Arbeit auſſer dem Wäſchhauſe ganz vollendet, worauf ſodann die weitere Aufbereitung und Reinmachung der bisher unrein erhaltenen Schliege folget. In gedachtem Wäſchhauſe befinden ſich noch

vier

vier liegende Herde, die Länge derselben ist 8 Fuß, und die Breite 9 Fuß. Ihre Neigung richtet sich nach der verschiedenen Beschaffenheit des Korns. Ueber jeden Herd (den Reinmachherd ausgenommen) befinden sich vier Unterstoßbretter. Von diesem fällt die Trübe erst auf den Herd. Das in dem Schliege befindliche Gold bleibt größtentheils auf diesen Unterstoßbrettern liegen, und wird von denselben in eine darunter weggehende Rinne gekehrt. Aus dieser aber sammlet man es in einen Kasten, wornach es ferner auf der Goldlutte bearbeitet wird. Der von den Planenherden erhaltene goldhaltige Schlieg, wird über den ersten Herd gearbeitet. Die obersten drey Schaufeln auf dem Herde, werden alsdenn auf den vierten Reinmachherd gleich auf das erstemal rein gemacht, der untere Theil hingegen wird noch einmal wieder über den ersten Herd geschlämmt, und sodann ebenfalls auf den Reinmachherd genommen. Der von den sechszehn Kehrherden außer der Wäsche erhaltene annoch unreine Schlieg, kommt zuerst auf den zweyten Herd; dasjenige, was auf den Unterstoßbrettern liegen bleibt, wird eben so, wie bereits angezeigt ist, behandelt. Die drey obersten Schaufeln kommen auf den dritten Herd, der untere Theil aber wieder hinauf in die nämliche Arbeit.

Von dem dritten Herde kommen die drey obersten Schaufeln auf den Reinmachherd, der mittlere Theil wieder auf den nämlichen Herd, und der untere zurück auf den zweyten. Die auf den vierten als den Reinmachherd abgegebenen drey Schaufeln müssen zweymal über denselben gearbeitet werden, bevor man ganz reinen Schlieg erhält. Der mittlere Theil kömmt auf den dritten, und der unterste auf den zweyten zurück, wo man alles wie zuvor behandelt.

Diesemnach muſs der beſte Theil des Schlieges von den ſechszehn Kehrherden, auſſer dem Waſchhauſe viermal geſchlämmt werden, bevor derſelbe lieferungswürdig iſt. Der gröſste und ſchlechteſte Theil aber, welcher ſich unten auf den Herden ſetzt, und allezeit wieder zurück gegeben wird, muſs noch mehrmalen bearbeitet werden.

Derjenige Schlieg aber, welchen man auf den neuerlich eingerichteten vier Herden erhält, wird nur zweymal geſchlämmt, nämlich zuerſt auf den erſten, und ſodann gleich auf dem vierten Herde. Die ganze Manipulation bey dieſer Waſcharbeit, geſchieht auſſer dem Waſchhauſe mit dem Beſen, und innert demſelben mit der Läuterkiſte, wobey neun Perſonen, nämlich acht Knaben und ein Schaffer arbeiten. Das Lohn von einer Schicht a 10 Stunden, (von 7 Uhr früh bis Abends 5 Uhr) beträgt beym Schaffer 11 Kreuzer; bey drey Knaben jeden 6 Kreuzer; bey zwey Knaben jeden 5 Kreuz.; bey drey Knaben jeden 4 Kreuz.: 9 Arbeiter alſo erhalten 56 Kreuz. täglich zum Lohn. Durch dieſelben iſt im letztvergangenen Monat Sept. 36 Ctn. Kieſſchlieg, 2 Ctn. göldiſches Silber 1 Lt. Silber, und 50 Pf. Lechgehalt aufbereitet, und abgeliefert worden. Man macht eigentlich drey Sorten Schlieg, jede Sorte wird beſonders probirt; hiernach wird aber der gefundene Gehalt nicht bezahlt, ſondern, nachdem alles wohl unter einander gemenget iſt, ſo wird nochmals probirt, und hiernach der Gehalt verrechnet. Dieſes iſt die letzte Arbeit die dermalen zu Gewinnung der Erztheilchen vermittelſt der Waſchmanipulation in Kremnitz ausgeübet wird. Man findet zwar noch in den Hauptthälern der Kremnitzer Gebirge mehrere einzelne kleine angelegte Goldhutten und Rinnwerke, wornach man glauben ſollte, als würde de die wilde Fluth fo aus den Schlämmen kommt, noch einmal aufgefangen und aufbereitet, und es haben diefe kleinen Wäfchereyen auch wirklich zu Verbreitung von dergleichen Erzählungen Veranlaffung gegeben, allein nach forgfältiger Erkundigung habe ich erfahren, und auch nach eigener Beobachtung felbft wahrgenommen, daſs diefe kleinen Goldwäfchen ihre Schlämme aus den alten Halden, der vor hundert und mehr Jahren in Umtrieb gewefenen Gruben nehmen, ja ich habe fogar gefehen, dafs fie den Rafen und einen Theil der darunter liegenden Erde ausſtachen und aufgruben, wo ehedem der Abfall oder noch Spuren von Graben und Rinnwerken des alten Grubenbaues, und der ehemaligen Poch- und Wafchwerke fichtbar oder zu vermuthen waren, und damit ihre Wäfcherey beforgten. Dafs, wie bekannt, die Vorfahren nicht fo genau in Behandlung ihrer Erze gewefen, das zeigen vorzüglich die fogenannten Wafchwerke, auch hatten die Mafchinen zu Aufbereitung der Erze den dermaligen Grad der Vollkommenheit bey weiten noch nicht. Da endlich auch, wie man fagt, bey einem Ueberflufs von reichhaltigen Erzen, die geringhaltigen nicht fo geachtet wurden; fo ift es nicht zu verwundern, wenn durch diefe kleinen Goldwäfchereyen, noch ein ergiebiger Theil Gold ausgebracht wird.

Noch eine Bemerkung darf ich hier nicht vergeffen, um zu zeigen wie weit man die Genauigkeit zur gröfstmöglichſten Erhaltung des Goldes treibet. Die Trübe fo aus dem Pochwerke abflofs, wurde vermittelſt eines Schöpfrades wieder aufgenommen, und denen Pochfätzen als Pochwaffer von neuen zugeführet, damit wenn ja noch Gold oder güldifche Silbertheilchen darinnen enthalten feyn follten, felbige eine nochmalige Gelegenheit fich abzufetzen erhielten. Die

Vermischung der verschiedenen Mehle mit frischem Wasser, sowol während ihres Durchlaufens durch die Gerinne und Sümpfe, als auch während ihrer Behandlung auf den Schlämm- Kehr- und liegenden Herden, und in den Goldlutten, hat man als das vorzüglichst wirksamste Mittel zur geschwindesten und vollständigsten Läuterung und Fällen des Gemenges, und der darinnen enthaltenen metallischen Theilchen befunden. Die Menge und Geschwindigkeit mit der es herzugeleitet, und während der ganzen Wäschbehandlung angewendet werden muß, richtet sich nach Beschaffenheit der zu verarbeitenden Masse, und kömmt vorzüglich auf eine geschickte Bearbeitung, und die richtige Beurtheilung des Wäschers an; die Einrichtung selbst aber, so wie sie z. B. an einen Schlammherde oder Schlämmgraben angebracht ist, und auf gleiche Weise bey den Kehrherden geschiehet, zeigt sich in der dritten Figur der III. Tafel, wo unter dem Happenbrette mit punctirten Linien das kleine Gerinne angegeben ist, durch welches die frischen Wasser, vermittelst einer angebrachten andern kleinen Rinne eingeleitet, und über die, unter genanntem Brette befindliche schiefliegende Fläche verbreitet werden. Der Schieber an der Seite dienet theils zur Verminderung, theils zum gänzlichen Abschlagen der Wasser; der eingeschnittene Falz aber, der an den innern Seiten des Schlammherdes ist, zur Einsetzung eines Schiebers, der die ganze Breite desselben einnimmt, und zu zwey verschiedenen Absichten dienet: erstlich den saigern Fall des verdünnten Gemenges vom Happenbrette zu vermeiden, der durch das Ausfallen auf die schiefe Fläche gleich gebrochen wird, und zweytens, damit das davon abfließende Gemenge sich noch ehe es auf den Boden des Herdes kommt, schon mit den

unter

unter dem Happenbrette zuftrömenden frifchen Waffer vermenget, und beyde Flüffigkeiten fich gleichfam durchkreuzen. Diefe Vorrichtung, nämlich den faigern Fall zu verhindern, habe ich allenthalben auch in denen Gräben und Gerinnen angelegt gefunden, und jederzeit mit der Erklärung die ich mir felbft fchon längft davon gemacht habe, ,, dafs ,, aller faigere Fall, das Niederfinken der Theilchen wegen ,, der durch den Fall erlangten Gefchwindigkeit von dem Or- ,, te des Einfalls an, und öfters nach der Höhe deffelben und ,, der Befchaffenheit des Gemenges, bis auf eine merkliche ,, Weite im Gerinne verhindert. ,,

Um alles noch übrige zu erklären, was auf der Tab. III. vorgeftellt, und in der Befchreibung der Arbeit bis hierher noch nicht berührt worden ift, habe ich folgendes noch nachzubringen.

- C. ift das fogenannte Frifchgerinne.
- D. das Mittelgerinne.
- E. das Filzgerinne.
- F. der Schmand, oder der Sumpf.
  - u. ift das Hauptgerinne, fo im Wafchhaufe angebracht, und durch welches das frifche reine Waffer eingeleitet, von da aber zu dem verfchiedenen Behuf auf die Gerinne und Herde gebracht wird.
- v. v. zwey Fäffer, das Siebfetzen anzubringen.
- w. Ein Kaften zur Aufbewahrung der Schliege.
- x. Erzftände.
  - Die Gerinne C. D. E. F. find von 15 - 18 Zoll Tiefe, fo weit man die Stärke eines Brettes benutzen können. So ift auch der obere Theil, oder die Gumpe der Schlämmherde G. o. Auf dem liegenden Herde I., liegt die Unterabtheilung 8 - 9 Zoll tiefer als die obere, und hat nur fehr wenig Fall.
- y. die fogenannte Goldlutte mit den zugehörigen Gerinnen.

V. Ue-

V.
Ueber das Verschmelzen der Bleyerze
in Flammöfen, zu Bleyberg in Kärnten.

Mitgetheilt

vom Herrn von Born,
K. K. Hofrathe.

Das Verschmelzen der Bleyerze in den sogenannten Flammöfen, ist eine der einfachesten Schmelzarten, wodurch das Bley, welches zum Theil noch mit der Gangart, theils mit Zink, Schwefel und Arsenik verbunden ist, lediglich durch einen, nach richtigen Grundsätzen und Erfahrungen geleiteten verhältnismäsigen Feuersgrad, von diesen Unarten befreyet, und folglich mit geringen Unkosten als Kaufmannsgut hergestellt wird. Damit aber das Feuer gehörig auf die Erze wirken, und sie von ihren Vererzungsmitteln, und der noch zum Theil beygemischten Gangart befreyen könne, müssen die aus der Grube genommenen Gänge, soviel es sich thun läst, von der mit einbrechenden Gangart abgesondert, und auf kleine Theile verarbeitet werden. Die Art, die Erze auf kleine Theile zu verarbeiten, besteht zu Bleyberg theils in der Scheidung durch Menschenhände, theils im Mahlen auf den Erzmühlen,

Ueber das Verschmelzen der Bleyerze in Flammöfen. 81

mühlen, theils im trocknen und naſſen Pochen. Da aber die Erze ſehr verſchieden einbrechen, ſo können ſie auch nicht alle ohne Nachtheil willkührlich, durch was immer für eine der erwähnten Aufbereitungen zerkleinet werden. Sie werden daher ſo, wie ſie in der Grube einbrechen, ohne alle vorläufige Abſonderung zu Tage gefördert, von dem anklebenden Schmand abgewaſchen, und in kleinere Stücke zerſchlagen, um das Taube, welches nach deſſen Befund auf die Hallen geſtürzt wird, von dem Hältigen beſſer unterſcheiden zu können.

Nach dieſer Bearbeitung wird das Ganze überklaubt, reiner, und ſo klein geſchieden, daſs das Scheidwerk der Gröſse einer Nuſs gleich kommt, woraus ſodann dreyerley Gattungen Erz erzeugt werden, nämlich: *unreines Stufferz*, *Mittelerz*, und *Pochgänge*. Die erſten zwey Gattungen werden ſowohl in trockenen Pochwerken, als auch in den Erzmühlen verarbeitet, und daraus wird *Kern*- und *Schmandschlieg* erzeugt. Die Pochgänge hingegen werden in naſſen Pochwerken verſtampft, wo ſodann der davon abfallende Schlieg in *röſchen*, *milden*, und *Sumpfschlieg* abgetheilet wird. Die unreinen Stufferze werden nach dem Mahlen- oder trockenen Pochen, durch keine Schlämmarbeit mehr in die Enge gebracht, weil ſie ſchon durch die Scheidung mit Menſchenhänden auf einen ſchmelzwürdigen Gehalt kommen, jedoch müſſen ſie, weil durch dieſe beyden Arbeiten ein ungleiches Mehl entſteht, durchgeſiebt werden, um dadurch das gröbere, oder den ſogenannten *Kern*, welcher auf dem Siebe liegen bleibt, von dem *Schlamm*- oder *Schmandſchlieg* abſondern zu können. Der hiervon abfallende *Kern* hält 75 bis 78, auch 80 Pf. Bley in einem Centner, nachdem das Stufferz mehr

oder

oder weniger mit Zink vermischt ist, der *Schmandschlieg* aber kömmt nicht höher, als auf 65 oder höchstens 68 Pfund im Bleygehalte.

Die *Mittelerze* werden gleich bey der ersten Scheidung auf so kleine Theile, als es sich mit dem Scheidhammer thun läst, zerschlagen, sodann ebenfalls in trockenen Pochwerken, theils auch in den Erzmühlen auf kleinere Theile verarbeitet. Weil aber das Erz in denselben meistens in der Gangart nur stark eingesprengt ist, und die Gesteintheile von den erzigen durch die blosse Scheidung mit Menschenhänden nicht so gut abgesondert werden können, daß das Scheidwerk dadurch einen schmelzwürdigen Gehalt erhielte, so müssen diese Erze nach dem Mahlen, oder trocknen Pochen, durch Siebsetzen besser in die Enge gebracht werden. Bey dieser Siebsetzarbeit werden die gestein- oder gangartigen Theile so, wie sie durch den Schwung wegen ihrer geringern eigenthümlichen Schwere in die Höhe kommen, mit der Kiste abgezogen, die erzigen Theile aber bleiben in dem Siebe unten liegen, und diese geben, wenn sie rein genug überarbeitet sind, den Kern, oder das *reine Mittelerz*. Die feineren Theile, welche durch das Sieb durchfallen, müssen auf Stoßherden überschlemmet werden, um sie auf einen schmelzwürdigen Gehalt zu bringen, der davon erzeugte Schlieg wird sodann der *Schmandschlieg* genennet. Durch das Siebsetzen und Schlämmen werden also die Mittelerze auf den nemlichen Gehalt hinaufgebracht, wie das unreine Stufferz. Die Abhübe von dem Siebsetzen werden so wie die Pochgänge, im nassen Pochwerk verstampft, in welchem die, zu einen etwas groben Mehl zerstossenen Gänge, in dem darzu vorgerichteten Rinnwerke aufgefangen werden, an dessen Ende ein Vor-

sumpf

sumpf angebracht ist, um auch die milden Erztheile, welche durch die Gewalt des Wassers aus den erstern Rinnen fortgetragen werden, noch zu erhalten. Das in diesen Rinnen aufgefangene Mehl wird sodann, so wie es sich nach seinem verschiedenen Korn in den Rinnen setzt, ausgestochen, und auf den Stofsherden so oft überschlämmt, bis es den gehörigen schmelzwürdigen Gehalt erreicht. Da aber in diesem groben Pochmehle noch viele erzige Theile enthalten sind, so werden die unteren Schaufeln von den Stofsherden, gleich nach der ersten Ueberarbeitung, wieder in den Pochsatz geschüttet, und nachdem erst zu einem feinen Mehl gestampft, welches ebenfalls in den Rinnen aufgefangen, und auf den Stofsherden rein gemacht wird. Auf diesen Stofsherden geht das Reinmachen der Schliege zwar viel geschwinder als auf liegenden Herden, obwohlen der Abgang im Schlämmen sonsten weit beträchtlicher ausfällt. Zu Vermeidung dieses, hat man daher unter den Stofsherden fünf bis sechs Lutten, oder Rinnen dergestalt untereinander angebracht, dafs allzeit der Boden der obern Lutte auf den obern Theil der untern Lutten zu liegen kömmt. Diese Lutten sind 2½ Schuh lang, 10 Zoll breit, und 1 Schuh tief. Am Ende einer jeden werden länglichte Hölzchen vorgelegt, um das Wasser zu schwellen, damit es durch den stärkeren Zug, den es am Ende der Rinnen bekömmt, nichts mit fortreissen möge, die erzigen Theile aber Zeit gewinnen können, sich zu Boden zu setzen. In die oberste Lutte wird beständig klares Wasser gelassen, jedoch so, dafs es nur Tropfenweise aus der kleinen Rinne in welcher es hinein geleitet wird, in die Lutten einfällt. Hierdurch wird der, von den Herden abfliefsende zähe Schlamm verdünnt, die erzigen Theile aber können sich von den fchlammigen Gefteintheilen leichter abfondern, und zu Boden fetzen. Die Erfahrung lehrt uns, dafs man mit der Vorrichtung diefer Lutten fo gut zu Werke gehe, dafs der meifte Schlieg gleich in den erftern zwey Lutten erhalten wird. In den letzten aber bleibt faft nur der blofse Schlamm fitzen, in welchen fo wenige Erztheile enthalten find, dafs fie die geringften Arbeitskoften nicht mehr übertragen würden. Das aus diefen Lutten aufgefangene Mehl, wird ebenfalls auf Stofsherden rein gemacht, und damit wird fo lange fortgefahren, bis man es keiner ferneren Ueberarbeitung mehr würdig hält.

Alle Schlieggattungen müffen auf 64 Pfund im Bley getrieben werden, widrigenfalls werden fie bey der Schmelzhütte nicht angenommen. Um aber die Arbeiter zu den gebörigen Fleifs anzuhalten, ohne dafs man genöthiget fey, fie durch ein zahlreiches Aufflichtsperfonale bewachen zu laffen, hat man zu Bleyberg die Einrichtung getroffen, alle Bergarbeiten nach einem feftgefetzten Gedinge, dem eigenen Fleifse der Arbeiter zu überlaffen. Diefes Gedinge ift felbft für die Gewinnung der Erze in der Grube, nachdem fie reicher, oder ärmer einbrechen, auf eine doppelte Art eingerichtet. Bey ergiebigen Erzanbrüchen verdingt man dem Häuer die Gewinnung der Erze, fo wie es in andern Bergwerken gewöhnlich ift, nach der Fefte des Gefteins, find aber die vorhandenen Erzftroffen fo arm, dafs man zweifelt, ob fie die, auf ihre Gewinnung in der Grube, und die auf ihre Aufbereitung über Tage anzuwendenden Unkoften übertragen werden; fo legt man befondere Bergarbeiter an, welche in Kärnten *Unterfchichtler* genennet werden. Diefen Unterfchichtlern überläfst man die Bearbeitung dergleichen armer Erzftroffen gänzlich,

gänzlich, und man betrachtet fie fo, als wenn fie gar nicht zur nemlichen Grube gehörten. Sie können diefe Stroffen, wie fie es für fich felbft am vortheilhafteften erachten, nach ihrer Willkühr bearbeiten; jedoch find fie gebunden, nicht nur die Gewinnung diefer armen Erze, fondern auch die Förderniſs derſelben von ihrem Gewinnungsorte bis zu Tage, und ihre Aufbereitung über Tage bis fie folche auf einen fchmelzwürdigen Gehalt bringen, auf ihre eignen Unkoften zu übernehmen. Man überläfst ihnen auch die freye Auswahl und Anftellung des hierzu nöthigen Arbeits-Perfonals, und nimmt ihnen die von Zeit zu Zeit erzeugten Erze und Schliege, wenn fie den feftgefetzten Bleygehalt haben, gegen den regulirten Einlöfungspreifs ab.

Bey reichern Anbrüchen, müſſen die Eigenthümer der Gruben alle Unkoften tragen, welche jedoch den Arbeitern nicht in Schichtenlöhnen, fondern in Gedingen übergeben werden. Unter diefe Gedingarbeiten gehört das Scheiden, das Mahlen auf den Erzmühlen, das Siebfetzen, Pochen und Schlämmen. Bey allen diefen Arbeiten find Männer und Weiber vermifcht angeftellt, fo, daſs allzeit 9 Perfonen zum Scheiden, Mahlen, trocknen Pochen, Siebfetzen, 3 aber bey den naſſen Pochwerken zum Stampfen und Schlämmen angeftellt find. Diefe 12 Perfonen machen ein Geding aus, und arbeiten auf einen gemeinfchaftlichen Lohn zufammen. Jedes Gedinge dauert 4 Wochen, innerhalb welcher Zeit in einem trocknen Pochwerk, oder in einer Erzmühle 300 bis 350 Ctn. unreines Stufferz und Mittelerz erzeugt werden. In den naſſen Pochwerken verſtampft man in der nemlichen Zeit 800 bis 900 Centner Pochgänge.

86 *Ueber das Verschmelzen der Bleyerze in Flammöfen.*

Durch wiederholte Proben hat man erfahren, daß ein Centner Kern von dem unreinen Stufferz und Mittelerz, durch das Scheiden und Siebsetzen auf 75 Pfund in Bley, öfters aber auch darüber gebracht werden kann, man hat also den geringeren Gehalt für den Anhaltspunkt angenommen, und den Arbeitern darnach das Gedinge eingerichtet, daß ihnen, wenn sie den Centner Kern auf 75 Pfund in Bley hinaufbringen, für jeden Centner 8 Kreuzer bezahlt werden. Bringen sie ihn durch ihren Fleiß über den festgesetzten Gehalt, so bekommen sie für jedes Pfund eine Lohnserhöhung von *einem* Kreuzer, erzeugen sie aber den Kern unter 75 Pfund in Bley, so wird ihnen für jedes darunter ausgefallene Pfund *zwey* Kreuzer von ihrem Verdienste abgezogen, weil man überzeugt ist, daß es blos an ihrer unverdrossenen Mühe und Arbeit gelegen ist, den Gehalt höher, oder geringer heraus zu bringen. Die von dem unreinen Stufferz und Mittelerz, wie auch die von den nassen Pochwerken erzeugten Schliege, müssen die Arbeiter auf 64 Pfund im Bley treiben, und dann werden ihnen für jeden Centner 64 pfündigen Schlieg, 17½ Kreuzer bezahlt; wenn sie ihn über 64 Pfund im Gehalte bringen, bekommen sie für jedes im Bley höher ausgefallene Pfund Schlieg 7 Kreuzer mehr; geben sie aber den Schlieg unter 64 Pfund ein, so wird ihnen der Schlieg gar nicht angenommen, sondern sie müssen die ganze Erzeugung neuerdings ohnentgeltlich überarbeiten. Wenn sie über dieß eine grössere Menge Schlieg, als sie vermöge der passirten Abgänge erzeugen sollten, ohne im Bleyhalt zu fallen aufbringen, bekommen sie ebenfalls für jedes Pfund *einen* Kreuzer mehr, für jedes über den erlaubten Abgang weniger erzeugte Pfund, werden ihnen 2 Kreuzer abgezogen. Durch diese nützliche

Geding-

Geding-Einrichtung, werden nicht nur die reinen Stuff- und Mittelerze, sondern auch die unreinen, und mehr eingesprengten Erze mit geringen Unkosten in einen schmelzwürdigen Gehalt gebracht, und der Hütte wird durch Reinmachung hier in den Pochwerken, mit wenigerem Bleyabgange vorbereitet.

Von dem Verschmelzen der Bleyerze in den Flammöfen überhaupt.

Das Verschmelzen dieser Erze in den sogenannten Flammöfen ist, wie schon im Eingange erwähnet worden, ganz einfach, indem sie, nachdem man solche durch Scheiden, Waschen, und Schlämmen auf einen schmelzwürdigen Gehalt gebracht hat, ohne alle weitere Vorbereitung verschmolzen werden können. Allgemein bekannt ist es, daß diese Vorbereitung hauptsächlich im Rösten bestehe, wobey man die Absicht hat, das Gestein mürber, und lockerer zu machen, und den überflüssigen Schwefel nebst andern halbmetallischen Beymischungen, welche beym Schmelzen die Abgänge vermehren, aus den Erzen fort zu treiben. Dies geschieht bey den Bleyberger Erzen um so leichter, da sie nicht sehr eisenschüssig sind, und durchaus im Kalksteine einbrechen. Man nimmt daher weiches Holz zu Verschmelzung dieser Erze, wodurch ein so mäßiger Feuergrad entstehet, daß die Erze Anfangs gleichsam nur geröstet werden. Weil jedoch der Schwefel wegen seiner natürlichen Anverwandtschaft, so wie er durch das Feuer aus den Erzen getrieben wird, sich mit dem Kalkstein verbindet, die Erze aber dadurch gleich in metallischer Gestalt dargestellet, und in Fluß gebracht werden,

werden, (*) so wird die Röstung und Verschmelzung gleichsam in eins verrichtet, wobey man sein Augenmerk hauptsächlich nur darauf zu richten hat, daß der Bleyverbrandt bey dem, allzeit gleich stark anhaltenden Feuer, auf das sorgfältigste vermieden werde. Diesem wird zum Theil durch den Bau des Ofens selbst vorgebeuget, indem die Sohle des Ofens gegen das Bleyloch stark abhängig vorgerichtet, und von den Seiten der Herdsohle an gegen die Mitte zu, nach einem flachen Zirkel ausgehöhlet ist, damit das von Zeit zu Zeit in Fluß gebrachte Bley, ungehindert von allen Seiten gegen das Bleyloch, in die vorliegende eiserne Pfanne ablaufen könne. Der übrige Bau des Ofens, den ich, bevor ich zur wirklichen Manipulations-Beschreibung schreite, zu erklären nöthig erachte, ist so wie ich ihn zu Bleyberg in der *Putzhütte* selbst aufgenommen habe, folgendermaßen beschaffen.

Erklärung des Ofens überhaupt.

Die äussere Gestalt des Ofens stellt ein länglichtes rechtwinklichtes Viereck vor, so mit vier Mauern umgeben ist, bestehet aus dem Ofen selbst; aus dem Schier- und Aschenherd; dann aus der mittleren Mauer, so die Schier von dem Herde absondert; aus dem doppelten Schlauche innerhalb, und ausserhalb des Bleylochs; dann aus dem langen, oberhalb des Bleylochs nach der Länge des Ofens hingehenden Schlauche, mit welchem beyde vorerwähnte, und der Rauchfang verbunden sind.

Erklä-

(*) An Orten, wo diese Art, Bley in Flammöfen zu schmelzen, eingeführt werden sollte, würde man immer die Erze mit Kalkstein vermischen müssen, wenn die gewöhnliche Gangart der Erze nicht schon Kalkstein wäre.

Erklärung der Theile des Ofens, insonderheit nach den Vorstellungen a. b. c. d. e. Tab. IV.

Nr. 1. in *a. c. d.* und *e*. Die 4 Hauptmauern von ungleicher Höhe, davon die zwey Seitenmauern 17½ Schuh lang, 3½ Schuh dick sind, die hintere Mauer von gleicher Dicke, und 13 Schuh lang ist, die fordere Mauer aber 4 Schuh dick, und sie hat gleiche Länge mit der hintern Mauer.

Nr. 2. in *a* und *e*. Die zwischen dem Schier und Bleyherd aufgeführte mittlere Mauer, welche den Bleyherd von der Schier absondert, ist 2 Schuh dick, und wird von der fordern gegen die hintere Seite des Ofens 5 Schuh lang, an das obere Gewölbe angeschlossen, der übrige Theil aber zwischen der Mauer, und dem Gewölbe von 3 bis 4 Zoll hoch offen gelassen, wodurch sonach die Flamme aus der Schier auf den Herd geleitet wird; diese Oeffnung wird bey Nr. 3. der Grad genennet, die Länge richtet sich nach den streng- und leichtflüssigen Erzen, bey ersteren behält solcher die schon vom Anfang hierzu vorgerichtete Länge, bey den letztern aber, weil kein so grosser Feuersgrad erforderlich ist, werden nach Umständen zwey, auch drey Ziegel vorgelegt, um die sonst zu viel eindringende Hitze zu vermindern.

Nr. 4. in *a. b. d*. Das Bleyloch, oder Schliegeinsatz, ist 13 Zoll breit, und eben so hoch.

Nr. 5. in *b* und *d*. Der sogenannte Seigerstein unter dem Bleyloch, über welchen das Bley aus dem Ofen in die vorliegende Pfanne abläuft, ist forn etwas ausgebühlet, und 19 Zoll lang und breit, dann einen Schuh dick.

Nr. 6. in *b*. Die Seitensteine des Bleylochs, sie werden die Waagsteine genannt, an welche die, in der Mitte des Bley-

Bleylochs queer übergehende eiserne, etwas gebogene und bewegliche (die Waage genannt) Stange, mit Kloben befestiget wird, worauf die Rühr- und Bolderkrücke gelegt, und durch den Schmelzer bey Umrührung des Schlieges um so leichter bewegt werden.

Nr. 7. in d und e. Der trocken aufgemauerte Herdgrund, wobey die Zwischenöffnungen mit Sand und Schotter ausgefüllet sind.

Nr. 8. in a. d. e. Der auf der trocknen Mauer 10 Schuhe lang, 4 Schuhe breit, und 1 Schuh dick von Lalmen geschlagene Bleyherd. Er ist von beyden Seiten gegen die Mitte 5 bis 6 Zoll tief, nach einem flachen Zirkel ausgehöhlet, der Abfall des Bleyherdes von der hintern Mauer gegen das Bleyloch beträgt 22 bis 25 Zoll.

Nr. 9. in a und d. Von dem Bleyloche hineinwärts 2 Schuhe ist der Herd gebrochen, und mit einem stärkeren Falle versehen, welcher in besagten zwey Schuhen 6 bis 7 Zoll beträgt, damit das in Fluss gebrachte Bley um so geschwinder ablaufen könne, dieser stärkere Fall wird der *Kropf* genannt.

Nr. 10. in a. c. e. Die sogenannte Schier, worinn das Flammholz zum Heizen geleget wird; sie hat bey der forderen Mündung mit dem Aschenherd gleiche Höhe und Breite, welche bey beyden in der Höhe 18, und in der Breite 15 Zoll beträgt; rückwärts aber bey der hinteren Mauer, weilen der Schierrost 3 bis 4 Zoll mehr steiget als der Bleyherd, ist die hintere Höhe nicht mehr dann 14 bis 15 Zoll, die Breite aber nur ein Schuh, damit die Hitze bey dem Grade mehr eingeschlossen, und mit mehrerer Kraft durch den Grad auf den Herd wirken könne.

Nr. 11.

Ueber das Verfchmelzen der Bleyerze in Flammöfen. 91

Nr. 11. in *b. c. e.* Der Schierroft beftehet aus 24 bis 26 Zoll langen, 9 bis 10 Zoll breiten, und 5 bis 6 Zoll dicken feuerfeften Steinen, welche mit der Haupt- und mittlern Mauer verbunden find.

Nr. 12. in *c. d* und *e.* Das finche über dem Bleyherd und der Schier, in der Dicke einer Ziegellänge gefpannte Gewölbe, von einem Lachter breit, welches aus der Schier gegen die Mitte des Herds ganz flach gehet, von befagter Mitte aber gegen die rechte Seite des Ofens unter einem kleinen Bogen fich mit der Herdfohle verbindet. Die inwendige Lichte oder Höhe des Ofens O. richtet fich nach den ftrengoder leichtflüffigen Erzen. Bey den ftrengflüffigen Erzen wird die inwendige Lichte 12 bis 13 Zoll hoch, bey den leichtflüffigen aber nur 10 oder 11 Zoll hoch geführet; erfterer wird in Bleyberg der *leere*, letzterer aber der *volle Herd* genannt.

Nr. 13. in *d* und *e.* Die zweyte auf dem Schuh dicken Laim von einem alten Herd, 3 bis 4 Zoll dick gefchlagene brauchbare Bleyherdfohle.

Nr. 14. in *c. d* und *e.* Der 12 bis 14 Zoll dick auf dem Gewölbe gefchlagene Laim, wird der Mantel des Gewölbes genannt.

Nr. 15. in *b. c* und *e.* Der Afchenherd, ift bey der fordern Mündung mit Ziegeln verlegt, und wenn er zu voll mit Afche angefüllet ift, werden die Ziegel heraus genommen, und wird der Herd von der Afche gereiniget, nach diefer gefchehenen Säuberung aber werden die Ziegel wie vorhin wieder vorgelegt.

Nr. 16. in *b.* Das Zugloch in der trockenen Mauer des Afchenherdes, wodurch die Luft in die Schier, und von da die Flamme auf den Herd geleitet wird, ift 5 Zoll breit und hoch.

Nr. 17. in *a. b. d.* Die zwey Schläuche, von welchen einer innerhalb, und der andere aufferhalb des Bleylochs fich befindet, wodurch der Rauch in den liegenden Schlauch Nr. 18. und fo weiter in den Rauchfang gehet. Sie find unten lang 2 Schuh, breit 10 Zoll, und hoch 3 Schuh 1 Zoll; fie verbinden fich mit den obern nach der Länge des Ofens hingehenden Schlauch, bey welchen fie gleiche Höhe mit dem langen Schlauche annehmen.

Nr. 18. in *a. b. d. c.* Die inwendige Höhe des langen Schlauchs ift 15 Zoll, und die Breite 12 Zoll. Am Ende rückwärts des Ofens, stehet auf dem liegenden Schlauche der Rauchfang 4 bis 5 Schuh hoch fenkrecht, an beyden Enden ift er mit Ziegeln verlegt, damit folcher, wenn er zu ftark mit Ruß verhänget ift, gefegt, und fodann wieder verleget werde.

Wie der Herd zum Schmelzen in den Oefen vorbereitet wird.

Die erste Sohle auf der trockenen Mauer wird, wie fchon gefagt, 12 bis 14 Zoll dick mit naffen Laim feft gefchlagen, und nach diefer geendigten Arbeit wird fodann der Ofen nach und nach geheizt, und die gefchlagene Sohle getrocknet; wenn nun der Laim fchon gänzlich verhärtet ift, fo wird von einer alten Herdfohle, die mit Bley und Krätz untermenget ift, in nufsgrofsen Stücken, auf die trockene Laimherdfohle 4 bis 5 Zoll hoch aufgetragen, der Ofen wird mit einer etwas ftärkern Hitze wie vorhin geheizt, bis die aufgetragenen alten Herdbruchftücke anfangen weich zu werden,

Ueber das Verschmelzen der Bleyerze in Flammöfen. 93

den, wornach sodann in währender Hitze, diese zweyte Herdsohle so lange geschlagen wird, bis sie wiederum anfängt hart zu werden. Bey Bemerkung dieses wird die Hitze etwas gemindert, und der Herd gleichsam abgekühlet. Nach Erforderniß der Umstände, wenn leicht- oder strengflüssige Erze geschmolzen werden sollen, wird die zweyte Herdsohle höher oder niederer geschlagen. Bey Erbauung eines neuen Ofens wird schon darauf angetragen, damit der Herd voller und lichter gemacht werden könne.

Von den zum Schmelzen erforderlichen Instrumenten.

a. Das Trögel, mittelst welchen die Schliege in den Ofen gebracht werden.

b. Die sogenannte Vorrührstange, mit welcher die Schliege in den Ofen ausgebreitet werden, und welche durch die ganze Schicht zum Umrühren gebraucht wird.

c. Die grofse Bolderkrücke ist 15 Schuh lang, einen starken Zoll dick von Eisen, an dem einen Ende hat sie eine 2 Schuh lange hölzerne Handhabe, und an dem anderen ein 7 Zoll lang, und 5 Zoll breit gekrümmtes halbrundes Blech, einen halben Zoll dick, sie dienet zur Pressung der Schliege, (*) und zum Kohlwerfen.

d. Die kleine Bolderkrücke ist 6 Schuh lang, und ½ Zoll dick von Eisen, hat an dem einen Ende ein gekrümmtes 5 Zoll langes, und 3 Zoll breites, etwas rundes Blech, mittelst welchem die Krätze, nachdem sie mit der grofsen Bolderkrücke schon genugsam gepreßt worden, aus dem Ofen über den Saigerstein herabgezogen wird.

e. Vor-

(*) Was unter dem Worte Pressen verstanden werde, wird in dem folgenden Abschnitte, vom Verschmelzen selbst, gelehrt.

e. Vorlegkrücke, die vor das Bleyloch auf den Seigerstein gelegt wird, damit die Krätzkohlen und andere Unarten bey Ablaufung des Bleyes verhindert werden, mit in die Bleypfanne zu laufen. Sie bestehet aus einem gekrümmten halben Zoll dicken eisernen Stängel, und ist forn mit einem Schuh langen, und 7 Zoll breiten, unten etwas runden eisernen Blech versehen.

f. Der Herddumpfer, eine mit der Bolder- und Vorrührkrücke gleich lange und dicke eiserne Stange, die forn etwas aufgeworfen, und bis 2 Zoll breit zugeschärfet ist, mit welcher der Herd, wenn er schon zu voll, und mangelbar ist, aufgestossen, und sonach wiederum geschlagen wird.

g. Der Schierhacken, eine 5 Schuh lange, forn gekrümmte eiserne Stange, mit der das Holz in der Schier gerichtet, und aus solcher die Brände in den Ofen gebracht werden.

h. Die eiserne Schaufel mit einem hölzernen Stiel, womit die Kohlen aus der Schier in den Ofen gebracht werden.

i. Die Bleypfanne in der Gestalt einer abgestutzten Pyramide, ist oben 21 Zoll lang, 11 Zoll breit, unten aber 11 Zoll lang, und 5 Zoll breit, und eben so tief, von starkem eisernen Blech.

k. Das sogenannte Stecheisen von 5 Schuh lang, ½ Zoll dick, forn etwas zugeschärft, womit das, beym Kopf zerronnene und zum Theil erkaltete Bley, los gemacht wird.

Von dem Verschmelzen selbst.

Bevor noch die Schliege in den Ofen eingesetzet werden, wird die Schier geheizet, und der Ofen in einen mässigen Grad der Hitze gebracht, sodann werden 3 Centn. Bleyschliege

schliege aufgetragen, und gegen eine halbe Stunde in dem Ofen gelassen, damit sie sich zum Theil dadurch verrösten. Hierauf wird diese Einfarth mit der sogenannten Vorrührkrücke auseinander gebreitet, und die Schier stärker geheizet, um die allenfalls noch mit den Schliegen verbundenen Halbmetalle zu vertreiben. Nach vermehrter Hitze werden die Schliege öfters mit der Vorrührkrücke umgerührt, um eine gleiche Röstung hervorzubringen. In einer Zeit von anderthalb oder meistens 2 Stunden, fängt das Bley an zu schmelzen, und fliesset durch 8 Stunden in gleicher Hitze hervor.

Sobald die Schliege in Fluss gerathen, hat der Schmelzer vorzüglich darauf zu sehen, daß der Ablauf des geschmolzenen Bleyes aus dem Ofen so geschwind als möglich befördert werde, um nicht durch längeres Zurückhalten den Bleyverbrandt zu vermehren. Zu diesem Ende müssen die Schliege, sobald sie im Ofen eine durchgehends gleiche schwarze Farbe erhalten, unausgesetzt umgerührt werden, um den, durch den dicht aufeinander liegenden Schlieg gehemmten Ablauf des Bleyes Luft zu machen. Mit dieser Arbeit fährt man so lange fort, bis sich der Abfluss merklich vermindert, oder gar aufhört, welches gemeiniglich in der 8 oder 9ten Stunde geschiehet. Da aber nach dieser Zeit, wenn auch die Schliege noch länger umgerührt würden, kein Bley mehr herausfliesset, die Erfahrung jedoch gelehret hat, daß der in dem Ofen zurückgebliebene Schlieg doch noch nicht ganz unhältig ist, durch die gleich stark anhaltende Hitze aber die ganze Masse in einen zäheren Klumpen zusammen backen würde, welchen man sodann nur mit einem beträchtlichen Bleyverbrande wieder in Fluss zu bringen im Stande wäre; so wird, um das Stocken der Schliege im Ofen zu verhindern, das Feuer verstärket, es werden zugleich 3 bis 4 Tröge Kohlen auf den zurückgebliebenen Schlieg aufgetragen, und darunter gerühret, wodurch auch ebenfalls die Hitze in dem Ofen vermehret, und das in der Gangart noch zurückgebliebene Bley, welches sich durch die anhaltende Hitze zum Theil verkalkt hat, wieder in metallischer Gestalt dargestellet, und in Fluss gebracht wird.

Jene Bleyerze, welche kalkförmig in der Gangart einbrechen, sind strengflüssiger als jene, welche nur vererzt sind, die man nur von den vererzenden Mitteln zu befreyen hat, um sie in metallischer Gestalt darzustellen. Da nun aus der Erfahrung bekannt ist, dass alle Metallkalke durch Zusetzung brennlicher Stoffe in Fluss gebracht werden, so pflegt man bey diesen strengflüssigen Erzen gleich anfangs glühende Scheiter aus der Schier in den Ofen zu werfen, und den Schlieg damit zu bedecken. Wenn nach Verlauf der Zeit das Bley nach vielfältigen Umrühren schon ganz abgelaufen ist, werden alle Kohlen aus dem Ofen herausgenommen, und frische Kohlen unter das Bleyloch gelegt, glühend gemacht, und sodann unter den Schlieg gemenget; diese Arbeit wird mehrmalen wiederholet, um das noch zurückgebliebene Bley zu gewinnen, und die Verbindung der, bereits schon mehr tauben Schliege, mit dem aufgelösten Bley zu verhindern, sie dauret beynahe 3 bis 4 Stunden, und wird, wie bey den leichtflüssigen, das *Pressen* genennet.

Bey dem Ablaufen des Bleyes wird unter das Bleyloch die Vorlegkrücke gelegt, damit die Unarten und Kohlen mit dem flüssigen Bley nicht in die vorliegende eiserne Pfanne fallen können. Wenn nun nach Verlauf von 11 bis 12 Stunden, so viel beynahe zu Aufschmelzung einer Einfarth erfordert werden,

werden, die Arbeit vollendet ist, so wird mit der kleinen Holderkrücke die Krätze aus dem Ofen gezogen, und sodann eine neue Einfarth gemacht, womit so lange fortgefahren wird, bis die hierzu bestellten Schmelzer ihre Vormaße gänzlich aufgeschmolzen haben. Nach einer jedesmal aufgeschmolzenen Einfarth, da das erstemal das Bley nicht so rein abläuft, auch zum Theil unter dem Bleyloch und Kropf erkaltet, welches von Zeit zu Zeit los gemacht, und aus dem Ofen gebracht wird, wird sowol das in die vorliegende Pfanne abgelaufene, als das in Stücken losgemachte, da der Herd schon ganz gesäubert ist, noch einmal in den Ofen geworfen, mit stärkerem Feuer getrieben, und in einer förmlichen Pfanne zerrennet, wo es sodann den Namen eines *Blocks* erhält, und als ächtes Kaufmannsgut in das Magazin geliefert wird. Zu einer jeden Einfarth werden 3 Centner Schlieg genommen, nemlich 2½ Centner *Kern-* und ½ Centn. *Schmandschlieg*. Bey den *Herdschliegen* hingegen werden zu einer jeden Einfarth 9 Centner, von den *Krätzschliegen* aber 4 Centn. 4 Pfd. zu einer Einfarth genommen, und in 12 Stunden werden 2 Einfarthen aufgeschmolzen, folglich sind zu Aufbringung der letztern, zu einer Einfarth nicht mehr denn 6 Stunden erforderlich, weil hierbey keine Röstung mehr nothwendig, und das darinn enthaltene Bley schon zum Theil in metallischer Gestalt vorhanden ist.

Von dem Schmelzgedinge.

Mit Aufschmelzung der, zur Hütte gelieferten Bergprodukte und Schliege, wie auch der eigenen, bey der Hütte gefallenen Produkten, hat es die nemliche Beschaffenheit mit den Gedingarbeitern, wie bey dem Pochen, Waschen, Mahlen,

Mahlen und Schlämmen. Beyderley Arbeiten haben ihren Anhaltspunkt, wie hoch nemlich die letzten ihren Schlieg zu bringen, und wieviel die ersteren aus diesen Schliegen Reinbley zu erzeugen haben. Es beruhet daher alles blos allein auf des Arbeiters Fleiſs. Erzeugt er mehr als das festgesetzte Quantum, so erhält er noch über seinem gewöhnlichen Verdienste eine Belohnung, im widrigen Falle aber einen Abzug. Das Gedinge bey jedem Ofen wird den hierzu bestellten 3 Schmelzern auf 28 Tage gegeben, und zu jeder Einfarth von Kern- und Schmandschlieg, wie schon erwähnet, 3 Centner, und folglich für die ganze Gedingzeit 54 Vormaſsen, oder 168 Centner (der *Kern* von 75 bis 77 Pfund, und der *Schmandschlieg* von 64 bis 68 Pfund im Halt) vorgewogen. Sind Herdschliege oder Krätzschliege vorhanden, so wird den Schmelzern von ersteren um so viel weniger abgewogen, und der Abgang mit den letztern ersetzt. Bey zwey Einfarthen, oder einer Vormaſs, hat ein jeder Schmelzer in 24 Stunden 8 Stunden zu stehen, und den Ofen zu besorgen; für jede Einfarth von Kern- und Schmandschlieg wird denselben 1 Guld. 32 Kreuz., für Herdschliege und Krätzschliege 1 Guld. 40 Kreuz. bezahlet. Wenn der Kern 75 Pfund Reinbley in sich enthält, so wird den Schmelzern 6½ p. C., von den 76 pfündigen aber 6 p. C., und von den 77 pfündigen 5½ p. C., bey den Schmandschliegen aber 20 Pfd. Abgang, oder Bleyverbrandt zugestanden. Die Schmelzer müssen also von einer jeden Vormaſs, oder 2 Einfarthen, die 5 Centner Kern- und 1 Centner Schmandschlieg, zusammen 6 Centner am Gewicht, und 4 Centn. 46 Pfd. im Bleygehalte ausmachen, nach Abzug des paſsirten Calo 3 Centn. 98 Pfd., und bey den 77 pfündig. Kern- und 68 pfünd. Schmandschlieg

4 Centn.

4 Centn. 5 Pfd. Reinbley erzeugen, wenn ihnen die oben festgesetzte Zahlung geleistet werden soll. Man hat bey dieser Verschmelzung durch die Erfahrung bestimmt, daſs die hierzu angestellten, und in der Manipulation geübten Schmelzer, das festgesetzte Quantum leicht, und wenn sie ihren Fleiſs nicht sparen wollen, auch noch darüber erzeugen können. Dieserwegen hat man ihnen auch für ihren Fleiſs eine Belohnung, und für ihre Unvorsichtigkeit und nicht genugsamen Obsorge eine Strafe gesetzt, welche darinn bestehet, daſs, wenn der Schmelzer mit weniger Abgang als ihm passirt wird, schmelzet, ihm für jedes Pfund, was er mehr erzeuget, 2½ Kreuz. mehr bezahlet, und zu seinem Verdienste gerechnet wird, erzeugt er aber weniger, als an Bleyabgang gesetzt ist; so werden ihm im Gegentheil für jedes Pfund, so er weniger erzeuget, 5 Kreuzer von dem gesetzten Verdienste abgezogen. Man weiſs ferner durch die Erfahrung, daſs ein Schmelzherd nur 14 Tage dauret, in welcher Zeit derselbe durch das unausgesetzte Schmelzen, weil bey jeder Einfarth etwas zurück bleibt, zu voll, und mangelbar wird, weshalben die Schmelzer bemüſsiget sind, um ihr Geding in den gesetzten 28 Tagen und so weiter ausführen, und das aus den Vormaſsen zu erzeugen habende Reinbley aufbringen zu können, die Sohle aufzureiſsen, und auf eigene Kosten wieder zu schlagen, und in brauchbaren Stand zu setzen. Zu Aufreiſsung und Schlagung des Herdes, werden beynahe 6 Stunden erfordert, welche die Schmelzer in der noch übrigen Gedingzeit wieder einzubringen haben; im widrigen Fall aber, wenn sie eine, oder mehrere Einfarthen verabsäumen, werden ihnen für jede Einfarth 30 Kreuzer von ihrem Verdienste abgezogen.

Ueber das Verschmelzen der Bleyerze in Flammöfen.

Von den abfallenden Rückständen und dem Silber im Reinbley.

Bey jedem Verschmelzen bleiben gemeiniglich 40 bis 60 Pfund Krätz in dem Ofen zurück, welche 17 bis 25 Pfd. Bley halten, und durch Siebsetzen auf einen Halt von 75 bis 77 Pfund gebracht, sodann als Krätz- und Herdschliege wieder verschmolzen werden. In Absicht des mehr oder weniger erzeugten Bleyes hat man die nemliche Vorkehrung, wie bey Verschmelzung des Kern- und Schmandschlieges beyzubehalten. Das in dem Bley enthaltene Silber ist so unbedeutend, daß es die Unkosten nicht übertragen würde, wenn man es, wie es sonst gewöhnlich ist, blos in dieser Absicht auf dem Treibherd zugute bringen wollte, denn der Centner Bley hält nicht mehr als 1, bis 1½ Quentin an Silber. Allein auch dieser geringe Silbergehalt findet sich nur in wenigen Bleyberger Erzen, und das durch diese Schmelzart ausgesaigerte Bley ist meistens ganz rein von allem Silbergehalt, weswegen man sich in den K. K. Staaten desselben bey dem Probiren der Erze auf Silber bedienet. Hierbey ist noch anzumerken, daß die Gangart dieser Bleyerze keine Spur von Silber in sich enthält, woraus der sichere Schluß zu folgern ist, daß das Silber in dem Bley selbst enthalten seyn müsse.

Von den Materialien.

So wie denen Schmelzern die Vormassen auf ein Geding vorgewogen werden, und der Halt des zu erzeugenden Bleyes bestimmt, und wenn sie weniger herausbringen, für jedes Pfund das festgesetzte abgezogen wird; so wird auch denenselben das hierzu erforderliche Holz in Klaftern, so wie auch das benöthigte Kohl vorgemessen, und falls sie weniger verbren-

verbrennen, der übergebliebene Reſt von der Hütte abgelöſt, und den Schmelzern zu ihrem Verdienſt geſchlagen, widrigenfalls aber, wenn mehr als das paſſirte verbrennet wird, wird auch dieſes von ihrem Verdienſte abgezogen. Auf 28 Tage, oder 56 Einfarthen, erhalten ſie 14 Lachter, und folglich auf eine Einfarth ¼ Lachter weiches, oder tannenes Holz von einem Lachter lang. Die Preiſſe hiervon ſind zweyerley, von 3 Guld. 30 Kreuz., und 3 Guld. 39 Kreuz. Jenen, welche ſtrengflüſſigen Schlieg zu verſchmelzen haben, der mehrere Röſtung erfordert, wird das Holz von geringerem Preiſs, zu den leichtflüſſigen aber, das von höherem Preiſs gegeben, weil bey den erſtern immer mehr Holz erfordert wird, wie bey den letztern, wobey ſie aber dennoch ſowohl in einem, als in dem andern Falle, wenn ſie ihren gehörigen Fleiſs anwenden, noch einiges Holz erſparen können. An Kohlen werden denenſelben auf ein Geding oder 56 Einfarthen 3 Kripen à 1 Gulden 30 Kreuz zu 3 Schaf, und in allen 9 Schaf vorgemeſſen, mit welchen ſie durch das ganze Gedinge auskommen müſſen.

Von dem Eiſenzeuge.

Das vorbeſchriebene Eiſenzeug wird denen Schmelzern im brauchbaren Stande gegeben, und für die Abnutzung für jede Einfarth werden 6 Kreuz von ihrem Verdienſte abgezogen, im Fall aber nach vollendetem Gedinge an Schmiedarbeit mehrere Unkoſten aufgelaufen ſind, als die gewöhnliche Paſſirung ausmacht, ſo müſſen dieſelben auch noch den übrigen Theil der Unkoſten von ihrem Verdienſte tragen. Es kann alſo durch kein nachläſſiges und unwirthſchaftliches Verfahren, ſowohl bey Zubereitung der Erze für die Hütte, als bey

2. Ueber das Verschmelzen der Bleyerze in Flammöfen.

Bey der Hütte selbst dem Aerario ein Schaden verursacht werden, indem alle Unkosten der, zum Verschmelzen erforderlichen Materialien, als: Holz, Kohlen, dann die Abnutzung des Eisenzeugs, die Ausbesserung des Ofens, und der über dem passirten Calo mehr angewachsene Bleyverbrandt, den Schmelzern von ihrem Verdienste abgezogen werden, so wie auch denenjenigen, welche die Erze auf einen schmelzwürdigen Halt zu bringen haben, und nicht bringen, die Schliege auf ihre eigene Unkosten zur Ueberarbeitung zurück gegeben werden, wenn sie anders ihre Bezahlung erhalten wollen. Vermöge dieser so vortheilhaften Gedingeinrichtung, kömmt der Centner Reinbley dem Aerario von der Hütte nicht höher als 45 Kreuzer dem mittlern Durchschnitte nach zu stehen; werden aber auch die Unkosten des Pochens, Mahlens, Schlämmens, Siebsetzens, und des Scheidens mit hinzu gerechnet, so betragen die gesammten Unkosten eines Centner Reinbleyes mit der eigenen Erzeugung, 56 Kreuz. im Durchschnitte.

VI. Ueber

VI.
Ueber den Gebrauch abgeschwefelter Steinkohlen oder Coaks, zum Schmelzen silberhaltiger Bley- und Kupfererze, auf der Weyerer Hütte in der Grafschaft Wied Runkel.

Eingeschickt
vom Herrn Cammerrath Kleinschmidt
zu Ofenbach.

---

§. 1.

Die seit 30 - 40 Jahren vermehrten Eisenhütten von Braunfels bis zum Ausfluss der Lahn, welche den Eisensteinszug benutzen, der auf der Mittagsseite den Fluss mit seiner fast parallelen nordlichen Einfassung von Kalk- und Marmorfelsen bis Diez begleitet, wo sich dann diese Begleitung über Kazzenelnbogen nach dem Rhein wendet; der seit gleicher Zeit auch wieder rege gewordene Bau auf edle Metalle durch Oeffnung vieler, meist in der Mitte des 30 jährigen Krieges aufgelassenen Gruben auf den Veredlungen der, diesen Fluss auch begleitenden Spathgänge, mit morgen- oder flachgangweis ab- und zusetzenden Gefährten, wovon die *Melbacher* Grube (in der Nähe von Weilmünster) die Gruben um das Dorf und Gegend *Langenbecke,* um das Dorf *Weyer* nächst
dem

104 Ueber den Gebrauch *abgeschwefelter Steinkohlen* etc.

Dem Städtchen *Holzappel*, unweit *Obernhof* (einem Naſſau-Diezischen Dorf gegen Abtey Arnſtein über) um *Bad-Ems* etc. durch die Mineralverzeichniſſe bekannt geworden ſind — dieſe Urſachen haben die jetzige Abnahme des haubaren Kohlholzes, in dieſer ſonſt holzreichen Gegend überaus beſchleunigt. Der, vom Ausfluſſe an nur bis Diez ſchiffbare, obgleich deſſen viel weiter fähige Fluſs, erſchweret noch dazu den oberhalb liegenden Hütten die Unterſtützung von denen, die Moſel herabkommenden, nun aber auch abnehmenden Kohlen. Daher muſste ſich denn voriges Jahr die Weyerer Geſellſchaft nach dem Vorgange von England, und der Empfehlung des Herrn *Jars*, zu dem Gebrauch von Coaks entſchlieſsen.

§. 2. Zu Erleichterung der Beybringungskoſten, wählte man Naſſau-Saarbrückiſche Kohlen, die auf der Saar, Moſel und Lahn, bis Diez zu Waſſer gebracht, von den Gruben bis an die Saar, und von Diez bis zur Hütte, zuſammen nur 5 ſtündiger Landreiſe bedurften. Die hohe Landfracht der, ſonſt nähern Kohlen aus der Graffſchaft Mark, und ihre dem Verlaut nach, mehr gruſige mulmige Beſchaffenheit (*), die eine andere Abſchweflung fodern möchte, ſchien ihren Vorzug zu widerrathen.

§. 3. Die pechreichſte Sorte Saarbrückiſcher Kohlen gewinnet man in dem morgendlichen Gehänge des, von Saarbrücken nordoſtwärts über Duttweiler und Sultzbach ſich ziehenden Thals, worinnen die bequeme Chauſſée über Neukirchen auf Ottweiler, und bis zur Landesgrenze angelegt iſt. Bald oberhalb Sultzbach greift die gräflich Leyhiſch-Caſtelliſche

---

(*) Die mehr mulmige Beſchaffenheit ſoll falſch ſeyn, vielmehr ſollen auch grobe, aber mit Schiefer gemiſchte Wände vorfallen.

sche Sr. Imberter Waldung in diefes Gehänge. In folcher bauet ein, von diefem Grenzgebiete conceffionirter Eigenlehner, vornemlich zum Betrieb einer Rufsbütte eben diefe Lager, und verkauft nachher die Ueberbleibfel der, mit ftarkem Flammfeuer ausgefaugten oder ausgeröfteten Kohlen, gewöhnlich *Brafchen* genannt, fo gut möglich an nachbarliche Confumenten bis in Elfafs. Mehrere Lager von verfchiedener Mächtigkeit, von 2 bis zu 9, ja 14 Fufs, durch Alaunfchiefer gefchieden, liegen hier über einander, von denen man nur die, über 2½ Fufs mächtigen im Saarbrückifchen jetzo noch in Bau nimmt. Selbft nur das derbe und reinfte von 5 - 6 Fufs, nimmt man nur von ihnen weg, und läfst das übrige, *vielleicht zur Setzwäfche fehr tauglicbe*, ftehen, und der Gefahr fich zu entzünden über, wie fchon das unter dem Namen des brennenden Bergs bey Sultzbach bekannte 7 füfsige Lager gethan hat. Nach dem angeblichen Streichen der Lager in der Stunde 4 - 5, mit einem Einfchiefsen von 35 Grad gegen Nordweften, oder gegen das Hundsrücker höhere Mittelgebirge, follte man das wiederum fehr beträchtliche Hauptlager zwifchen Neukirchen und dem Grenzdorfe Willesweiler, wodurch die ganze füdöftliche Gegend bis zum Necker hin verforgt wird, als eine Fortfetzung gegen Nordoften um fo mehr anfehen, als auf diefem Striche bis an den Rhein hin, der thonigte Fufs des Mittelgebirgs fich mit mehreren Kohlen beweifst, wie das zwifchen Kufel und Attglan dem Potzberge gegenüber erft erfchürfte 9 zöllige Lager von guten Kohlen, und die längs dem Glan, über Meifenheim hinab, bis Creuznach fich abwechfelnd zeigenden Schürfe und Kohlengruben darthun. Vielleicht ift die unterbrochene Veredlung des Zugs, nur, wie bey Erzpunkten der Gänge, dem

Zuschaaren oder Uebersetzen kiesiger Gänge aus der Hauptkette zuzuschreiben, woran diese reich ist. Südwestlich erscheinen wiederum, eine Stunde unterhalb Saarbrücken, bey dem Dorfe Gersweiler, und im grossen Walde, in dem nämlichen Striche, beträchtliche Kohlenlager, die sich aber durch ihre zu starke Mischung mit strengem Schiefer, und vielleicht Schwerspath, zum Schmelzgebrauche des offenen Feuers gar nicht empfehlen. Weiter fort findet sich auch das Cothingische Dorf Hargarten, Amts Beaurain, wo Kohlen mit Bleyglanz, nach dem X. Bande des Schauplatzes der Künste, S. 205. brechen sollen.

§. 4. Alle Saarbrückischen Kohlengruben stehen in landesherrlicher Administration. Ihre Nutzung vom rohen Verkaufe (zu 5 und resp. 7 Kreuz. der Centner auf der Halte) und der schlechtern Kohlen auch zu landesherrlichen Russhütten, soll 44 bis 46000 Guld. reinen Gewinn jährlich abwerfen. Die Schiefer werden durch eine concessionirte Siederey zu Sultzbach und Duttweiler auf Alaun genutzt. Nur die Gesellschaft Französischer Pächter, die alle landesherrliche Eisenwerke, mehrere Landeseinkünfte, und allen Steinkohlenabsatz nach Frankreich, noch einige Jahre in Bestand hat, lässt von den nächsten Gruben bey Duttweiler, zu Coaks, für Eisenhütten in Champagne, auf den Grubenhalten abschwefeln, und auf der Saar und Mosel verschiffen. Wahrscheinlichst wird damit bloss Gusseisen zu Munition, und kein Roheisen geblasen. Die Saarbrückischen Eisenwerke arbeiten noch blos bey Holzkohlen.

Diese Abschweflung der Ferme geschiehet noch, nach der Beschreibung in den Schriften der naturforschenden Gesellschaft B. I. S. 427. Berl. 1787. unter freyem Himmel, in runden,

runden, mit Ziegelsteinen geplatteten Stadeln, von 9 Fuß im Durchschnitte, mit 18 Zoll hohen, 12 Zoll dicken Mäuerchen umgeben, die am Boden Luftzüge haben, in welchen 30 Centn. grobe Kohlen, und 20 Centn. Brocken und Gruß, auf jeden Brand verkohlt werden. Um vorgängige Reinigung des letzten besonders, von anhängendem Sande, oder Letten-Ablösungen und kleinen Schieferwändchen, ist man so wenig besorgt, als um Dämpfung aller Flamme während der Abschwefelung. In wenig Zeit, und gegen sehr kleinen Lohn von 1 Kreuzer pro Centn. ist daher die Verkohlung vollendet. Die Wirkung und das rußbraschenmäßige Ansehn, entsprechen ihr auch völlig. Sie glänzen wie mit dünnem Quecksilberüberzuge belegt, und sind wenig kräftiger als Rußbraschen und Holzkohlen.

§. 5. Um sich mit der Abschwefelung, dem Gebrauche, und der Wirkung gehörig bereiteter Coaks, erst vorher im Kleinen bekannt zu machen, ehe man die vorherige Kenntniß an Ort und Stelle einzog, verschrieb man aus der Niederlage zu Coblenz 1500 Pfd. rohe Duttweiler Kohlen, und unmittelbar von Saarbrücken einen 2ten Transport von 60 Centner dergleichen, mit 60 Centn. Gersweiler, und 60 Ctn. St. Imberter Rußbraschen. Noch unbekannt mit den Handgriffen, sonderte man vor Abschwefelung der ersten 1500 Pfd. aus der Niederlage, welche weit mehr Gruß oder Kohlenklein als auf der Grube enthalten mußten, vielleicht auch mit geringeren und wohlfeileren erwähnten Sorten, zum Gewinn der Händler und Schiffer gemischt waren, nicht hinlänglich den Gruß oder Grubenklein von den groben Stücken ab. Daher schwefelten also, (nach *Jarsischer* Vorschrift den Mieler behandelt) solche nicht gehörig durch. Man erhielt nur

Ueber den Gebrauch abgeschwefelter Steinkohlen etc.

fd. brauchbare Coaks. Da sonst von lauter groben Stü-
roher Kohlen, 71 Pfd. sicher 44 Pfd. taugliche Coaks,
:iner auf den Gruben angestellten Probe gewähren. Der
ınliche Verkaufsfuß der Grube ist, 2 Centn. Brocken
ruß, zu einem Centner groben Stücken. Erstere muſ-
:ur Abschwefluug in Jarsischen Mielern, gesondert, die
en von schicklicher Größe zu den vorsichtig zu zerschla-
n groben Stücken gesammlet, und der Gruſs oder das
nklein von allem beseitigt werden, bis man eine verhof-
anderweitige Abschwefungsart zu dessen Wiederzusam-
bweißung und Abschwefung, ohne Abbruch gleicher
der Coaks daraus erlernet haben wird.
Von 90 Pfd. roher Kohlen in Stücken, Brocken, und
nklein, erfolgen nach der Lage der Gruben (die in mä-
Sinken, wie die Erzgänge, edlere und zerreiblichere
n, mithin mehr Kohlenklein zu liefern scheinen) etwan
md zur Abschwefung in erwähnten Mielern taugliche
:, und 19 Pfd. Grubenklein. Erstere geben dann nach
Verhältniſs 71 zu 44, an tauglichen Coaks 44 - 45 Pfd. -
) erfolgen aus 100 Pfd. roher Kohlen, nach gewöhnli
Verkaufsfuß 49 Pfund Coaks, und bleiben 21 Pfd.
iruſs, wofür noch die Abschwefungsart, zu gleich
Coaks zu versuchen ist, die, wenn sie ausgefunden wi
ın noch 13 Pfd. Coaks liefern müſste. So würde ma
. C. Coaks aus Kohlen und Gruſs zu erlangen behaupte
en.
Nach dieser Aufklärung den Erfolg dieser ersten Ab
eflungsprobe ermessen, hätten die 1500 Pfd. rohe Koh
der Coblenzer Niederlage, 1183 Pfd. zur Abschwefung
licher Stücke und 317 Pfd. zu beseitigendes Grubenklein
liefern,

liefern, und aus erften 733 Pfd. brauchbare Coaks erfolgen
follen, anftatt dafs man nur 648 Pfd. erhielt, mithin 85 Pfd.
Coaks-Einbufse der Niederlagsbehandlung und Qualität zu-
fchreiben mufste.

§. 6. Da diefer erfte Verfuch zur Durchficht nicht hin-
reichte, fo verfchrieb man wie gedacht, zu einem gröfsern
60 Centn. Duttweilerer rohe Kohlen, unmittelbar aus der landesherrlichen Niederlage bey Saarbrücken. Man erhielt nach
Hüttengewicht (das Pfund zu 2 Cöllnifchen Marken) 7128
Pfd., fonderte das Grubenklein, jedoch vielleicht noch zu
öconomifch davon ab, und liefs das übrige im Februar 1788
bey naffer Witterung nach *Jarfifcher* Vorfchrift auf dem Hüt-
tenplatze vorfichtig abfchwefeln. Man brachte 3075 Pfund
brauchbare Coaks aus, nebft 525 Pfd. unzulänglich verkohl-
tes Grubenklein. Diefes Ausbringen nach dem Verhältniffe
des vorigen §. erwogen (dafs 90 Pfd. Kohlen und Grufs 71 zu
diefer Abfchweflungsmethode taugliche Stücke, und 71 Pfd.
von letztern 44 Pfd. gute Coaks liefern müffen) hätte aus den
angekauften 7128 Pfd.; zum Einfetzen 5623 Pfd., und an zurück zu legendem Grufs 1505 Pfd., aus dem Eingefetzten aber
3486 Pfd. tauglichen Coaks, anftatt mit aller Oeconomie nur
erhaltener 3075 Pfd. geben follen. Man fchlofs hieraus,
dafs der weite Transport, und die vierfache Umladung roher edler Kohlen, das Zerfallen und den Grufs vermehre;
dafs die Fracht von fo vielem wieder verfliegendem Gewicht
nothwendig erfparet werden müffe; dafs die weniger zerreib-
lichen Coaks vortheilhafter, auch mit weniger Rifico oder
Verfälfchung, zu verfchiffen ftünden, zumalen da fie ohne
Gebläfe fich nicht leicht entzünden. Nur gegen die Verfüh-
rung der Schiffer von unedel denkender Neugierde, ihre La-
dungen

Ueber den Gebrauch abgeschwefelter Steinkohlen etc.

n mit Waſſer, das die Coaks ſo gern einſaugen, zu ver-
m, um jene unbeſorgt befriedigen zu können, hatte
eue Vorſichten zu erdenken nöthig.

§. 7. Die Abſchweflung alſo auf den Kohlgrubenhalten
virken, und zu veranſtalten, war der Hauptzweck einer
im April 1788. nach Saarbrücken, wo man zuerſt durch
enaueſten Verſuch das vorhin zum Grund gelegte Ver-
ż des Abſchweflungs-Abgangs feſtſetzte. 45 Ctn. rohe
n (zu 15 Centn. groben Stücken, und 30 Ctn. Brocken
nuſs) ließ man einem dortigen Holzköhler zuwiegen, und
von dem Haltenvorrathe des nordſeitigen Stollens, auf
idweſtlich entzündete und verſtürzte Kohlenlager bey
ach. Das nach Zerſchlagung der groben Stücken ab-
lerte ſämmtliche Grubenklein, wog 9½ Centn., wovon
durch das Zerſchlagen entſtanden ſeyn konnte. 35½ Ctn.
n in 2 Haufen 4 Tage mit gedämpftem Feuer, und ſo
orgfalt, als ſich bey einer unbekannten Methode Men-
nur einprägen ließ, deren Auswahl und Zutrauen nicht
von uns abhängt, abgeſchwefelt, und daraus wurden
mtn. brauchbare Coaks, nebſt ein paar Centner unzu-
and noch abgeſchwefelter Stücke erhalten. Dieſes
len Abſchweflungsabgang von 37½ bis 38 p. C. der
Angabe des Hrn. *Jars* a 35 p. C. bey den Kohlen
de Gier ſehr nähert. Aber man muſs zu dieſer Abſch-
art lauter taugliche Stücke nehmen, oder eine andere
Gruß von gleicher Güte noch erfinden. Bedürfniſs
gel der Zeit nöthigten die geſellſchaftliche Verwaltung
Anſchaffung eines jährlichen Coaksvorraths, vorerſt
n Verſuch zu gründen, und den Grus einſtweilen zurück
agen.

§. 8. Die Auswahl der Grube zum verlangten größern Vorrathe, und ein günstigeres Verhältniß der groben Stücken zum Grubenklein wurde bewilliget. Der Haltenvorrath einer, durch ein kleines Queerthal von dieser Probegrube sich scheidenden folgenden Grube gegen Nordosten, schien edler, und zeigte noch weniger eingemischte Schieferablösungen. Die Kohlen schienen noch fetter, aber auch mürber. Man wählte diese, erkaufte davon voriges Jahr hindurch 4528 Centner, und ließ solche neben der Stollenhalte nach und nach abschwefeln. Das bewilligte vortheilhaftere Verhältniß zu dieser Abschweflungsart, von nur 15 Centn. Brocken und Gruß unter 45 Centn. Ankauf, hätte, ohne Rücksicht auf dieses zärtere Kohlenlager, welches beym Zerschlagen der großen Stücke mehr Gruß erwarten ließ, von zugewogenen 45 Centn. nur 6¼ Centn. Gruß, der eine andere Abschweflungsvorrichtung erwartete, gewähren sollen. Man wird aber aus der erwähnten Rücksicht 7 Centner annehmen müssen. Noch ist er nicht gewogen, weil die Abschweflung erst spät geendigt worden ist. Bey dem Verhältniß von 7 Centn. aber auf jede 45 Ctn. Ankauf, müssen von 4528 Centn. Ankauf 704-705 Ctn. Gruß zurückgelegt, mithin 3823 Centn. rohe Kohlen verkohlt worden seyn. Diese nach dem Probeverhältnisse 71 zu 44 sollen wenigstens 2369 Centn. Coaks gewähren, wofür auch nach den Ladzetteln 2358 Centn. erhalten worden sind, welches die nächst erwartende Schlußladung bey der Hütte bestätigen muß. Nach dem gewöhnlichen Verkaufsverhältniß würde man 956 Centn. Gruß, und nur 2213 Centn. Coaks zu erwarten gehabt haben.

§. 9. Mit der §. 6. erwähnten größern Probe empfing man auch 7776 Pfd. rohe Gerzweller, in ansehnlichen Stücken,

die

die bis 1 Centn. wogen, und mit merklich weniger Gruſs gemiſcht waren. Ihren häufig zart eingemiſchten Schiefer wurde man erſt bey dem Kleinſchlagen, und noch mehr im Schmelzen gewahr. Dadurch werden ſie den von Hrn. *Jars* erwähnten Peratkohlen ſehr ähnlich. Auf gleiche Art abgeſchwefelt erhielt man davon 3825 Pfd. Coaks.

§. 10. Noch lieſs man auch eine kleinere Probe zu Lande, von 64 Pfd. und eine gröſsere zu Waſſer von 4752 Pfd. der §. 3. erwähnten St. Imberter Ruſsbüttenbraſchen kommen, die mit 75 Pfd. Coaks, nach der obgedachten Methode der Franzöſiſchen Ferme in offenen Stadeln abgeſchwefelt, begleitet war.

Die Sinne unterſcheiden jene Ruſsbraſchen von tauglichen Coaks, die wie gute Holzkohlen nach *Jarſiſcher* Angabe gebrannt ſind, durch die weit geringere Schwere, und durch das, wie mit Silberſchaum überzogene Anſehn, welches die Coaks nur fleckweiſs, und in weit geringerem Grad zeigen; und bey weit gröſserer Schwere mattſchwarz, und ſchwammig ausſehen. Die nach der, bey der Ferme gebräuchlichen Methode abgeſchwefelten Coaks, ſind in Anſehn und Schwere, ungefähr das Mittel zwiſchen Ruſsbraſchen und guten Coaks, je nachdem man mit mehr oder weniger Sorgfalt das Flammfeuer verhütet, und die Abſchwefelung zufälligerweiſe ſich verlängert hat, die gewöhnlich zu ſehr übereilt wird. So verhält ſich auch ungefähr ihre Wirkung. 250 Ctn. gute Coaks, werden höchſtens wohl gleiche Dienſte mit 570 Centn. guten Büchenholzkohlen, mit 415 Centn. Ruſsbraſchen, und mit etwan 300 Centn. nach dieſer gewöhnlichen Saarbrückiſchen Methode gefertigten Coaks beweiſen. Zu den 250 Centn. gut abgeſchwefelten Coaks, wird man aber ohngefähr 404 Centn. rohe Steinkohlen *in Stücken* nöthig haben.

Verfuche und Gebrauch beym Schmelzen

a) mit Coaks von Duttweiler Kohlen.

§. 11. Die erste Probe machte man mit denen §. 5. erhaltenen 648 Pfd. Coaks.

Von 2 Rösten (Nro 19. und 25. für 1787.) die in 11058 Pfd. Bleyglanz und Silberfablerz, und in 6089 Pfd. dergleichen Schliegen, mithin in Summa in 17147 Pfd. Erz bestunden, und nach Tiegel - und Capellenprobe, jeden Posten besonders berechnet, 345 Loth Silber und 7141 Pfd. *speisiges* und *kupfriges Bley* enthielten, (oder in 100 Pfd. 2⅛ Loth Silber, 41⅔ Pfd. speisiges kupfriges Bley) wurden 1260 Pf. Rost, mit zugeschlagenen 254 Pfd. Eisenschlacken, und 15 Karren, oder 1710 Pfd. Rostschlacken in 20⅓ Stunden mit 10⅓ Bütten oder 892 Pfd. Holzkohlen durchgeschmolzen. Das Ausbringen war 226 Pfd. Werke, 225 Pfd. Bleystein. Eben dieses Quantum Rost und Zuschläge mit 510 Pfd. Holzkohlen und 300 Pfd. Coaks, Summa 810 Pfd., ging in 19½ Stunden durch und brachte 238 Pfd. Werke, 216 Pfd. Bleystein. Zum Rest dieser Röste a 480 Pfd. mit Eisenschlacken 100, und Rostschlacken 1127 Pfd. verbrauchte man die übrigen 348 Pfd. Coaks *allein*, in 8¼ Stunden, und erhielt 105 Pfd. Werke, 68 Pfd. Bleystein. Diese unvollkommenen Versuche machten indessen Muth. Man erachtete aber die Mischung von Coaks und Holzkohlen eben nicht vorzüglich, weil sich beyde zu ungleich im Feuer verzehrten.

§. 12. Zu den nach §. 6. erlangten 3075 Pfd., nahm man nun die, zu einem besonderen Versuche zu kleine Quantität von 75 Pfd. nach §. 10. am Ende hinzu, und setzte die Versuche fort. Ein Bleysteinrost von 6270 Pfd. (Nr. 8. pro 1788.)

1788.) wurde in 11 Schichten vertheilt. Zu 25 Ctn. Roft oder 2850 Pfd., mit 12 Laufkarren Ofenbrüchen, und einiger Seigerkrätze, verbrauchte man 1500 Pfd. Coaks, und brachte 1036 Pfd. Werke aus. Zu den übrigen 30 Ctn. oder 3420 Pfd. Roft, mit 18 dergleichen Laufkarren Ofenbrüchen, und noch die Halbschied mehr Seigerkrätze, verwendete man im Fortschmelzen auf dem nämlichen, nun in der Hitze befindlichen Ofen 64 Bütten, oder 5440 Pfd. Holzkohlen, und erhielt 1825 Pfd. Werke von gleichem Silbergehalte. Da der Zuwachs bey den Holzkohlen von der vollen Hitze des Ofens, und dem ungleichen Gehalte der Zuschläge herrühren konnte, so machte man den Verfuch genauer.

§. 13. Ein Erzroft (Nr. 8. pro 1788.) von 4151 Pfd. filberhaltiger Bleyglänze und Schliege, nebft Fahlerzen, erhielte noch wegen fehlender Schwemme 2736 Pfd. Herdbley, und 912 Pfd. Glöttezuschlag, dadurch aber nach Hütten- und Capellenproben fämmtlicher Erz- und Zuschlagpoften, 262½ Loth Silber, und 3573 Pfd. Bleygehalt. Von verschlackter oder verblafener bleyifchen Speife, welche die Erze häufig führen, hatte man eben 1262 Pfd. 3 löthige Werke vorräthig, diefe that man in den Stichherd, um den Steinen die Silber noch reiner abzuziehen. Alfo entftand eine Beschickung von 299½ Loth Silber und, 4835 Pfd. Bleygehalt.

Die erfte Hälfte von 2075 Pfd. Roft, 1368 Pfd. Herd, 456 Pfd. Glötte, 631 Pfd. Vorschlagbley im Stichherde, hatte alfo 149½ Loth Silber, 246½ Pfd. Bley. Mit 1400 Pfd. Eisenschlacken und ungefähr 5070 Pfd. oder 28½ Laufkarren Roftschlacken, ging fie in 80 Stunden durch, und brauchte 49 Hütten, oder 4145 Pfd. Holzkohlen. Es erfolgten in 2166 Pfd. 6 löthigen Werken, und 258 Pfd. 3 löthigem Bleyftein,

137½ Loth Silber. Nach Abzug der 631 Pfd. Bleyvorschlag in dem Stichherde, waren alfo 1535 Pfd. vom Probegehalt der, durch den Ofen gegangenen Beschickung a 1786½ Pfd. mithin über 85 p. C. erfolgt.

Die zweyte Hälfte eben fo beschickt, lieferte in 2410 Pfd. auch 6 löthigen Werken, 263 Pfd. Bleystein, 152½ Loth Silber, zufammen alfo 290½ Loth. Mithin erfolgten nach Abzug der 631 Pfd. Vorschlagwerke in den Stichherd, von der durch den Ofen gegangenen Beschickung a 1786½ Pfd., wiederum 1779 Pfd., oder über 99 p. C. — Ein Umstand, welcher noch beträchtlichen Bleygehalt in den vorgeschlagenen Roftfchlacken vermuthen läfst, weil im Durchschnitt von Holzkohlen und Coaks, hier 92 p. C. ausgebracht würden.

§. 14. Wenn man von den verbrauchten Holzkohlen a 4145 Pfd. 3 Bütten a 255 Pfd. zum Abwärmen des Ofens zurück rechnet, fo ift das Verhältniß der Holzkohlen gegen die Coaksconfumtion 3890 : 1650. oder 7 : 3. beynahe, oder des Erzgewichts gegen das Holzkohlengewicht, wie 3899 zu 3890. mithin beydes faft gleich. Die Verhältniße des Erzgewichts gegen das Coaksgewicht aber, ift wie 3899 zu 1650. oder wie 78 zu 33. Diefes letzte hat fich in der Folge fo weit beftätiget, dafs 13 folgende Erzröfte, (Nro 12 - 24.) wobey keine Schwemme durch Glätte zuzufetzen, fondern folche a 16 - 18 Pfd. mit 1 Loth Silber nach Tuttenprobe in den Erzen vorhanden war, und welche 1088 Ctn. 40 Pfd. rohe Erz - und Schliegpoften enthielten, mit 497½ Ctn. Coaks (jeden Centn. zu 114 und refp. 108 Pfd. verftanden) durchgefchmolzen worden find. Dabey find aber gar keine Holzkohlen, außer 255 Pfd. zum Abwärmen des Ofens bey jedem Zumachen verwendet worden, weil die Coaks ohne Gebläfe sich nicht entzünden, und man mit rohen Steinkohlen auf der Hütte noch nicht versorgt war. Dieses gibt das Verhältniſs 124,072 Pfd. Erz, mit 53,757 Pfd. Coaks, oder zu 78 Pfd. Erzroſt, 33⅞ Pfd. Coaks; zu 467 Centn. von Erzröſten gefallener Steine aber, waren 240 Centn. Coaks zum Durchſtechen erforderlich, oder zu 53,238 Pfd. Stein, 25,920 Pfd. Coaks, mithin zu 78 Pfd. Stein, faſt 38 Pfd. Coaks.

§. 15. Dieſe Erfahrungen ſetzen indeſſen lauter, ziemlich gut und richtig abgeſchwefelte Sultzbacher Kohlen voraus. Ein beträchtlicher Unterſchied erſcheinet aber, wenn vor der Abſchweflung die Kohlen vom Schiefer und Letten, der den reinſten Stücken doch hier und da noch anhängt, nicht gehörig im Zerſchlagen gereiniget; oder wenn ſie unvollſtändig oder übermäſsig verkohlet worden ſind; oder bis zum Gebrauch zu viel Näſſe eingeſogen haben.

Den empfindlichen Schaden von allen dieſen Fällen, hat man auch erfahren. Von dem Product der erſten nachläſſigen unreinen und ungleichen Lieferung des Köhlers, den man theuer genug lohnte, aber ihm wegen der Entfernung nicht nachſehen konnte, hat man die Hälfte mehr, ja bis zum doppelten Quanto, nöthig gehabt, weil es eine Miſchung von theils ſchiefrigen, theils roh oder halb abgeſchwefelten, theils durch Flamme nachher übertriebenen Stücken war, wovon jedoch die beſten ausgeſuchten Stücke obiges Verhältniſs wieder beſtätigten, und noch übertrafen.

Den Beweis vom Verluſt in allen angezeigten Fällen, wird folgende kleine Tabelle am deutlichſten überſehen laſſen.

Wenn 78 Pfd. Erzroſt 33⅞ Pfd. Coaks mittlerer Güte fodern, ſo brauchen 5 Ctn. oder 570 Pf. Erz 247 Pf. Coaks.

Dahin-

Dahingegen hatte gleiches Erzgewicht von der erſten ungleich abgeſchwefelten und unreinen

a) Lieferung nöthig im Durchſchnitt 311½ Pfd. Coaks
b) von gutſcheinenden Stücken - 273½.
c) von den beſten - - - 234½.
d) vom Anfang der 2ten Lieferung 250.
e) von der 1ſten und *letzten* im Transport *zu naß* gewordenen Lieferung 329.

§. 16. Das Verhalten der Coaks im Schmelzen weicht darinnen vornemlich von den Holzkohlen ab:

a) daſs ſie keine höhere Formlage, als von 11-12 kleine rheinländiſche Zollen (den Fuſs zu 1262 gegen den Pariſer zu 1440. verſtanden) zu vertragen ſcheinen. Zwölf Zolle und drüber, macht ſchon zu viel Schlacken und Bleyverbrandt.

b) daſs ſie die Naſen ſtark angreifen, und ſobald der Coaksſatz die, bey Holzkohlen formirte Naſe erreichet, ſolche weggehet, daher ſchwerer und doppelt, ja gegen das Ende eines Zumachens bis dreyfach ſo ſchwer Roſt geſetzt, oder dem Coaksſatz abgebrochen werden muſs.

c) daſs die Schlacke zwar flüſſig, aber muſiger wie bey Holzkohlen geht, und in der Farbe guten Steinſchlacken ähnlich kömmt.

d) daſs die Ofen oben dunkler als bey Holzkohlen gehen, weil erſt die Wirkung vor dem Gebläſe anfängt.

e) daſs ſie den Tiegel rein halten, und alle Schwülen verhüten.

f) daſs die Bleye etwas weiſſer und härter ausfallen, ohne daſs jedoch bey guten Coaks, letzteres ihrem Gebrauche nachtheilig iſt.

g) daſs

118 *Ueber den Gebrauch abgeschwefelter Steinkohlen* etc.

g) daſs alle nicht hinlänglich abgeſchwefelte Coaks, die Flüſsigkeit hindern, und eine zähe Maſſe geben.

h) daſs die Werke auf der Capelle gern eingraben, daher ſehr kühle zum Treiben hat eingeſchmolzen werden müſſen.

§. 17. Dieſe letzte Wirkung zeigt ſich vornemlich von den §. 3. und 10. erwähnten St. Imberter Ruſsbraſchen, wahrſcheinlich, weil ſie zum Behuf des Ruſſes keiner ſorgfältigen Reinigung vom Schiefer und Letten vorher bedürfen, und durch die groſse Verflüchtigung ihrer öhligen Theile mit voller Flamme, nur die fixere Säure im Todtenkopf zurück bleibt. Ihr glänzendes, Waſſerbley ähnliches Anſehen, unterſcheidet ſie, ſo wie ihre ausnehmende Leichtigkeit, gar kenntlich von gut abgeſchwefelten Coaks. Mit 4816 Pfd. die man davon hatte kommen laſſen, machte man folgende Verſuche. Von dem Roſte (Nro 6. von 1788.) der in 9381 Pfd. Silber- und Bleyerze, 288¼ Loth Silber, und 3908 Pfd. Bley enthielt, wurden zur Hälfte 6 Schichten oder 3096 Pfd. mit 600 Pfd. Eiſenſchlacken und 48 Karren Roſtſchlacken, in 56 Stunden mit 33 Hütten, oder 2805 Pfd. Holzkohlen durchgeſetzt. Das Ausbringen war nur 762 Pfd. Werke, a 65¼ Loth Silber, und 848 Pfd. Bleyſtein a 25¼ Loth Silber, alſo 59 p. C. wegen der ſpeiſigen Beſchaffenheit der Schliege. Das gleiche Quantum an Roſt und Zuſchlägen brauchte 2556 Pfd. Ruſsbraſchen in 49 Stunden, und gab in 790 Pfd. Werken, und 798 Pfd. Stein, gleichen Silbergehalt und etwan 61-62 p. C. von dem, durch die kleine Probe befundenen ſpeiſigen Bleygehalte. Die Bleyſteine behielten viel zurück. Der Reſt dieſes Roſtes a 3189 Pfd., brauchte in 49 Stunden 2025 Pfd. Ruſsbraſchen, und der Ofen, der von dieſem Roſt ſchon einen Stein Roſt geſchmolzen hatte, ſchien ſich ausgearbeitet zu haben.

haben. Es waren alſo zu 570 Pfd. Erz, 4154 Pfd. Ruſsbraſchen verbraucht worden.

Dadurch beſtätiget ſich wohl das §. 10. ſchon erwähnte Verhältniſs, daſs zu 570 Pfd. Erzrüſten, höchſtens 570 Pf. Holzkohlen von mittlerer Güte, 250 Pfd. dergleichen Coaks, 415 Pfd. gewöhnliche Ruſsbraſchen erforderlich ſeyen, und daſs man von erſten beyden bey derſelben vorzüglichen Qualität, allezeit noch weniger bedürfen werde.

§. 18. Die Schmelzverſuche mit Coaks aus Gersweiler Kohlen, zeigten dieſe, wegen des zu häufigen, ſie zart durchſetzenden Schiefers und Schwerſpaths, ganz unbrauchbar.

§. 19. Zum Gahrmachen auf kleinem Herde, beweiſen ſich endlich die guten Coaks aus Duttweiler und Sultzbacher Kohlen auch brauchbar, wenn die Schlacken nicht, wie gewöhnlich abgezogen, ſondern durch eine Spur abgelaſſen werden; und wenn eine ordentliche Naſe geführet wird, damit der Wind das Kupfer ſchärfer greifen könne, als es ſonſt wegen der, härter als Holzkohlen aufliegenden Coaks möglich ſcheint; nächſtdem aber gegen das Eingraben ungewöhnlich ſchwere Stube zum Gahrherde genommen wird. Bis jetzt iſt jedoch nur der erſte Verſuch damit gemacht worden, und von 744 Pfd. Spurſtein, dann 1938 Pf. Kupferſtein, Summa 2682 Pf., ſind 1967 Pf. Gahrkupfer überhaupt erlangt worden, wovon 1009 Pfd., die aus dem beſten Schwarzkupfer gefallen, 4590 Pfd. Holzkohlen gekoſtet, die übrigen 958 Pf. aus ſchlechterm Schwarzkupfer aber, 2808 Pf. Coaks gebraucht haben. Ende März 1789.

Nachtrag.

Der nützliche Gebrauch behörig, und nach Anleitung der vorſtehenden Nachricht abgeſchwefelter Saarbrückiſcher Steinkohlen

kohlen (aus Sultzbach) zum Gebrauch beym Schmelzen und Gahrmachen, beſtätiget ſich noch immerfort. Von guten Coaks, zu welchen vor dem Einſetzen in den Mieler, die Steinkohlen möglichſt von Letten und Schiefer und Gruſs geſtäubert worden ſind, und welche der Köhler mit allen zu einer guten Holzkohle nur erſinnlichen Vorſicht im Abſchwefeln behandelt hat, braucht man zu dem nemlichen Erzgewichte, nur das halbe Coaksgewicht, gegen Holzkohlengewicht im Durchſchnitte, wenn ſie vom Mieler trocken zur Hütte kommen — ohne die geringſte Miſchung von Holzkohlen, als welche vielmehr nachtheilig erſcheinet. Das Ausbringen, und die Güte der Metalle leidet nichts dabey. Allein bey nicht ſorgfältig vorher von Letten, Schiefer und Gruſs gereinigten Kohlen, und deren Abſchwefelung durch Flamme zum Theil, wie es noch itzt zu Saarbrücken um Koſtenerſparniſs willen, und aus Vorurtheil geſchiehet, leiden die Hüttenwerke an der Lahn und dem Rhein, welche den Gebrauch ohne Bedacht nachgeahmt haben, auf eine ausgezeichnete Weiſe. — *Duo, cum faciunt idem, non eſt idem*. —
Sept. 1789.

VII. Ge-

VII.

Geschichte der Amalgamation,
zu Joachimsthal in Böhmen.

Vom

Herrn Carl Anton Rößler,
K. K. Bergrathe und Oberberginspector in Böhmen.

Seit einer geraumen Zeit hat wohl kein Gegenstand die Aufmerksamkeit gelehrter und practischer Bergleute mehr auf sich gezogen, als die von dem Kayf. Königl. Hofrathe Herrn Ritter *von Born* entdeckte, ganz neue Amalgamations-Methode der Erze. Die zu Wien mit gutem Erfolge von ihm selbst ausgeführte Probe, bewog Ihro Kayf. Majest. bey Schemnitz in dem Dorfe Glafshütte ein Quickwerk im Großen errichten zu laſſen. Aus allen Theilen Europens, ja selbst aus America, eilten gelehrte Bergverständige dahin, um der, im Großen abzuführenden Probe beyzuwohnen. Jeder von ihnen prüfte alle Theile der Manipulation, verglich alles mit dem Schmelzen, und ihre Urtheile, die der, durch seine Schriften rühmlich bekannte gelehrte Herr *Ferber* sammelte, fielen einhellig für die Amalgamation aus. Beynahe ein Jahr wurde sie fortgesetzt, bis Herr *Haydinger*, damals K. K. Naturalienkabinets-Adjunct, im Frühjahre 1786 den Auftrag erhielt, diese

Ausbringungsart der Metalle auch zu Joachimsthal einzuführen, dem wir auch die erste Einrichtung dieser in allem Betracht nützlichen Manipulation ganz zu verdanken haben. Das mir anvertraute Amt eines Bergraths und Berginspectors, legte mir die Verbindlichkeit auf, dem ersten Versuche selbst beyzuwohnen, um von der ganzen Manipulation mir gründliche Kenntnisse zu verschaffen; vorzüglich aber um vorher mit Zuziehung des mir zugetheilten Buchhaltereybeamten, des Kays. Raittofficiers Herrn *Wenzl Hanke*, mittelst eines 10 jährigen Extractes aus den dasigen Schmelzrechnungen, die auf einen Centner der verschmolzenen Erze fallenden Schmelzkosten verläßlich bestimmen; hiernach diese neue Manipulationsmethode gründlich beurtheilen; mit dem Schmelzwesen vergleichen, und von dem Vorzuge einer oder der andern Manipulation, (denn bis hieher war ich für beyde ganz gleichgültig) mich vollständig überzeugen zu können. Zu dem Ende wohnte ich der ganzen Probe bey, und übernahm sodann auch die Oberdirection ohne mich darum zu bekümmern, ob jemals die Geschichte der, zu Joachimsthal eingeführten Amalgamation, der Welt bekannt werden möchte. Nur mehrmalige Aufforderungen meiner Freunde, konnten mich dazu bestimmen, die Verfassung dieser Geschichte selbst zu übernehmen. Die erste Operation bey dieser Ausbringungsart ist:

Das Zerkleinen der Erze.

Der vom Herrn *Haydinger* unternommene Bau der, zur Amalgamation nöthigen Gebäude, war nun bald zu Stande, und ich im Begriff meine Reise mit dem schon genannten K. Raittofficier nach Joachimsthal anzutreten, als der Herr vice-Berghauptmann von *Trebra* auf der Rückreise von der Glashütte mich mit seinem Besuche beehrte. Unter andern von

dem

dem Fortgange der Amalgamation in der Glaßhütte mir gefälligſt mitgetheilten Nachrichten, kam die Rede auch auf das Zerkleinen. Er verwarf ganz das trockene Pochwerk und die Mühle, und war für das von unſerem Cremnitzer Pochwerksinſpector Herrn *Hereld* eingeführte naſſe Pochwerk eingenommen. Die vortheilhafte Beſchreibung davon nahm auch mich dafür ein, und da er den Rückweg über Joachimsthal nahm, ſo erſuchte ich ihn, ein Schreiben von mir an Herrn *Haydinger* mitzunehmen, und ihn zugleich von der Einrichtung des naſſen Pochwerks vollſtändig zu belehren. Auch dieſem fielen die Vortheile ſo auf, daſs er ſich entſchloſs, das ſchon gröſstentheils fertige trockene Pochwerk in ein naſſes umzuſchaffen.

Dieſes war es nun, mit welchem die erſte Amalgamationsprobe, wozu 549 Centner 79½ Pfd. Erz beſtimmt waren, vorgenommen wurde. Ganz natürlich muſste das aus den Mehlrinnen abfallende Waſſer, um den, mit dieſer Manipulation unausweichlich verknüpften Abgängen vorzubeugen, in einen Sumpf geleitet, aus dieſem wieder mittelſt einer Pumpe gehoben, und ſtatt der immer neu zufließenden Satzwaſſer wieder in den Satz geführet werden. Durch dieſe fortdauernde Circulation wurde das Waſſer nach und nach trübe, dann aber ſo dick, daſs die Pochſtempel darinn wie in einem Breye zu waden hatten.

Die Erze in Joachimsthal beſtehen bekanntermaſsen in roth- weiſsgülden Erzen, und Röſchgewüchs, lauter mürbe Gattungen, die, bey dieſer Circulation faſt ganz zu todte gepocht werden, und auf dem Waſſer ſchwimmen muſsten, bevor noch die in Thonſchiefer, Quarz, Hornſtein, Kalk und Eiſenſpath beſtehenden Gangarten die gehörige Feine erhielten.

ten. Der fein gepochte Thonschiefer hielt das Waſſer ſo gierig, daſs man Mühe hatte, das Mehl rein aus den Gerinnen auszuſtechen, und die Näſſe anders nicht, als durch Aufſtürzung des Mehls, auf eine eigends dazu verfertigte ſchiefe Fläche, und da erſt nach mehreren Tagen davon bringen konnte. Mit der, von der ſchiefen Fläche abfallenden Näſſe gingen die zarten Erztheile ab, die zwar mittelſt einer Rinne in beſondere Gefäſse aufgefangen wurden, aber ob man ſchon die Vorſicht brauchte, dieſes mit zarten, gröſstentheils reicheren Erztheilen geſchwängerte Waſſer in Setzfäſſern ruhig ſtehen zu laſſen, bis die Erztheile, wozu viele Zeit nöthig war, ſich ſetzen, und dann die darüber ſtehenden klaren Waſſer abgezapft werden konnten; ſo zeigte ſich doch, daſs bey dieſer Manipulation allein 15 Mark Silber verlohren gegangen waren, die theils im Pochwerk, und auf der ſchiefen Fläche mögen verſchmieret worden, theils mit dem, dem Scheine nach, ganz klarem Waſſer fortgeſchwommen ſeyn.

Eine nicht geringere Schwierigkeit zeigte ſich bey dem Röſten. Man konnte nicht abwarten, bis die noch immer ſehr feuchten Erze bey der fortgedauerten naſſen Witterung die gehörige Trockene erhalten hatten, und muſste ſie alſo, ſo wie ſie waren, auf den Trockenherd bringen. So gelinde auch das Feuer war, ſo entſtanden doch groſse Ballen, die erſt mit Walzen zerquetſcht werden muſsten. Kurz alle Umſtände überzeugten uns, daſs dieſe ſo vortheilhaft geſchienene Manipulation, *hier* gar nicht anwendbar ſey; und wir beſchloſſen nicht mehr als die Hälfte von dem, zur Probe gewidmeten Quanto naſs pochen zu laſſen. Die andere Hälfte, wurde ſo wie ſie von der Grube kam, gerüttet, durchgeſiebt, das grobe welches ungefähr die Halbſchied betrug, gemahlen,

und

Geschichte der Amalgamation zu Joachimsthal. 125

und dann wieder geröstet. Um das Salz nicht ohne Noth zu verschwenden, gab man zum erften Röften 8, zum zweyten nur 4 p. C., so dafs im Ganzen doch nicht mehr denn 10 p. C. verwendet wurden.

Mittlerweile arbeitete ich und obgedachter Herr Raittofficier an dem 10 jährigen Extracte, und die im Durchschnitte auf 1 Centn. Erz fallenden Schmelzkoften wurden auf 7 Guld. 40 Kreuz. beftimmt. Um aber diese Beftimmung aufser allem Zweifel zu setzen, schickten wir alle unsere Extracte und Bilancen fammt den Rechnungen an die Prager Buchhalterey zur Revision, und nach geschehener genauen Prüfung aller unserer Arbeiten, wurde der erft besagte Betrag der Schmelzkoften zum Maafstabe in Beurtheilung bey der Manipulationen festgesetzt. Ohne mich hier mit den übrigen Arbeiten aufzuhalten, deren umftändlichere Beschreibung ohnehin unter den gehörigen Rubriken vorkommen wird, will ich hier nur das Resultat der in Frage ftehenden Probe anführen. Jeder Theil der zur Probe beftimmten Erze, wurde unter beständiger Auffsicht der, von dem K. Oberamte dazu beftimmten Beamten, und unter genauer Aufzeichnung aller Schichten, abgegebenen Materialien, und sich ergebenen Vorfälle besonders verarbeitet. Und nach vollbrachter Probe ergab sich bey der verpochten Hälfte ein Silberabgang pr. 16 Mark 12 Lt. 1 Qt. 2 Pf., und im Gegenhalt der Schmelzkoften ein Nutzen pr. 940 Guld. 45 Kreuz. 1 Pf., bey der vermahlenen Hälfte aber ein Silberabgang pr. 8 Mark 12 Lt. 1 Pf., und ein Nutzen pr. 1115 Guld. 35 Kreuz. 1 Pf. Das für die Mühle ungleich vortheilhafter ausgefallene Resultat, bewog uns die Erze künftig vermahlen zu lassen. Aber die schon bestandene Mühle war dazu nicht zulänglich, es waren

Geschichte der Amalgamation zu Joachimsthal,

wenigstens ihrer noch 2 erforderlich, wenn die Erzgefälle von Quartal zu Quartal verarbeitet werden sollten. Weil jedoch zu 2 Mühlen kein Gefälle vorhanden war, so musste man aus der Noth Tugend machen, und den Entschluss fassen, an die ehemalige Pochwerkswelle 2 Mühlen vorzurichten. Sie kamen zu Stande, und gingen anfangs ohne Anstoß. Allein bald wurde man gewahr, daß 2 Mühlen an einer Welle nur unter der Bedingung bestehen können, wenn nebst einer ganz gleichen Eintheilung des Getriebs, worauf man zwar alle mögliche Rücksicht nahm, auch sämmtliche übrige Theile, besonders aber die Mühlsteine von gleicher Schwere sind, und immer in dieser Gleichheit erhalten werden können, weil im widrigen der geschwindere Gang der leichteren Mühle, durch den langsamen Gang der schwerern gehemmet werden, daraus zwey entgegengesetzte Wirkungen entstehen, und in dem Getriebe nothwendig Brüche verursacht werden würden. Diese Brüche erfolgten auch hier, und man war gezwungen, sich nur mit dem Umgange einer Mühle zu begnügen, die andere aber erst dann in Umtrieb zu setzen, wenn an der ersten entweder der Stein zu schärfen, oder sonst eine Reparation nöthig war, wobey uns die, bey deren Errichtung gebrauchte Vorsicht, daß jede derselben vor sich, nach Belieben eingestellet, oder angelassen werden konnte, sehr wohl zu statten kam. Allein die eine Mühle war nicht zureichend, die Zerkleinung der Erze gehörig zu fördern, man blieb mit dem Aufbringen zurücke, und dieser Umstand, nebst dem Eigennutz und Starrsinn der Mühlpursche, nöthigte uns die Mühlen in ein trocknes 9 stempliches Pochwerk umzuwandeln, das uns in Aufbringung der Erze sehr gute Dienste leistete.

Bisher

Bisher bedienten wir uns noch immer meſſingener Drathſiebe, die uns aber ſehr hoch zu ſtehen kamen, bald ſchadhaft wurden, und ein ziemlich ungleiches Mehl lieferten. Ein in der practiſchen Mechanik geübter Müller, der nun bey dem Werke als Müller angeſtellt iſt, zugleich aber die, an den Maſchinen nöthige Reparatur zu beſorgen hat, ſchlug ſtatt meſſingener Siebe, das ordin. Beuteltuch vor, woraus in den Mahlmühlen die Mehlbeutel verfertiget werden. Es wurden zur Probe einige gemacht, in die Siebkaſten eingelegt, und der Effect zeigte, daß dieſe Art Siebe kaum den 10ten Theil koſten, länger dauren, gleicheres Mehl liefern, und wegen ihrer weit geringern Schwere eine geſchwindere, faſt zitternde Bewegung annehmen, folglich auch in der geſchwinderen Durchſiebung den meſſingenen vorzuziehen ſind.

Vier quartalige Lieferungen waren bereits zur Hütte abgeliefert worden, und ich glaubte nun fürträglich zu ſeyn, mit dem 4ten Gefäll einen Abſchnitt zu machen, um zu erſehen, was bey Aufbringung eines ganzjährigen Gefälls, die Quickarbeit gegen das Schmelzen gehalten, für einen Vortheil gewähre, und was die ganzjährige Abnutzung an den kupfernen Keſſeln betrage. Bey meiner Ankunft nach Joachimsthal, wo ich, um alles beſſer überſehen zu können, meine Wohnung unweit der Hütte aufſchlug, hatte man eben Mangel an Aufſchlagwaſſern, und dieſer ging ſo weit, daß bey dem Umgange des Pochwerks, die Quickmaſchine nur einen ſehr langſamen Gang hatte, und wenn es zum Verwaſchen kam, das Pochwerk, deſſen Aufſchläge den übrigen Werken entfallen ſind, eingeſtellt werden mußte, um die Waſchmaſchine in Umtrieb zu ſetzen. Ueber 2000 Centner Rückſtände waren zu verſchmelzen, und ich ſah zu Errettung chung meiner Abſicht kein anderes Mittel übrig, als das Pochwerk ſo umzuändern, daß die davon abfallenden Aufſchlagwaſſer in dem Hüttengraben erhalten, und auf die übrigen Werksräder wieder geleitet würden. Das bisherige Pochwerksgefäll betrug ſammt Einſchuß und Abfall nur 12 Schuhe, hievon mußten 4 Schuhe noch wegfallen, weil der Hüttengraben um ſo viel höher lag, als der bisherige Abfluß von dem Pochwerke. Es blieben alſo für das ganze Gefäll nicht mehr denn 8 Schuhe übrig, und ein höheres Gefäll war nicht einzubringen. Hier blieb alſo nichts anders übrig als ein unterſchlächtiges Rad einzurichten. Dieſes braucht wie bekannt, mehr Waſſer, und dieſes beyzubringen war nicht möglich. Ein größeres Rad war alſo das einzige Mittel, durch Vergrößerung des Hebels die Kraft zu vermehren, und ſie mit der Laſt in das gehörige Verhältniß zu ſetzen. Das Rad wurde 8 Ellen oder 16 Schuhe hoch gebauet, aber eben daraus mußte nothwendigerweiſe folgen, daß das Rad nur langſamer umgehen, und ſo jeder Stempel deſto wenigere Schläge in einer Minute machen konnte. Ueberzeugt, daß bey dem trocknen Pochen es nicht auf die Schwere, wohl aber auf den öftern Fall der Eiſen ankomme, wählte ich leichtere Stempel und Eiſen, brachte an die Hauptwelle ein Stirnrad mit 60 Kämmen, und an die nur zweymal gelochte eigentliche Pochwelle, ein Spindelrad mit 20 Getriebeſtecken an, und bewirkte dadurch, daß, wenn das Waſſerrad 8 Umgänge in einer Minute machte, die Poch- oder Vorlegwelle 24 mal umging, und folglich jeder Stempel 48 Schläge in einer Minute machte. Dieſe Vorrichtung hatte die Wirkung, daß mit Beyhülfe der im Haupthüttengraben erhaltenen Pochwerkswaſſer, nicht allein die Sud- und Waſchmaſchine, ſondern auch

zween

zween Schmelzöfen in Umtrieb gesetzt, und erhalten werden konnten.

Bis hierher bediente man sich noch der Siebe von Beuteltuch, nun schlug uns aber eben der Müller ordentliche Beutel vor, so wie sie in den Mahlmühlen gebraucht werden. Man versuchte auch diese, und nun sind die Siebe ganz eingestellt, und statt ihrer die Beutel mit vielem Vortheile eingeführt. Diefs ist nun die letzte Vorrichtung des Pochwerkes, von welcher man abzugehen bisher keine Ursache gefunden hat. Der Lohn der Pocher war anfänglich auf die Schicht bestimmt, um sie aber zu mehrerem Aufpochen aufzumuntern, hat man ihnen ein Geding gemacht, und p. Ct. 5 Kreuz. ausgeworfen. Von den vielen Hemmungen, die die Bosheit erdachte, um die Wirkung des Pochwerks zu schwächen, will ich nur einige kurz mit dem berühren, dafs man oben bey dem Einflufs in die Rinnen, Steine und Wasen einlegte, dafs die Rinnen oben übergehen mufsten, da das Pochwerk kaum das halbe Wasser erhielt — dafs man in die Sohle der Radstube eine Steinplatte von ein paar Centnern hinlehnte, damit das Rad in dem dahinter sich aufhaltenden Wasser waden müsse, und desto weniger wirken möge — dafs man das Schmieren des Zeuges ganz unterliefs, um die Reibung zu vermehren — dafs man auf einmal eine Menge unter den Satz warf, um den Staub zu vermehren, und das mögliche Aufpochen zu vermindern — dafs man das Mehl zu sehr anfeuchtete, dadurch das Sieb verschmiert, und der Einwurf gemacht wurde: wenn man auch mehr aufpochen könnte, so würden es die Siebe nicht fördern — dafs man durch Eintreibung zu starker Keile bey der oft unnöthigen Befestigung der Däumlinge die Stempel sprengte, und durch muthwilliges

Verderben verschiedener Theile, immerwährende Reparationen verursachte. Alles dieſs erfand die Bosheit, und kaum hatte man eine ihrer Erfindungen entdeckt, ſo erfand ſie eine neue. Sie wurden alle entdeckt, und dann ward unter einer zahlreichen Aufſicht eine Hauptprobe vorgenommen, die den Ausſchlag gab, daſs durch jede 8 ſtündige Schicht, 9 bis 10 Ctn. feines Mehl erzeugt werden konnten. Das Geding wurde darauf regulirt, und ſeitdem thut das Pochwerk gute Dienſte. Die Pocher ſetzen gemeiniglich nur 2 dreyſtempliche Sätze in Umtrieb, und hängen den dritten auf. Dieſe 2 Sätze liefern, wenn alles gut beobachtet wird, jede 8 ſtündige Schicht 9 bis 10 Centner, folglich des Tages 27 bis 30 Centner, und bey einem 14 tägigen Vorſprung genugſames Mehl, um die, eben um ſo viel Tage ſpäter angelaſſenen Röſtöfen zu fördern, indem ſchon das, unter den, von der Grube zu liefernden Erzen befindliche Kleine, nur das Durchſieben bedürfende Mehl, welches etwa ⅓ des ganzen Quanti beträgt, ohnehin mit zu ſtatten kommt. Man behält den 3ten Satz immer im Vorrath auf den Fall, wenn bey einem oder dem andern im Umtriebe geweſenen Satze neue Stempel oder Eiſen einzuwechſeln kommen, und hat alſo wenigſtens bisher keine Urſache auf den Umtrieb aller 3 Sätze zu dringen, den die Arbeiter vermuthlich deswegen wohl ſcheuen mögen, weil ihnen dabey wegen des öfteren Unterſchierens des Groben, und Ausheben des gepochten Mehls zum Sieben, mehrere Arbeit zuwächſt. Bey dieſer Manipulation kömmt vorzüglich folgendes zu beobachten vor. Erſtens daſs Zapfen, ſo wie Holzwerk gut in der Schmiere gehalten; zweytens daſs von dem zu pochenden Haufwerke nicht zu viel auf einmal, ſondern nur ſo viel untergetragen werde, daſs die Pochſohle etwan ½

Zoll

Zoll hoch bedeckt fey, und drittens, dafs das Rad doch 7 bis
8 mal in einer Minute umgehe, fomit jeder Stempel 42 bis
48 Schläge machen könne. Wird diefes genau beobachtet, fo
kann der gute Erfolg nicht fehlen. Die gute Haltung in der
Schmiere, vermindert die Reibung; das mäfsige Untergeben
macht, dafs das gröbere Korn ftets eine fefte und harte Un-
terlage behalte, gefchwinder zerquetfchet werde, und dafs weniger Staub entftehen könne. Der gefchwinde Umgang des
Zeugs macht oft wiederholte Schläge, jeder bringt feine Wirkung hervor; die Bewegung der Siebe oder Beutel ift zittern-
der, und diefs mufs nothwendig mehrere Erzeugung des Mehls
bewirken. Sind die Erze zu nafs, fo ift in dem nemlichen
Pochwerk ein Trocknungsherd angebracht, auf die nemliche
Art, wie man ihn in Farbwerken zu haben pflegt, der fowol
zur Trocknung der Erze dient, als bey einer ftärkeren Kälte
die Stelle eines Heizofens vertritt. Sind die Erze zu trocken,
und machen auch bey genauer Beobachtung des mäfsigen Un-
tertragens zu viel Staub, fo kann dem mit Befprengen vorgebeugt werden, doch mufs diefes fehr mäfsig gefchehen, weil
eine zu grofse Näffe die Siebe und Beutel verfchmieren würde. Zu ihrer Vermeidung müffen die Mehle wieder getrocknet, folglich unnützer Zeit- und Holzaufwand gemacht werden. Das Stäuben ganz zu vermeiden, halte ich für eine blofse Unmöglichkeit, wenigftens fah ich noch kein trocknes
Pochwerk, und keine Mühle ohne Staub. Hieraus follte man
freylich wohl fchliefsen, dafs durch die Verftäubung fchon ein
Abgang entftehen müffe. Diefem auszuweichen, ift das Pochwerk fo eingebaut, dafs der Staub nur durch den, zwifchen
dem Pochwerke und Röfthaufe zum Hundslauf angebrachten,
ziemlich langen Gang herausziehen könne. Diefer Gang ift

mit einer Thüre verwahrt, wodurch der Zug gehemmet werden kann, und dann muß der Staub theils im Pochwerke, theils im Gange fich an die Wände anhängen, oder zu Boden fallen, wo er zusammen gekehrt, verröftet, verquickt, so das darinn enthaltene Silber zu gut gebracht, und der Abgang wo nicht ganz, doch größtentheils vermieden werden kann.

Die zweyte Vorbereitungsarbeit zur Verquickung ift:
Die Verröftung der Erze.

Der Röftofen wurde vom Hrn. *Haydinger* auf die nemliche Art erbaut, wie solcher in dem Werke des Hrn. *v. Born* über das Anquicken der gold- und filberhaltigen Erze Tab. *b.* fich findet. In der Mitte des Ofens waren zwey Schiergaffen, rechts und links an diesen Schiergaffen die Röftherde, an welche wieder die Trockenherde, doch um 2 Zoll höher anstießen. Die Röftherde hatten ihre Mundlöcher neben den Schiergaffen an der langen, die Trockenherde in der Mitte der kurzen Seite, welche letztern mit eisernen Thüren verwahret waren, in der Abficht, um beym Einlaffen der Erze auf dem Trockenherd, deffen Mundloch sperren, und so dem Zuge des Erzftaubes zum Mundloch, und dem darüber angebrachten Rauchfange hinaus vorbeugen zu können. Gleich an der, etwa 3 Schuh dicken Hauptmauer diefes Ofens, ward die Lutte angebracht, durch welche die fein gepochten, mit 10 p. C. Salz beschickten Erze auf den Trockenherd eingelaffen wurden, und in einer Entfernung von 8 bis 9 Zoll von der Lutte, tiefer oder näher gegen den Röftherd, das Zugloch, durch welches der Rauch in die, oberhalb eines jeden Ofens angebrachte Geftübkammer feinen Zug nehmen mufte. Jede diefer Geftübkammern war durch 3 Scheidewände fo abgetheilt, daß die erfte und dritte mit der Hinterwand verbunden an der

Vorder-

Vorderwand, die mittlere aber mit der Vorderwand verbunden an der Hinterwand, durch die, 2 Schuh weit gelaſſene Oeffnung, dem Rauche den Durchzug gewährte, und dieſer alſo ſchon hier 3 Anſtöſse leiden muſste, bevor er durch die oberhalb der Schiergaſſen angebrachte 2 Oeffnungen, in den Giftfang treten konnte. Eben dieſe Oeffnungen waren abermals mit Fallthürchen von Eiſenblech verſehen, die man mittelſt eines daran befeſtigten und durch die Mauer hinaus geführten Eiſendrathes, mehr und weniger öffnen, oder auch ganz niederfallen laſſen, und ſo den Zug vermehren, oder vermindern konnte. Die Anſtöſse des 30 Lacht. langen Giftfanges, beſtunden in mehreren, in deſſen Gewölb eingemauerten groſsen Schieferplatten, bey welchen der Rauch ſich immer ſenken, und ſein mitgeführtes Giftmehl, auch allenfalls geraubte Silbertheile abſetzen ſollte. In dem Giftfange ſelbſt waren einige Oeffnungen angebracht, und mit hölzernen Thüren verwahrt, um nach vollbrachtem Röſten, deſſen Abkühlung mit Oeffnung der Thüren zu beſchleunigen, und das Auskehren des Giftmehls minder beſchwerlich zu machen. Man fing an zu röſten, und in einigen Tagen fingen die hölzernen Thüren Feuer. So ſtark war, ungeachtet ſo vieler Anſtöſse, der Zug. Man warf die Thüren ab, vermauerte die Oeffnungen mit Ziegln, und ſo wurde dieſer weitern Gefahr vorgebeugt. Später erhitzte ſich auch das, auf der Giftfangsmauer aufliegende Dach ſo ſehr, daſs es wirklich Feuer fing. Es wurde gehoben, mit kleinen etwa 4 Zoll hohen Pfeilern untermauert, ſo daſs zwiſchen dem Dach, und dem Gewölbe des Giftfangs die Luft ihren freyen Durchzug haben konnte — und ſo baute man auch hier der weiteren Gefahr vor, und das Röſten wurde dann ohne Anſtand fortgeſetzt.

„Wie es nun überall Leute gibt, die eines tieferen Nachden-
„kens ungewohnt, schon damit alles geleistet zu haben, und
„auf den Ruhm grofser Männer in ihrem Fache einen An-
„spruch machen zu können glauben, wenn sie in den mecha-
„nischen Handgriffen ihrer Manipulation sich einige Fertigkeit
„erworben haben, so fanden sich auch hier deren mehrere.
„Diese Art Leute, die ihre mechanischen Kenntnisse, deren
„Grundsätze und Ursachen reiflich durchzudenken sie sich nie
„in den Sinn kommen liessen, für ein, aller Verbesserung un-
„fähiges *non plus ultra* ansehen, sind eben diejenigen, die, ei-
„ferfüchtig auf ihren eingebildeten, gemeiniglich nur auf ihre
„Werkstätte eingeschränkten Ruhm, unfähig was gründliche-
„res zu lernen, zu stolz ihre Unwissenheit in ihrer Blöfse zu
„sehen, und zu faul, die Gegenstände ihres Faches mit eini-
„ger Anstrengung des Geistes durchzudenken — alles anwen-
„den, um jede Verbesserung in ihrem Fache, jede neue Er-
„findung schon in ihrer Geburt zu ersticken, und wenn sie
„doch ihrer trägen Wachsamkeit entwischt, ihr Wachsthum
„wenigstens, und ihre Ausbreitung zu hemmen. Ueberzeugt,
„dafs ihre eingeschränkte Kenntnisse diefs nie bewirken kön-
„nen, nehmen sie ihre Zuflucht zu pöbelmäfsigen Cabalen,
„schnattern an öffentlichen Oertern wider die Neuerung, und
„alle, mit ihr gar in keiner Verbindung stehende ungefähre
„Ereignisse, werden auf ihre Rechnung geschrieben. Ohne
„sich um die wahren Ursachen derselben zu bekümmern, krie-
„chen sie gleich den Blindschleichen herum, und suchen jeden
„einzelnen Umstand auf, der den Erfolg der Neuerung ihrer
„stumpfen Einsicht gemäfs verdächtig machen kann. Trium-
„phirend breiten sie jede Entdeckung aus, als eine der wich-
„tigsten, ohne zu erwägen; ob und wie weit sie auf den Er-
„folg

„folg des Ganzen einen Einfluß haben könne? ohne fie mit
„ähnlichen, bey ihrer eigenen Manipulation unvermeidlichen
„Ereigniſſen zu vergleichen.„ — Schon über das mißlungene Naſspochen, triumphirten fie heimlich, doch das Vermahlen der Erze vereitelte ihre Hoffnungen. Die Anſtände
bey denen auf einer Welle errichteten zwo Mühlen, jene die
auch bey dem ſodann hergeſtelltem, wie auch nach der Zeit
abgeändertem trocknem Pochwerke die Tücke der Pocher erfand, waren abermals eine Nahrung ihrer Wünſche, bis endlich alle dieſe Anſtände mit ihren Urſachen entdeckt, gehoben, und das Zerkleinen der Erze ſo eingerichtet wurde, daß
es die übrigen Arbeiten hinlänglich zu fördern im Stande
war. Nun gab das Röſten dieſer Art Menſchen zu neuen
Speculationen Anlaß.

Ein nicht geringer Abgang dachten ſie, muſs bey dieſer Arbeit ſich ergeben. Die Erze ſind (um ihre Sprache
beyzubehalten) räuberiſch, und durch den Rauch muſs nothwendig viel Silber zugleich mit entführet werden. Ungedul-
dig die Zeit abzuwarten, bis der Giftfang ausgekehret wurde,
gaben ſie ſich alle Mühe ein wenig Giftmehl zur Probe zu
erhalten. Es glückte ihnen etwas zu bekommen. Mit heiſser
Begierde wurde es auf Silber probirt, und 2 löthig befunden.
Einer von ihnen, der mit geheimnißvoller Miene einſt zu
mir trat, hub an: „der Silberabgang wird groſs ausfallen!„

Ich. Woraus ſchlieſsen Sie das?

Er. Aus dem Giftmehle, ich habe es verſucht, es hält
2 Loth Silber.

Ich. Wiſſen Sie, daſs ihr Fluggeſtübe, welches an allen
Dachſchindeln und Latten hängt, und 4 bis 5 Zoll hoch auf
den Tramen liegt, 8 bis 10 Lt. an Silber hält? Rechnen Sie
das

das dazu, was durch den Schornstein der bey weiten nicht so lang als der Giftfang, und mit keinen Anstößen versehen ist, hinaus geflogen, vergleichen Sie es mit dem Quanto des Giftmehls, erwegen Sie, daß das Giftmehl nicht umsonst, sondern zu dem Ende aufgefangen werde, um es zusammen zu kehren, und das Silber wieder heraus zu bringen, und dann urtheilen Sie, auf welcher Seite der Vortheil sey?

Ja freylich wol, daran dachte ich nicht — war seine Antwort, und seine Besorgniß wegen des großen Abgangs ward beruhigt. Das Rösten wurde fortgesetzt, zu Ende gebracht, der Giftfang zum geschwindern Auskühlen geöffnet, und das Giftmehl ausgekehrt. Man erhielt von 547 Centn. 79½ Pfd. verrösteten Erzen, an Giftmehl 14 Centn. 40 Pfd. das in Silber a 4 Lt. im Centner, zusammen enthalten hat 3 Mark 9 Lt. 2 Qt.

Der durch Entzündung des Thürchens und des Daches veroffenbarte allzustarke Zug, belehrte uns von selbst von der Nothwendigkeit mehrerer Anstöße. Man ließ also nebst den, in der Fürste eingemauerten Steinplatten, alle 2 Klftr. eine Zunge von der Sohle bis an die Fürste so aufmauern, daß immer eine rechts, die andere links an die Mauer angeschlossen ward, der Rauch sonach sich schlangenweise durchziehen, und bey jeder Zunge einen Anstoß leiden mußte.

Auch das Ansteigen des Giftfanges, schien uns einen nicht geringen Antheil an dem starken Zuge zu haben. Doch dieß war nicht mehr zu ändern, und man glaubte dem Zuge dadurch Einhalt zu thun, wenn man am Ende des gegen Morgen ausgegangenen Giftfanges, eine Verlängerung p. 20 Klftr. so anbrächte, daß die ersten 5 Klftr. gegen Mittag, die zweyten gegen Mitternacht, die dritten abermals gegen Mittag,

Mittag, und die letzten 5 Klafter wieder in Mitternacht mit horizontaler Sohle und Fürste aufgeführet, und auf die schon gesagte Art mit Zungen oder Anstößen versehen würden. Man ersparte beynahe ein Drittel am Gemäuer, Zimmerarbeit und Schindeln durch diese Wendungen, die noch überdieß zur Hemmung des allzustarken Zuges weit mehr beygetragen haben, als wenn alle 20 Klftr. in gerader Linie geführt worden wären. Der Erfolg dieser Vorrichtung bestund darinne, daß man bey den künftigen Verröstungen weit mehr Giftmehl im Verhältnisse der verrösteten Erze erhalten hat. Bey allem dem aber hat man nach der Zeit dennoch wahrgenommen, daß an dem, zu Ende des Giftfanges angebrachten Rauchfange, sich noch schwarzbraunes Mehl anhänge, das nach der vom K. Amalgamations-Director *Möbling* vorgenommenen Probe, annoch 8 bis 10 Lt. Silber hielt. So wahrscheinlich es auch ist, daß das Quantum des sich dort anhangenden, und allenfalls mit dem Rauch in die Luft fortziehenden Mehls nur sehr gering seyn könne; so hat man doch die genauere Untersuchung dieses Umstandes veranlaßt, und sollte es nöthig befunden werden, so können zwischen dem, 2 Klftr. von einander entfernten Anstößen oder Zungen, noch immer zweye angebracht, allenfalls auch kann der Giftfang auf die schon oben gesagte Art mit 4 maliger Wendung, noch um 20 Lacht, und zwar mit fallender Sohle verlängert werden, wodurch vermutlich dem bisher sich ergebenden Silberverluste vollkommen vorgebeugt werden dürfte. Auch in den, an den Mundlöchern der Trockenherde hinausgeführten Rauchfängen, sammelte Hr. *Möbling* im Jahr 1788. kurz vor meiner Dahinkunft und vorgenommener Abänderung der warmen, in kalte Quickarbeit, ein Mehl, das 12 bis

bis 14 Lt. an Silber gehalten hat. Dieses Mehl mag wohl von dem, beym Einlassen der Erze durch die nahe am Mundloche angebrachte Lutte, entstehenden Staube herkommen, bey welchem die allzufeinen Theile von der, durch die Fugen der, obschon zugemachten Thüre am Mundloch, durchdringenden Luft in die Höhe gehoben werden, und sich im Rauchfange anlegen. Daß der, daraus entstehende Abgang, noch weit unbedeutender als der, gleich zuvor angeführte seyn möge, läßt sich daraus schliessen, weil man beym Einlassen der Erze einen, durch die Fugen der Thüre durchdringenden Staub gar nicht bemerkt, und der Zug durch die Rauchfänge so gemäßigt ist, daß der Rauch ganz langsam aufsteigt; indessen gab diese Bemerkung doch Anlaß zu einer anderweiten Speculation. Schon oben ist angeführt worden, daß man von dem versuchten Naßpochen, theils wegen des dabey sich ergebenen Silberabgangs, theils wegen der den Erzen zu sehr anhängenden Nässe abgehen, und das Trockenpochen dagegen wählen mußte. So ist auch schon gesagt worden, daß die, zum Verpochen kommenden Erze, so trocken seyn müssen, daß sie die Siebe nicht verschmieren, und eben daher das Stäuben unmöglich ganz vermieden werden könne. Bey diesen Umständen hat man eine übertriebene Nässe der Erze auch beym feuchten Wetter gar nicht, sondern nur eine mäßige Feuchte von 4 bis 8, höchstens 12 p. C. zu besorgen. Die Beschickung mit Salze, könnte zwar diese Nässe vermehren, allein sobald das Erz mit Salz beschickt ist, so wird es auf die obere Fläche des Röstofens ausgebreitet, die wegen der darunter bestehenden Gestübkammern, eine so beträchtliche Wärme hat, daß sie schon die Stelle eines Trockenherdes vertritt, und die etwa 2 bis 3 Zoll hoch darauf liegenden, in

Vor-

Vormaaßen zu 3 Ct. abgetheilten Erze, schon vielmehr einen Theil der Nässe verliehren müssen, als neue Nässe anziehen können. Drey Stunden vor dem Rösten kommen sie über die Oeffnung der Einlaßhutte, wo sie noch stärker durchgewärmet werden, und daher an der Nässe noch mehr verliehren müssen.

Diese Art Trocknung ist weit vortheilhafter als jene auf dem Trockenherde, denn statt daß die Erze auf dem letztern wegen der gähen Hitze Ballen machen, die bey dem Rösten weder zerrieben, noch ganz durchgeröstet werden können, welches das Durchsieben der verrösteten Erze, und Vermahlen der, beynahe die Halbscheid des ganzen Erzquanti erreichenden Ballen, und deren abermaliges Verrösten unentbehrlich machten, zerfallen die noch feuchten kleinen Ballen, bey der mäßigen Wärme vielmehr zu Staub, das Verrösten gehet vollkommen von statten, und die in den verrösteten Erzen befindlichen Ballen, entstehen erst zu Ende des Röstens selbst in dem Zeitpunkte, wo die sich entwickelnden Salzsäuern ihnen eine Art Feuchte mittheilen. Größtentheils bestehen diese Ballen nur aus dem, wegen unzulänglicher Vitriolsäure, unzerlegt gebliebenen Kochsalze, sie lösen sich im Wasser von selbst auf, und die demselben beygemengten Erztheile, sind durch die vorher schon erhaltene Hitze hinlänglich verröstet. Auf solche Art ersparet man das Silber der verrösteten Erze, Vermahlen der Ballen, und deren neuerliches Verrösten ganz.

Alles dieses belehrte uns, daß der Trockenherd wirklich entbehrlich sey, und wenn dieser mit einer, zwischen demselben, und dem Röstherde aufzuführenden Mauer gesperret werde, man nicht allein eine bessere Verröstung der Erze, sondern

sondern auch eine Holzersparung hoffen könne. Der Schluß wurde gefaßt, man riß bey einem Ofen beyde Gewölber ein, führte, wie es die profil- und grundrißliche Vorstellung Tab. I. Fig. 8. zeigt, die Scheidemauer zwischen dem Trocken- und Röstherde auf, legte das Gewölbe über dem letztern, beynahe um 1 Schuh tiefer an; führte die Gurten des Mundlochs um 6 Zoll tiefer, und legte statt dem vormaligen einem, an der neu aufgeführten Scheidewand, wegen der bessern Circulation der Flammen, zwey Zuglöcher in die Gestübkammer an, so daß das eine in dem Winkel an der Rückwand 6 bis 7 Zoll weit, das zweyte im Winkel an der Vorderwand 9 bis 10 Zoll weit vorgerichtet wurde. Auch dieser Unterschied der Zuglöcher in den Maaßen hat seine gute Ursache. Beyde wurden anfangs nur 6 bis 7 Zoll weit gemacht. Allein bey dem, zur Probe veranlaßten Heizen, zog die Flamme großen Theils zum Mundloch heraus. Das Mundloch wurde dann um 6 Zoll niedriger gemacht. Dieß half etwas, doch nicht genung. Sobald hierauf das Zugloch an der Vorderwand um 4 Zoll erweitert wurde, nahm die Flamme und der Rauch den Zug gegen das Zugloch an der Rückwand. Weil aber dieses nicht den ganzen Zug fassen konnte, so wandte sich die Flamme gegen das Zugloch an der Vorderwand, und man gewann dadurch diejenige Circulation der Flamme, die zu einer guten Verröstung unumgänglich nothwendig ist. Das niedrigere Gewölbe machte den Effect, daß die Flamme die Erze besser berühren konnte, und der Erfolg gewährte uns das belohnende Vergnügen, daß man bey diesen so abgeänderten Röstofen mit 3 und 4 Scheiten Holz das nemliche bewirkte, wozu sonst 8 bis 9 Scheite Holz erforderlich waren.

Zum

Zum Einlaſſen der Erze, wurde die Lutte an der Rückwand in der Mitte der Länge des Ofens durch beyde Gewölber, oberhalb aber eine Art von einer Goſſe ſo aufgemauert, daſs die unterhalb beſtehende Lutte, mit einem eigends hierzu gefertigten, mit einer eiſernen Handhabe verſehenen Ziegel, gänzlich geſperrt, und durch deſſen Herausziehung geöffnet werden kann. Vorhin war die obere Oeffnung der Lutte, nur mit einem Bleche zugedeckt. Durch Aufhebung des Bleches fiel zwar ein Theil in die Lutte, der gröſste Theil aber muſste erſt hineingekehrt werden. Der ſtarke Zug trieb das zarte Mehl hinauf, und eben dieſes wirkte den groſsen Staub zur nicht geringen Unbequemlichkeit der Arbeiter. Nun wird die ganze Vormaaſse in die Goſſe getragen. Iſt die auf dem Röſtherde liegende verröſtet und herausgezogen, ſo wird das Mundloch mit einer vorgelegten Thüre von Eiſenblech erſt verwahrt, dann aber der Ziegel herausgezogen. Die innere Form der Goſſe, iſt in Geſtalt eines umgekehrten vierſeitigen Kegels angelegt. Die ganze Vormaaſse fällt alſo durch ihren eigenen Druck in die Lutte, und auf den Röſtherd. Die Schwere derſelben ſetzt dem Luftzuge Schranken, weil die Lutte immer voll iſt, eine Oeffnung nie entſtehen kann, und ſonach der Luftzug von ſelbſten einen andern Ausgang, und zwar durch die, in die Geſtübkammern gehenden Zuglöcher ſuchen muſs. Sobald der Arbeiter einen Staub merkt, der nur dann entſtehen kann, wenn die ganze Vormaaſse unten liegt, ſchiebt er den, in einer Falz gebenden Ziegel zu, trägt eine neue Vormaaſs in die Goſſe, und der Zug iſt gehemmt. Das Erz hat aber immer ſo viele Wärme, um die gehörige Trockne zu erhalten. Alles was hier verſtäuben kann, hat keinen andern Ausgang als in die Geſtübkammern,

wo es aufgefangen, ausgekehrt, und zur weitern Verarbeitung
vorbereitet werden kann. Erst dann, wenn der, zum Einhalten und Eintragen der neuen Vormaaße in die Gosse bestimmte Röstersgehülfe, nach verrichteter Arbeit zurück
kömmt, und der Staub sich gelegt hat, wird das Mundloch
geöffnet. Man muß sich allerdings hüten, die Erze nach ge-
öffnetem Mundloch, sogleich umzurühren. Denn bey der
mindesten Berührung laufen sie wie Wasser auseinander, und
bey stärkerer Berührung würden sie zum Mundloche herauslaufen. Erst ungefähr nach einer Viertelstunde kann man,
doch behutsam, mit dem Rühren den Anfang machen, und
nach Verlauf einer halben Stunde hat man nichts mehr zu besorgen. Vermuthlich liegt hier die, den Erzen noch bey-
wohnende wenige Feuchte zum Grunde. Allein die dabey
nöthige Behutsamkeit, wird durch die Holzersparung hinlänglich gelohnt.

Die Grundsätze, worauf das Verrösten beruhet, hat
Herr Ritter und Hofrath von Born in seinem oben angeführten Werke umständlicher ausgeführt, ich begnüge mich daher hier nur so viel zu erinnern, daß es hier vorzüglich auf
das fleißige Rühren ankomme, und das dreymalige Umkeh-
ren oder Umwenden der Erze nicht verabsäumet werden müsse. Der Unterlaß von beyden, zieht nothwendig eine un-
gleiche Verröstung nach sich, die sodann bey der Verquickung
auf den Silbergehalt der Rückstände einen nicht geringen Einfluß haben muß.

Vom Rösten wurden bey der warmen Amalgamation,
die Erze mittelst eines Hundes zum Sieben in die Mühle gebracht, das Klare nahm man sogleich in die Amalgamation,
die Ballen aber wurden auf der Mühle vermahlen, und wieder

der zum Verröften geführt, dann aber erft abermals in den Mehlkaften zum Verquicken geftürzt. Schon hier zeigte fich die Unbequemlichkeit, dafs die mit Salz verröfteten Erze und Ballen, bey einer auch noch fo mäſsig feuchten Luft, die Näſſe weit mehr als die rohen Erze anzogen, und alfo beyde zum Sieben und Mahlen getrocknet werden mufsten. Der Hundslauf war zwifchen dem Röfthaufe in der Mühle zur ebenen Erde unter freyem Himmel über die Strafse vorgerichtet, und bey den hin und wieder gehenden Fuhren, dann Abwechslung der Witterung, aller Art Befchädigung ausgefetzt. Alles diefs als Fehler dem Hrn. *Haydinger* anzurechnen, wäre unverzeihlich. Diefer mufste fich nothwendigerweife nach der Lage, und dem einzubringenden Waffergefälle richten, und bey den zu überwinden gehabten vielen Anftänden, mufs man es mit Dank erkennen, dafs er die Gebäude und Mafchinen mit fo vieler Vorficht ausgeführet habe. Bey der Abänderung der Quickmafchine, und Einführung der kalten Amalgamation, änderten fich die Umftände fehr, und gaben felbft Mittel an die Hand eins und das andere bequemer einzurichten, wovon unten mehreres vorkommen foll. Vor itzt führt uns die Ordnung zu der

Quickarbeit.

Sobald man fo viel geröftetes Mehl im Vorrath hatte, um die Quickmafchine beftändig damit verfehen zu können, machte man auch mit diefer Arbeit den Anfang. Der Ofen, fo wie die Mafchine worauf 12 Keffel ganz fo gebauet, wie beydes in dem oftangeführten *von Bornifchen* Werken befchrieben, und gezeichnet zu finden ift. Ich halte es daher für überflüffig, mich mit deffen Befchreibung aufzuhalten. Bey vervielfältigten Arbeiten (denn wirklich war die Mühle, der Röftofen,

ofen, und nun auch die Quickmaschine in Umtrieb, wozu bald auch noch der Glüheofen kam), musste auch die Aufsicht sich theilen, und da offenbarte sich erst, wie wenig es mehrern Beamten und Arbeitern am Herzen liege die Wahrheit, und den guten Erfolg dieser Manipulation zu suchen. Vielmehr verstand sich alles, was zuvor bey dem Schmelzwesen angestellt war, zusammen, um alles zu versuchen, was den Erfolg dieser Manipulation vereiteln, und jenem des Schmelzens die Oberhand gewinnen könnte. Eine Instruction erschütterte endlich die Gemüther. Der Beamte, Aufseher, und Arbeiter fanden darinne die Grenzen ihrer Wirksamkeit, nebst der Vorschrift, was jeder von ihnen bey dieser oder jener Arbeit zu beobachten, und wie er sich dabey zu verhalten habe. Jeder fand darinn auch seine Strafe für jede Uebertretung, und so wurde dem Muthwillen Schranken gesetzt, weil diese Instruction zum überzeugenden Beweis diente, dass mir und dem mir zugetheilten K. Raittofficier Hr. *Hanke* nicht die Vorliebe zu einer vor der andern Manipulation, sondern los die aus dem Erfolge von selbst hervorleuchten müssende Wahrheit am Herzen liege, und wir alle dieser Absicht im Wege liegende Partheylichkeit verabscheuen. Allen Nebenabsichten vorzubeugen, war bey der schwachen Aufsicht nicht möglich, doch gingen die Arbeiten ordentlicher. Das schlimmste war, dass die Kessel so bald zu Grunde gingen, und entweder in dem Bodenstücke selbst Löcher bekamen, oder da, wo das obere an das Bodenstück angenietet war, durchgefressen wurde. 20 Kessel hatte man vorräthig, und kaum war man im Stande die Verquickung der zur Hauptprobe bestimmten 547 Ctn. 79 Pfd. zu Ende zu bringen. Dieser gleich beym Anfang der Amalgamation sich offenbahrende Umstand, denn

schon

schon in den erften 8 Tagen giengen einige Keffel zu Grunde, erweckte bey mir einen Eckel, und ich fann fchon damals auf eine Mafchine, zur Einführung der kalten Amalgamation, wovon unten das mehrere folgen wird. Endlich ward auch diefe Arbeit zu Ende gebracht, und das Refultat war wie folget.

547 Centn. 79 Pfd. wurden zur Probe beftimmt, darinn waren an feinem Silber nach dem erzkäuflichen Probenausgleich 470 Mark 2 Qt., der Durchfchnittsgehalt fiel alfo pr. Centn. auf 13 Lt. 2¼ Qt. Schon bey dem Zerkleinen der Erze find die Urfachen angezeigt, warum man von dem naffen Pochen abgehen, und alfo auch das zur Probe beftimmte Quantum wieder abtheilen mufste. 273 Centn. 89½ Pf. wurden alfo nafs gepocht, eben fo viel vermahlen, und jedes Quantum befonders verröftet und verquickt, fo dafs hier fchon eine doppelte Probe abgeführt worden ift. Die Rückftände, die bey den kleinen Proben auf 1 Quent. auch wohl darunter gebracht wurden, fielen auf 1 Lt., auch 1½ Lt. im Silbergehalt aus. Dafs man von jedem Einfatze, und aus jedem Keffel, mehrmalen Schöpfproben nahm, verftehet fich von felbft, und fo fehr auch Herr *Haydinger* fich beeiferte die Rückftände theils durch richtige Verröftung, theils durch ftärkeres und gleichförmigeres Heizen, theils durch Verminderung des Waffers in den Keffeln weiter herabzubringen, fo war doch alles fruchtlos. In der Vermuthung, dafs nur die gröbern Theile, einige Silbertheile eingefchloffen hielten, die das Queckfilber nicht berühren, folglich auch nicht aufnehmen konnte, behandelte man einen Theil auf dem Scheidtroge, in der Hoffnung, dafs das Haltige von dem Tauben fich abfcheiden, man alfo das Quantum vermindern, auf

T   einen

einen höhern Gehalt bringen, und so mit leichtern Kosten das Silber auf eine oder die andere Art herausbringen werde. Aber alles schwamm unter einander, nur mit äusserster Sorgfalt konnte man die Abscheidung der gröbern von feinern Theilen bewirken, und die Feuerprobe zeigte, daß der Unterschied des Silbergehalts nicht mehr als 1 Qt. betragen hat. Nicht zufrieden mit diesem Versuche alleine, ließ man in grösseres Quantum auf einem großen Herde schlemmen, doch mit der Vorsicht, daß von dem Mehle nichts verlohren gehen konnte. Aber auch da war der nemliche Erfolg. Es blieb uns also nichts anders übrig, als die Rückstände uns Lech zu schmelzen, wobey man sich statt der in Joachimsthal mangelnden Schwefelkiese, der, bey Verschmelzung der hierländigen kiesigen Bleyerze fallenden Leche bedienen mußte. Die sämmtlichen Rückstände enthielten annoch an Silber 511 Lt. 2 Qt. Das in den Bleylechen a 1 Lt. p. Centn. enthaltene Silber, betrug 192 Lt. Summa des ins Schmelzen gekommenen Silbers also 703 Lt. 2 Qt. — An Lech erzeugte man 91 Centn. a 7½ Lt. mit 682 Lt. 2 Qt. Es ergab sich daher Abgang 21 Lt., oder beynahe 3 p. C. — Die Schmelzkosten betrugen sammt dem Silberbetrage in den Bleylechen 370 Guld. 33 Krz. 2 Pf.; dagegen erzeugte man 24 Ctn. 81 Pfd. Speisse, die das Blaue aus den Rückständen annahm, und die Taxe pr. 7 Guld. 42 Krz. erlangte, im Betrage machte diese 191 Guld. 2 Krz. Es blieben sonach Schmelzkosten 179 Guld. 31 Krz. 2 Pf. Schlägt man nun den Silberabgang pr. 21 Lt. dazu, pr. Mark 23 Guld., mit 30 Gld. 11 Kr. 1 Pf., so beträgt die Summe 209 Gld. 42 Kr. 3 Pf., wovon auf 1 Ctn. der Rückstände pr. 455 Ctn. 54 Pf. fielen, 27 Krz. 2 Pf., und 1 Ctn. erzeugtes Lech zu stehen kam

Geschichte der Amalgamation zu Joachimsthal 147

kam auf 2 Guld. 18 Krz. 1 Pf. — So mußte man sich damals mit den Rückständen aushelfen, und nach geschloßener Berechnung ergaben sich folgende Resultate. Der Silberabgang betrug bey der naß verpochten Hälfte 16 Mrk. 12 Lt. 1¼ Qt., bey vermahlener Hälfte 8 Mrk. 10 Lt. 1 Qt., folglich bey jederseits verarbeiteten 241 Mrk. 1 Qt., mit Inbegriff des im Bleylech enthaltenen Silbers, bey ersterer 6⅓ p. C., bey letzterer 3⅓ p. C. Der Quecksilberabgang hat bey verquickten 273 Ctn. 89½ Pfd. betragen, beym naßen Pochwerk 32 Pfd. 16 Lt., bey der Mühle 32 Pfd. 22 Lt., folglich auf 1000 Ctn. Erz beynahe, beym erstern 1⅓ Ctn. p. M., bey letzterer 1⅓ p. M. — Um desto größer war aber der Unterschied an Unkosten, denn diese haben, mit Inbegriff des Silber- und Quecksilberabgangs betragen, beym naßen Pochwerk 1157 Guld. 57 Krz. 3 Pf., bey der Mühle 982 Guld. 55 Krz. 2 Pf., und der Ctn. kam incl. der Lech-Schmelzkosten, also mit allen Unkosten zu stehen, beym erstern auf 4 Guld. 13 Krz. 2⅓ Pf., bey letzterer auf 3 Guld. 35 Krz. 1¼ Pf. — Mittlerweile war auch der 10 jährige Schmelz-Rechnungs-Extract zu Stande gebracht, an die Prager Provinzial-Buchhalterey zur Revision eingeschickt, und so nach der strengsten Prüfung die Schmelzkost p. Ctn., deren jeder im Durchschnitte 28 löthig nur fiel, auf 7 Guld. 39 Krz. 3 Pf. bestimmt. Hiernach hätten also die Schmelzkosten auf die verquickte 273 Ctn. 89½ Pfd. betragen, beym naßen Pockwerk 2098 Guld. 43 Krz. ⅓ Pf., bey der Mühle 2098 Guld. 43 Krz. ⅓ Pf. Die Quickkosten aber haben betragen beym erstern 1157 Guld. 57 Krz. 3 Pf., bey letzterer 982 Guld. 55 Krz. 2 Pf. Folglich zeigte sich ein Nutzen beym naßen Pochwerk von 940 Guld. 45 Krz. 1⅓ Pf., bey der Mühle

1105 Guld. 47 Krz. 2¼ Pf., woraus auch der Unterschied zwischen den im naſſen, und trocknen Pochwerke zerkleinten Erzen, von ſelbſtem ſich ergiebt. Nun wurde die Amalgamation theils mit der Mühle, theils mit dem auch vorgerichteten Pochwerke fortgeſetzt, mit folgendem Erfolge. Bey Verquickung der übrigen Hälfte von dem 4ten Quartalsgefäll 1786. an 547 Ctn. 79 Pfd., mit enthaltenen 470 Mrk. 2 Qt. Silber, ergab ſich ein Silberabgang von 19 Mark 2 Lt. 3 Qt., Queckſilberabgang von 79 Pfd. 19 Lt., und im Gegenhalt der Schmelzkoſten ein Nutzen von 2166 Guld. 26 Kreuz. Pf.; Beym erſten Quartalsgefäll 1787. an 815 Ctn. 52 Pfd. mit enthaltenen 891 Mrk. 6 Lt. 3 Qt Silber, ergab ſich ein Silberabgang von 25 Mrk. 10 Lt. 3¼ Qt., Queckſilberabgang von 2 Ctn. 81 Pfd., Nutzen 3240 Guld. 46 Krz. 2 Pf. Beym 2ten Quartalsgefäll an 1003 Ctn. 35 Pfd. mit enthaltenen 1032 Mrk. 11 Lt. 3 Qt. Silber, zeigte ſich der Silberabgang mit 37 Mrk. 5 Lt. 3 Qt. 1 Pf., Queckſilberabgang mit 1 Ctn. 86 Pfd., Nutzen 4517 Guld. 49 Krz. Beym 3ten Quartalsgefäll an 827 Ctn. 58½ Pfd. mit enthaltenen 756 Mrk. 6 Lt. 3 Qt. Silber, fiel der Silberabgang auf 44 Mrk. 1 Lt. 2 Qt. 3 Pf., Queckſilberabgang auf 2 Ctn. 17 Pfd., und der Nutzen auf 4133 Gld. 3 Krz. 1 Pf.

 Ich kann nicht unerinnert laſſen, daſs die vom 1ſten und 2ten Quartalsgefälle unaufgeſchmolzen gebliebenen Rückſtände an 1453 Ctn., im Silbergehalte 1 löthig, erſt mit jenen in dieſem Quartale gefallenen verſchmolzen worden, folglich der Schmelzabgang, und die Unkoſten, welche ſchon die vorigen Quartale hätten tragen ſollen, dieſem Quartale ganz zur Laſt gefallen ſind. Merkwürdig iſt es auch überdieſs, daſs, ſobald man den Erzen beym Röſten Lech zugeſetzt hat, wie

es

Geschichte der Amalgamation zu Joachimsthal. 149

es vorzüglich aber im dritten Quartale erst geschehen ist, man, wenn anders die Sudmeister im Unterheizen, und auf die gehörige Proportion des Waſſers in den Keſſeln aufmerkſam waren, zwar ärmere Rückſtände erhalten, dagegen aber auch einen gröſsern Queckſilberabgang erlitten habe. Wirklich erhielt man im 4ten Quartale gröſstentheils 3 Qt. auch nur 2 und 1 Qtl. Rückſtände. Hieraus glaubte ich nun mit vieler Wahrſcheinlichkeit ſchlieſsen zu können, 1) daſs die Joachimsthaler Erze an Schwefel zu arm ſind, welches ſich auch aus dem unzerlegt bleibenden Kochſalze offenbahret. 2) Daſs eben aus Mangel des Schwefels, zu wenig Salzſäure entbunden werde, als daſs ſie auf die halbmetalliſche Hülle des edlen Metalls gehörig wirken, und letzteres zur freyen Einwirkung des Queckſilbers entblöſsen könnte. 3) Daſs eben die mit Halbmetallen umhüllten Silbertheile, den Gehalt der Rückſtände ausmachen mögen. 4) Daſs ein mäſsiger Zuſatz eines ſchwefelhältigen Minerals bey erſagten Erzen nothwendig ſey. 5) Daſs nach dem im 4ten Quartale beym Zuſatz der Leche doch 1 Qtl. Rückſtände gefallen, es allerdings möglich ſey, alle Rückſtände ſo weit herab zu bringen, und ein höherer Gehalt derſelben nur darinn zu ſuchen ſey, daſs entweder die Röſter im Umrühren, beſonders aber im Umwenden der Erze zu faul, und die Verröſtung ungleich ſey; oder auch die Sudmeiſter im Unterheizen ihre Schuldigkeit verſäumt, und bey Zugieſsung des Waſſers das Maaſs verlohren, folglich das Gemeng zu ſehr verdünnet haben.

Den gröſsern Queckſilberabgang wollen einige der, in die Lauge tretenden freyen Säure zuſchreiben, denn immer reagirt die Lauge auf das mit Lacmus gefärbte blaue Papier, aber dann doch ſtärker, wenn die Erze mit ſchweflichten Zuſätzen

ätzen beschicket werden. Vielleicht hat auch die Porosität der Leche einige Schuld daran, denn auch die kleinsten Theile bleiben noch immer porös, und es ist nicht unwahrscheinlich, daß die zertheilten Quecksilbertheilchen sich darinne verlegen, und bey dem Verwaschen nicht so leicht gesammelt, und niedergeschlagen werden können. Die wahrscheinlichste Ursache aber, scheinet mir in dem Röstfeuer selbst zu liegen, wovon unten ein mehreres vorkömmt. In Betracht der freyen Säuern, wäre wohl der Kalk das wohlfeilste Abhelfsmittel, doch muß ich gestehen, daß ich mich dieses Zusatzes nicht gerne bediene. Mehrere Versuche überzeugten mich, daß ein noch so mäßiger Kalkzuschlag, den Quecksilberabgang vermehre. Wahrscheinlich macht dieser ein Magma, in welches die zertheilten Quecksilbertheile sich verwickeln, und ich bey dem Verwaschen daraus nicht abscheiden können. Der beym Verwaschen, besonders wenn Kalk zugesetzt worden, sich erzeugende braune Schaum, scheint mir daher, und seine braune Farbe von zertheilten Quecksilbertheilen herzurühren. Ich würde dahero viel lieber für den Zusatz des Alcali stimmen. Freylich ist es kostbarer, allein die Verminderung des Quecksilberabganges, könnte diese etwas mehreren Kosten reichlich ersetzen. Ist aber die Porosität der Leche daran Schuld, so dürfte es vermuthlich gehoben werden, wenn statt derselben Schwefelkiese zugeschlagen würden. Nur Schade, daß man zu Joachimsthal damit nicht aufzukommen vermag, denn die dort brechenden Kiese sind größtentheils Giftkiese. Hieraus läßt sich wohl die Ursach errathen, warum in Schemnitz und Freyberg die Rückstände geringhaltiger ausfallen. Denn zu geschweigen, daß die Erze dort im Durchschnitte viel ärmer im Silbergehalte sind, so haben sie an beyden

Geschichte der Amalgamation zu Joachimsthal.

den Orten Gold und Silber, oder doch allein silberhaltige Schwefelkiese, die ihnen diesfalls sehr gute Dienste leisten.

Nun waren 3 Quartale verarbeitet, die Bilancen darüber verfaßt, aber von der Kupferabnutzung war noch nichts in Anschlag gebracht. Das 4te Gefälle sollte nun in die Arbeit genommen werden, und ich glaubte, daß es nun an der Zeit sey, mich nach Joachimsthal zu begeben, theils um nach verarbeiteten vier quartal. Gefällen, eine genaue Inventur vorzunehmen, die ganzjährige Kupferabnutzung zu ersehen, und dann eine ganzjährige Bilance mit Anschlagung des ganzen Kupferverlustes zu Stande zu bringen; theils um die hier in Prag in Drehfässern, und stehenden Cylindern im Kleinen vorgenommenen Versuche, daselbst mit größern Quantitaeten ausführen zu können. Von der ersten Absicht wollen wir itzt sprechen, von der zweyten soll hernach auch umständlicher gehandelt werden.

Auch das 3te Quartalsgefälle ward, nachdem das itzt stehende unterschlechtige Pochwerk hergestellet war, gänzlich verarbeitet, alle Rückstände wurden verschmolzen, die Materialien inventirt, und aus der verfaßten ganzjährigen Bilanc ergaben sich folgende Resultate. An Erzen wurden verarbeitet 3842 Ctn. 3½ Pfd., mit enthaltenen 3620 Mrk. 10 Lt. 2 Pf. Silber. Sie fielen daher im Durchschnitte auf einen Silbergehalt von 14 Lt. 2 19 Qt. im Ctn. aus. Der Silberabgang betrug 199 Mrk. 11 Lt. 1 Pf. und sonach 5½ p. C. Der Quecksilberabgang war 8 Ctn. 22 Pfd. 25 Lt. und betrug sonach auf 1000 Ctn. Erz 2 Ctn. 14 Pfd., und beynahe 5 Lt. auf den Ctn. Die ganzjährige Kupferabnutzung machte einen Betrag von 1925 Guld. 41 Kr. 2 Pf., und der ganzjährige Nutzen in Gegenhaltung der Schmelzkosten eine Summe von 12312 Gld. 50 Kr. 1 Pf.

Pf. Dieß sind nun die wahren Resultate der ganzjährigen Verquickung, deren Richtigkeit nach genauer Prüfung aller und jeder Posten sowol von der Prager Provincial, oder vielmehr derselben einverleibten Montanistischen, als von der Viener Hofbuchhalterey, und der beyden vorgesetzten K. Hofrechnungskammer anerkannt worden sind.

„Aus dem, was bisher erzehlet worden ist, wird wohl „von selbsten einleuchten, wie irrig diejenigen Herren daran „seyn, die bey einer flüchtigen Durchreise die Werke mit „eben so flüchtigen Augen besehen; von Leuten, die weder „mit den Grundsätzen des Schmelzwesens, noch weniger mit „jenen der Quickmanipulation, dazu gehörigen Arbeiten, und „Kenntnissen bekannt sind, verschiedene Mährchen, mit unter „auch wohl Wahrheiten aufklauben, und solche, ohne die er„stern zu prüfen, ohne der Grundursache der letztern nach„zudenken, in öffentlichen Schriften mit einer muthwilligen, „fast an Verläumdung grenzenden Schreibart dem Publico be„kannt zu machen, für eine sehr nothwendige Pflicht anse„hen.„ Daß diese und dergleichen Nachrichten entweder grundfalsch sind, oder doch die Wahrheiten demjenigen, der der Sache genauer nachforschet, die Umstände gründlicher erwäget, und alles mit Ernst durchdenkt, in einem ganz andern Lichte erscheinen, als ihnen diese flatternden Herren zu geben sich bemühten, bleibt doch gewiß ausser allem Zweifel. Erwögen doch diese Herren, daß mehr dazu gehöre, ein Werk zu leiten, als ein paar Bögen mit Mährchen, oder doch nicht hinlänglich durchgedachten Wahrheiten voll zu schmieren; daß es in jedem Lande Leute gebe, die ihr Fach vielleicht mit mehreren Eifer, und gründlicher als sie durchstudiren; und daß es nicht immer dieser ihre Schuld sey,

wenn

wenn nicht alles nach den Schnürchen eingefädelt gefunden wird; daſs es Umſtände gebe, die ihrem guten Willen im Wege ſtehen, und vorher hinweggeräumt werden müſſen; daſs das Publicum berechtiget ſey, nur richtige, gründliche, durchgedachte Wahrheiten, oder doch zu weiterer Nachforſchung, und wichtigen Entdeckungen Anlaſs gebende, gegründete Vermuthungen in öffentlichen Schriften zu fordern; daſs ihre, und dergleichen Nachrichten eine offenbare Geringſchätzung des Publicums vorausſetzen. Erwögen ſie dieſs alles, ſo würde gewiſs das Publicum nicht mit ſo vielen unzeitigen, nicht Aufklärung, nur Irrthümer und Finſterniſs wirkenden Geburten überladen werden.

Doch dieſs nur im Vorbeygehen. Daſs bey der beſchriebenen Manipulation zu Joachimsthal, noch viele Fehler und Unvollkommenheiten unterlaufen; daſs manches beſſer hätte ausgeführt werden können; daſs der Silberabgang, der Queckſilberverluſt noch zu groſs, und überhaupt die verbeſſerte Verquickungsart noch in ihrer Kindheit, und einer gar groſsen Vervollkommnung noch fähig ſey, wird gewiſs keiner leugnen. Allein ging es denn dem Schmelzen bey ſeiner erſten Einführung nicht eben ſo? und wenn nun dieſs Kind Amalgamation, in ſo kurzer Zeit nach ſeiner Geburt, und bey allen ſeinen bisherigen Unvollkommenheiten, dem uralten Greiſe, an deſſen Vervollkommnung faſt alle Europäiſchen Länder Jahrhunderte gearbeitet haben, den Vortheil abgewinnt, was läſst ſich erſt für die Zukunft von ihm hoffen, da in mehreren Ländern Männer von anerkannten Verdienſten, ausgebreiteten Kenntniſſen ſich um deſſen Erziehung beeifern! —

Oben geſchah ſchon die Erwähnung, daſs ich gleich beym Anfange der, von Herrn *Haydinger* unternommenen

Amalgamations-Probe im Jahre 1786, auf Einführung der kalten Amalgamation gedacht, und auf eine hierzu bequeme Maschine gesonnen habe. Ich konnte mir die Amalgamation nicht anders als wie eine Art von Buttermachen vorstellen, wo es bloss auf eine genaue Vermengung der Theile untereinander ankömmt. Im eigentlichen Böhmen bedienet man sich dazu der Drehefässer, in Deutschböhmen der stehenden Butterfässer, die die Gestalt eines abgestumpften Kegels haben. Die warme Amalgamationsmaschine gab mir eine dritte Art an die Hand, nemlich kesselförmige Fässer, die man auch bey der schon bestehenden Maschine hätte brauchen können. Die damals nur in Gedanken entworfene Maschine für die Drehefässer, bestund darinn, dass an die Wellen der Drehefässer Spindelräder angebracht würden, in welche die in der Hauptwelle anzubringende Kammräder eingreifen, und so die Fässer in Bewegung setzen sollten. Jene für die stehenden oder cylindrischen Fässer, war einer Brettmühle ähnlich. Der Rahmen, in welchen die Säge fest gemacht ist, und der mit derselben auf und nieder geht, hätte statt der Säge eine, oder nach Umständen zwey Rührscheiben gehoben, und niedergedrückt, sie selbst aber würde durch ein, mit einem krummen Zapfen versehenes Spindelrad, und dieses durch ein, an die Hauptwelle angebrachtes Stirnrad in Bewegung gesetzt worden. Eben als dieser Gedanke zur Reife kam, hatte ich das Vergnügen den Herrn Bergrath v. *Charpentier* zu Joachimsthal kennen zu lernen, von dem ich es dann erfahren habe, dass Hr. Bergr. *Gellert* wirklich in stehenden Fässern die Versuche schon vornehme. Einen so würdigen Mann zum Vorgänger zu haben, war eine neue Aufmunterung für mich. Schon in Joachimsthal machte ich mit Herrn *Möbling* einige Versuche fuche in den keffelförmigen Fäffern, mit einem kupfernen Quirrel, fo, wie in den ftehenden Fäffern, oder Cylindern, mit einer kupfernen Scheibe. Die Verfuche mit erftern, entfprachen gar nicht meiner Hoffnung, jene mit Cylindern aber liefsen mir einen weit beffern Erfolg hoffen. Sobald ich auf Prag kam, wiederholte ich die nemlichen Verfuche, nur mit dem Unterfchiede, daſs ich bey den Cylindern die *kupferne*, nach einigen wiederholten Verfuchen mit einer *eifernen* Scheibe verwechfelte, und ftatt den keffelförmigen Fäffern die Drehefäffer wählte. Diefe Verfuche machten bey mir nur immer ein Nebengefchäft aus, weil meine übrigen Dienftgefchäfte keinen Auffchub litten, und unaufhaltlich expedirt werden mufsten. Die Arbeiter blieben alfo oft fich felbft überlaffen, und ich wurde bald gewahr, daſs es nur an ihnen liege, wenn der Erfolg einiger Verfuche meine Hoffnungen täufchte. Indeffen belehrten fie mich doch, daſs, ob ich fchon bey den Cylindern fowohl in Betracht des Metallausbringens und Rückftändengehalts, als in Betracht des Queckfilberabgangs, immer beffer gefahren, die Verquickung jedennoch in beyderley Fäffern thunlich, bey Cylindern aber die Vorficht nothwendig fey, den Hub der Rührfcheibe nach Maaſs des von den Erzen eingenommenen verfchiedenen Raumes, vermehren und vermindern zu können, und daſs endlich der Zufatz des Kalkes zwar eine geringere Abnutzung an der Scheibe und mehrere Reinigkeit des Silbers, dagegen aber wegen des entftehenden Magma, gröffere Queckfilberabgänge wirke.

Ich eilte im Auguft 1787 nach Joachimsthal. Ueberzeugt, daſs man auf die Wirkung einer Mafchine fich weit mehr, als auf Menfchenhände verlaffen könne, ftellte ich einen Cylinder an die Wafchmafchine, der bey ¼ Ctn. Erz faſste, und

und deſſen Rührſcheibe durch den Umgang des Mühl- und Waſchwerksrades in Bewegung geſetzt wurde. Ein Drehefaſs, das 2 Centn. Erz faſste, ward auch fertig, aber zur Zeit noch mit Menſchenhänden in Umtrieb erhalten. Der Erfolg der Cylinderverſuche, fiel immer beſſer aus, als jener der Drehefäſſer. In der Vermuthung, daſs auch dieſer Unterſchied, nur den Menſchenhänden zuzuſchreiben ſey, ließ ich an die Welle des Faſſes ein Spindelrad machen, und ſolches in die Mühle ſo aufſtellen, daſs es von dem Kammrade der Mühle zugleich in Bewegung geſetzt werden konnte. Aber auch da gewannen die Cylinderverſuche, vor jenen der Drehefäſſer immer den Vorzug. Um auch Cylinderverſuche mit gröſserm Erzquanto vornehmen zu können, ließ ich einen Cylinder machen der 3½ Schuh Höhe, und 23 Zoll inwendige Lichte hatte, ließ zugleich auch die neugefertigte gröſsere eiſerne Rührſcheibe an eine Kette hängen. Um den Hub der Rührſcheiben in einer ſenkrechten Richtung zu erhalten, ließ ich ſtatt der bisherigen liegenden Arme, an die Kreuzwellen eine Cirkelſcheibe anbringen, an welche die Kette befeſtigt, und auf der, dem Cylinder entgegengeſetzten Seite herab hing. Von dem Schemel ging eine Zugſtange herauf, an deren Scheere oder Backeneiſen ein Stück Kette mit einem Hacken zu dem Ende angebracht war, um dieſe Zugſtange in ein höheres oder tieferes Kettenglied einhängen, und ſo den Hub nach Erforderniſs vermehren oder vermindern zu können. Die Ungeſchicklichkeit des Bindermeiſters, (Büttners) der nicht im Stande war, einen queckſilberhaltenden Cylinder zu machen, und die Dienſtgeſchäfte, die mich wieder nach Prag riefen, erlaubten mir nicht das Vergnügen, dieſe Verſuche ganz auszuführen. Man muſste erſt bey einem andern dem Meister neue Cylinder bestellen, und ich sonach die weitere Ausführung dieser Versuche, dem Kaiserl. Amalgamationsdirector Herrn *Möbling*, der in allen mein getreuer Gefährte war, überlassen. Die von ihm angezeigten Resultate beyder Versuche, fielen zum Vortheil der Cylinder aus, denn bey dem nur 10 Schuh hohen Mühlrade, brachte er es in Cylindern so weit, daß in 8 Stunden die Rückstände bis auf 1 Qt. herab kamen. Meine Entwürfe der Maschine, sowohl für Drehefässer, als für die Cylinder, waren mittlerweile auch zu Stande gekommen, und alles war der Hofstelle in Münz- und Bergwesen zur Entscheidung vorgelegt. Auch diese wählte die Cylinder, und ich erhielt den Auftrag, die von mir entworfene Maschine zu Joachimsthal herzustellen.

Mittlerweile ging die Amalgamation in Kesseln fort, und das 4te Quartal 1787, dann 1stes und 2tes Quartalsgefäll 1788, wurden noch auf diese Art verarbeitet, und letzteres ward bis den 24sten Jun. ins reine gebracht. Wie diese 3 Quartale ausgefallen sind, und was für einen Erfolg die Verquickung in Cylindern hatte, werde ich erst unten anzeigen, wo zugleich die ganzjährige Bilance, von 1788, so wie eine summarische Bilanc für alle 2 Jahre angeführt werden sollen. Mit Ende Junii, wurde also die Anstalt zum Bau gemacht, der Quickofen eingerissen, das zu niedrige Gemäuer des Quickgebäudes durchaus um 10 Schuh erhöht, und beyderseits, sowohl an der Schmelzhütte, als gegen das Rösthaus eine Feuermauer aufgeführet, bis zum 23sten August die Maschine in Umtrieb gesetzt, wozu man anfänglich nur Rückstände verwendete, und den 25sten mit Verquickung der Erze der Anfang gemacht.

Die T. V. des Erften Bandes der Bergbaukunde wird zum deutlichen Begriff der Maschine nicht undienlich feyn. (*) Ein 7 Ellen hohes Wafferrad, mit einer 30 Schuh langen Welle, fetzt die in 8 Cylindern beftehende Quick- und die doppelte Wafchmafchine in Bewegung. Die Welle ift in 8 Theile getheilet, fo dafs immer 2 und 2 Flafchen oder Wellfüße, einen geraden Durchfchnitt des Wellenzirkels ausmachen, und indefs die eine den einfachen Schemel drückt, die andere den entgegengefetzten doppelten Schemel hebt, und wenn diefe paar Flafchen oder Wellfüße, einen Bogen von 34 bis 35 Graden befchrieben, fo mit ihren Hub größtentheils vollendet, und nur noch einen Bogen von 10 Graden zu machen haben, dann erft die folgenden 2 Wellfüße den zweyten Schemel berühren, und ihren Hub anfangen. Von dem Schemel geht eine Zugftange durch denjenigen Boden, worauf die Cylinder ftehen, bis nahe an die hölzerne Scheibe, deren unteres Scheereifen mit dem, an dem Schemel angebrachten Ringe, mittelft eines Stecknagels zufammen gehänget wird. Oben an der Zugftange ift ebenfalls ein Scheereifen mit 2 Kettengliedern feft gemacht, woran mittelft eines Stecknagels, ein Bügel mit einem Hacken angebracht ift. Die hölzerne Scheibe ift doppelt, die große, woran diejenige Kette, an welcher die eiferne Rührfcheibe hängt, befeftiget wird, hat 50 Zoll, die kleine, an welcher die Zugkette befeftiget wird, hat 20 Zoll im Durchfchnitte. In die Zugkette wird die Zugftange eingehackt, und fo der Zug bewirkt. Diefer kann am Schemel nicht mehr als etwa 1 Schuh, höchftens 2 oder 3 Zoll darüber betragen, da doch der Hub der Rührfcheibe

(*) Die Tab. V. Bergbaukunde I. Band, ift mit 12 Cylindern gezeichnet, in der wirklichen Anlage befinden fich deren nur 8 an der Mafchine.

fcheibe im Cylinder 2½ Schuh, auch mehr, betragen muß, der nicht anders, als durch die obbefchriebene doppelte Heb- und Zugfcheibe bewirkt werden konnte. Die Diameter derfelben verhalten fich wie 2 zu 5, und hieraus ift klar, daß wenn an Schemel und Zugfcheibe ein Hub von 1 Schuh gefchicht, die eiferne Rührfcheibe fchon 2½ Schuh gehoben werden müffe. Da jedoch beym Füllen der Cylinder das Gemenge kaum 1 Schuh hoch ftehet, fo würde es ein Fehler feyn, wenn man hier der Rührfcheibe den ganzen Hub laffen wollte, denn die über die Fläche des Gemenges gehobene Rührfcheibe, würde mit ihrer ganzen Schwere darauf fallen, und hieraus müfste ein gewaltfames Spritzen erfolgen, das nicht allein den Arbeitern fehr läftig fallen, fondern auch die Abgänge an Silber, und Queckfilber vermehren würde. Zu Verhütung diefes, ift an der Zugftange der Hacken angebracht, und die Zugkette hat eine mehrere Länge, fo daß beym ganzen Hube noch einige Glieder frey bleiben. Die Kettenglieder haben die Länge von ungefähr 3 Zoll, und fonach muß nach der Proportion der Zug- und Hebfcheibe, jede Einhackelung der Zugftange um ein Glied tiefer, an der Rührfcheibe eine Verminderung des Hubes von 7½ Zl. bringen, eine um 3 Glieder tiefere Einhackelung aber von 22½ Zoll, fo daß nun zum Hube nicht mehr denn 7½ Zoll verbleiben. Um diefes defto leichter zu verrichten, ift die Hebfcheibe auf jeden Hub durchgebohret, und an der Säule hängt an einer Kette ein langer Stecknagel. Ift nun der Hub vollendet, fo hält der durchgefteckte Nagel den Fall der Rührfcheibe zurück, und die Zugftange kann ohne Anftand höher oder tiefer eingehängt werden. Ueberdiefs ift über jedes Faß ein, an den obern Boden feftgemachter, und ein anderer am Stricke beweglicher,

weglicher, mit einem Hacken verfehener Kloben, welche beyde eine Art von Flafchenzug vorftellen, und die Laft der, bey 230 Pfd. fchweren Rührfcheibe fo vermindern, daß fie in nöthigen Fällen von einem Manne füglich gehoben, und in der Höhe erhalten werden kann.

Die verröfteten Erze werden, wenn fie ausgekühlt find, mittelft eines Hafpels auf das, in gleicher Höhe mit den Oefen aufgeführte Gewölbe gezogen, und dort zur weiteren Abkühlung ausgebreitet, von dannen aber mit dem Hunde über den, auf einem hölzernen Bocke, und einem gemauerten Pfeiler ruhenden gedeckten Hundslauf, unter welchem die Fuhrwerke ungehindert fortkommen können, auf den oberften Boden des Quickgebäudes gebracht. Zu ihrer Aufbewahrung ift ein Stück diefes Bodens etwan 12 Lcht. lang, und 3 Lcht. breit, 2 Zoll dick mit Lahm belegt, darauf abermal 2 Zoll hoch Schutt aufgefchüttet, und dann mit Ziegeln ausgepflaftert. Auf eben diefem Boden ift über jedem Cylinder ein, von Brettern vorgerichteter Trichter, deffen Lutte durch den Boden durchgefteckt, bis auf 1 Schuh an die Fäffer herabreicht, und unten mit einem 2 Schuh langen zwilligenen Sacke verfehen ift. Indeß die Cylinder mit dem nöthigen Waffer, und der gehörigen Menge Queckfilber gefüllt werden, werden oben die Erze Centnerweiß in Kübeln verwogen, dann in die Trichter gefüllt, der Sack aber dienet dazu, daß die von felbft einfallenden Erze nicht auf einen Punkt fallen, fondern durch Direction des Sackes um die Scheibenftangen rund herum zertheilet werden können. Zween Centner werden nach einander, und zwar bey umgebender Mafchine eingetragen, nur muß, wie fchon gefagt, anfangs der Hub fo eingerichtet werden, daß die Scheibe nie über die obere Fläche des Gemenges

menges gehoben werde. Sind nun die 2 Centner Erzmehl mit dem Waſſer gehörig durchgeknetet, und iſt das Gemenge gehörig verdünnt, ſo wird der 3te Centner in jeden Trichter, doch bey zugebundenem Sacke eingeſchüttet, und nur nach und nach in die Cylinder eingelaſſen, damit das nachgetragene Mehl immer wohl durchgearbeitet, und das Gemenge nie allzudick werde. Eben ſo geſchieht es mit dem 4ten und 5ten Centner, denn eigentlich ſind die Cylinder auf 5 Centner eingerichtet. So wie das Gemenge im Cylinder höber ſteigt, muſs auch der Hub vermehret werden. Nur immer mit der Vorſicht, daſs die Scheibe, wie ſchon geſagt, nie über die Oberfläche des Gemenges gehoben werde, denn nur das Auffallen der Scheibe auf die Oberfläche macht das Spritzen des Gemenges, welches bey obbeſchriebener vorſichtiger Hubeinrichtung nie erfolgen kann. Allenfalls kann man, wenn es nur um 1 oder 2 Zoll zu thun iſt, den beweglichen, und nur mit Vorſtecknageln verwahrten Schemelring zu Hülfe nehmen, denn je weiter dieſer gegen den Ruhepunkt zurück geſchoben wird, deſto geringer wird der Hub. Iſt nun das Mehl ganz eingetragen, ſo wird jeder Cylinder mit dem Deckel verwahrt, und die Arbeit geht ohne Anſtand fort. Zwar ſind bey dem erſten Anlaſs der Maſchine an dem Eiſenzeuge, vorzüglich aber an den Schemelringen und Zugſtangehacken, manche Brüche erfolgt, die aber bloſs der ſchlechten Qualitaet des Eiſens zuzuſchreiben ſind. Werden nun dieſe Stücke mit andern von guten Eiſen ausgewechſelt, ſo werden auch die Brüche entweder ganz vermieden, oder doch ſich nur ſehr ſelten ergeben. Bey der gegenwärtigen Höhe des 7 elligen Waſſerrades, braucht man zur vollſtändigen Verquickung der Erze 18 bis 19 Stunden.

X Daſs

Daſs auch bey einem niedrigeren Rade noch immer Kraft
genung verbleiben würde, erhellet daraus, daſs mit einem,
kaum ⅞ des Gerinns einnehmenden Waſſer, die ganze Maſchine
in Umtrieb geſetzt, und erhalten wird. Ein kleineres Rad
macht mehrere Umgänge in einer Minute; dieſs macht mehrere Fälle der Rührſcheibe, und hieraus folgt, daſs bey einem
kleineren Rade, die Verquickung auch in kürzerer Zeit bewirket werde.

Bey dieſer Arbeit kömmt es vorzüglich darauf an, daſs
das Queckſilber mit den Erzen genau vermengt werde. Je
geſchwinder ein Hub auf den andern folgt, deſto eher
wird dieſer Zweck erreicht. Aber auch auf die Menge des
Waſſers muſs man hier vorzüglich mit ſehen, denn zu viel
Waſſer macht ein dünnes Gemenge, in welchem die Vermengung nie ſo genau geſchehen kann, weil die, durch
den Fall der Scheibe hinaufſpritzenden, und mit der auf-
ſteigenden Scheibe ſich hebenden Queckſilbertheile zu bald
wieder niederſinken, folglich zu wenig Zeit gewinnen, ſich
an die Silbertheile anzuhängen und ſolche aufzunehmen.
Maaſs und Gewicht darinne vorzuſchreiben und feſtzuſetzen
iſt vergeblich, denn je trockner die Erze ſind, deſto mehr,
je feuchter ſie ſind, deſto weniger bedürfen ſie des Waſſers.
Nun aber ziehen die Erze bald mehr bald weniger Feuchte
aus der Luft an, und dieſer Unterſchied macht, daſs eine im
voraus beſtimmte Quantitaet des Waſſers, entweder nur auf
trockene Erze paſſen, bey feuchteren übermäſsig ſeyn, und
reichere Rückſtände machen würde, oder wenn die beſtimmte Waſſermenge den feuchten Erzen angemeſſen iſt, bey den
trocknen wieder nicht zulangen, das ſonach zu dicke Gemenge die Scheibe in ihrem Fall aufhalten, der zu langſame

Fall

Fall kein Queckſilber in die Höhe treiben, folglich unwirkſam ſeyn, und ſo die Vermengung des Queckſilbers mit den Erzen nie vollkommen erfolgen würde. Ein thätiger Eifer eines, bey dem Werke ſelbſt angeſtellten Beamten, könnte ſich einen billigen Dank verdienen, wenn er durch mehrere Verſuche mit ganz trocknen Erzen, die wahre Waſſermenge beſtimmte. Wäre nun dieſe einmal beſtimmt, dann könnte man die in feuchten Erzen vorfindende Waſſermenge durch deren Trocknung, dann vor und nachgehendes Verwägen leicht erfahren, und durch Abzug derſelben von der ganzen Waſſermenge, das noch erforderliche Quantum allerdings beſtimmen. Freylich wäre dieſe Methode ein wenig gekünſtelt, und forderte einen auf ſein Fach mit Ernſt ſich verwendenden Beamten. Allein der davon zu erwartende Nutzen, verdiente doch wohl dieſe, eben nicht ſo gar läſtige Mühe. Bis hieher muſs man nur nach dem Augenſcheine von der Dicke des Gemenges urtheilen, und wenn man zu voreilig durch Zuguſs eines mehrern Waſſers den, noch etwas gehemmten Fall der Scheibe erleichtern will, ſo wird das Gemenge ein paar Stunden gewiſs zu dünnflüſſig gehen. Es iſt daher beſſer anfangs viel lieber etwas dicker das Gemenge zu laſſen, weil es durch den Umgang der Maſchine, und einiger Vereinigung des Waſſers mit dem Erzmehle, in kurzen ſich von ſelbſt verdünnet. Je dicker das Gemenge iſt, deſto beſſer geht die Verquickung von ſtatten, und wird auch der Fall der Scheibe anfangs gehemmt, ſo hebt ſich doch dieſes Hinderniſs von ſelbſt in kurzer Zeit. Was den Fall der Scheibe am meiſten hemmt, iſt, wenn zu viele Speichen und Mittelringe angebracht, und ſo die Zwiſchenräume derſelben zu ſehr verenget werden. Es iſt daher vortheilhafter, die Eintheilung

lung der Scheibe ſo einzurichten, daſs zwiſchen den Speichen und Mittelringen die Oeffnungen lieber gröſser, als kleiner werden, weil bey dieſer Eintheilung die Scheibe im Fallen immer weniger Widerſtand leidet. Freylich erfolgt bey einem dickeren Gemenge, auch eine ſtärkere Zertheilung des Queckſilbers und Amalgams. Allein ungefähr eine Stunde vor dem Abzapfen, füllt man das ganze Faſs mit Waſſer an, und da ſammeln ſich dieſe zertrennten Theile in dem verdünnten Gemenge wieder, fallen zu Boden, und das übrige muſs man dann dem Verwaſchen in der Waſchmaſchine überlaſſen, wovon unten ein mehreres.

Es iſt nothwendig durch Schöpfproben, die aber wohl verwaſchen werden müſſen, um das zertheilte Queckſilber und Amalgama davon zu ſcheiden, den Gehalt der Rückſtände zu unterſuchen, um ſich nach ihnen mit dem Abzapfen des Gemenges richten zu können. Iſt aber die Verquickungszeit einmal beſtimmt, dann kann man die Schöpfproben entbehren, weil es bey dem erſten Verquicken nicht darauf ankömmt, ob die Rückſtände um ein halbes oder ein ganzes Loth mehr, oder weniger an Silber halten. Dieſs dürfte manchem paradox ſcheinen, und ich finde nöthig, den hieraus ganz billig entſtehenden Anſtoſs wegzuräumen. Schon oben bey dem Verröſten iſt angeführt worden, daſs bey beſtandenem Trockenherde, viele kleine und gröſsere Ballen entſtunden, die das Sieben des geröſteten Mehls, das Vermahlen der, beynahe die Halbſcheid des Erzquanti betragenden Ballen, und ihre neuerliche Verröſtung nothwendig machten. So iſt über das Verquicken unter den, aus den Reſultaten des erſten Jahrs gezogenen Schlüſſen bereits erinnert worden, daſs der höbere Gehalt der Rückſtände unter andern

beym

beym Zerkleinen, Röſten, und Verquicken mit unterlaufenden Fehlern, auch daher wohl mit rühren dürfte, weil die Erze zu arm am Schwefel, und ihr Gemeinhalt an Silber zu hoch ſeyn mögte. Ich bin zwar weit entfernt zu glauben, daſs auch bey dieſen Erzen die Rückſtände auf einen unbedeutenden Silbergehalt zu bringen unmöglich ſeyn ſollte; vielmehr bin ich durch die oben ſchon angeführten Verſuche überzeugt, daſs man ſie demungeachtet auf 1 Qt. und darunter bringen könne. Allein aus der Erfahrung überzeugt, nehme ich keinen Anſtand zu behaupten, daſs man den Erfolg, der uns bey Verſuchen gelang, im Groſsen nie, oder ſehr ſelten fordern könne. Nicht als ob es im Groſsen nicht eben ſo wie im Kleinen möglich ſeyn ſollte, ſondern weil man diejenige Aufmerkſamkeit, die man auf Verſuche verwendet, im Groſsen gar nicht, oder doch nicht immer verwenden, noch weniger aber auf jene der dabey angeſtellten Arbeiter ſich verlaſſen kann. Dieſe Betrachtungen nöthigten mir nach genauen Berechnungen und Gegenberechnungen, endlich den Entſchluſs ab, aus zweyen Uebeln lieber das kleinere zu wählen, und die Rückſtände bey den nun eingeführten hölzernen Cylindern, und ſo erſparten Kupferabnutzungen, noch einmal in die Arbeit zu nehmen. Dieſer Umſtand dürfte nun das Paradoxon von ſelbſt aufklären. Alles was man mir dagegen einwenden könnte, erwog ich ſelbſt, wog aber auch die Localumſtände dagegen genau ab, die Wagſchale fiel auf die Seite der zu wiederholenden Verquickung, und mein noch wankender Entſchluſs ward feſt. Wie aber die zwote Verquickung vorgenommen werde, und was für Unkoſten darauf gehen? davon werde ich weiter unten handeln. Iſt nun die Verquickung zu Stande, welches mit der gegenwärtigen

Maſchine binnen 18 bis 19 Stunden geſchieht, mit einem nie‑ drigeren Rad von 6½ oder 6 Ellen, das noch immer genug‑ ſame Kraft haben wird, noch früher bewirket werden kann, ſo geſchiehet die Abzapfung. Bevor ich aber davon rede, muſs ich erſt die hierzu getroffene Vorkehrung beſchreiben.

Die Cylinder ſtehen ſenkrecht auf zween gegeneinander gekehrten ſchiefen Flächen, unter welchen eine hölzerne Rin‑ ne angebracht iſt, die gegen die Waſchbottige einen Fall von 6 Zoll hat. Die Rinnen dienen dazu, um das ablaſſende Queck‑ ſilber und bearbeitete Gemenge den 2 Waſchbottigen (denn jede Reihe Cylinder hat ihre eigene Waſchmaſchine) zuzu‑ führen, die ſchiefen Flächen aber, die genau auf die Rinne aufliegen, ſind in der Abſicht vorgerichtet, damit das etwa aus der Rinne herausſpritzende Queckſilber darauf, und ent‑ weder ſelbſt wieder in die Rinnen fallen, oder doch von die‑ ſen heruntergekehrt werden möge. Um aber auch dieſem Verſpritzen vorzubeugen, ſind für jedes Faſs zwey Bretter, in Geſtalt einer hohlen Pyramide ſo zuſammengefügt wor‑ den, daſs die eine Oeffnung höher und breiter, die entge‑ gengeſetzte aber niedriger und enger iſt. Kommt es nun zum Abzapfen, ſo wird dieſe Pyramide in die Rinne ſo ge‑ ſtellt, daſs die höhere und weitere Oeffnung gegen die, im Cylinderboden eingeſenkte Piepe zu ſtehen komme, und der Zapfen wird herausgezogen. Das zuerſt abflieſsende Queck‑ ſilber ſtöſst an den inneren ſchief abfallenden Winkel der Py‑ ramide, flieſst an den beyden inneren ſchiefen Flächen herab, und fällt ſo ſanft in die Rinne, daſs dadurch das Verſpritzen ganz vermieden wird, und immer vermieden werden kann, wenn der Gebrauch dieſer nothwendigen Vorſicht nicht ver‑ ſäumt wird. Nun kömmt es alſo auf das

Verwa‑

Verwaschen der Rückstände.

Vormals gebrauchte man die Vorsicht nicht, zu Ende der Amalgamation mehr Wasser in die Kessel nachzutragen, und der Waschbottig war für 4 Kessel die 8 bis 10 Centner Erz fasten (denn 4 wurden gemeiniglich auf einmal verwaschen) nur 3 Schuh tief, sein oberer Durchschnitt oder Diameter 3 Schuh 4 Zoll, der mittlere 20 Zoll im Durchschnitt. Die Erze wurden in dem, vom Hrn. *von Born* in seinem Werke über das Verquicken, schon beschriebenen und abgebildeten Wagen hinzugeführt, und über eine Cycloide in den Bottig ausgeleert, wozu gemeiniglich mit Einrechnung der, unten beym Abzapfen des Queckfilbers und der Rückstände angestellten Leuten, 9 auch 10 Personen nöthig waren. Nun da die Cylinder nicht vom Fleck gerührt werden, und Queckfilber, sammt Rückständen selbst, in die Waschbottige laufen, das Wechseln und Füllen auch immer bey dem Schichtwechsel der Sudmeister und Taglöhner geschiehet, verrichtet man alles mit 2 Sudmeistern und 2 Taglöhnern. Bey Abzapfung der Cylinder, und so lange einige Rückstände darinn sind, beschäftigen sie sich mit Auswaschen der Cylinder, und Einlassen der gehörigen Quantität Wassers in die Waschbottige, dann gehen sie herunter, die Sudmeister zapfen das Queckfilber ab, stellen die angefüllte Bütte unter den Haspel, ziehen sie herauf, und giessen es beym Durchpressen in den Sack. Mittlerweile werden aus dem Waschbottige die Rückstände von oben an abgezapft, welche Verrichtung den Taglöhnern obliegt, und wenn der Waschbottig bis an die halbe Höhe leer geworden ist, werden die Zapfen wieder gesteckt, die andern 4 Fässer abgezapft, ausgewaschen, und dann geht es wieder an das Abzapfen des Queckfilbers und der Rückstände, de, so dafs diese 4 Männer während des Verwaschens beständige Beschäftigung finden, die sie aber auch höchstens mit Zuhülfnehmen des Hüttenwärters füglich bestreiten können. Die Waschmaschine wird durch ein, an der Hauptwelle gebrachtes Kammrad in Bewegung gesetzt, das in ein, an einer stehenden Welle befestigtes Spindelrad eingreift. (*) Diese Welle steht auf einem beweglichen Zapfenklotze, der mittelst eines, bis auf den mittlern Boden reichenden Hebels, zu- oder auch so weit hinweg geschoben werden kann, dafs das Kammrad leer vorbeygehen möge, und die Waschmaschine auch bey beständigem Umgange des Waffer- und Kammrades stehen bleiben müsse. An eben der stehenden Welle, ist zwischen dem obern und mittlern Boden, oder in dem Gaden wo die Cylinder stehen, ein Stirnrad angebracht, dessen Kämme in die, oberhalb der Waschbottige bestehende Spindelräder eingreifen. An diese letztere werden die Quirrl angehängt, und hiermit wird das Gemenge in beyden Waschbottigen in beständig gleichförmiger Bewegung erhalten. Kamm- und Spindelrad hält jedes 1 Lachter, das Stirnrad 8, die beyden Spindelräder, woran die Quirrl befestiget sind, 2 Schuh im Durchschnitte, so dafs der Quirrl in dem Waschbottige 36 bis 40 mal herumgeht, wenn das Wasserrad 9 bis 10 Umgänge in einer Minute macht. Jeder Waschbottig hat eine Tiefe von 1 Lacht. oder 6 Schuh, oben 6 Schuhe, und unten 3 Schuhe im Durchschnitte. Werden auch in jedem Cylinder 5 Centn. eingesetzt, so kommen, da nur 2 Cylinder zugleich auf jeder Seite abgezapft werden, in dem Waschbottig nicht mehr denn 10 Centn. Erz, und 10 Centn. Quecksilber; man hat daher noch einen genugsamen Raum für das Wasser, um das Gemenge

---

(*) Tab. V. des Ersten Bandes der Bergbaukunde.

menge gehörig verdünnen zu können. Je beſſer das Gemenge verdünnt wird, deſto leichter ſammeln ſich die zertheilten Queckſilbertheilchen, wozu die, aus der Homogenitaet entſtehende Anziehungskraft des, auf den Boden des Bottigs befindlichen Queckſilbers, das ſeinige ebenfalls beyträgt. Eben dieſes verwahrt die meſſingene Pipen vor dem Eintritt der Rückſtände, und macht, daſs dieſe auf dem Boden ſich nicht ſetzen, und den Umtrieb des Quirrls hemmen können.

Hieraus leuchten von ſelbſt die Urſachen hervor, warum man das Queckſilber und Amalgam nicht ſogleich aus den Cylindern auffängt, ſondern in den Waſchbottig laufen läſst. Es iſt nicht wenig daran gelegen, daſs man mit dem Verwaſchen der Rückſtände nicht eile, und die Zapfen nicht zu bald ziehe, wenn uns die Verminderung der Queckſilberabgänge am Herzen liegt, wozu ſelbſt auch die Einſpritzung des ſchon durchgepreſsten Queckſilbers entweder mit dem Sack, oder mit einer Spritzkanne, nicht wenig beytragen würde, denn wie die Kügelchen durch die, in Bewegung ſtehenden Rückſtände zu Boden fallen, ziehen ſie die, ihnen in den Weg kommenden homogenen, noch zu ſehr zertheilten Queckſilbertheile an ſich, reiſsen ſie mit zu Boden, und die Rückſtände müſſen nothwendigerweiſe wo nicht ohne allem Queckſilber ſeyn, doch gewiſs nur ein weniges enthalten. Zur Abzapfung der Rückſtände aus den Waſchbottigen, ſind von oben bis hinab fünf Röhrchen etwas ſchief eingebohrt, die Zapfen müſſen aber gedreht ſeyn, und bis an die innere Fläche des Bottigs hineinreichen, damit die zertheilten Queckſilbertheile nicht in die Röhren hineintreten, und bey Abzapfung der Rückſtände mit herausgeführt werden können. So iſt auch daran gelegen, daſs die Röhren durch welche die

Rückstände abgezapft werden, nicht auf der Seite wo das Queckſilber einfällt, ſondern auf der entgegengeſetzten Seite angebracht werden, weil ſodann deſtoweniger Queckſilber ſich hinein verſchlagen kann. Um das mit den Rückſtänden allenfalls noch austretende Queckſilber, noch bevor es in die Sümpfe kommen kann, auffangen zu können, iſt unterhalb der Röhren ein Käſtchen angebracht, in welches die Rückſtände noch vorher fallen müſſen. Dieſes iſt 1 Schuh weit, 2 Schuh lang, und von der Ausflusrinne ab 1 Schuh tief. Die Rückſtände müſſen nun 1 Schuh hoch bis zum Ausfluß ſteigen, und die allenfalls mit austretenden Queckſilbertheile gewinnen mittlerweile wegen ihrer Schwere Zeit, ſich niederzuſenken, welche dann nach vollendetem Verwaſchen, mit den zurückgebliebenen Rückſtänden herausgenommen, mit Händen verwaſchen, und ſo wieder zugut gebracht werden können.

Ich hatte zwar bey dem erſten Anlaſs der Maſchine das belohnende Vergnügen, unter den, aus dem Käſtchen herausgenommenen Rückſtänden, gar kein Queckſilber zu finden, zum überzeugenden Beweiſe, daſs bey der ſo ausgiebigen Verdünnung, die zertheilten Queckſilbertheile ſich ſchon im Bottig niedergeſchlagen hatten. Dem ungeachtet iſt dieſes Käſtchen nie überflüſſig, und wird noch mehrern Nutzen gewähren, wenn an dem Ausfluſſe eine Lutte von etwa 4 Zoll weit, und 6 Zoll lang, gleichſam wie ein verdecktes Auge angebracht wird, weil ſodann die, von dem Taglöhner mit einer Krücke beſtändig umzurühren Rückſtände, nicht von der Oberfläche wegflieſsen, ſondern durch das verdeckte Auge erſt 6 Zoll bis zum Ausfluſs ſteigen, und die etwa zertheilten Queckſilbertheile deſto mehr Zeit zum praecipitiren gewinnen müſſen.

Durch die Ausflufsrinne werden die Rückstände in die Sümpfe geleitet, deren für jeden Waschbottig 3 vorgerichtet find, und jeder mit 6 oder mehreren in einer Diagonallinie angebrachten Zapfen verfehen ift, um, nachdem die Rückstände fich gefetzt haben, die Lauge abzapfen zu können. Auch diefe Rückstände aus den Sümpfen unterfuchte ich mit einem doppelten Vergrößerungsglafe, ohne das mindefte Queckfilberkügelchen darinn entdecken zu können. Zwifchen beyden Sümpfen ift eine abfchüffige Bühne, auf welche die Rückstände herausgefchlagen werden, auf dafs die Feuchtigkeiten fich noch abfeihen, und die Rückstände wenigftens zum Theil abtrocknen können, welches man bey trocknem Wetter in einem ziemlichen Grade hoffen kann. Vor der folgenden Verwafchung, werden fie durch die Taglöhner in die angebaute Mühle gefchafft, und mittelft des dort angebrachten Hafpels, auf den erften Boden zum weitern Austrocknen gebracht. Bey trocknem Wetter kann man fonach die Heizung des Trockenofens täglich verfparen, bey feuchtem Wetter aber muss man fich den, ob zwar nicht fo grofsen Holzaufwand fchon gefallen laffen. Dann werden fie gemahlen, mit 2 p. C. Salz befchickt, verröftet, und verquickt.

Nebft den oben fchon angeführten Urfachen des höheren Silbergehalts in den Rückftänden, find noch folgende, bey jeder Arbeit unterlaufende Gebrechen anzuführen. Bey dem Zerkleinen wird dann und wann ein kleines Loch in dem Beutel durchgerieben, das man erft fpäter entdeckt, und da mengt fich fchon etwas grobes mit ein, das bey der Siebprobe gerade verfehlt werden kann. Bey dem Röften find oft die Arbeiter zu bequem, rühren nicht eben fo fleißig um, oder unterlaffen wohl gar manchmal das Umwenden, wobey

wobey denn ein Theil nur unvollkommen verröstet wird. Bey dem Verquicken verliehren dann und wann die Arbeiter den Zapfen, laſſen zu viel Waſſer in den Cylinder, und dieſs, ſo wie das vorhergehende, trägt alles zum höhern Gehalt der Rückſtände bey. Man könnte mir einwenden, dieſe Fehler ſind durch genaue Aufſicht zu vermeiden. Allein wenn man die Aufſicht ſo beſtellen wollte, ſo müſste man faſt ſo viel Aufſeher als Arbeiter haben, und wer weiſs es nicht, daſs auch die Aufſeher immer Menſchen bleiben. Ihre Anſtellung würde beträchtliche Koſten machen, und am Ende dennoch nicht viel nutzen. Ueberzeugt aus vielfältiger Erfahrung, von dem wenigen Nutzen der Aufſeher, glaubte ich lieber das ſicherere wählen zu müſſen. Durch das Vermahlen, abermalige Verröſten, und Verquicken, werden die begangenen Fehler verbeſſert, und da die Rückſtände ohnehin ſchon einen geringern Silbergehalt haben, ſo läſst ſich doch mit Gewiſsheit hoffen, daſs ſie auf 1 Qt. und darunter gebracht werden können. Nun kömmt es nur darauf an, wie hoch eigentlich das zweyte Verquicken zu ſtehen komme? und dieſs wollen wir nun überſchlagen.

Mit einem Lohn a 30 Kreuz., können 2 Müller, deren Lohn alſo 1 Guld. beträgt, in 24 Stunden 20 Centn. vermahlen, fallen daher auf 1 Centn. 3 Kreuz. — 2 p. C. Salz beträgt 8½ Kreuz. — Beym Röſten ſind täglich 4 Mann, a 30 Kreuz., 5 Mann a 22 Kreuz., thut zuſammen 3 Guld. 50 Kreuz. Rückſtände bedürfen nicht mehr denn 2 Stunden, binnen welcher Zeit 6 Centn., folglich in 24 Stunden 72 Centn. verröſtet werden, fallen daher auf 1 Centn. 3¼ Kreuz. — Der Holzbedarf ſollte wohl wegfallen, weil man bey der neuen Abänderung des Röſtofens, ſchon mehr erſpahrt, als

man

Geschichte der Amalgamation zu Joachimstal.

man zum 2ten Verröſten bedarf, aber auch dieſer ſoll angerechnet werden. Nach einem ganzjährigen Durchſchnitt fielen auf 1 Centn. Erz an Holzbedarf 12 Krz, dermahlen erſpahrt man beynahe ⅔, man will aber die Halbſcheid annehmen mit 6 Krz., und weil bey Rückſtänden noch ⅓ an der Zeit wegfällt, ſo bleiben anzurechnen 4 Kreuz. — Unſchlittbedarf betrug nach ganzjährigem Durchſchnitte auf 4006 Ctn. 31 Gld. 50 Krz., ich will daher auf 1 Ctn. anſchlagen ⅜ Krz — Bey der Quickarbeit ſind 2 Sudmeiſter a 30 Krz., und 2 Taglöhner a 15 Krz. angeſtellt. Obſchon die Rückſtände binnen 24 Stunden 2 mal ausgehoben werden können, ſo will man doch nur einen einfachen Satz rechnen p. 40 Ctn., wornach alſo auf 1 Ctn. ausfällt 2¼ Krz. — Queckſilberabgang fiel nach ganzjährigem Durchſchnitt p. Mille im Betrag 232 Guld., wornach auf 1 Ctn. beynahe 14 Krz. fallen. Man kann zwar hieran mit Grunde eine Erſpahrung hoffen, will aber demungeachtet anſetzen die 14 Krz., wornach alſo ein Centner koſten wird 35 1/2 Kreuz. — Dagegen erſpahrt man das Sieben der verröſteten Erze, das Vermahlen und Röſten der, beynahe die Halbſcheid des ganzen Quanti, oft noch mehr betragenden Hallen ganz, deſſen Unkoſten hier wieder in Abſchlag kommen ſollten, die man aber auf die Erzfördernifs und Abnutzung des Gezeuges anrechnen will. Das dritte Quartalsgefäll 1788 war es, das im 4ten Quartal mit dieſer abgeänderten Maſchine verquickt wurde. Die Rückſtände fielen nach der 2ten Verquickung auf 2 auch nur 1 Qt. und es läſst ſich mit Grunde hoffen, daſs ſie noch weiter im Silbergehalte fallen werden, wenn die Arbeiter in dieſer Manipulation erſt mehr geübt ſeyn werden. Das übrige Silber hatte man ſchon in das Amalgama gebracht, das bey Ver-

ſchmel-

Schmelzung der, von der warmen Quickarbeit gefallenen 1 Lt. 11 Qt. und mehr an Silber haltenden Rückstände nur ins Lech gebracht wurde, welches abermals mit neuen Unkosten und Abgängen amalgamirt werden mußte. Bey 2092 Ct. 62½ Pf. Rückständen, haben die Schmelzkosten betragen 2663 Guld. 45 Krz. 2 Pf., und nach Abschlag der dabey erzeugten Farbspeiße p. 1240 Guld. 32¼ Kreuz. verblieben hieran annoch 1423 Guld. 13 Krz. — Bey 4042 Ctn. 3½ Pfd. im Jahr 1787. verquickten Erz und Lech, haben die Quickkosten sammt Silber- und Quecksilberabgang, dann Kupferabnutzung betragen 18416 Guld. 54 Krz., fallen daher auf 437 Ctn. von den verschmolzenen Rückständen gefallenen Lechs 1991 Guld. 3 Pf. — Die ganzen Unkosten betrugen also bey 2092 Ctn. Rückständen 3414 Guld. 13 Krz. 3 Pf., wovon auf 1 Centn. ausfallen 1 Guld. 37 Krz. 3 Pf., auch dieses gehöret mit zu den Erspahrungen, die durch die 2te Amalgamation bewirket werden. Wie aber die Quickarbeit mit dieser Maschine ausgefallen, wird man aus den gleich nachfolgenden Resultaten des zweyten Jahrganges im 4ten Quartale ersehen können, denn die ersten 3 Quartale wurde noch in Kesseln gearbeitet.

Diese Resultate sind folgende:

Im 1sten Quartale 1788., wurden verquickt 746 Ctn. 53 Pfd. mit enthaltenen 1145 Mrk. 1 Lt. 1 Qt. 1 Pf. Silber. Der Durchschnittsgehalt fiel also auf 24 Lt. 2 Qt. 1 Pf. Der Silberabgang ergab sich mit 68 Mrk. 3 Lt. 3. Qt. 2 Pf. Quecksilberabgang mit 2 Ctn. 61 Pfd., wovon der erstere 5¼ p. C., der letztere aber auf 1000 Ctn. Erz gerechnet, 3 Ct. 49¼ Pfd. oder ¼ p. C. beträgt. An Quicknutzen fielen 1970 Guld. 38 Kreuz.

Im

Im 2ten Quartal wurden verquickt 796 Ctn. 64 Pfd. Darinn waren an Silber enthalten 925 Mrk. 8 Lt. 3 Qt., der Silberabgang im Durchschnitt beträgt also 18 Lt. 2 Qt. 2 Pf. Der Silbergehalt fiel aus mit 40 Mrk. 6 Lt. 2 Qt. 1 Pf., und also mit 4$\frac{4}{7}$ p. C. Der Quecksilberabgang aber mit 420 Pfd. und sonach auf 1000 Ctn. mit 527, auf 100 Ctn. mit 52$\frac{7}{10}$ Pfd. oder mit $\frac{1}{100}$ p. C. An Quicknutzen ergaben sich 3625 Guld. 53$\frac{1}{2}$ Kreuz.

Im 3ten Quartal 1788. wurden verarbeitet 736 Ctn. 20 Pfd., und diese enthielten an Silber 911 Mrk. 15 Lt. 3 Qt. Der Centner fiel also im Gemeinhalt auf 19 Lt. 3 Qt. 1 Pf. Der Silberabgang betrug 61 Mk. 12 Lt. 1 Q., und also 6$\frac{14}{15}$ p. C. Der Quecksilberabgang 2 Ctn. 50 Pfd., und sonach auf 1000 Ctn. Erz 339 Pfd., auf 100 Ctn. Erz 33$\frac{9}{10}$ oder $\frac{1}{100}$ p. C. Der Quicknutzen aber ist ausgefallen 2722 Guld. 28 Krz.

Im 4ten Quartal fing die Arbeit mit dem abgeänderten Röstofen, und in Cylindern an. Kaum war die Maschine zu Stande, so musste ich dringender Umstände wegen meine Rückreise nach Prag antreten, und die Arbeit lediglich den Beamten überlassen. Das verquickte Quantum war 888 Ctn. 1 Pfd., und darinn an Silber enthalten 875 Mrk. 5 Lt., der Ctn. fiel also im Gemeinhalt auf 15 Lt. 3 Q. Der Silberabgang hat betragen 74 Mk. 14 L. 1 Q., und sonach 8$\frac{1}{2}$ p. C. Quecksilberabgang 5 Ctn. 82 Pfd., und folglich auf 1000 Ctn. Erz 655 Pfd. auf 100 Ctn. Erz 65$\frac{1}{2}$ Pfd. oder $\frac{1}{100}$ p. C. An Einlösungsnutzen (denn hier konnte man erst den wahren erheben, von den vorigen Quartalen konnte er wegen Vermischung mit der Schmelzarbeit nie zuverläßlich angegeben werden,) fielen 307 Guld. 5 Krz., an Quicknutzen im Gegenhalt der Schmelzkosten 2397 Gld. 26 Krz. 3 Pf. aus.

Zu bequemer Ueberficht, und Vergleichung aller Refultate wird ein tabellarifcher Auszug Litt. D. angebogen, aus welchem nicht allein die Quartaligen, fondern auch die Jahrs-Refultate, und für beyde Jahre zufammen genommen zu erfehen find, dem am Ende auch die von der Provincial, nach der Vorfchrift der Hofbuchhalterey verfaßte fummariche Bilanz, für beyde Jahre beygefüget ift.

Bey Vergleichung diefer Refultate muß es jedermann in die Augen fallen, daß eben bey der abgeänderten Manipulation, fowohl der Queckfilber, als Silberabgang zu groß ausgefallen fey, ungeachtet nur ein geringer Theil der Rückftände verarbeitet worden ift. Denn wenn man den Durchfchnitt des erften Jahrganges zu 4 p. C. an Silber, und 2 Centn. p. Mille an Queckfilberabgang annimmt, fo hätte erfterer nur 35 Mrk. alfo weniger um 39 Mrk., letzterer aber nur 1 Centn. 77 Pfd., und wenn man in Betracht der zweymaligen Quickarbeit ihn doppelt anfchlägt, nur 3 Ctn. 57 Pfd., und alfo um 2 Ctn. 28 Pfd. geringer ausfallen, und wenn man den Betrag der 39 Mark, a 23 Guld., mit 897 Guld., dann der 228 Pfd. Queckfilber 266 Gld., in Summa mit 1163 Gld. in Anfchlag bringt, der Einlöfungsnutzen mit 1470 Gld. 5 Kr., der Quicknutzen aber mit 3560 Guld. 26 Krz. 3 Pf. fich ergeben follen.

Eben diefe Abgänge waren es, deren Grundurfache man zu erforfchen nothwendig fand, und daher nicht allein von denen Beamten die Verantwortung forderte, fondern auch felbft mehrere Verfuche anftellte, welches der im 11ten Quartal 1789. bey verarbeiteten 892 Mrk. 2 Qt. Silber, mit 172 Mrk. 1 Qt. 2 Pf. fich ergebene weit beträchtlichere Silberabgang, noch dringender machte. Bey genauer Einficht des

oben

oben allegirten tabellarischen Auszuges, findet man, daſs die Silber- und Quecksilberabgänge schon vom 4ten Quartal 1787, und 1sten Quartal 1789, nemlich von eben der Zeit zu steigen anfingen, da man zu Joachimsthal wahrgenommen zu haben glaubte, daſs bey Anwendung eines stärkeren Röstfeuers, der Silbergehalt der Rückstände weiter herab zu bringen sey, und also das Rösten mit heftigem Feuer zum Grundsatz annahm, weil man aus Versuchen überzeugt zu seyn glaubte, daſs beym Rösten kein Hornsilber entstehen könne. Bey dem abgeänderten Röstofen hatte das obzwar schwächere Feuer, doch mehr auf die Erze gewirket. Aber bey dem einmal angenommenen Grundsatze wurde hierauf nicht geachtet, bis endlich der im 1sten Quartale 1789 sich geäuſserte enorme Abgang den Amalgamationsdirector *Möbling* zwang, der Sache gründlicher nachzudenken. So sehr ich auch von der Entstehung des Hornsilbers überzeugt war, so glaubte ich doch nie, daſs hieraus ein so beträchtlicher Abgang entstehen könne. Um mich also auch darinn vollkommen zu überzeugen, stellte ich folgende Versuche an.

Ein Stück Gneiſs mit angeflogenem Rothgüldenerz von Annaberg in Sachsen, hielt p. C. 5 Lt. 2 Qt. Silber, ein anderes von Altwoschitz in Böhmen aus Weiſs- und Rothgüldenerz, Glanz und Blende bestehendes, hielt p. C. 4 Mrk. 11 Lt. 2 Qt. Beyde wurden so fein als möglich gepulvert, von jedem 13 genau abgewogene Probir-Centn. auf so viele Scherben getragen, theils mit Kochsalz allein, theils zugleich mit Schwefel beschickt, wohl untereinander gemengt, dann in dem zu Quickproben vorgerichteten kleinen Röstofen gestellet. Der Ofen wurde eine Stunde lang ganz gelinde geheizt, erst nach Verlauf einer Stunde ward das Feuer stuf-

178 Geschichte der Amalgamation zu Joachimsthal.

senweise verstärkt, in der dritten Stunde aber ein heftiges Feuer gegeben, und damit bis zu Ende der 4ten Stunde angehalten. Diess alles geschah in der Absicht um zu erfahren, ob nicht bey starkem und anhaltendem Feuer gröfsere Abgänge als sonst entstehen. Dann wurden sämmtliche Proben herausgenommen, und nachdem sie ausgekühlet waren, in andere Scherben getragen. Der Boden und die Seiten eines jeden Scherben wurden mit alcali minerali gut ausgefüttert, dann wurde die halbe Bleyschwere, und auf diese das verröstete Erz getragen, dieses mit der andern Hälfte der Bleyschwere, und dann alles wieder mit Alcali bedeckt. So wurden die Proben angesoten, verschlackt, die Bleykörner ausgeschlagen, und auf den Capellen wie gewöhnlich abgetrieben. Nachstehende Tafel zeigt die sämmtlichen Beschickungen, nebst dem, vor und nach dem Rösten erhobenen Silbergehalt, und sonach sich ergebenen Silberabgang.

Nro der Proben	Erz Nro 1.	Beschickung			Silberhalt nach dem Rösten		Abgang		Nro der Proben	Erz Nro 2.	Beschickung			Silberhalt nach dem Rösten		Abgang	
		Erz	Sali	Schwer.							Erz	Sali	Schwer.				
		Qt.	Pf.	Pf.	Lt.	Qt.	Lt.	Qt.			Qt.	Pf.	Pf.	Lt.	Qt.	Lt.	Qt.
1	Gaerle mit angeflogenem Rothgülden, von Annaberg in Sachsen, hält der Centner roh 5 Loth 2 Qt.	1	6	-	3	3	1	3	1	Roth- und weifsgülden Erz mit Glanz und Blend von Altwoschitz in Böhmen, hält der Centner roh 7½ Loth 2 Qt.	1	6	-	68	2	7	-
2		1	8	-	4	3	-	3	2		1	8	-	68	-	7	2
3		1	10	-	3	3	1	3	3		1	10	-	68	2	7	-
4		1	6	3	3	1	2	1	4		1	6	3	69	2	6	-
5		1	6	6	3	1	2	1	5		1	6	6	70	2	5	-
6		1	6	9	4	-	1	2	6		1	6	9	68	2	7	-
7		1	8	3	4	-	1	2	7		1	8	3	63	3	11	3
8		1	8	6	3	3	1	3	8		1	8	6	67	1	8	1
9		1	8	9	3	3	1	3	9		1	8	9	66	-	9	2
10		1	10	3	4	-	1	3	10		1	10	3	57	2	18	-
11		1	10	6	4	2	1	-	11		1	10	6	65	2	10	-
12		1	10	9	4	-	1	2	12		1	10	9	58	2	17	-
13		1	10	12	4	2	1	-	13		1	10	12	52	-	23	2

Geschichte der Amalgamation zu Joachimsthal. 179

Die Resultate dieser Versuche sind zwar nicht ganz befriedigend, doch zeigen sie, besonders jene mit dem Erz Nr. 2. von Nr. 4. bis 13. daſs eine gröſsere Menge Salz, bey dem zugesetzten Schwefel, immer mehrere Abgänge verursache. Ich trieb die Versuche noch weiter, wog von dem Erze Nr. 2. 12 Ctn. in eben so viele Scherben ein, beschickte jede mit 10 p. C. Salz und 12 p. C. Schwefel, röstete alle 12 Scherben auf obgesagte Art in dem kleinen Röstofen, nur mit dem Unterschiede, daſs sie das in der dritten Stunde gegebene starke Feuer 3 Stunden lang aushalten muſsten, und die Röstung 5 ganze Stunden fortdauerte. Nach vollendetem Rösten stellte ich 6 davon in den geheizten Probirofen, und setzte die Röstung mit verstärktem Feuer noch eine halbe Stunde fort, bis die Scherben hellroth glühten. Erstere verlohren im Rösten bey jedem Ctn. 2$\frac{1}{2}$, letztere aber 6 Pfd. am Gewichte. Beyde wurden auf die oben schon beschriebene Art probirt. Erstere hielten an Silber p. C. 48 Lt. 3 Qt., und hatten also im Betracht des rohen Silbergehalts p. 75 Lt. 2 Qt. einen Abgang erlitten von 26 Lt. 3 Qt. oder 35$\frac{1}{16}$ p. C. Letztere hielten an Silber p. C. 32 Lt. 1 Qt., und hatten also einen Abgang erlitten von 43 Lt. 1 Qt. oder 57$\frac{1}{4}$ p. C. Zum deutlichen Beweise, daſs der Silberabgang bey starkem, und anhaltendem Feuer auch über die Halbscheid getrieben werden könne. Noch weiter wog ich 12 Ctn. von dem nemlichen Erze ein, beschickte 6 davon mit 10 p. C. Salz, 12 p. C. Schwefel, die übrigen 6 aber mit 6 p. C. Salz, und 12 p. C. Schwefel, röstete sie zugleich in dem ersagten Röstofen, doch mit sehr gelindem Feuer, so lange bis kein Schwefelgeruch bemerkt wurde, welches nur 3 Stunden betrug, und nach vollendeter, mit obiger Vorsicht vorgenommener Feuerprobe, erhielt ich einen Silbergehalt von erstern mit 69 Lt. 3 Qt.

3 Qt., vom letztern mit 73 Lt. 3 Qt., wornach also erstere einen Abgang von 5 Lt. 3 Qt. oder 7 $\frac{17}{70}$ p. C., letztere aber nur 1 Lt. 3 Qt. oder 2 $\frac{7}{70}$ p. C. erlitten hatten.

Aus diesen Versuchen glaube ich mit Grunde schliessen zu können, *a*) dass obzwar die Vitriol- und Salzsäure in ihrem gemeinen Zustande, das in metallischer Gestalt bestehende Silber nicht angreifen, hier doch von der in Dampf verwandelten Salzsäure, die Silbertheile angegriffen, und zu einer Art Hornsilber gebildet werden, und folglich bey heftigem und anhaltendem Röstfeuer, durch Verflüchtigung des Hornsilbers, nothwendig Silberabgänge entstehen müssen. *b*) Dass diese Abgänge mit der Menge des zerlegten Kochsalzes, und der entwickelten Salzsäure, dann der Heftigkeit und Dauer des Röstfeuers, in einer ziemlich genauen Proportion stehen. *c*) Dass der in Erzen vorhandene Schwefel, für sich zu den Silberabgängen gar nichts beytrage, wohl aber mittelbar mitwirke, wenn durch diesen aus dem, in grösserer Menge zugesetzten Kochsalze mehrere Säure entwickelt wird, die also nach ihrer grössern Menge, auch stärker auf die Silbertheile wirken kann. *d*) Dass es also zu Vermeidung der Abgänge auf alle Fälle rathsamer sey, weniger Kochsalz, und allenfalls nur 6 p. C. wie es im letzten Versuch geschehen zuzusetzen. Weil ein stärkerer Zusatz, bey schwefelreichen Erzen durch die, in grösserer Menge sich entwickelnde Salzsäure, auf das Silber zu sehr wirket, und Abgänge verursachet, bey schwefelarmen Erzen aber überflüssig ist, da der wenige Schwefel das Kochsalz nicht zu zerlegen vermag, und davon, wie ich aus andern Versuchen überzeugt bin, beynahe die Halbscheid unzerlegt zurück lässt, und endlich *e*) dass das Feuer beym Rösten so gelind als möglich, und der Ofen immer dunkel

Geschichte der Amalgamation zu Joachimsthal. 181

dunkel zu halten nothwendig, ein stärkeres Feuer aber immer schädlich sey, denn je stärker dieses ist, in desto zärtere, und folglich wirksamere Dämpfe wird die Salzsäure aufgelöst, desto mehr durch den heftigern Feuergrad in ihrer Wirkung auf die Silbertheile unterstützt, desto mehr muß an Hornsilber entstehen, und desto mehr davon verflüchtiget werden. Die zur Verantwortung gezogene Beamte gestehen selbst, daß sie im 4ten Quartal 1788, dann 1sten Quartal 1789 bey schwefelreichen Erzen, und 10 p. C. Kochsalz Zusatz, ein starkes Röstfeuer unterhalten haben, theils weil sie den Ofen noch nicht gekannt, theils weil sie die Entstehung eines Hornsilbers nie glaubten, und aus allem dürfte es wohl erwiesen seyn, daß der, in beyden Quartalen sich ergebene starke Silberabgang, weder dem umgeänderten Röstofen, noch weniger aber der neuen Quickmaschine, sondern lediglich der, bey den schwefelreichen Erzen entwickelten zu vielen Salzsäure, und dem zu heftigen Feuergrad zuzuschreiben sey, und künftig durch Vorschlagung weniger Kochsalzes, wozu ich 6 p. C. für hinlänglich erachte, dann durch ein so gelind als möglich, und nicht länger als zu Abtreibung des Schwefels nöthig ist unterhaltenes Röstfeuer, gänzlich vermieden werden könne. Mit diesem wäre meines Erachtens die Ursache des so grofsen Silberabganges, und die Mittel demselben künftig vorzubeugen entdeckt. Jetzt bleibt uns noch übrig, auch der Ursache der stärkeren Quecksilberabgänge nachzuforschen, und die Mittel diesen vorzubeugen ausfindig zu machen.

Der Quecksilberabgang kann bey dem Amalgamiren ohne Beytritt einer andern Ursache, bloß durch die Bewegung entstehen. Erz und Quecksilber müssen hier in einer

beftänbeständigen Bewegung seyn, denn eins muß mit dem andern genau vermengt werden, damit die, in dem Erzmehle zertheilten Silbertheile, von dem Queckſilber berührt, und aufgenommen werden können. Um dieſes zu bewirken, muß das Gemenge ſo dick als möglich gehalten werden. Je inniger nun die Verbindung geſchiehet, deſto mehr Silber muß zwar in das Queckſilber eingehen, deſto ärmer müſſen die Rückſtände fallen, aber auch um ſo ſtärkere Zertheilung des Queckſilbers muß vor ſich gehen. Um nun das zertheilte Queckſilber wieder zu ſammeln, iſt nöthig etwa eine Stunde vor dem Ablaſſen, die Cylinder ganz mit Waſſer zu füllen. Dadurch wird das Gemenge verdünnt, und erhält eine geringere eigenthümliche Schwere, in welchem die zertheilten Queckſilbertheile ſich nach ihrer eigenen Schwere leichter ſenken, näher aneinander kommen, ſich vereinigen, und ſo wieder in Maſſe hergeſtellt werden können. Das was hier noch zertheilt bleibt, fließt beym Abzapfen mit dem Gemenge in die Waſchbottige, wo dieſes mit Waſſer noch mehr verdünnet, die an ſich ſchon ſchwereren Queckſilbertheile um ſo weniger erhalten kann, je mehr die Anziehungskraft des, am Boden des Bottigs befindlichen Queckſilbers, auf die gleichartigen Theile wirket. Hier kann alſo der Abgang nur dann etwas größer ausfallen, wenn das Gemenge zu wenig verdünnt, das am Boden des Waſchbottigs befindliche Queckſilber, oder auch der Rückſtand, bevor die zertheilten Queckſilbertheile ſich ſenken konnten zu früh abgezapft, und das Käſtel vor jedem Abzapfen nicht rein ausgeputzt wird, weil durch die am Boden ſich ſetzenden Rückſtände, die Tiefe vermindert wird, folglich die zerkleinten Queckſilbertheile eher einen Ausgang mit in die Sümpfe finden

den können. Werden aber die oben fchon angegebenen Vorfichtsregeln genau beobachtet, fo kann der, durch das Zertheilen entftehende Queckfilberabgang nie zu grofs werden.

Die zweyte Urfache eines ftärkeren Queckfilberabganges, wird von einigen den, in der Lauge befindlichen freyen Säuren zugefchrieben, wodurch nach ihrer Meynung mit der Salzfäure der Sublimat, mit der Vitriolfäure aber der Queckfilbervitriol, und mineralifche Turbit entfteben foll. Allein wenn es wahr ift, dafs die Salzfäure in ihrem natürlichen Zuftande nicht, fondern erft dann auf das Queckfilber wirken kann, wenn fie fehr concentrirt wird, und durch den Beytritt des erforderlichen Grades der Hitze beyde in Dämpfe verwandelt und fublimirt werden können. (*) Wenn es ferner wahr ift, dafs die Vitriolfäure in ihrem natürlichen Zuftande auf das Queckfilber gar nicht, oder doch fehr fchwach wirket, und beyde Subftanzen fich nur dann vereinigen können, wenn die Vitriolfäure in dem höchften Grad ihrer Stärke fich befindet, und durch die ftärkfte Hitze in ihrer Wirkung begünftiget wird, (**) fo läfst fich hier die Entftehung eines Sublimats mit der Salzfäure, dann eines Queckfilbervitriols und mineralifchen Turbits mit der Vitriolfäure um fo weniger begreifen, als die Säuren bey der Amalgamation mit Waffer verdünnt, folglich gar nicht concentrirt find, das Queckfilber nicht verkalkt, fondern in metallifcher Geftalt vorhanden ift, und die, zu Vereinigung einer wie der andern Säure mit diefem Metall erforderliche Hitze, hier ganz mangelt. Wenn alfo beym Anquicken ein gröfserer Abgang entftehet,

---

(*) Wallerius Phyfifche Chemie, Theil 2., Abtheilung 9, Cap. 14. §. 15. Macquers Chem. Wörterbuch, 4ter Theil, Art. Queckfilber pag. 155.

(**) Macquers Chem. Wörterbuch, loco cit. pag. 146.

stehet, so glaube ich, daß es vielmehr dem, den Erzen beywohnenden Schwefel zuzuschreiben sey. Jedem der mit dem Rösten der Erze sich abgegeben hat, ist bekannt, daß mit einem gelinden Röstfeuer der Schwefel sehr gut, und wo nicht ganz, doch größtentheils weggetrieben werde, welches bey Anwendung eines stärkeren Feuergrades schon nicht so leicht angehet, denn hier wird der Schwefel gleichsam inniger mit den Erzen verbunden, oder (wenn ich nach dem gemeinen Sprachgebrauch reden soll) figirt. Aus dieser Voraussetzung würde nun folgen, daß bey den gerösteten Erzen um somehr Schwefel zurück bleiben müsse, je heftigeres Feuer bey der Verröstung angewandt worden. Der Schwefel mit dem Quecksilber gerieben, bildet den mineralischen Mohr (*aethiops mineralis*) und hieraus läßt sich meines Erachtens erklären, warum bey Verquickung schwefelreicher mit heftigem Feuer verrösteter Erze, bey der hier vorgehenden beständigen Reibung, immer stärkere Abgänge entstehen, wie es die bisherige Manipulation, und ihre aus dem tabellarischen Auszuge vom 4ten Quart. 1787, und 1. 2. 3. 4ten Quart. 1788 zu ersehenden Resultate, deutlicher zeigen. Ist nun das Quecksilber durch die Reibung mit dem Schwefel verkalkt, dann kann die Salz- oder Vitriolsäure eher ihre Wirksamkeit ausüben, und so ist es wohl möglich, daß man in der Lauge auch einen Theil Quecksilbervitriol, oder Sublimat, nach dem Unterschied der vorhandenen Säure, entdecken kann, welches ohne diese vorhergegangene Verkalkung schwerlich geschehen seyn würde. Hieraus ersiehet man, daß auch an dieser Verkalkung, nur das zu heftige Röstfeuer Schuld sey, und mit einem gelinden Röstfeuer, auch diesem Abgange vorgebeugt werden könne.

Der

Geschichte der Amalgamation zu Joachimsthal.

Der dritte Fall, wo das Queckſilber einen Abgang leiden kann, iſt das Ausglühen. Faſt bey jedem Ausglühen bemerkte ich in dem Waſſer, daſs es nach dem Ausglühen trübe ward, und eine milchichte Farbe annahm. Oft dachte ich der Urſache nach, nun glaube ich ſie entdeckt zu haben. Ob ich recht daran ſey? darüber erwarte ich das Urtheil einſichtsvoller Männer. Hier iſt die ganze Reihe meiner Gedanken und Schlüſſe. Die Lauge enthält immer eine Art freyer Säure. Ob es Vitriol- oder Salzſäure ſey, habe ich noch nicht unterſucht. Doch glaube ich, daſs es eher die leztere als die erſtere ſey. Dieſe Säure mag ſich an das Amalgama, ob ſie es ſchon wegen ihrer Schwäche nicht auflöſen kann, doch ſehr anhängen. Sie kommt alſo mit dem Amalgama auf die Schale unter dem Ausglühetiegel, wird beym Ausglühen mit dem Queckſilber in Dämpfe verwandelt, und ſo in den Stand geſetzt auf das Metall ihre Wirkſamkeit auszuüben. Daraus entſtehet nun mit der Salzſäure ein Sublimat, wovon 1 Unze Waſſer 30 Gran aufzulöſen vermag, (*) und dieſe Auflöſung dürfte dem Waſſer die milchichte Farbe mittheilen. Sollte es aber die Vitriolſäure ſeyn, was ich nicht vermuthe, ſo wird das Queckſilber in eine weiſse ſalzartige Maſſe verwandelt, woraus theils Queckſilbervitriol, theils mineraliſcher Turbit entſtehet, (**) der zu Vermehrung der Queckſilberabgänge ebenfalls beyträgt. Zu Vermeidung dieſer Abgänge dürfte es vielleicht nicht undienlich ſeyn, das Amalgama vor dem Ausglühen mit Waſſer ſo lange kochen, oder doch im heiſsen Waſſer ſo lange waſchen zu laſſen, bis das Waſſer rein bleibt, um dadurch die Säure davon abzuſcheiden.

Dieſe

(*) Macquers Chem. Wörterbuch, 5ter Theil, Art. Sublimat pag. 249.
(**) Macquers Chem. Wörterbuch, 4ter Theil, Art. Queckſilber pag. 147.

Diese bey Gelegenheit der, zu Joachimsthal sich in einem Quartale ergebenen, sehr beträchtlichen Silber- und grossen Quecksilberabgänge, veranlaßte umständlichere Betrachtungen, der diese Abgänge wirkenden Ursachen, wird man mir hoffentlich um so williger verzeihen, weil ich einerseits glaubte, daß dieser Umstand mit zu der Geschichte gehöre, andererseits aber für nothwendig hielte, der Sache etwas genauer nachzuforschen, um die Joachimsthaler Beamte gründlich belehren, und fürs künftige dergleichen schädlichen Folgen vorbeugen zu können. Erreiche ich diesen Zweck, was mich die, nach diesen Grundsätzen zu veranlassenden Versuche im Grossen mit Grunde hoffen lassen, so bin ich belohnt genung, und man dürfte mir wenigstens dieses Verdienst zugestehen, daß durch dies getreue Bekenntniß der eingeschlichenen Fehler mancher gewarnt, und denselben auszuweichen gelehret worden sey. Und nun dürfte es nicht überflüssig seyn, auch über die Berechnung des eigentlichen Quicknutzens etwas zu sagen.

Es ist schon oben gesagt worden, daß man zu Bestimmung der Schmelzkosten, aus 10 jährigen Schmelzrechnungen einen Auszug gemacht habe, nach welchem die Schmelzkosten auf einen Centn. Erz, der hier im Durchschnitt auf 26, nach der von der Hofbuchhalterey geschehenen Berichtigung aber auf 28 Lt. im Silbergehalt ausfiel, mit Inbegriff des Silberabgangs und Bleyverbrandtes, zu 7 Guld. 39 Kreuz. 3 Pf. ausfielen, die aber die Hofbuchhalterey, wegen zugewachsener Besoldungsvermehrung, und noch anderer Umstände auf 7 Guld. 52 Kreuz. 1 Pf. festgesetzt hatte. Wie der hiernach berechnete Quicknutzen ausgefallen sey, dieß zeiget der oben angebogene tabellarische Auszug deutlicher. Was aber dabey

dabey auffallend war, bestund darinn, daſs der Einlöſungsnutzen, der mit dem Quicknutzen doch verhältniſsmäſsig
ausgefallen seyn sollte, kaum den 10ten Theil davon betrug,
und die Differenz zwischen beyden nur gar zu sehr abstach.
Hätte man lauter 28 löthige Erze zur Verquickung erhalten,
wie sie das Verschmelzen hatte, so würde dieser auffallende
Unterschied sich nie ergeben haben, da aber die Erze nach
Ausweis des tabellarischen Auszuges, im Durchschnitt nur auf
12. 13. 15. 16. 17. 18. 19. und nur in einem einzigen Quartale
24 Loth an Silber hielten, die Schmelzkosten aber auf jeden
Centn. von jedem Gehalt immer mit 7 Guld. 52 Kreuz. 1 Pf.
angerechnet wurden, so war dieser Unterschied freylich unvermeidlich. Nun entstunden verschiedene Meynungen. Ein
Theil sah zwar ein, daſs dieser Maaſsstab bey den gering-
haltenden Erzen der Amalgamation zum Vortheil gereiche,
die hingegen bey einem höheren, und 28 Loth übersteigen-
den Gehalte dabey verliehren würde, und am Ende, wenn
der Durchschnitt von 28 Loth in mehreren Jahren wieder erreicht wird, sich das Ganze wieder ausgleichen müſste. Andere glaubten, daſs der Zeitpunkt, wo der Durchschnitt von
28 Loth erreichet werden sollte, zu weit entfernt seyn, oder
gar nie erreicht werden dürfte, und also die Amalgamation
diesen Vortheil zu lange, oder wohl gar für immer beziehen
würde, ohne daſs man je den, nur von reichem Erzen abhan-
genden Ausgleich erwarten könnte. Und diese zertheilten
sich wieder in zwey Partheyen. Die eine erkannte zwar die
Richtigkeit der, auf einem Centn. 28 löthigen Erzes mit 7
Guld. 5 Kreuz. 1 Pf. angeschlagenen Schmelzkosten, um
aber diese mit dem Gehalte der Erze in ein genaueres Verhältniſs zu bringen, glaubten sie diese in die 28 Loth nach

einer

einer arithmetischen Proportion eintheilen zu müssen. Allein da man ihnen zeigte, daß hier auf 1 Centn. 1 löthiger Erze nur 16½ Kreuz Schmelzkosten fallen würden, wofür sie wohl die Verschmelzung nie übernehmen könnten, so zerfiel dieser Antrag von selbst. Die zweyte Parthey behauptete, daß die Schmelzkosten nicht auf den Centn. Erz, sondern auf die Mark Silber repartirt werden müsse. Aber wer sieht nicht ein, daß hier der Divisor von dem Reichthum der Erze abhange, bey reichen Erzen groß, bey Armen aber klein, und folglich der, mit diesem im verkehrten Verhältniß stehende Quotient, bey erstern ohne mindesten Verdienst der Schmelzmanipulation klein, bey letztern aber ohne mindeste Schuld derselben groß ausfallen müsse, und man also hier in die nemliche Verlegenheit nur umgekehrt, verfallen würde, so daß die Amalgamation bey geringhaltigern Erzen verliehren, bey reichhaltigern gewinnen müßte. Diese Dispute veranlaßten mich der Sache näher nachzuspüren, und ich fand, daß diefs ganze Mißverhältniß nur darinn bestehe, daß der, durch Verlauf dieser Jahre sich ergebene Silberabgang und Bleyverbrandt, mit in die Schmelzkosten eingerechnet worden sey. Der erstere betrug 6½ p. C., und folglich bey 28 Loth, in welchem Gehalt die Erze damals ausfielen 1¼ Loth. Bey 16 löthigen Erzen aber können nicht 1¼ Loth, sondern auf 1 Centn. nur 1 Loth fallen, wohingegen bey 48 löthigen Erzen auf 1 Centn. 3 Loth Abgang sich ergeben müßte. Eine gleiche Bewandtniß hat es mit dem Bleyverbrandte. Denn bey reichern Erzen muß mehr, bey geringhaltigen kann weniger Bley vorgeschlagen werden. Bey erstern muß öfter, bey letztern seltner abgetrieben werden. Hieraus ist also ganz klar, daß bey reichern Erzen ein größerer,

rer, bey ärmern Erzen ein geringerer Bleyverbrandt auf 1 Centn. fallen müſſe. Aus dieſen meines Erachtens ganz richtigen Sätzen, folgte alſo der natürliche Schluß, daß hier der Silberabgang und Bleyverbrandt von den bloßen Schmelzkoſten abgeſondert, dieſe beyde aber nach Maaſs des in Erzen enthaltenen Silbergehalts, auf jedes Loth eingetheilet werden müſſen, wenn man dem wahren Verhältniſſe näher kommen will, denn es ganz genau zu beſtimmen, halte ich für eine wahre Unmöglichkeit. Aber auch dieſs iſt noch nicht genug. Jedermann wird mit mir bekennen, daſs wenn 28 löthige Erze mit 6¼ p. C. Silberabgang verſchmolzen worden, dieſes p. C. bey ärmern Erzen nicht zu erhalten ſey, ſondern weit höher, und bey 1 löthigen wenigſtens auf 15 p. C. ausfallen, dahingegen bey reichhältigern Erzen auch ein geringerer Abgang sich ergeben müſſe, und weil doch ohne Abgang zu ſchmelzen gar nicht möglich, auf 4 p. C. angenommen werden könne. Aus dieſen Gründen erwuchs nachſtehende Vorbereitung, und aus dieſer nachfolgenden Tabelle, in welcher ich die von der Hofbuchhalterey auf 1 Centn. 28 löthiger Erze feſtgeſetzte Schmelzkoſten, zu 7 Guld. 52 Krz. 1 Pf. auf jeden Gehalt ſo nahe als möglich beſtimmt zu haben glaube. Nach dem ſchon oft erwähnten 10 jährigen Rechnungs-Extracte vom 1ſten Quartale 1776, incl. letzten Quartale 1785, ſind binnen dieſer Zeit verſchmolzen worden 30625 Ctn. 87 Pfd. Erz und Schlieg, mit enthaltenen 49208 Mrk. 11 Lt. 1 Qt. Silber, wobey der Silberabgang 3202 Mrk. 3 Lt. 1 Qt., und folglich 6½ p. C., zu Geld aber 71782 Guld. 38 Krz. betragen hat. An Bley waren mit Ende des 4ten Quartals 1775 vorräthig 551 Ctn. 47 Pfd. — durch die 10 Jahre zugekauft in verſchiedenen Preiſsen 10611 Ctn. 50 Pfd. — Summa 11162 Ctn. 97 Pfd.

Während dieser Zeit wurden an Glüthe verkauft 2469 Ctn. 60 Pfd. — Mit Ende 4ten Quartals 1785, in Vorräthen verlassen 541 Ctn. 71 Pfd. Folglich hat sich Bleyverbrandt ergeben 8151 Ctn. 66 Pfd. — Summa der erstern gleich 11162 Ctn. 97 Pfd.

Der Bleyverbrandt zu 8151 Ctn. 66 Pfd., a 8 Gld. gerechnet, beträgt zu Geld 65213 Gld. 16 Krz. 3 Pf. Von dem Betrag des Silberabganges von 71782 Gld. 38 Krz., fallen auf 28 Loth der im Ganzen verschmolzenen 40281 Mrk. 11 Lt. 1 Qt., 2 Gld. 33 Krz. ½ Pf. — Von dem Bleyverbrandt aber p. 65213 Gld. 16 Kr. 3 Pf. auf die nemliche 28 Lt., 2 Gld. 19 Krz. ½ Pf. — Beydes beträgt zusammen 4 Gld. 52 Krz. 1 Pf.

Setzt man nun von den, auf 1 Centn. 28 löthiger Erze bestimmten Schmelzkosten zu 7 Gld. 52 Krz. 1 Pf., den auf diesen Gehalt fallenden Silberabgangs und Bleyverbrandtsbetrag ab mit 4 Gld. 52 Krz. 1 Pf., so verbleiben auf jeden Centn. reine Schmelzkosten 3 Gld., welche für jeden Centn. gleich anzusetzen seyn werden.

Zum höchsten Silberabgang für 1 löthige Erze habe ich oben angenommen 15 p. C. — Für 28 löthige Erze sind nach 10 jährigem Durchschnitt ausgefallen 6½ p. C. — Eins von dem andern abgezogen, zeiget sich eine Differenz von 8½ p. C., welches in 27 Theile eingetheilet, für jedes Loth geben wird ⅓ p. C., welche bey jedem Lothe des zunehmenden Gehalts immer abzusetzen sind, um bey 28 löthigen Erzen die 6½ p. C. wieder zu erhalten. — Setzt man aber von dem, für 28 löthige Erze ausgefallenen Silberabgang zu 6½ p. C., den für reichere, als z. B. 56 löthige Erze angenommenen mindern Silberabgang ab mit 4 p. C., so zeigt sich eine Differenz von 2½ p. C., welches in 28 Theile getheilt,

theilt, einen Quotienten geben wird von $\frac{1}{17}$, um welche der Silberabgang bey den über 28 bis 56 Loth steigenden Erzen abnehmen, und sich vermindern muſs. Wie das p. C. für jeden Gehalt ausfällt, enthält die nachfolgende Berechnung, und ist dieses bestimmt, dann erfährt man durch die Vergleichung, *wie 100 zu dem p. C., also verhält sich der Betrag des Gehalts zu dem Abgange* — den Betrag des Silberabganges für jeden Gehalt des Erzes. An dem oben schon berechneten Bleyverbrandt, fallen auf 1 Loth 4 Krz. 3⅞ Pf., um welche bey jedem Loth des steigenden Gehalts der Bleyverbrandt wachsen muſs, und die Summe der reinen Schmelzkoſten, des Silberabgangs, und Bleyverbrandtes wird uns sodann die, auf einen Ctn. von jedem Gehalt fallenden Schmelzkoſten geben. Und nun wird hiernach die Berechnung ausfallen wie Tab. A. ergibt.

Dieſs wäre nun also der Maaſsſtab, nach welchem die Schmelzkoſten für jeden Centn. Erz, nach Unterschied des Silbergehaltes zu beſtimmen wären, wenn man in Entgegenhaltung der Quick- gegen die Schmelzmanipulation den ausfallenden Nutzen erheben will. Wäre es möglich diese Schmelzkoſten ganz genau anzugeben, so müſste der Quick- mit dem Einlöſungsnutzen ganz genau übereinſtimmen, da jedoch dieſes nicht wohl zu hoffen iſt, so muſs man sich schon damit begnügen, wenn beyde nur ziemlich nahe miteinander übereinkommen. In wieweit nun mit der Arbeit dieser Zweck erreicht sey, dieſs werden folgende Beyſpiele aufklären.

In den beyden Jahren 1787 u. 1788, wurden verquickt laut des oben angebogenen tabellariſchen Auszuges 7173 Ctn. 41½ Pfd. mit enthaltenen 7575 Mrk. 15 Lt. 1 Qt. 1 Pf. Silber, der Gemeingehalt dieſer Erze fiel also auf 16 Lt. 3 Qt. 2 Pf.

Da

192 *Geschichte der Amalgamation zu Joachimsthal.*

Da hier der Gehalt über 16 Loth ist, 17 aber nicht erreicht, so müssen wir erst für diesen Gehalt die bestimmten Schmelzkosten suchen. Diese finden wir wie folget: Für 17 löthige sind bestimmt, 6 Guld. 46 Kreuz. $3\frac{16}{18}$ Pf., für 16 löthige 6 Gld. 37 Krz. $2\frac{8}{18}$ Pf., Differenz auf 4 Gld., 9 Krz. $\frac{8}{18}$ Pf. — Hievon fallen auf 2 Qt., 4 Kr. $2\frac{16}{18}$ Pf.; auf 1 Qt., 2 Kr. $1\frac{8}{18}$ Pf.; auf 2 Qt., 1 Krz. $\frac{16}{18}$ Pf.; folglich auf 3 Qt. 2 Pf., 8 Krz. $\frac{14}{18}$ Pf., oder $\frac{7}{9}$ Pf. Hierzu obige auf 16 Loth fallende 6 Guld. 37 Krz. $2\frac{8}{18}$ Pf., kommen also auf 16 Loth 3 Qt. 2 Pf., 6 Gld. 45 Krz. $3\frac{4}{9}$ Pf. — Hiernach würden also auf die 7173 Ctn. $41\frac{1}{2}$ Pfd. die Schmelzkosten betragen 48512 Gld. 25 Krz. 1 Pf. Dagegen haben die Quickkosten betragen 35692 Gld. 24 Krz. 1 Pf. Zeiget sich also Nutzen 12820 Gld. 1 Krz.

Nun wollen wir sehen, wie der Einlösungsnutzen ausfällt. Dieser ergibt sich lediglich aus dem Unterschiede des Kauf- und Verkaufspreißes, und des daraus entstehenden beyderseitigen Betrags des, in den Erzen enthaltenen Silbers 7575 M. 15 L. 1 Q. 1 P. wurden verquickt, welche nach der münzamtlichen Einlösungstaxe a 22 Gld. 25 Krz. betragen 169827 Gld. 42 Kr. Nach der Erzkaufstaxe aber mußte dieses Silber bezahlt werden p. Lt. 1 Gld. 1 Krz. 2 Pf., oder pro Mrk. a 16 Gld. 24 Krz. mit betragenden 124245 Gld. 41 Krz. 2 Pf., verbleiben daher für die Quickkosten 45582 Gld. 2 Pf., diese haben aber betragen wie oben 35692 Gld. 24 Kr. 1 Pf. Zeiget sich daher Einlösungsnutzen 9889 Gld. 36 Krz. 1 Pf. Hiezu kommt noch der, bey diesem Gehalt sich ergebende Schmelzverlust, der nun auf folgende Art zu erhehen ist. Die in den Erzen enthaltenen Silber betragen nach der münzamtlichen Taxe a 22 Gld. 25 Kr. zu Geld 169827 Gld. 42 Kr. Nach der Erzkaufstaxe aber 124245 Gld. 41 Krz. 2 Pf. Verbleiben zu Bestreitung der

der Schmelzkoften 45582 Guld. 2 Pf. Dagegen betragen die Schmelzkoften oben berechnetermafsen p. Ct. a 6 Gld. 45 Kr. 3¼ Pf., 48512 Gld. 25 Kr. 1 Pf. Zeiget fich alfo bey dem Schmelzen ein Verluft von 2930 Gld. 24 Kr. 3 Pf. Würde alfo der ganze Einlöfungsnutzen, mit Inbegriff des Schmelzverluftes betragen 12820 Gld. 1 Krz.

Zu defto mehrerer Ueberzeugung wollen wir noch über das erfte Quartal 1788. die nemliche Vergleichung anftellen. In diefem find nach dem tabellarifchen Auszuge verquickt worden 746 Ctn. 53 Pfd., und diefe enthielten an Silber 1143 Mrk. 1 Lt. 1 Qt. 1 Pf. Der gemeine Silbergehalt beträgt alfo in einem Centn. 24 Lt. 2 Qt. 1 Pf. Die Schmelzkoften auf 1 Centn. pr. 25 Loth, betragen laut Berechnung 7 Guld. 40 Krz. 2⅝ Pf. Auf 1 Ctn. pr. 24 Lt., 7 Gld. 35 Kr. 2⅝ Pf. Differenz 5 Kr. ⅝ Pf. Hievon fallen auf 2 Qt., 2 Kr. 2⅝ Pf.; auf 1 Qt., 1⅝ Pf.; und mit Einrechnung der auf 24 Lt. fallenden 7 Gld. 35 Krz. 2⅝ Pf.; auf 24 Lt. 2 Qt. 1 Pf, 7 Gld. 38 Krz. 1⅝ Pf. Hiernach werden alfo auf die, in diefem Quartale verquickten 746 Ctn. 53 Pfd. die Schmelzkoften betragen 5804 Gld. 20 Krz. 2 Pf. Die Quickkoften haben aber nur betragen 4359 Gld. 24 Krz. 3 Pf., zeiget fich daher gegen das Schmelzen Quicknutzen 1444 Guld. 55. Krz. 3 Pf. Nun wollen wir den Einlöfungsnutzen berechnen. 1143 Mrk. 1 Lt. 1 Qt. 1 Pf. betragen a 22 Gld. 25 Krz. zu Gelde 25624 Gld. 10 Kr. 1 Pf.; nach der Erzkauffaxe aber pr. Lt. a 1 Gld. 2 Krz. 2 Pf. oder pr. Mrk. a 16 Gld. 40 Krz., 19051 Gld. 22 Krz. 2 Pf.; bleiben daher zu Beftreitung der Quickkoften 6572 Gld. 47 Krz. 3 Pf. Diefe haben aber betragen wie oben 4359 Gld. 24 Krz. 3 Pf.; zeiget fich daher Einlöfungsnutzen 2213 Gld. 23 Krz. Hievon kömmt abzufetzen der, bey diefem sein Gehalt sich ergebende Schmelznutzen, als nach Vergleichung der Kauf- und Verkaufsbeträge bleiben zu Bestreitung der Schmelzkosten 6572 Gld. 47 Krz. 3 Pf. Diese betragen aber wie oben nur 5804 Gld. 20 Krz. 2 Pf.; bleibt daher zum Nutzen 768 Gld. 27 Krz. 1 Pf., nach dessen Abzug zum wahren Einlösungsnutzen für die Amalgamation verbleiben 1444 Gld. 55 Krz. 3 Pf.

Dieß sind nun 2 Beyspiele, in welchen Erze von ziemlich verschiedenem Gehalte vorkommen, und die deutlich genug beweisen, daß bey dem, zu Berechnung der Schmelzkosten für jeden Gehalt der Erze angegebenen Schlüssel, der Quicknutzen mit jenem, aus der Einlösung entspringenden eigentlichen Erzkaufsnutzen, sehr nahe überein, und folglich dem wahren Quicknutzen ziemlich nahe komme, und wenn nur einmal aus dem Rechnungs-Extracte der im Durchschnitt ausfallende Mittelgehalt, nebst dem dabey sich ergebenen Silberabgange und Bleyverbrandt, dann die auf einem Centn. von diesem Gehalte fallenden Schmelzkosten bestimmt sind, man sonach aller Orten, und für jeden Schmelzprozeß, die auf einem Ctn. von jedem Gehalt fallenden Schmelzkosten, ziemlich genau bestimmen, folglich auch den, gegen das Schmelzen sich ergebenden Quicknutzen, mit jenem des Erzkaufes übereinstimmend, so nahe als möglich angeben könne. Hier könnte zwar mit Grunde die Einwendung gemacht werden, erst bey 20 löthigen Erzen ergebe sich bey den so bestimmten Schmelzkosten ein kleiner Einlösungsnutzen p. Ctn. a 4 Kr. 2 Pf., von 19 löthigen Erzen anzufangen, hätte sich um so größerer Schaden ergeben müssen, je geringhaltiger die Erze gewesen wären, da nun aber alle die Jahre hindurch kein Schaden ausgewiesen worden wäre; so ergebe

Geschichte der Amalgamation zu Joachimsthal.

gebe sich von selbst, daß diese Bestimmung der Schmelzkosten nach dem verschiedenen Gehalte der Erze, nicht so ganz richtig seyn möge. Wahr ist es, daß in den Rechnungen, aus welchen dieser Extract verfaßt worden, auch bey 17. 18 löthigen Erzen kein Schaden ausgewiesen worden sey. Allein wenn der, aus diesen 10 jährigen Rechnungen mit aller Genauigkeit verfaßte, von der Provincial, und Hofbuchhalterey revidirte Extract, so wie die Bestimmung der, auf einem Centn. 24 löthiger Erze fallenden Schmelzkosten richtig ist, so läßt sich der hiernach verfaßte Schlüssel sowohl, als die, auf jedem Gehalt hiernach bestimmte Schmelzkost gar nicht in Zweifel ziehen. Es dürfte vielleicht nicht ganz unnütz seyn, und wohl einiges Licht zur Beurtheilung der Sache geben, wenn ich aus dem 10 jährigen Extracte von Quartal zu Quartal den ausgefallenen Mittelgehalt der Erze, sammt den, auf 1 Centn. fallenden Unkosten anführe:

	Gemein-gehalt			Schmelz Kost. p. C				Gemein-gehalt			Schmelz Kost. p. C		
	Lt.	Qt	Pf.	Gl.	Kr	Pf.		Lt.	Qt	Pf.	Gl.	Kr	Pf.
1776. 1tes Quart.	16	2	2	4	59	2	1783. 3tes Quart.	25	3	1	7	35	-
2tes	17	2	1	7	11	2	1785. 3tes	25	3	-	8	5	-
4tes	18	3	1	6	20	1	1778. 2tes	26	1	3	7	29	1
1785. 4tes	19	1	3	5	11	2	1784. 3tes	26	3	3	9	5	9
1779. 3tes	20	-	2	6	12	3	1778. 3tes	27	2	-	6	58	-
4tes	20	1	2	4	8	9	1780. 4tes	28	1	3	7	12	-
1784. 4tes	20	3	2	5	31	-	1781. 1tes	28	2	3	10	27	9
1777. 1tes	21	2	3	5	21	-	4tes	28	2	1	11	12	3
1778. 1tes	21	3	2	6	14	-	1782. 2tes	28	1	-	9	28	3
4tes	22	1	1	4	52	-	1783. 1tes	28	3	1	8	52	-
1782. 4tes	22	-	3	6	43	1	4tes	28	2	-	10	53	-
1783. 4tes	22	1	1	7	59	1	1777. 3tes	30	-	2	8	30	2
1776. 3tes	22	2	1	8	23	2	1780. 3tes	30	1	-	8	14	2
1779. 1tes	23	1	-	6	46	-	1784. 1tes	30	3	2	9	10	2
1780. 1tes	23	2	2	9	8	-	1782. 1tes	31	1	1	10	3	2
1780. 1tes	23	2	1	6	31	-	1777. 2tes	32	2	1	9	41	-
2tes	23	1	2	6	57	3	1784. 2tes	32	2	-	9	16	2
1777. 4tes	25	1	-	6	47	2	1781. 3tes	34	-	3	6	51	3
1779. 4tes	25	2	1	8	19	-	1782. 3tes	35	3	1	10	15	-
1780. 2tes	25	-	2	8	20	-	1781. 2tes	36	-	3	9	43	3

196 *Geschichte der Amalgamation zu Joachimsthal.*

Nun wird es uns zu einem nicht geringen Behuf dienen, wenn wir hieraus für jeden durch Verlauf dieser 10 Jahre sich ergebenen Gemeingehalt, die Schmelzkosten nach dem ausfallenden Durchschnitte betrachten, und nun die Vergleichung mit dem, von mir oben angegebenen Schlüssel anstellen, diese ergibt sich wie folget.

	Schmelz-Kosten nach obigem Schlüssel			nach 10jährigem Extr. im Durchschnitt			und sonach					
							höher			geringer		
	Gld.	Krz.	Pf.	Gld.	Krz.	Pf.	Gld.	Krz.	Pf.	Gld.	Krz.	Pf.
16 löthig	6	37	2	4	59	2	-	-	-	1	38	-
17 "	6	46	3	7	11	2	-	24	3	-	-	-
18 "	6	55	1	6	20	1	-	-	-	-	35	-
19 "	7	3	1	5	31	3	-	-	-	1	31	2
20 "	7	11	-	5	17	2	-	-	-	1	53	2
21 "	7	17	2	5	47	2	-	-	-	1	30	-
22 "	7	24	1	6	31	-	-	-	-	-	53	1
23 "	7	30	1	7	34	2	-	4	1	-	-	-
25 "	7	40	2	7	53	1	-	12	3	-	-	-
26 "	7	45	-	8	17	2	-	32	2	-	-	-
27 "	7	48	3	6	38	-	-	-	-	1	10	3
28 "	7	52	1	9	48	-	1	55	3	-	-	-
30 "	8	8	2	7	38	1	-	-	-	-	30	1
31 "	8	16	2	10	3	2	1	47	-	-	-	-
32 "	8	24	1	9	28	3	1	4	2	-	-	-
34 "	8	39	1	6	51	3	-	-	-	1	47	2
35 "	8	46	3	10	15	-	1	28	1	-	-	-
36 "	8	54	-	9	43	3	-	49	3	-	-	-

Hieraus sieht man nun, daß die Schmelzkosten nach dem 10 jährigen Extracte, gegen die oben eingeschaltete tabellarische Berechnung, bey den geringhaltigern Erzen von 16 bis 22 Loth fast durchaus geringer, von 23 Loth aber bis 36, fast durchaus höher ausgefallen seyn. Sollte man wohl irrig daran

daran feyn, wenn man hieraus fchlöſſe, daß die Hüttenbeamte, um den, bey den geringhaltigern Erzen ſich ergebenden Verluſt oder Schaden zu vermeiden, mit einem reichlichern Ausweis der verlaſſenden Vorräthe, auch mit Verſchmelzung und Zugutbringung des, mehrere Quartale zurückgehaltenen Hüttenhofs, den Silberabgang und Bleyverbrandt durch Zurückhaltung verſchiedener, erſt in jenen Quartalen, wo reichere Erze vorkommen, verrechneten Unkoſten, die Schmelzkoſten, andurch aber auch die Summa der Schmelzkoſten zu vermindern, bey reichern Erzen aber das vorher zu viel ausgewieſene, oder zu wenig verrechnete, wieder auszugleichen geſucht haben? wodurch freylich wohl im letztern Fall, die Schmelzkoſten höher ausfallen müſſen, weil an den, von vorigen Quartalen hieher übertragenen Silber- und Bleyvorräthen bey dem, in hinterlaſſenden Vorräthen getroffenen Ausgleich, vieles wegbleiben, folglich Silber- und Bleyverbrandt, und durch dieſe auch die Schmelzkoſten ſteigen muſten. Dieſe Vermäntlung wurde durch den, in beſagten 10 Jahren von Quartal zu Quartal abwechſelnden Silbergehalt ungemein begünſtiget, weil nur ſelten 2 Quartale mit geringhaltigen Erzen aufeinander folgten, und die Beamten alſo immer wieder Gelegenheit fanden, bey nachfolgenden reichern Erzen, das zu viel ausgewieſene wieder auszugleichen.

Hieraus läſt ſich nun ohne viele Schwierigkeit erklären, warum bey jenen Erzen, bey deren Verſchmelzung nach der tabellariſchen Berechnung ein Schaden hätte ausfallen ſollen, dennoch ein kleiner, bey reichern Erzen aber dagegen auch weit geringerer Nutzen ausgewieſen worden ſey, als er nach der tabellariſchen Berechnung, und nach einer gründlichen Bilancirung hätte ausfallen ſollen. Eben hieraus läſt läſst ſich auch ziemlich einleuchtend der Beweis führen, daſs die oben angeführte Einwendung gegen die Richtigkeit der, auf richtige Vorderſätze gebauten tabellariſchen Berechnung nichts, wohl aber im Gegentheil beweiſe, daſs die Rechnungen über das Schmelzen nicht richtig verführt worden ſind, und man alſo eben wegen dieſer Unrichtigkeit zu Beſtimmung der reellen Schmelzkoſten mehrere Jahrsrechnungen wählen müſſe, um den wahren Durchſchnitt der Schmelzkoſten erheben zu können. Eben zu rechter Zeit kam ihnen die Amalgamation zu Statten, denn wenn ſie die ganzen 2 Jahre hindurch fortgedauerte 12. 13. 15. 16. 17. 18. u. 19 löthige Erze hätten verſchmelzen ſollen, ſo würde das geringe 24 löthige Gefälle vom 1ſten Quartale 1788 nicht zugelanget haben, den bey erſtern ſich ergebenden Schaden zu bedecken, und dann hätte ſichs wohl veroffenbahren müſſen, daſs bey der, gewiſs nicht vortheilhaften Verſchmelzungsart dieſer Erze, ſo wie es aus der tabellariſchen Berechnung erhellet, wirklich ein Verluſt ſich ergeben haben würde.

    Wie manche, und wie vielerley Mittel die Hüttenbeamten haben, ihre beym Schmelzen unterlaufenden Fehler zu bedecken, und wie ſehr ſie ſich beeifern, auch die ganz natürlich ſich ergebenden gröſsern Schmelzabgänge, Schmelzverluſte, und andere ihrer eitlen Ruhmſucht nachtheilig ſcheinende Erfolge zu verbergen, iſt ohnehln jedem Schmelzverſtändigen bekannt, und ich glaube daher, daſs man auf die, aus 10 jährigen Rechnungen dem Durchſchnitt nach beſtimmten Schmelzkoſten, Silberabgänge, und Bleyverbrandt weit ſicherer, als auf die Reſultate einzelner Schmelzrechnungen bauen könne. Die obige Berechnung hat dieſe 10 jährige Beſtimmung zum Grunde, und ich zweifle daher gar nicht, daſs sie einen weit richtigern und zuverläßigern Maaßstab, zur Beurtheilung des Quick- gegen den Schmelznutzen abgeben müsse, als die mit so vielen Vermäntelungen angefüllten einzelnen Schmelzrechnungen. Mit diesem will ich indessen die gegenwärtige Geschichte schließen. Von dem belohnenden Beyfalle einsichtsvoller Männer wird es abhängen, ob ich es wagen darf, über die weitern Fortschritte der Amalgamation die Geschichte fortzusetzen.

Nicht zu lehren, nur durch nachsichtige Beurtheilung belehrt zu werden, war meine Absicht, und jede Zurechtweisung wenn ich hie und da geirret haben sollte, werde ich als eine Belohnung meiner, wenigstens wohlgemeinten Bemühung ansehen. Den 28. März 1789.

Erklärung der Buchstaben Fig. 8. Tab. II.

a. Der alte Trockenherd.
b. Die alte Einlaßlutte.
c. Das Mundloch des Trockenherdes.
d. Das alte Zugloch in die Gestübekammern.
e. Der Rostherd.
f. Die Gestübekammern.
g. Die zwischen dem Rost- und Trockenherde neu aufgeführte Scheidemauer.
h. Eine dergleichen in der Gestübekammer.
i. Das Mundloch des Röstofens.
k. Die Zuglöcher in der Gestübekammer.
l. Die Einlaßlutte.
m. Derselben Trichter oder Gosse.
n. Der Schieber mittelst dessen die Lutte gesperrt wird.
o. Die Anstöße, oder Zangen der Gestübekammer.
p. Das Heizloch.
q. Der Aschenfall.
r. Die Gurte, unter welcher der Rauch in
s. die Oeffnung des Giftfanges hinaus zieht.
t. Der Mantel.
u. Der Rauchfang.

VIII.
Theorie der Amalgamation,
von
don Fausto d'Elhuyar.
Fortsetzung.

Zweyte Abhandlung.
Untersuchungen über die Wirkung der Kochsalzsäure auf das Gold und Silber.

§. 1.

Manche Verbindungen deren Möglichkeit die Erfahrung in der Folge zeigte, hielt man lange Zeit blofs deswegen für unmöglich, weil man nicht darauf bedacht gewesen war, bey Untersuchung der Verhältnisse verschiedener Substanzen gegen einander, den Umständen unter welchen ein Körper auf den andern wirken kann, Mannigfaltigkeit genug zu geben. Die Arbeiten der neuern Scheidekünstler bestätigen solches täglich, und meine eignen, über die Wirkung der Salzsäure auf das Gold und Silber angestellten Versuche, dienen zu einem neuen Beweise dieses Satzes.

Die Salpetersäure greift das Silber sehr leicht an und löst es auf, ohne einer großen Concentration, oder der Hülfe der Wärme zu bedürfen, obgleich diese die Wirkung beschleunigt. Die Vitriolsäure hingegen erfodert einen hohen

Theorie der Amalgamation.

hen Grad der Concentration und die Hülfe des Siedens, um auf dieses Metall wirken zu können. Wenn beyde Umstände zusammen treffen, so wird das Silber aufgelöst. Aber daſs die Salzſäure im flüssigen Zustande auf Silber in metallischer Gestalt wirken könne, hat man bisher allgemein verneint. Man gab nur zu, daſs dieses geschehe, wenn die Salzſäure in Dämpfe verwandelt wird, wie bey der Scheidung des Goldes durch die Cementation der Fall ist. In dieser Operation werden silberhaltige Goldbleche lagenweise mit einer Mischung von Kochsalz, gebrannten Eisenvitriol und Ziegelmehl, in ein schickliches Gefäſs gethan, und dem Feuer ausgesetzt. Die, durch die Hitze entbundene Vitriolſäure, zerlegt das Kochsalz, die Säure desselben ergreift das Silber, und scheidet es vom Golde. Dieses ist die gewöhnliche Erklärung dieser Erscheinung. Sie scheint sehr richtig, und mit dem Resultate meiner Versuche übereinstimmend zu seyn. Zieht man aber in Erwägung, daſs die Vitriolsäure an und vor sich selbst schon im Stande ist, Silber aufzulösen, und daſs die Salzsäure dasselbe der Vitriolsäure vielleicht hernach, nur wegen seiner nähern Verwandtschaft entreiſst; so sieht man, daſs dieser Versuch nur einen sehr zweydeutigen Beweis der unmittelbaren Wirkung der Salzsäure auf das Silber abgibt. Um zur Gewiſsheit zu gelangen, ob diese Auflösung des Silbers der Salzſäure allein zuzuschreiben sey, stellte ich folgenden Versuch an.

§. 2. Ich nahm geschlagene Silberblättchen, welche ich um sie noch mehr zu zertheilen, mit fein zerriebenem Quarz in einem gläsernen Mörser rieb. (*) Zu diesem Gemenge

---
(*) Dieser Quarz war schon an und vor sich selbst sehr rein, aber um ihn vollends von allen beym Zerkleinen desselben etwa dazu gekommenen fremden

menge fetzte ich eine Portion Kochfalz, und calcinirte es unter der Muffel eines Probirofens. Während diefer Operation entwickelte fich die Salzfäure in Dämpfen, welche fowohl durch das Geficht als den Geruch wahrzunehmen waren. Um das Alcali, und das noch etwan unzerlegt zurückgebliebene Kochfalz aus diefem calcinirten Gemenge zu ziehen, wurde es zu wiederholtenmalen mit deftillirtem Waffer ausgefüfst, und der Rückftand mit reinem Scheidewaffer digerirt. Die abgegoffene Flüffigkeit wurde mit einigen Tropfen Salzfäure unterfucht, fie veränderte aber die Farbe nicht, und zeigte nicht die allermindefte Spur von Silber. Der Rückftand wurde noch einmal mit deftillirtem Waffer ausgefüfst, und hierauf mit concentrirter Salzfäure digerirt. (*) Als die Flüffigkeit klar war, wurde fie abgegoffen, und ein Theil derfelben mit deftillirtem Waffer verdünnt, wovon fie augenblicklich milchicht wurde. Es entftand ein Bodenfatz, welcher in kurzer Zeit eine perlgraue Farbe bekam, und mit einem Worte nichts anders als Hornfilber war.

Diefer Verfuch zeigte mir augenfcheinlich, dafs die in Dämpfe verwandelte Salzfäure, das Silber fehr gut angreift und auflöfst. Ich wollte hiernächft verfuchen, ob nicht auch im flüffigen Zuftande die Salzfäure auf äufserft zertheiltes Silber

den Theilen zu reinigen, liefs ich ihn zu wiederholtenmalen mit Salzfäure digeriren, füfste ihn hernach verfchiedenemale mit deftillirtem Waffer aus, und calcinirte ihn bey einem fehr heftigen Feuer. Er hatte nach diefer Behandlung eine fchöne weifse Farbe.

(*) Ich hatte bey andern Arbeiten bemerkt, dafs Hornfilber fich in Salzfäure auflöfst, und dafs es vom Waffer aus diefer Flüffigkeit niedergefchlagen wird. So viel ich weifs, ift diefe Eigenfchaft des Hornfilbers bisher noch nicht bekannt gewefen. Man kann fie bey Unterfuchung der Erze und bey andern Arbeiten benutzen, wo es darauf ankömmt, Silber von andern Metallen zu fcheiden.

Silber die nemliche Wirkung äufsern würde. Zu diesem Ende zerrieb ich Silberblättchen mit Quarz, und kochte dieses Gemenge eine halbe Stunde in concentrirter Salzsäure. Die abgegossene klare Flüssigkeit gab, mit destillirtem Wasser verdünnt, gleichfalls Hornsilber. Die Auflösung geht also auch auf diese Weise von Statten.

Dieser Erfolg führte mich auf weitere Versuche über die Wirkung der Salzsäure auf das Silber in der Kälte. Ich legte ein Silberblättchen in ein Glas und goß concentrirte Salzsäure darauf, in den ersten Stunden bemerkte ich nicht die mindeste Veränderung, das Silberblättchen fing indessen an schwarz zu werden, und den folgenden Tag war es ganz und gar aufgelöst. Mit destillirtem Wasser verdünnt, gab die Flüssigkeit Hornsilber.

Obgleich diese Versuche die unmittelbare Wirkung der Salzsäure auf das Silber deutlich genug darthaten; so wollte ich mich doch versichern, ob nicht vielleicht der Bolus, womit die Goldschläger ihre Büchelchen zubereiten, und wovon sich etwas an die Silberblätter gehängt haben konnte, zu dieser Auflösung, durch die Dephlogistisirung der Salzsäure, etwas beytrage. Ich nahm zu diesem Ende eine Portion Silber, welche ich aus einer Auflösung in Scheidewasser durch ein Kupferblech niedergeschlagen hatte, ließ es zu wiederholtenmalen mit destillirtem Wasser sieden, bis das Wasser nicht die geringste Spur von Säure mehr zeigte, und digerirte es in der Kälte in concentrirter Salzsäure. Das niedergeschlagene Silber, welches aus einem sehr feinen Pulver bestand, womit einige gröbere Theilchen gemischt waren, klümperte sich den Augenblick als ich die Salzsäure darauf goß. Die Klümpchen wurden aber immer kleiner, und nach Verlauf von zwey

Tagen waren sie gänzlich verschwunden. Die Flüssigkeit war nunmehro sehr klar, als sie aber mit Wasser verdünnt wurde, ward sie augenblicklich milchicht, und es entstand ein Bodensatz, der alle Eigenschaften des Hornsilbers hatte.

Ich glaube nun aus diesen Versuchen die Folge ziehen zu dürfen, daſs die gewöhnliche Kochsalzsäure das Silber in metallischer Gestalt, ohne weitere Beyhülfe, sogar ohne die Hülfe der Wärme vollkommen auflöſst. Nur wird erfordert, daſs das Silber sehr fein zertheilt, und die Säure sehr concentrirt sey. Ist sie zu sehr verdünnt, so äufsert sie keine Wirkung auf das Silber, wenigstens in 24 Stunden nicht. Die Auflösung ist klar, und hat die gewöhnliche Farbe der Salzsäure. Das darinn enthaltene metallische Salz, wird bloſs durch das Uebermaaſs von Säure aufgelöſst erhalten, (*) und da es im Wasser nicht, wenigstens nicht merklich auflöslich ist, so schlägt es sich nieder, wenn die Auflösung damit verdünnt wird. Wird dieselbe concentrirt, so setzt sie in der Kälte kleine glänzende Crystallen ab, welche wie das Vergröſserungsglas zeigt, artige Gruppen von Octoedren bilden. An einigen Crystallen bemerkt schon das bloſse Auge diese Figur. So lange die Crystallen in der Salzsäure sind, sind sie weiſs, wird dieselbe aber abgegossen, so bekommen sie, so wie sie trocknen, eine perlgraue Farbe, welche hernach ins Violette übergeht, und am Ende in ein räucheriges Grau fällt. Die Crystallen behalten dabey indeſsen immer ihren Glanz, zerfallen

---

(*) Auch das Königswasser löſt das Hornsilber auf, und dieses schlägt sich ebenfalls daraus nieder, wenn die Auflösung mit Wasser verdünnt wird. Um also bey der Goldscheidung mit Königswasser, reines Gold zu bekommen, muſs man die Auflösung mit vielem Wasser verdünnen, um das falsche Uebergewicht zu vermeiden, welches man sonst unfehlbar bekommen würde.

fallen nicht, und ziehen auch keine Feuchtigkeit aus der Luft an. Taucht man ein Kupferblech in diese Auflösung, so wird es des grofsen Ueberschusses von Säure ungeachtet, augenblicklich versilbert. Ich habe die Menge Silber welche in einer gegebenen Menge von Salzsäure aufgelöfst erhalten wird, noch nicht bestimmen können, nur das kann ich sagen, dafs diese Säure bey weitem so viel Silber nicht aufnehmen kann, als die Salpetersäure.

§. 3. Man hat lange Zeit geglaubt, Königswasser sey das einzige Auflösungsmittel des Goldes unter den Säuren. *Brand* war der erste, welcher wahrnahm, dafs auch Salpetersäure unter gewissen Umständen auf dieses Metall wirken könne. Der berühmte *Scheele* lehrte uns hierauf in der dephlogistisirten Salzsäure ein neues Auflösungsmittel des Goldes kennen, und er glaubt sogar, dafs sie die Auflösung des Goldes im Königswasser bewirkt. In Ansehung der Salzsäure stand man bisher in der Meynung, dafs sie das Gold ganz und gar nicht angreife, so lange sie rein und nicht dephlogistisirt sey. Eben das glaubte man von der Vitriolsäure. Da aber meine Versuche nicht völlig hiemit übereinstimmen, so wird es meinen Lesern nicht unangenehm seyn, die Resultate derselben kennen zu lernen. Ich will sie also erzählen und mit der Salpetersäure den Anfang machen.

§. 4. Ich gofs Salpetersäure, welche ich von einer Silbersolution destillirt hatte, auf ein Goldblättchen, und liefs es damit acht Tage in der Kälte stehen. Das Gold veränderte sich weder in Ansehung der Farbe, noch des Glanzes, und aus der sauren Flüssigkeit schlug Zinnsolution nicht das mindeste nieder, die Farbe derselben litt davon nicht einmal die geringste Veränderung.

In eben folcher Säure liefs ich Goldftaub, welchen ich mit Kupfer aus einer Auflöfung in Königswaffer niedergefchlagen hatte, verfchiedene Tage in der Kälte digeriren. Des Goldes war, fo viel man bemerken konnte, nicht weniger geworden, und die Zinnfolution bewirkte in der klaren Flüffigkeit nicht die geringfte Veränderung. Ich liefs über eben diefen Goldftaube Salpeterfäure fo lange kochen, bis fie fehr concentrirt, und in die Enge gebracht war, aber dennoch bewirkte die Zinnauflöfung keine Veränderung. Endlich kochte ich die Auflöfung bis zur Trockne ein, übergofs den Rückftand mit deftillirtem Waffer, und unterfuchte ihn mit der Zinnfolution. Die Farbe der Flüffigkeit zog fich anfänglich ein wenig in ein helles braungelb, aber den folgenden Tag war fie etwas fchmutzig roth. Sie behielt diefe Farbe länger als 14 Tage, aber es entftand kein Bodenfatz, zum Beweife dafs äufserft wenig Gold aufgelöfst war.

Ich rieb auch Goldblätter mit Quarz, mengte fie mit Salpeter, der mit Silberauflöfung gereinigt war, und calcinirte das Gemenge unter der Muffel eines Capellenofens. Während diefer Arbeit ftiegen fehr häufige faure Dünfte auf, und ich brauchte die Vorficht, die Calcination nicht zu weit zu treiben, um nicht das vielleicht entftandene Goldfalz zu zerfetzen. Ich liefs hierauf diefe Mifchung in der Kälte mit Salpeterfäure digeriren. Das Gold fetzte fich unter den Quarz, wo man es durch feine Farbe unterfcheiden konnte. Als die Flüffigkeit mit Zinnfolution unterfucht wurde, nahm man fo wenig einen Niederfchlag, als eine Veränderung der Farbe wahr.

Aus diefen Verfuchen fcheint zu erhellen, dafs die Salpeterfäure fehr wenig, oder gar keine Wirkung auf das Gold äufsert, fogar wenn die günftigften Umftände, als die äufserfte

fte Zertheilung des Goldes, der höchste Grad der Concentration der Säure, und die Wärme zusammen kommen. Indessen haben doch *Brand* und die Academiker zu Paris gezeigt, daſs bey der Scheidung des Goldes mit Scheidewaſſer, dieſe Säure ſich eines Theiles des Goldes bemächtigt, wenn ſie ſehr concentrirt iſt. Ich geſtehe daſs ich nie Gelegenheit gehabt habe dieſe Erſcheinung ſelbſt zu ſehen, daher ich die Urſach derſelben auch nicht anzugeben vermag. Vielleicht erhielt ſich bey dieſen Verſuchen das Gold nur ſchwebend in der Säure ohne darinn aufgelöſst zu ſeyn, wie auch Herr *Tillet* glaubt. Die Leichtigkeit womit das Gold ſich aus der Säure abſcheidet, indem es ſich von freyen Stücken in metalliſcher Geſtalt zu Boden ſetzt, und die metalliſchen Eigenſchaften welche es äuſsert, wenn es durch die bloſse Abdampfung an freyer Luft von der Säure geſchieden wird, machen dieſe Meynung ſehr wahrſcheinlich. Da indeſſen die Menge des Goldes, welches die Salpeterſäure bey dieſen Verſuchen aufnimmt, ſelbſt nach dem Geſtändniſs jener Gelehrten ſehr unbeträchtlich iſt, ſo rührte es vielleicht daher, daſs man ſie nicht mit der Zinnſolution entdecken konnte.

§. 5. Die Vitriolſäure ſcheint nicht mehr Wirkung auf das Gold zu haben, was für eines Verfahrens man ſich auch dabey bedient. Ich habe Blattgold mit Schwefelkies zu Pulver gerieben, das Gemenge calcinirt, und hierauf in Vitriolſäure digerirt. Als ich das Gefäſs ſchüttelte, ſetzte ſich das Gold in ſeiner metalliſchen Geſtalt zu Boden, und die abgegoſſene Flüſſigkeit gab mit der Zinnſolution keine Spur von Golde. Dieſer Verſuch war indeſſen noch nicht entſcheidend genug, um daraus die Folge ziehen zu dürfen, daſs die Vitriolſäure gar keine Wirkung auf das Gold äuſsere. Denn da

während

während der Calcination des Gemenges, Eisenvitriol entsteht, welcher die Eigenschaft hat, das Gold aus seinen Auflösungen in metallischer Gestalt niederzuschlagen, so konnte der, während der Calcination aufgelöste Theil des Goldes, in der Digestion vielleicht wieder niedergeschlagen seyn. Um also sicherer zu gehen, bediente ich mich anderer vitriolischen Salze. Zuerst versuchte ich die Zerlegung des Glaubersalzes durch Quarz, mittelst der Calcination. Aber ob ich gleich dieses Gemenge einem sehr starken und lange anhaltenden Feuer aussetzte, so entwickelten sich doch weder Dämpfe, noch der mindeste Geruch von Schwefelsäure. Ich schloß daraus, daß dieses Verfahren bey vitriolischen Mittelsalzen von alkalischen, oder erdigen Grundtheilen nicht statt finde, und daß die Zwischenkunft einer solchen Substanz erfodert werde, welche dieser Säure etwas brennbares mittheilen, und dadurch den Zusammenhang mit ihrem Grundtheil schwächen, und sie flüchtig machen könne. Ich machte diesen Versuch bloß mit Zinkvitriol und Blattgold. Das Gemenge wurde auf die vorige Weise calcinirt, wobey sehr häufige Schwefeldämpfe aufstiegen. Der Rückstand von dieser Operation, wurde mit destillirtem Wasser digerirt, die klare Flüssigkeit nachdem sie erkaltet war abgegossen, und mit Zinnsolution untersucht. Aber es zeigte sich nicht die mindeste Veränderung.

Ich habe auch, sowohl Goldblätter, als durch andere Metalle aus seiner Auflösung niedergeschlagenes Gold, lange in Vitriolsäure digeriren, und sogar damit sieden lassen; ich habe diese Versuche auf unendlich mannigfaltige Weise, sowohl in Ansehung des Grades der Concentration der Säure, als der Zertheilung des Goldes verändert, aber nie eine Spur
von

von Auflöſung des Goldes entdecken können, wenn ich die
Flüſſigkeit mit Zinnſolution unterſuchte. Ich glaube daraus
ſchliesen zu dürfen, daſs Vitriolſäure gar keine Wirkung auf
das Gold äuſsert, man mag es damit behandeln wie man will.

§. 5. Die Behandlung des Goldes mit Salzſäure, gibt
Reſultate die von den vorigen ſehr verſchieden ſind. Es
löſst ſich vollkommen, und auf eine ganz unzweydeutige
Weiſe darinn auf. Zuerſt zertheilte ich das Gold ſehr fein,
indem ich einige Goldblätter mit Quarz zerrieb, hierauf that
ich eine Portion Kochſalz hinzu, und calcinirte das Gemenge
unter der Muffel eines Capellenofens, alsdenn ließ ich ſchwache Salzſäure darüber ſieden, und ſich alles ſetzen. In die
abgegoſſene Flüſſigkeit goſs ich einige Tropfen Zinnſolution,
worauf augenblicklich ein purpurrother Niederſchlag entſtund.

Ich ließ Salzſäure über, mit Quarz zerriebenen Goldblät-
tern kochen. Als die Flüſſigkeit erkaltet war, gab ſie mit
der Zinnſolution mineraliſchen Purpur. Ich ließ ein Gold-
blatt mit Salzſäure in der Kälte ſtehen. Nach zwey Tagen
war das Blatt völlig aufgelöſst, und die Flüſſigkeit gab mit
Zinnſolution Purpur. Endlich digerirte ich in derſelben Säure und in der Kälte Goldſtaub, welcher aus einer Goldauflö-
ſung in Königswaſſer, mit einem Kupferbleche niedergeſchlagen, und auf das ſorgfältigſte ausgeſüſset war. Nach einigen Stunden ſchlug die Zinnſolution aus der Flüſſigkeit Purpur nieder.

Man ſieht alſo, daſs die Salzſäure eben ſowohl auf das
Gold wie auf das Silber wirkt. Die nothwendigen Erforder-
niſſe zu dieſer Auflöſung, ſind eine groſse Zertheilung des
Goldes, und eine hinlängliche Concentration der Säure. Eben
dieſelbe Salzſäure, welche concentrirt das Gold vollkommen
auflöſst,

auflöst, äufsert nicht die geringste Wirkung weiter darauf, sobald sie mit Wasser geschwächt wird, und sobald das Gold nicht auf das feinste zertheilt ist, wird es von der concentrirtesten Salzsäure nicht angegriffen. Man sieht dieses deutlich, wenn man zu der Auflösung sich des, durch Kupfer niedergeschlagenen Goldes bedient. Die feinen Theilchen lösen sich auf, indessen diejenigen, welche sich ans Kupfer gehängt, sich daselbst zusammengehäuft, und ein wenig dicke Blätter gebildet haben, zurückbleiben, ohne weniger zu werden oder ihre Figur zu verändern.

§. 6. Man könnte indessen noch den Zweifel aufwerfen, ob die Wirkung der Salzsäure sowohl auf das Gold als das Silber, seiner eignen Kraft zuzuschreiben sey, oder ob dieselbe nicht vielleicht von der Beymischung einer andern Säure, oder von dem mehr oder minder dephlogistisirten Zustande derselben herrühre. Ich habe mich nun zwar freylich käuflicher Salzsäure bedient, ich habe sie aber noch einmal über Kochsalz abgezogen, nachdem sie vier und zwanzig Stunden in der Kälte darüber gestanden hatte. Der rauchende Theil derselben welchen ich erhielt, hat immer beyde Metalle mit mehr oder weniger Geschwindigkeit aufgelöst, aber der schwächere Theil griff sie gar nicht an. Nun kennen wir keine andere als die Salpetersäure, durch deren Beymischung die gewöhnliche Salzsäure in den Stand gesetzt wird, das Gold sehr merklich aufzulösen, und in meiner Säure war diese Beymischung auch vor der Reinigung nicht einmal zu vermuthen, sie hätte denn durch einen besondern Zufall hinzugekommen seyn müssen, welcher aber doch nicht bey allen den verschiedenen Salzsäuren eingetreten seyn könnte, die ich versucht habe. Aber hätte auch diese Beymischung

statt

statt gefunden, so hätte doch die Digestion über Kochsalz, die Säure davon reinigen müssen. Es hätte also eine schwächere Säure, aber welche wie die Salpetersäure die Salzsäure dephlogistisiren, oder deren Verbindung mit der Salzsäure, die Auflösung des Goldes bewirken konnte, beygemischt seyn müssen. Aber diese Voraussetzung ist ganz ohne Grund, weil wir nur an der einzigen Salpetersäure jene Eigenschaften kennen. Wir sind also berechtigt diese Voraussetzung so lange zu verwerfen, bis weitere Erfahrungen sie bestätigen.

Eine Dephlogistisirung der Salzsäure, wenigstens eine unvollkommne, scheint freylich eher möglich zu seyn, aber sie ist eben so wenig erwiesen, es sind sogar Thatsachen vorhanden, welche auch dieser Voraussetzung entgegen stehen. Denn erstlich waren unter den verschiedenen Säuren, deren ich mich zu diesen Versuchen bediente, einige, welche um sie zu reinigen, über Kochsalz destillirt waren, bey welchem sich zufälligerweise etwas von thierischen Theilen befand. Die Säure hatte diese Substanzen dergestalt angegriffen, dass die klare gelbe Farbe derselben nach der Operation, sich in eine bräunliche verwandelt hatte, und dennoch wirkte der concentrirte Theil dieser Säure eben so stark auf Gold, als andere farbenlose Säuren, und doch ist nicht zu vermuthen, dass sie in diesem Zustande den geringsten Mangel an Brennbaren gehabt haben könne, vielmehr muss sie damit übergesättigt gewesen seyn. Zweytens, wenn auch bey der gewöhnlichen Bereitung der Salzsäure, sich etwas, das die Salzsäure zu dephlogistisiren vermag, eingeschlichen haben sollte, so ist doch nicht abzusehen, was diese Wirkung bey den Calcinationen der Gemenge von Quarz, Kochsalz und Gold- oder Silberblättern hätte hervorbringen können, da diese

diese Substanzen vollkommen rein waren, und die Arbeiten
unter einer Muffel vorgenommen wurden; man müßte denn
gegen alle Wahrscheinlichkeit behaupten wollen, daß die
Salzsäure schon im Kochsalze in einem dephlogistisirten Zustande sich befinde.

Kurz, es ist mehr als bloß wahrscheinlich, daß man
die Wirkung der Salzsäure auf das Gold und Silber, weder
der Beymischung einer andern Säure, noch einem dephlogistisirten Zustande, sondern einer ihr eigenthümlichen Kraft
zuschreiben müsse, weil die bloße Verdünnung mit Wasser
schon hinreichend ist, ihr dieses Vermögen auch in Ansehung
des, aufs feinste zertheilten Goldes und Silbers zu rauben,
und weil auf der andern Seite die concentrirteste Säure, wenigstens im flüssigen Zustande, auf diese Metalle nicht mehr
wirken kann, sobald ihre Theilchen sich zusammenhäufen,
und dichte Massen von einem gewissen Umfange bilden. Der
Unterschied dieser Erscheinungen, kann also nur von einer mehr
oder minder grossen Zertheilung der Metalle, und von der stärkern oder geringern Concentration der Säure herrühren.

Wäre aber auch das Vermögen der Salzsäure, Gold und
Silber in metallischer Gestalt aufzulösen, irgend einer fremden Ursache beyzumessen; so müßte dieselbe, so viel ich bis
jetzt beobachten können, doch in jeder Salzsäure vorhanden
seyn, sie mag bereitet seyn wie sie will, wenn sie nur concentrirt genug und rauchend ist. Sie behält auch diese Eigenschaft, wenn sie durch das Abziehen über Kochsalz gereiniget ist, wenn sie dadurch nur nicht geschwächt wird, wie
oft geschieht, denn alsdenn wirket sie nicht, aber bloß wegen ihrer Schwäche. Da übrigens ausser diesem kein anderes Reinigungsmittel der Salzsäure bekannt ist, und alle Chemiker

miker diefelbe nach dieser Operation für rein achten; fo können auch wir fie dafür halten, bis weiter getriebene Unterfuchungen uns ein Mittel an die Hand geben, beygemifchte fremde Subftanzen zu entdecken, welche die Eigenfchaften derfelben modificiren. Bis dahin aber glaube ich behaupten zu dürfen, daß jede gewöhnliche reine Salzfäure, mehr oder weniger Wirkung auf das Gold und Silber in metallifcher Geftalt äufsert.

Dritte Abhandlung.
Bemerkungen über die Verbindung des Schwefels mit den Metallen.

§. 1.

Ungeachtet der vielen Arbeiten, welche bisher mit den metallifchen Mifchungen, fo zugleich Schwefel enthalten, vorgenommen find, ift man doch noch nicht fo weit damit gekommen, dafs man fich fchmeicheln dürfte, ihre Eigenfchaften vollkommen zu kennen. Nur erft feit kurzem hat man angefangen, die Verhältniffe ihrer Beftandtheile zu beftimmen. Auch hat vorhin niemand fich in die Gedanken kommen laffen, dafs die Metalle in einem andern, als regulinifchen Zuftande in diefen Zufammenfetzungen fich befinden könnten. Dem Scharffinn des berühmten *Bergmanns* war es vorbehalten, durch feine Verfuche den Ungrund diefer Meynung aufzudecken, und dagegen den Grundfatz aufzuftellen, dafs die Metalle in diefen Mifchungen, immer einer geringern oder gröfsern Menge ihres Brennbaren beraubt find. Indeffen hat weder er, noch ein anderer Chemiker die Erfcheinungen bey der Zerlegung und Zusammenfetzung diefer Mifchungen weit genug verfolgt, um diefer Theorie die Haltbarkeit zu geben, deren fie fähig ift. Da die Beobachtungen, worauf *Bergmann* feine Meynung gründet, in feinen Schriften zerftreut find, fo wird es meinen Lefern angenehm feyn, diefelben hier beyeinander, und durch noch mehr Thatfachen beftätigt zu finden.

§. 2. Wenn unter diefen, fowohl natürlichen als künftlichen Zufammenfetzungen einige, z. B. der Bleyglanz, das graue Antimonium, das Glaserz und Weifsgülden, den metallifchen Glanz, die Undurchfichtigkeit, und zum Theil die Dehnbarkeit behalten; fo findet man dagegen bey andern, z. E. dem Rothgülden, dem Zinober, dem Operment, nicht die geringfte Spur diefer Eigenfchaften. Diefe äufserlichen Kennzeichen beweifen alfo im gegenwärtigen Falle nichts. Wir müffen demnach andere Eigenfchaften unterfuchen, welche mit der innern Natur diefer Subftanzen in engerer Verbindung ftehen.

§. 3. Der mineralifche Kermes, das Spiesglanzglas, und andere fchwefelichte Präparate aus diefem Metall, in welchen es offenbar in Kalkgeftalt fich befindet, beweifen fchon hinlänglich, dafs der Schwefel mit metallifchen Kalken fich verbinden könne. Die Producte welche man bey verfchiedenen Proceffen aus dem grauen Spiesglanz erhält, kann man auch hervorbringen, wenn man den Kalk diefes Metalls in verfchiedenen Verhältniffen mit Schwefel verbindet. Der Spiesglanzkalk ift nicht der einzige, mit welchem diefe Verbindung ftatt findet; auch mit den Kalken des Eifens, Arfeniks, und Braunfteins, gehet fie an. Die Queckfilber - Silber - Bley - und Zinnkalke, zerlegen die Schwefelleber, und

verbin-

verbinden sich mit dem Schwefel, und eben so verhalten sich die Kalke fast aller Metalle, wenn man sie vorgängig in einer Säure auflöst. Vermuthlich wird man finden, daſs überhaupt die unmittelbare Verbindung aller metallischen Kalke, mit Schwefel zu Stande gebracht werden kann, wenn sie mit gehöriger Sorgfalt gemacht wird.

Diesen Beyspielen einer unmittelbaren Vereinigung der metallischen Kalke mit dem Schwefel, kann man noch einige besondere Erscheinungen beyfügen, welche beweisen, daſs Metalle im vollkommnen metallischen Zustande, keine Verbindung mit dem Schwefel eingehen. Wenn man ein Gemenge von Schwefel und Eisenfeile im Feuer behandelt; so entwickelt sich eine hepatische Luft. Bey bloſsen Schwefel verhält es sich nicht so, woraus also erhellet, daſs das Eisen sich während der Vereinigung mit dem Schwefel dephlogistisirt. Eben dieses ereignet sich, wenn man jenes Gemenge, anstatt es dem Feuer auszusetzen, bloſs mit Wasser befeuchtet. Das Eisen ist nicht das einzige Metall, welches sich so verhält. Das Quecksilber gibt bey der Bereitung des mineralischen Mohrs dieselbe Erscheinung, auch habe ich sie beobachtet, als ich gekörntes Bley mit Schwefel im Feuer behandelte.

Man ist noch nicht aufmerksam genug auf dasjenige gewesen, was bey ähnlichen Versuchen mit andern Metallen sich ereignet. Indessen weiſs man doch, daſs dergleichen Gemenge, in dem Augenblicke da die Verbindung geschieht, sich entzünden, ein sicheres Zeichen daſs diese Metalle sich dephlogistisiren, wie die vorigen. Nach *Bergmann* läſst sich der Braunsteinkönig mit Schwefel ganz und gar nicht verbinden, da dieses doch mit seinen Kalken sehr leicht angeht. Was anders als das Phlogiston kann der Grund dieser Ver-

schieden-

schiedenheit seyn? Ich wenigstens sehe sonst nichts, das diese Verbindung hindern könnte. Man hat sonst immer geglaubt, und viele Chemiker glauben es noch jetzo, daß der Zink nicht die geringste Verwandtschaft mit dem Schwefel habe. Man hat auch wirklich die Verbindung dieser beyden Substanzen vergeblich versucht, es lag aber höchst wahrscheinlicherweise bloß daran, daß man sich bey diesen Versuchen des Zinks im regulinischen Zustande bediente, denn mit seinen Kalken verbindet sich der Schwefel sehr leicht. Herr von *Morveau* scheint der erste gewesen zu seyn, der diesen Weg eingeschlagen ist. Es glückte ihm auf demselben, künstliche Blenden zu erhalten, nicht allein wenn er ein Gemenge von Zinkkalk, Schwefel und Eisen zusammenschmolz, sondern auch wenn er sich des Schwefels, und eines reinen Zinkkalks allein bediente.

Von dem Unterschiede überzeugt, den die Gegenwart des Phlogistons in diesen Versuchen bewirken muß, hofte ich daß es mir gelingen würde, künstliche Blende auf dem nassen Wege hervorzubringen. Ich goß zu diesem Ende zu einer Zinkauflösung in Vitriolsäure, aufgelöste Schwefelleber, wovon augenblicklich ein sehr häufiger graugrünlicher Niederschlag entstand. Ich süßte denselben, nachdem die klare Flüssigkeit abgegossen war, zu wiederholtenmalen mit destillirtem Wasser aus, welches ich darüber kochen ließ. Einen Theil dieses ausgesüßten Niederschlags übergoß ich mit Salzsäure. Es entstand sofort ein leichtes Aufbrausen, wobey ich einen sehr starken Geruch nach hepatischer Luft bemerkte, welcher so lange fortdauerte, bis aller Zink aufgelöst war. Der grünliche Rückstand war reiner Schwefel. Dieß waren also untrügliche Kennzeichen einer wirklichen Vereinigung

nigung des Zinks mit dem Schwefel. Als der noch übrige Theil des Niederfchlags getrocknet war, fetzte ich ihn in einem Tiegel einem ziemlich ftarken Feuer aus, und erhielt eine wohlgefloffene, fchwärzliche, fpröde Maffe von blätterichtem kleinkörnigem Bruch, die vollkommen einem zinkifchen Ofenbruche glich. Ich legte ein wenig davon in Salzfäure, da fich denn ein fehr deutlicher hepatifcher Geruch entwickelte.

Diefes ift alfo das zweyte Metall, welches, fo lange es alle fein Brennbares hat, keine Verbindung mit dem Schwefel eingehet, mit dem es doch fo leicht in Kalkgeftalt fich verbindet. Es ift fehr merkwürdig, daß diefe Wirkung gerade bey denjenigen beyden Metallen ftatt findet, welche unter allen, auch durch jedes andere Mittel, fich am leichteften verkalken laffen. Ich fage durch jedes andere Mittel, weil ich die Verbindung mit Schwefel auch in Anfehung derjenigen Metalle, mit welchen fie unmittelbar gefchehen kann, für eine wahre Calcination halte, da ein Theil ihres Brennbaren dabey verlohren geht. Ich muß geftehen, daß ich bis jetzo den Grund diefer fonderbaren Erfcheinung vergebens gefucht habe.

Es ift mir übrigens nicht unbekannt, daß Herr Doktor *Dehne* behauptet, künftliche Blende durch unmittelbare Verbindung des regulinifchen Zinks mit Schwefel, hervorgebracht zu haben. Ich verneine auch nicht, daß er fie bey feinem Verfahren erhalten haben kann, nur bezweifele ich, daß der Zink fich wirklich in feinem vollkommnen metallifchen Zuftande mit dem Schwefel vereinigt habe. Er ftellte feinen Verfuch nicht in verfchloffenen Gefäfsen an, und nach feinem eignen Geftändniß, verbrandte ein Theil des Zinks, es ging auch fogar die Verbindung beyder Subftanzen, immer während des Verbrennens am beſten von Statten. Es war alſo das Product dieſes Verbrennens, der Kalk, und nicht der reguliniſche Zink, was ſich mit dem Schwefel verband. Es iſt ſehr wahrſcheinlich, daſs das Verfahren noch beſſer geglückt ſeyn würde, wenn Herr *Dehne* nicht ſo ſorgfältig das Gemenge mit Kohlenſtaub bedeckt hätte, um das Verbrennen des Zinks zu verhüten.

Daſs das Gold und die Platina auf keine Weiſe mit dem Schwefel ſich verbinden laſſen, ſcheint bloſs daher zu rühren, daſs dieſe Metalle ſich ſo ſchwer verkalken, und daſs ihre Kalke bey dem Zutritt irgend einer brennbaren Materie, ſo leicht wieder hergeſtellt werden, wie weiter unten gezeigt werden wird.

Dieſe letztern Erſcheinungen ſind zwar ſchon ziemlich bündige Beweiſe der Dephlogiſtiſirung der Metalle bey ſolchen Verbindungen, ich habe aber, um ſie noch mehr zu beſtätigen, noch andere Verſuche auf die entgegengeſetzte Weiſe gemacht. Zu dieſem Ende wurden ſechs Unzen Zinnober, mit einer Unze Eiſen, in einer beſchlagenen gläſernen Retorte, an deren Halſe eine pneumatiſche Geräthſchaft angebracht war, einem ziemlich ſtarken Feuer ausgeſetzt, um zu erfahren, ob während der Zerlegung des Zinnobers, ſich brennbare oder hepatiſche Luft entwickeln würde. Denn da das Eiſen in dieſer Operation ſich mit dem Schwefel verband, ſo muſste nothwendig eine von dieſen beyden brennbaren Luftarten entſtehen. Nimmt man an, daſs das Queckſilber ſich bey ſeiner Vereinigung mit dem Schwefel dephlogiſtiſirt, ſo durfte ſich bey dieſem Verſuche weder brennbare noch hepatiſche Luft entwickeln, weil das Brennbare des Eiſens, alsdenn zur vollkommnen Wiederherſtellung des Queckſilbers dienen

dienen muſs. Um alle Zweydeutigkeit zu vermeiden, hatte ich nur ⅛ Eiſen genommen. Der Erfolg entſprach völlig meiner Erwartung. Ich erhielt weder brennbare, noch hepatiſche Luft; das Queckſilber ſtieg zum Theil in flüſſiger reguliniſcher Geſtalt, zum Theil als ein ſchwärzliches, dem mineraliſchen Mohr ähnliches Pulver, und noch ein beträchtlicher Theil als Zinnober auf. Auf dem Boden der Retorte blieb eine poröſe Maſſe zurück, die an einigen Stellen die Farbe und den Glanz eines Schwefelkieſes hatte. Durch dieſe analytiſchen und ſynthetiſchen Beweiſe, wird der dephlogiſtiſirte Zuſtand des Queckſilbers in ſeiner Verbindung mit dem Schwefel vollkommen dargethan.

Aehnliche, mit andern Metallen angeſtellte Verſuche, würden zeigen in welchem Zuſtande ſie in dergleichen Verbindungen ſich befinden. Aber ich zweifle ſehr, daſs ſie mit andern Metallen als dem Queckſilber, und vielleicht dem Arſenik glücken werden. Denn wenn bey dieſen Verſuchen ſich keine hepatiſche Luft entwickeln ſoll, ſo iſt nothwendig, daſs in dem Augenblicke, da der Schwefel ſich mit dem Niederſchlagsmittel verbindet, das abgeſchiedene Metall entweder ſich verflüchtige, oder ſich niederſchlage. Wenn in dieſem Augenblicke die Hitze nicht hinlänglich iſt, eine dieſer beyden Wirkungen hervorzubringen, oder wenn die Verwandtſchaft des abzuſcheidenden Metalles, mit der von neuem entſtehenden Miſchung, ſeine augenblickliche Trennung verhindert, ſo kann es nicht wiederhergeſtellt werden, weil das Phlogiſton des Niederſchlagsmittels ſich in dieſem Falle mit dem Schwefel verbinden, und in Geſtalt hepatiſcher Luft entweichen wird. Noch leichter wird das Brennbare des zugeſetzten Metalls ſich in Geſtalt hepatiſcher Luft ent-

entwickeln, wenn daſſelbe ſich mit der durchſchwefelten Miſchung verbinden kann, ohne einen Niederſchlag zu bewirken. Ich habe indeſſen doch einen Verſuch mit Bley gemacht, und zu dieſem Ende ein Gemenge von Bleyglanz und Eiſenfeile, wie vorhin den Zinnober behandelt. Bey dieſer Operation erhielt ich anfänglich brennbare Luft, welche einen ſchwachen hepatiſchen Geruch hatte, und am Ende eine Portion ſchwefelſaure Luft. Der Rückſtand war eine poröſe Maſſe, worinn man einige wiederhergeſtellte Bleykörner unterſcheiden konnte. Vermuthlich hat ſich das Eiſen anfänglich mit dem durchſchwefelten Bley vereinigt, und hernach bey dem, gegen das Ende der Operation verſtärkten Feuer, mittelſt ſeines Brennbaren, daſſelbe wiederhergeſtellt und niedergeſchlagen.

Es müſten noch ſehr viele Unterſuchungen mit jedem Metalle insbeſondere angeſtellt werden, wenn die Natur ſolcher Verbindungen völlig ins Licht geſetzt werden ſollte. Man müſte die Erſcheinungen beobachten, welche ſich äuſſern, wenn die Metalle nicht allein in reguliniſcher, ſondern auch in Kalkgeſtalt, mit Schwefel ſowohl, als mit Schwefelleber verbunden werden, man müſte dabey ſich eines zum Auffangen der entwickelten Luftarten ſchicklichen Apparats bedienen; eben dieſe Vorſicht müſte man auch bey den Präcipitationen, mittelſt der Metalle, oder anderer Subſtanzen anwenden; ferner müſte man auf die Erſcheinungen bey der Auflöſung dieſer Miſchungen in Säuren, mit ſorgfältigſter Aufmerkſamkeit achten; und endlich würden auch Niederſchläge aus Schwefelleber, mittelſt metalliſcher Kalke und Auflöſungen, ſehr viel zur genauern Kenntniß dieſer Zuſammenſetzungen beytragen.

§. 4.

Theorie der Amalgamation.

§. 4. Nach den angeführten Erscheinungen zu schließen, befinden sich also die Metalle, wenn sie mit Schwefel verbunden sind, nicht in regulinischer Gestalt. Indessen werden diejenigen, welche Gold und Silber für zu edle Metalle halten, um sie mit den sogenannten unedlen und unvollkommnen in eine Claße zu setzen, in Ansehung dieser beyden Substanzen vielleicht behaupten, daß solche eine Ausnahme von der Regel machen. Aber lasset uns nicht alte Vorurtheile befragen, wie weit wir die Achtung gegen diese erhabnen Substanzen treiben müssen, sondern die Erfahrung, durch welche allein, nach beständigen und verificirten Thatsachen, der wesentliche Unterschied der Dinge in den Wissenschaften bestimmt werden muß.

An den Producten, in denen diese Metalle mit Schwefel verbunden sind, nimmt man äusserlich keine Merkmale eines Vorzugs wahr, wodurch sie sich in diesem Betracht etwa unterschieden. Und wenn wir die Veränderungen betrachten, denen sie in den verschiedenen Arten des natürlichen Zustandes ausgesetzt sind, worinn wir sie finden, so sehen wir, daß die Natur sie mit nicht mehrerer Schonung als die übrigen Metalle behandelt, und sie eben wie diese verändert und zerlegt. Die sogenannte Silberschwärze, das gänseköthige Silbererz, der natürliche Silbervitriol, und selbst das Silberhornerz (*) sind Producte, welche mit denen, die aus der Verwitterung schwefelichter Kupferkiese und anderer Erze entstehen,

(*) Die Entstehung des Silberhornerzes, scheint neuern Ursprungs zu seyn. Sie setzt wenigstens das Daseyn eines Silbererzes von anderer Art voraus, dessen Zerlegung zu seiner Entstehung Gelegenheit gegeben hat. Denn, 1) findet sich die Salzsäure, so viel man wenigstens bis jetzo weiß, nicht frey und entbunden in der Natur. 2) Im gebundenen Zustande wirkt sie auf dem
nassen

stehen, sehr viel Aehnlichkeit haben. Kurz wenn wir ihre innere Natur untersuchen, so werden wir finden, daſs sie eben den Gesetzen als diese, unterworfen sind.

Ich nahm eine Portion ganz reines Glaserz, fletschte es und schnitt es in kleine Stückchen, welche ich alle mit einander in einen Kolben that. Ich fing an gewöhnliche Salzsäure darauf zu gieſsen, aber schon ehe ich sie alle aufgegoſsen hatte, entſtand ein lebhaftes Aufbrauſen, wobey sich ein sehr ſtarker hepatiſcher Geruch entwickelte. Die Säure wurde trübe, und man konnte darinn Flocken, oder vielmehr weiſse Klümpchen bemerken, welche durch die Bewegung des Aufbrauſens von einer Seite zur andern getrieben wurden, bis sie endlich zu Boden fielen. Dieſe Erſcheinung daurete eine Zeitlang fort, das Aufbrauſen wurde indeſſen nach-

---

naſſen Wege auf Silber in reguliniſcher Geſtalt nicht, auch nicht auf Silberkalke, wenn man auch annimmt, daſs es natürliche Silberkalke gibt. Wenigſtens thut sie dieſes nicht, wenn sie mit einem Laugenſalze, oder einer alkaliſchen Erde verbunden iſt, als womit sie eine nähere Verwandtſchaft als mit dem Silber hat. Man muſs alſo eine andere Verbindung dieſes Metalls vorausſetzen, welche durch die Zwiſchenkunſt des Kochſalzes getrennt werden kann, und dadurch zur Entſtehung des Hornſilbers Gelegenheit gibt. Die Verbindung des Silbers mit einer andern Säure, wird sich am beſten dazu ſchicken, und von allen wirklich zum Mineralreich gehörenden Säuren, iſt nur die Vitriolſäure dieſes zu bewirken im Stande. Nun findet dieſelbe sich aber im Schwefel der Silbererze, und es iſt folglich ſehr natürlich, daſs bey der Verwitterung und Zerſtörung derſelben, Silbervitriol entſtehet. Alsdenn kann Kochſalz ſehr leicht auf dieſe neue Zuſammenſetzung wirken, da ſeine Säure mehr Verwandtſchaft mit dem Silber hat als die Vitriolſäure, und ſo kann ſich Hornſilbererz bilden. Die Gegenwart der Vitriolſäure in den meiſten Silbererzen, gibt dieſer Theorie viel Wahrſcheinlichkeit. Vermuthlich weiſs die Natur dieſen Zweck aber auch noch durch andere Mittel zu erreichen, und vielleicht iſt es nicht einmal unumgänglich nothwendig, daſs das Silber erſt in einen

nachgerade schwächer. Ich goß einige Tropfen der Flüssigkeit in ein Glas, und verdünnte sie mit deltillirtem Waßer. Sie wurde augenblicklich trübe, und es schlug sich Hornsilber nieder. (*) Das Erz wird indessen auf diese Weise nicht völlig zerlegt, weil die Hornsilber- und Schweseltheilchen sich an die Oberfläche der Glaserztheilchen setzen, und dieselben vor der Einwirkung der Säure schützen. Wenn man den Kolben öfters schüttelt, so erneuret sich das Aufbrausen jedesmal mit mehr oder weniger Heftigkeit. Will man aber das Erz völlig zerlegen, so muß man die Mischung dem Feuer aussetzen, wodurch dieselbe ausgedehnt, und indem die Zwischenräume erweitert werden, der Säure das Eindringen in dieselben erleichtert wird.

Die nen vitriolischen Zustand versetzt werde; vielleicht ist nur nöthig, daß Kochsalz mit Rothgülden, Glaserz oder jedem andern Silbererz zusammentreffe, um dieselbe Wirkung hervorzubringen. Diese Vermuthung scheint zwar ohne allen Grund zu seyn, aber folgende Beobachtung wird sie unterstützen. Wenn man Rothgüldenerz mit Quecksilber reibt, das mit einigen Tropfen Wasser befeuchtet ist, so nimmt das Quecksilber alles im Rothgülden bründliche Silber auf, aber dieses Verfahren erfordert eine beträchtliche Zeit. Setzt man hingegen ein wenig Kochsalz zu der Mischung, so geht das Silber viel geschwinder ins Quecksilber, obgleich auch hierzu eine sehr lange Zeit nöthig ist. Was thut nun das Kochsalz hiebey sonst, als daß es die Zerlegung des Erzes durch die Wirkung seiner Säure auf das Silber, und seines Alkali auf den Schwefel, durch eine doppelte Verwandtschaft beschleunigt? Bedient die Natur sich nun des Reibens nicht, so können doch Zeit und andere Umstände dasselbe ersetzen. Da es auf Gängen und Klüften gewöhnlich nicht an Wasser fehlt, und da es vielleicht kein Wasser gibt, das nicht mehr oder weniger mit diesem Salze angeschwängert seyn sollte, so glaube ich, daß es nicht nöthig ist, die Ursache von der Gegenwart des Kochsalzes weiter zu suchen.

(*) Wir haben schon bey andern Versuchen gesehen, daß das Hornsilber sich in concentrirter Salzsäure auflöset, und wenn dieselbe mit Wasser verdünnt wird, sich daraus wieder niederschlägt.

Die Geschwindigkeit womit bey diesem Versuch die Salzsäure das Silber anfällt, und es an sich reisst, verdient einige Aufmerksamkeit. Wir haben schon vorhin erwähnt, daß diese Säure das Silber in regulinischer Gestalt, nur sehr langsam auflöst, wenn es auch aufs feinste zertheilt ist. Nun sind zwar die Silbertheilchen im Glaserze auch von einander getrennt, aber doch schwerlich mehr, als in dem, mit Kupfer aus einer sauren Silberauflösung gefällten Niederschlage. In diesem sind sie nun noch dazu ganz isolirt, und ganz ohne alle Verbindung mit andern Substanzen. Im Glaserze hingegen, hängen sie an Schwefel, und machen mit demselben eine ziemlich feste Masse, wodurch die Wirkung der Säure auf das Silber nothwendig gehindert werden muß. Die verschiedene Auflösbarkeit des Silbers in diesen verschiedenen Zuständen, kann also wohl nicht von der größern oder geringern Zertheilung des Silbers in diesen Producten herrühren. Erwägen wir aber auf der andern Seite die große Verwandtschaft des Silberkalks mit der Salzsäure, welche denselben allen übrigen Säuren entreisst; so verfällt man sehr natürlich auf die Vermuthung, daß die Zerlegung des Glaserzes durch die Salzsäure, deswegen so leicht von Statten geht, weil das Silber sich darinn in einem mehr oder minder dephlogistisirten Zustande befindet. Da dieses an und vor sich selbst nichts befremdendes hat, und mit den Gesetzen, welche die übrigen Metalle befolgen, sehr wohl übereinstimmt; so glaube ich berechtigt zu seyn, aus diesem Versuche die Folge zu ziehen, daß das Silber in seinen Verbindungen mit dem Schwefel, nicht im vollkommnen metallischen Zustande ist. Herr *Beaumé* versichert gleichfalls, daß ein Gemenge von Schwefel und Silber, im Augenblicke der Vereinigung sich entzündet. Das Silber

Theorie der Amalgamation.

Silber wird also eben wie die übrigen Metalle in dieser Operation dephlogistisirt.

Das mit Schwefel und Arsenik zugleich vereinigte Silber, macht im Rothgülden eine noch festere Mischung als das Glaserz. Die gewöhnliche Salzsäure äußert in der Kälte keine Wirkung darauf, sondern man muß mit einem, länger als eine Stunde anhaltenden Sieden zu Hülfe kommen, ehe die Zerlegung erfolgt. (*) Man erhält ebenfalls Hornsilber. Ich glaube indeßen nicht, daß diese Schwierigkeit beweißt, daß das Silber in dem Rothgülden auf eine andere Art, als im Hornsilber vorhanden sey. Die Gegenwart des Arseniks, von dem wir bereits wißen, daß er sich in verkalkter Gestalt in seinen Verbindungen mit dem Schwefel befindet, scheint gleichfalls anzuzeigen, daß auch das Silber nicht in regulinischer Gestalt in dem Rothgülden vorhanden ist. Denn kein Metall in regulinischer Gestalt, kann weder mit seinem eignen, noch andern metallischen Kalken in Verbindung gebracht werden. Jener größere Widerstand gegen die Salzsäure, rührt vermuthlich von einer starken Anziehung der Bestandtheile des Rothgüldens gegeneinander her.

In Ansehung des Goldes ist es sehr schwer hierüber was gewißes zu bestimmen, da es überhaupt noch zweifelhaft ist, ob das Gold auf irgend eine Weise mit dem Schwefel sich verbinden kann. Man glaubt allgemein, daß diese beyden Substanzen ganz und gar keine Verwandtschaft mit einander haben, da alle Versuche, eine Vereinigung derselben zu Stande zu bringen, bisher vergeblich gewesen sind. Unter den mancher-

(*) Es ist mir auch gelungen, den Zinnober mit gewöhnlicher Kochsalzsäure zu zerlegen, aber auch diese Zerlegung erfodert ein langes Kochen.

mancherley Verfahren, welche man hiezu angewendet hat, scheint mir die Präcipitation diefes Metalls durch Schwefelleber, aus einer Auflöfung in Königswaffer, das fchicklichfte zu feyn. Um nun die Befchaffenheit des Niederfchlags genau zu beobachten, und erforfchen zu können, gofs ich auf eine Goldfolution, in deftillirten Waffer aufgelöfste Schwefelleber. Die Flüffigkeit ward augenblicklich trübe und bräunlich, und es entftand ein beträchtlicher Bodenfatz. Nachdem die klare Flüffigkeit abgegoffen war, wurde der Rückftand zu wiederholtenmalen in kochenden deftillirten Waffer ausgefüfst, auf einem Seihezeuge gefammlet, und an der Sonne getrocknet. Er hatte das Anfehen eines erdigen, bräunlichen Bodenfatzes, aber mit dem Vergröfserungsglafe entdeckte man eine unendliche Menge metallifcher Theile, welche die Farbe und den Glanz des Goldes hatten, und den gröfsten Theil des Haufwerks ausmachten. Als ich ein wenig davon auf eine glühende Kohle legte, entzündete es fich mit einer blauen Flamme und fauren Schwefelgeruch, und liefs eine Maffe von einer fchönen gelben, aber matten Farbe, und ohne metallifchen Glanz zurück, wenn man fie indeffen mit einem Meffer fchabte, fo fahe man wohl, dafs es reines Gold war. Eine andere Portion diefes Niederfchlags, wurde mit concentrirter Salzfäure übergoffen, wobey weder ein Aufbraufen, noch ein hepatifcher Geruch zu bemerken war, auch veränderte fich die Farbe nicht einmal nach einer kalten Digeftion von mehreren Stunden. Ich liefs es hernach eine halbe Viertelftunde kochen, ohne den geringften hepatifchen Geruch zu bemerken, aber ein Theil wurde aufgelöfst, und der andere nahm die Farbe und den Glanz des Goldes an; ein Theil des Rückftandes blieb in der Flüffigkeit fchweben,

und

Theorie der Amalgamation.

und bildete auf der Oberfläche derselben ein Häutchen. Der größte Theil aber blieb auf dem Boden in Klümpchen zertheilt liegen, und war mit Schwefeltheilchen vermengt, die man an ihrer grünlichen Farbe erkennen konnte. Dieser Niederschlag scheint also nur ein Gemenge von Gold und Schwefel, und keine wahre Mischung zu seyn, weil er sonst, wie alle übrige Mischungen aus Metallen und Schwefel, mit Salzsäure behandelt, hepatische Luft geben müßte.

Ungeachtet der Hartnäckigkeit, womit das Gold bisher alle Bemühungen der Chemisten, es mit Schwefel zu verbinden, vereitelt hat, mag doch vielleicht die Natur uns unbekannte Mittel wissen, diese Verbindung zu bewirken. Wenn man die verschiedenen Zustände betrachtet, in welchen sie uns dieses Metall in seinen Erzen darbietet, so sieht man, daß der größte Theil desselben im gediegenen, oder wahren regulinischen Zustande ist, daß daher nur mechanische Mittel erfodert werden, um es aus den Stoffen zu scheiden, worinn es zerstreut ist, und daß man allenfalls nur die göldischen Kiese, und das spieglichte Nagyager Golderz im Verdacht haben könne, Gold mit Schwefel vererzt zu enthalten. Aber auch in Ansehung der ersten verschwindet dieser Verdacht, wenn man erwägt, daß aus solchen Kiesen ein großer Theil ihres Goldes durch bloßes Waschen gezogen wird; daß dieses Metall alsdenn in regulinischer Gestalt ist, und daß, wenn nicht alles Gold durch dieses Mittel erhalten wird, solches von der äußerst feinen Zertheilung und Zartheit der Goldtheilchen, und von dem noch unvollkommnen Zustande unserer Arbeiten herrühret, und nicht von einer innigen Verbindung des Goldes mit Schwefel oder andern Substanzen, die seine Eigenschaften etwan geändert haben möchten.

Theorie der Amalgamation.

Mit dem fpiegelichten Golderz von Nagyag hingegen, verhält es fich ganz anders. Man kann das Gold aus demfelben nicht durch fo einfache Hulfsmittel herausbringen, und es fcheint eine wahre Verbindung des Goldes mit Schwefel, und noch vielen andern Subftanzen zu feyn. Nach den Verfuchen des berühmten Herrn *von Ruprecht*, der eine vortrefliche Unterfuchung diefes Minerals angeftellt hat, follte man wohl fchliefsen, dafs das darinn enthaltene Gold theils gediegen, theils vererzt fey. Die Amalgamation diefes Erzes mit dem Queckfilber, fcheint mir indeffen noch kein entfcheidender Beweis diefer Verfchiedenheit zu feyn; ich glaube vielmehr, dafs, wenn auch alles darinn enthaltene Gold in Kalkgeftalt mit dem Schwefel verbunden feyn follte, man daffelbe doch gänzlich würde haben herausamalgamiren können, wenn man nur mit dem Anreiben länger fortgefahren hätte. Ich kochte eine Portion diefes Erzes in Salzfäure, aber fie zog kein Stäubchen Gold heraus, welches doch gefchehen feyn würde, wenn das Gold zum Theil gediegen darinn gewefen wäre. Es mufs alfo wenigftens alles mit einer andern Subftanz verbunden feyn. Um nun ausfindig zu machen, ob es in regulinifcher oder Kalkgeftalt in diefer Verbindung fey, bediente ich mich der Salpeterfäure, welche, wie ich gezeigt habe, gar keine, oder doch wenigftens eine ganz unmerkliche Wirkung auf regulinifches Gold hat. Ich liefs zu diefem Ende eine Portion des, zu feinem Pulver zerriebenen fpieglichten Golderzes, in ziemlich concentrirter Salpeterfäure einige Tage digeriren, aber ich bemerkte nicht die geringfte Spur einer Auflöfung. Das Erz behielt feine fchwärzliche Farbe, und die Zinnfolution fchlug keinen Purpur nieder. Hierauf fetzte ich das Gefäfs aufs Feuer und liefs die Säure auf drey-viertel

viertel und darüber einkochen, aber das Erz blieb in dem semlichen Zustande, und die saure Flüssigkeit gab mit Zinnsolution keinen Niederschlag. Ich ließ hierauf alles bis zur Trockne einkochen, gegen das Ende setzte sich eine weißliche cryftallisirte Masse an die Seiten des Gefäßes, aber das übrige Erz blieb schwärzlich. Als ich es mit destillirtem Wasser ausgesüßt hatte, zog sich die Farbe der Flüssigkeit, nach dem Zusatz der Zinnsolution, ein klein wenig ins Purpurrothe, und nach langer Zeit zeigte sich ein wenig Bodensatz. Ich gab nunmehr diesen Versuch auf, da ich sah, daß er in der Sache nichts entscheiden konnte, indem ich durch ein ähnliches Verfahren schon vorhin ein klein wenig Gold mittelst Salpetersäure aufgelößt hatte. Mein geringer Vorrath dieses Erzes erlaubte mir nicht noch andere Versuche damit anzustellen; der wahre Zustand des Goldes in diesem Mineral bleibt also noch zweifelhaft. Indessen ist gewiß, daß das Gold nicht bloß in gediegener Gestalt darinn zerstreut, sondern wirklich mit Schwefel, und den andern Substanzen, woraus das Erz besteht, verbunden ist, und ich kenne noch keine Thatsache, worauf sich die Behauptung gründen ließe, daß es auf eine andere Art als die übrigen Metalle darinn existire. Die allgemeine Unvereinbarkeit der Metalle mit metallischen Kalken, läßt vielmehr vermuthen, daß es so wie die übrigen damit verbundenen Metalle, in einem mehr oder weniger dephlogistisirten Zustande ist.

Der Rohstein, welchen man beym Schmelzen goldhaltiger Erze erhält, ist ein neuer Beweis, daß das Gold wenigstens in Verbindung mit andern Metallen, sich mit Schwefel verbinden läßt. Die Zerlegung dieser Producte würde vielleicht über den Zustand des darinn befindlichen Goldes ein neues Licht verbreiten. Die unmittelbare Vereinigung diefer beyden Subftanzen, liefse fich vielleicht zu Stande bringen, wenn man fie, wie beym Zink, mit einem Gemenge von Goldkalk und Schwefel verfuchte, vielleicht würde diefes Verfahren auch bey der Platina glücken. Gern hätte ich diefe Unterfuchungen weiter getrieben, aber die wenige Mufse die ich als ein Reifender hatte, und der Mangel der nöthigen Bequemlichkeiten hinderten mich daran. Ich hoffe indeffen, dafs irgend ein anderer Chemift fich bemühen wird fie zu vollenden.

§. 5. Die angeführten Beobachtungen und Verfuche beweifen nun zwar deutlich genug, dafs die Metalle überhaupt in ihren Verbindungen mit dem Schwefel nicht in einem vollkommnen regulinifchen Zuftande find, doch aber glaube ich einigen Einwürfen, die man vielleicht gegen diefe Meynung machen könnte, begegnen zu müffen.

Der erfte könnte daher genommen werden, dafs bey dem gewöhnlichen Röften der Bleyerze, fogar wenn es in einem Reverberirofen gefchieht, und ohne dafs das Erz mit Holz oder andern Brennftoff in Berührung kömmt, ein beträchtlicher Theil des Bleyes von felbft in regulinifchem Zuftande zufammenfliefst. Die fchweflichten Kupfer- und übrigen Erze, geben gleichfalls einen König, wenn man fie nach einer unvollkommnen Calcination fchmelzen läfst. Wenn man aber in Betrachtung zieht, dafs der Schwefel fich zerlegt, wobey fein Brennbares fich von der Vitriolfäure trennt; fo wird man das Reducirungsmittel diefer Metalle nicht weit fuchen dürfen. Aber diefes ift nicht die einzige Quelle. Man weifs, dafs die metallifchen Kalke defto leichter wieder hergeftellt werden, je weniger Phlogifton fie verlohren haben.

ben. Wenn fie alfo, wie fehr wahrfcheinlich ift, in ihren Verbindungen mit Schwefel weniger dephlogiftifirt find, als nachdem fie im Feuer oder durch Auflöfung in Säuren verkalkt worden; fo könnte vielleicht in diefem Falle die Wirkung der Hitze allein zureichend feyn, um fie alle ohne Ausnahme zu reduciren.

Die Deftillation des Zinnobers mit einem Zufatze von lebendigen Kalk, oder einer Kalkerde, ift ein anderer und zwar fehr fcheinbarer Einwurf, indem hier die Herftellung des Queckfilbers ohne den geringften Zufatz eines brennbaren Stoffs gefchieht, auch der Schwefel nicht verbrennen kann, weil die Operation in verfchloffenen Gefäßen gefchieht. Hierauf läfst fich nun antworten, dafs die vollkommne Wiederherftellung des Queckfilbers vielleicht blofs durch die Hitze bewirket werden könne, und dafs daraus, dafs der Schwefel hier nicht verbrennen kann, doch noch nicht folge, dafs er auch nicht zerlegt werde. Ich habe zwar keine Verfuche angeftellt um diefes zu beftätigen, man weifs aber dafs zu Horzowitz (*) in Böhmen, wo der Zinnober durch Eifen in hermetifch verfchloffenen Gefäßen zerlegt wird, die Vitriolfäure in fehr beträchtlicher Menge fich entbindet, und vielleicht thut der Kalk eben die Wirkung.

Drittens könnte auch von dem Zuwachs am Gewicht der Erze nach ihrer Calcination, ein Einwurf gegen unfere Meynung hergenommen werden; bey genauerer Erwägung aber wird man finden, dafs dadurch weiter nichts bewiefen wird, als dafs die, in den Erzen enthaltenen Metalle, durch diefe Operation noch mehr verkalkt werden, als fie fchon vorher waren.

Viertens

(*) S. 208 u. f. Bergbaukunde, 1fter Band.

Viertens werden die Gegner unferer Meynung, die Scheidung des Goldes und Silbers aus diefen Erzen durch bloßes Reiben mit Queckſilber ohne weitere Vorbereitung, als einen entſcheidenden, unwiderſprechlichen Beweis des reguliniſchen Zuſtandes diefer Metalle in dergleichen Zufammenſetzungen anfehn. Wir wollen fehen ob uns diefe Erfcheinung Schwierigkeiten machen wird. Das Refultat diefer Operation ift, daß man auf einer Seite eine Portion Amalgam, auf der andern eine Portion mineralifchen Mohr erhält. Diefes letzte Product ift nun aber eine Verbindung des Schwefels mit Queckſilber, und da, wie vorhin gezeigt worden, diefes Metall bey feiner Vereinigung mit Schwefel immer einen Theil feines Brennbaren verliehrt; fo kann ja diefes Phlogiſton dazu dienen, die fich niederſchlagenden Gold- und Silberkalke zu reduciren. Diefe Scheidung findet alfo nur durch eine doppelte Zerlegung ſtatt. Herr *von Ruprecht* hat auch Vitriolſäure in dem Auswafchwaffer entdeckt, womit das Amalgam am Ende der Operation von dem Erz gefchieden wird, welches anzuzeigen fcheint, daß auch der Schwefel bey diefem Procefs fich zerlegt. Ich bin weit davon entfernt die Sache felbft in Zweifel zu ziehen, welche ich für fehr möglich halte. Indeffen kann diefe Vitriolfäure auch vielleicht von verwitterten, den Erzen beygemifcht gewefenen Kiestheilen herrühren. Ehe fich alfo entfcheiden läſst, ob diefe Erfcheinung beftändig ift, und mit der Arbeit felbft zufammenhängt, mufs fie erſt durch wiederholte, und auf mannigfaltige Weife veränderte Verſuche beſtätigt werden. Andere minder ſtarke Einwürfe aus dem Wege zu räumen, halte ich jetzo für überflüſſig. Man wird die Zweifel leicht heben, wenn man die Theorie verfolgt, und alle, die Erfcheinungen begleitende Umſtände genau beobachtet. §. 6.

§. 6. Die Verbindungen des Schwefels mit den Metallen, oder vielmehr ihren Kalken, sind für jedes Metall verschieden, nicht allein in Ansehung des verschiedenen Verhältnisses des Schwefels, sondern auch in Betracht des Grades der Dephlogistication der metallischen Kalke. In Ansehung des Zinks wird dieses, durch *Bergmanns* Untersuchung dreyerley Arten von schwedischer Blende bewiesen. Einen andern Beweis in Ansehung des Arseniks, gewährt das Auripigment und Realgar, aber den auffallendsten von allen geben die Verbindungen des Schwefels mit Spiesglanz, welche, wie *Bergmann* sehr deutlich gezeigt hat, sowohl in Ansehung des Grades der Dephlogistisirung dieses Metalls, als der Menge des Schwefels welchen sie enthalten, sich von einander unterscheiden. Er hat sogar bemerklich gemacht, daſs die Menge des Schwefels auf gewisse Weise mit der Menge des Phlogistons im Metall, im umgekehrten Verhältnisse steht. Es wäre zu wünschen, daſs untersucht würde, ob dieses ein allgemeines Gesetz für alle Metalle ist.

Dieser Grad von Dephlogistisirung, scheint indessen sehr von demjenigen verschieden zu seyn, welchen die, durch Feuer, oder Auflösung in Säuren bereiteten Kalke leiden, welche überhaupt mehr Phlogiston verlohren zu haben scheinen, wie durch die rothen Dämpfe, welche sich bey der Auflösung in Scheidewasser entwickeln, und durch die hepatische Luft, welche die Salzsäure hervorbringt, wahrscheinlich wird. Es scheint sogar, daſs die gewöhnlichen metallischen Kalke, in dem Augenblicke ihrer Verbindung mit Schwefel, auf Kosten eines Theils seines Brennbaren, bis auf einen gewissen Punkt wieder hergestellt werden. Man sieht dieses, wenn man ein Gemenge von Schwefel und weißen Arsenik im Feuer behandelt, wobey fich eine grofse Menge fchwefelfaure Dämpfe entwickeln. Die Metalle fcheinen alfo in diefen Zufammenfetzungen in einem, dem regulinifchen fehr nahe kommenden, und oft nur fehr wenig davon unterfchiedenen Zuftande zu feyn. So gering indeffen diefer Unterfchied auch feyn mag, fo ift er doch hinlänglich, befondere Eigenfchaften zu bewirken, und zwar folche, wodurch die metallifchen Kalke fich charakterifiren. Man kann alfo diefen Zuftand nicht anders als einen Zuftand der Verkalkung anfehen, follte es auch nur der allererfte Grad von den unendlich vielen feyn, durch welche ein Metall von feinem vollkommnen regulinifchen Zuftande, bis zu dem, eines völlig dephlogiftifirten Kalks gehen mufs.

§. 7. Die Verwandtfchaft des Schwefels mit den Metallen, ift in den bisherigen Verwandtfchafts-Tabellen fehr fchwankend angegeben. *Bergmann* felbft gefteht, dafs die Stuffenfolge der feinigen, noch nicht durch hinlängliche Erfahrungen beftätigt fey. Man fchreibt in allen diefen Tafeln, dem Silber eine gröfsere Verwandtfchaft mit dem Schwefel zu als dem Queckfilber, und doch fchlägt diefes das Silber aus dem Rothgülden durch blofses Reiben nieder. Eben fo verhält es fich mit vielen andern Metallen, wie man leicht gewahr wird; überhaupt mufs ich fagen, dafs diefe Columne die fehlerhaftefte von allen ift.

Wenn man erwägt, dafs Queckfilber, Kupfer, Bley, Zinn, Eifen, und vielleicht alle fogenannte Halbmetalle, das Silber vom Schwefel fcheiden; dafs Kupfer, Eifen, und vielleicht die meiften übrigen Metalle, das Queckfilber aus dem Zinnober wieder herftellen; dafs Eifen, Zink, und überhaupt alle fogenannte Halbmetalle, eine ftärkere Anziehung gegen

den

den Schwefel äußern, als das Kupfer, wie die Bearbeitung des Steins beweiset, den man bey dem Schmelzen der Kupfererze erhält; daſs das Eisen und viel andere Metalle, in dem, bey dem Bleyerzſchmelzen fallenden Stein zurückbleibt, ſo wird man leicht eine ſehr merkliche Analogie zwiſchen der Präcipitation der Metalle aus dem Schwefel, und den Fällungen aus den Auflöſungen in Säuren gewahr werden. Betrachtet man ferner, daſs die Präcipitationen aus den durchſchwefelten metalliſchen Zuſammenſetzungen mittelſt anderer Metalle, überhaupt durch eine doppelte Verwandtſchaft geſchehen, indem das niederſchlagende Metall einen Theil ſeines Brennbaren verliehrt, welches denn wieder zur Wiederherſtellung des niedergeſchlagenen angewandt wird; ſo wird die Analogie zwiſchen den Fällungen der Metalle aus Schwefel, und aus ſauren Auflöſungen noch auffallender, und es ſcheint daſs die Ordnung dieſer Attractionen, nicht ſowohl durch die Verwandtſchaft der Metalle mit dem Schwefel, als durch die Verwandtſchaft des Phlogiſtons mit den verſchiedenen metalliſchen Kalken beſtimmt wird, wie auch *Bergmann* bereits in Anſehung der ſauren Auflöſungen anerkannt hat. Ich glaube, daſs man die Ordnung der Verwandtſchaften der metalliſchen Kalke von der, welche die Metalle befolgen, ſehr verſchieden finden würde, wenn man wirklich verſuchte, dieſe Fällungen mittelſt metalliſcher Kalke zu machen, und daſs die niedergeſchlagenen Metalle, wenn Niederſchläge erfolgen, nicht im reguliniſchen, ſondern im verkalkten Zuſtande ſich befinden werden. Indeſſen kann ich nicht bergen, daſs man dieſe Arbeiten bisher noch zu wenig verfolgt hat, um hierunter ſchon etwas gewiſſes feſtſetzen zu können, und daſs dieſe Analogie vielleicht nicht ſo durchgängig ſtatt findet als es ſcheint,

oder

oder daſs doch wenigſtens Abweichungen vorkommen können, welche in unvermeidlichen Nebenumſtänden ihren Grund haben. Es ſcheint, als wenn ſchon das Bley eine Ausnahme von der Regel macht. Es iſt bekannt, daſs das Kupfer aus ſeinen ſauren Auflöſungen vom Bley niedergeſchlagen wird, da es doch beym Verſchmelzen kupfriger Bleyerze im Stein zurückbleibt, und das Bley hingegen ſich niederſchlägt. Man kann überhaupt nicht Aufmerkſamkeit genug auf die Unterſuchung aller, bey dieſen Arbeiten zuſammenkommenden Umſtände verwenden, ehe man aus den beobachteten Erſcheinungen Folgerungen machen will. Die Menge des Brennbaren in dem, mit dem Schwefel verbundenen ſowohl, als in dem niederſchlagenden Metall, der Grad der angewandten Hitze, der Zutritt der Luft, und andere Nebenumſtände, können beträchtliche Unterſchiede veranlaſſen, und müſſen alſo mit in Anſchlag gebracht werden, wenn man nicht Gefahr laufen will, falſche Schlüſſe zu machen.

Vierte Abhandlung.

Beobachtungen über die Amalgamation der Gold- und Silbererze, und des beym Schmelzen derſelben fallenden Steins und anderer Schmelzproducte.

Unter dem Worte *Amalgamation*, verſteht man zwar gemeiniglich dasjenige Verfahren, wodurch Queckſilber mit einem andern Metalle verbunden wird, hier aber wird daſſelbe in einem weitläuftigern Sinne genommen, und nicht bloſs dieſe Verbindung an und vor ſich ſelbſt darunter begriffen, ſondern auch alle die vorläufigen Operationen, wodurch man die Subſtanzen

ſtanzen, aus denen das Gold und Silber gezogen werden ſoll, zur bequemern Behandlung mit dem Queckſilber vorbereitet, wie auch diejenigen, wodurch hernach dieſe Metalle von dem Queckſilber geſchieden werden. Einige dieſer Operationen ſind bloſs mechaniſch, zum Beyſpiel das Zerkleinen gedachter Subſtanzen in ſehr feine Theile durch Pochen, Mahlen, und Sieben; das Auswaſchen des angeriebenen Gemenges, und die Concentration des Amalgams. Andere ſind bloſs chemiſch, als die Röſtung, das Anreiben, und die Digeſtionen oder Gährungen. Jetzt erſtrecke ich meine Bemerkungen nur auf die chemiſche Theorie dieſer Arbeiten, und übergehe alſo ſowohl jene mechaniſche Operationen, die ich als bekannt vorausſetze, als das Detail der Handgriffe bey den chemiſchen. Wer umſtändlichere Belehrung darüber verlangt, kann ſeine Wünſche durch das vortrefliche Werk des Herrn *von Born* befriedigen.

Die Verſchiedenheit der chemiſchen Vorbereitung der Erze, ehe man ſie zum Queckſilber bringt, hat Gelegenheit zu zwey verſchiedenen Methoden gegeben, deren eine man die *Rohamalgamation*, die andere die *Amalgamation mit Röſtung* nennen kann. Wir wollen jede beſonders betrachten und mit der letztern den Anfang machen.

Erſter Theil.
Von der Amalgamation mit Röſtung.

Bey der Amalgamation mit Röſtung, werden die Gold- und Silberhaltigen Zeuge zu einem feinen Mehl gemacht, und mit der erforderlichen Quantität Kochſalz, zuweilen auch mit lebendigem Kalk oder Quarz vermengt, in einem Reverberirofen geröſtet, und hierauf eine längere oder kürzere Zeit

Zeit mit Queckſilber angerieben; hiernächſt werden die erdigen, ſalzigen, und metalliſchen Theile mit häufigem Waſſer weggeſchlemmt, das Queckſilber hingegen ſinkt zu Boden und flieſst daſelbſt zuſammen. Hierauf wird das, mit dem Gold und Silber, ſo in dem amalgamirten Zeuge enthalten war, angeſchwängerte Queckſilber, durch Leinen oder Leder gepreſst, um das Amalgam zu concentriren. Und endlich wird durch die Deſtillation dieſes Amalgams, das darinn ſteckende Gold und Silber von dem noch anhängenden Queckſilber befreyt. Dieſe Operation iſt ſo einfach, daſs ſie ſich mit der gröſsten Genauigkeit verrichten läſst. Ich werde meine Bemerkungen alſo bloſs auf die Röſtung und das Anreiben einſchränken. (*)

Erſter Artikel.
Von der Röſtung.

§. 1. Der Zweck der Röſtung oder Calcination iſt, das Gold und Silber von den damit verbundenen Stoffen zu befreyen, und es aus denjenigen zu enthüllen, in welchen es bloſs verlarvt oder eingeſchloſſen iſt, um dadurch die unmittelbare Berührung des Queckſilbers bey dem Anquicken zu befördern.

Dieſe Operation geſchieht mittelſt eines Reverberirfeuers, und des freyen Zutritts der Luft. Durch die vereinigte Wirkung dieſer Mittel, wird anfangs der, bey dem zu röſtenden Zeuge etwan befindliche Schwefel ausgetrieben, hierauf werden die metalliſchen Theile verkalkt und zertheilt, und

---

(*) Es iſt nicht meine Abſicht, das ganze Detail der Theorie dieſer Operationen durchzugehn, ſondern nur zu beſchreiben, unter welcher Geſtalt ich ſie aus dem Standpunkte der, in den vorhergehenden beyden Abhandlungen feſtgeſtellten Grundſätze, und noch einiger andern Erfahrungen erblicke.

und diejenigen Metalle, welche nicht feuerbeständig genug
sind, diesem Feuersgrade zu widerstehen, verflüchtiget; auch
werden dadurch die erdigen Theile mürber gemacht und in
noch feinere Stäubchen zertrennt, wodurch denn die, im Innern derselben verschlossenen Gold- und Silbertheilchen ent-
hüllt werden. Da Gold und Silber die einzigen Metalle sind,
welche diese Operation ohne verkalkt oder verflüchtigt zu
werden, ausstehen können, indem das Röstfeuer nicht stark
genug ist um eben die Wirkung auf Gold und Silber, als auf
die andern Metalle hervorzubringen; so folgt ganz natürlich,
daß nach der Röstung, Gold und Silber noch die einzigen
Metalle sind, womit sich das Quecksilber vereinigen kann,
und daß das hernach durch Anquicken erhaltene Amalgam,
von andern Metallen wenig oder gar nichts enthält.

Dieses sind also die Wirkungen welche die bloße Vereinigung der Luft und des Feuers hervorbringen kann, wenn
man die Erze, den Rohstein, und die übrigen Producte, womit diese Operation vorgenommen werden soll, ohne alle
Beymischung anderer Materien behandelt. Aber so zweck-
mäßig dieselben auch zu seyn scheinen, so sind sie allein doch
noch nicht vollkommen hinlänglich, sondern man bedarf noch
der Hülfe anderer wirksamer Substanzen, welche tiefer in
das innere Gewebe dieser Stoffe dringen, und die Aggrega-
te noch vollkommner zertrennen. Eben diese Substanzen erstrecken ihre Wirksamkeit auch auf das Gold und Silber, indem sie den Zustand dieser Metalle gleichfalls ändern, daher
dieselben alsdenn aus einem ganz andern Gesichtspunkte angesehen werden müssen, als wenn die erlittenen Veränderungen von Luft und Feuer allein verursacht worden wären.

§. 2.

§. 2. Nicht aller Schwefel, welcher beym Röſten ſchwefelichter Zeuge losgemacht wird, ſondern nur ein ſehr kleiner Theil deſſelben verflüchtigt ſich in ſeiner vollkommnen Geſtalt. Da die Hitze, beſonders im Anfange der Operation dazu nicht ſtark genug iſt, ſo entzündet ſich der gröſste Theil deſſelben, ſo wie er entbunden wird, und verwandelt ſich in Schwefelſäure. Dieſe wirket alsdenn auf die erdigen und metalliſchen Theile des Gemenges, ſchließt dieſelben auf, und zertheilt ſie weit mehr, als bloſses Feuer allein thun könnte; ſie werden dadurch in einen ſalzartigen, oder auch mehr dephlogiſtiſirten kalkartigen Zuſtand verſetzt. Indeſſen iſt dieſe Säure immer noch mit vielen Brennbaren verbunden, welches ihre Wirkung auf andere Subſtanzen ſchwächt und vermindert. Es gibt auch Gemenge, welche wenig oder gar keinen Schwefel enthalten, wobey man alſo auf die Wirkung dieſer Säure gar keine Rechnung machen kann.

§. 3. Um nun eine vollkommnere Zertheilung und Auflöſung, der erdigen und metalliſchen Subſtanzen mittelſt der Säuren zu bewirken, bedient man ſich der Salzſäure, indem man den zu röſtenden Producten, eine kleinere oder gröſsere Quantität Kochſalz zuſetzt. Man hat hierzu die Salzſäure vor andern gewählt, weil man nicht allein dieſelbe aus den Subſtanzen worinn ſie enthalten iſt, in Menge mit ſehr mäſsigen Koſten ſich verſchaffen kann, ſondern auch weil dieſe Säure eine von denen iſt, welche auf die metalliſchen Subſtanzen am kräftigſten wirkt.

Wenn man dieſes Salz ſchweflichten Erzen und Schmelzproducten zuſetzte, ſo könnte man auf die Zerlegung deſſelben mittelſt der, nach dem Verbrennen des Schwefels zurückbleibenden Vitriolſäure ſicher rechnen. Hingegen muſs man

man geftehen, daß man, wenigftens nicht mit eben der Gewißheit, einen eben fo guten Erfolg bey Bearbeitung mancher anderer Schmelzproducte hoffen dürfte, die an Schwefel oder andern Säuren, die feine Stelle vertreten könnten, unendlich wenig oder gar nichts halten. Es fcheint alfo, daß die Entdeckung, daß das Kochfalz durch dergleichen Producte eben fo gut als durch fchwefelhaltige zerlegt wird, im Herumtappen und von ohngefähr gemacht ift, und daß man diefelbe nicht auf bewahrheitete Thatfachen fich gründenden Kenntniffen zu verdanken hat; denn die Chemiften glauben überhaupt, daß diefes Salz durch die Wirkung der Hitze nicht zerlegt werden könne. Ich habe felbft eben fo fehr wie viele andere Chemiker daran gezweifelt; ich fah aber in Ungarn viele Proceffe mit Schwarzkupfern, woraus man durch die Amalgamation Gold und Silber fchied, welche mich überzeugten. Nun fuchte ich die wahre Urfache davon zu ergründen, und ftellte zu diefem Ende viele Verfuche an, deren Refultate mir befriedigende Auffchlüffe diefer Erfcheinungen geben.

Zuerft vermifchte ich gereinigtes Kochfalz mit pulverifirtem Quarz, den ich vorher in Salzfäure digerirt, hierauf vielemale mit deftillirtem Waffer ausgefüßt, und endlich bey einer ftarken Hitze getrocknet hatte. Diefes Gemenge brachte ich unter die Muffel eines Capellenofens, und gab ein etwas ftarkes Feuer. Nach kurzer Zeit fah und roch man fehr deutlich die fich entwickelnden falzfauren Dämpfe. Auf gleiche Weife calcinirte ich Kochfalz mit carrarifchem Marmor, und ein andermal mit Porcellanthon; bey beyden Verfuchen entwickelten fich häufige falzfaure Dämpfe, nur erfoderte der letztere ein ftärkeres Feuer. Auch verhielten die Gemenge von Salz mit Gyps, oder mit Schwerspath, sich eben so, nur daß sie, besonders der Gyps, kein so starkes Feuer als die vorigen Gemenge erfoderten.

Da die Salzsäure aus diesen letzten beyden Gemengen bey einem geringern Feuersgrade sich entwickelte, so will ich gern zugeben, daß die darinn enthaltene Vitriolsäure, das ihrige dazu beygetragen hat. Aber die ersten drey Gemenge enthielten zuverläßig keine Vitriolsäure, wenigstens nicht so viel, daß man ihr die Austreibung der Salzsäure zuschreiben darf. Es muß also nothwendig die Ursache davon entweder in der Wirkung des Feuers, oder der dem Salz zugesetzten Materien liegen. Wäre der Feuersgrad bey jedem der ersten drey Versuche von gleicher Stärke gewesen, so könnte man die Hitze für den einzigen Grund der Erscheinung halten. Aber der Quarz bedurfte einer geringern Hitze als der Marmor, und der Porcellanthon erforderte eine noch stärkere als dieser. Man kann also hier eine sehr deutliche Wirkung dieser Substanzen auf das Kochsalz nicht verkennen. Ich glaube demnach, daß es mit der Zerlegung des Kochsalzes in diesen, wenigstens in den drey ersten Versuchen, sich eben so als mit der ähnlichen Zerlegung des Salpeters verhält, daß nemlich diese Erden auf das Alkali des Kochsalzes wirken, und den Zusammenhang desselben mit der Säure dergestalt schwächen, daß das Feuer denselben nunmehro vollends zu trennen, und die Säure zu verflüchtigen vermag. Ich habe auch Kochsalz in einen Tiegel unter der Muffel eines Capellenofens über eine Stunde lang im Fluß erhalten, und das geschmolzene Salz hernach in destillirtem Waßer aufgelöst. Diese Auflösung färbte blaues Zuckerpapier augenblicklich roth, zum deutlichen Beweise daß sie einige freye Säure enthielt.

Ich

Theorie der Amalgamation. 243

Ich glaube, daß derjenige Theil des Salzes, welcher die Seiten des Tiegels berührte, durch den Thon zerlegt ist, und daß ein Theil der frey gewordenen Säure zwischen dem übrigen Salze, oder an den Seiten des Tiegels welcher verklebt war, hängen geblieben ist. Denn da man nicht annehmen kann, daß ein Theil des Alkali verdampft, und verflüchtigt seyn sollte; so konnte ein Ueberschuß an Säure in diesem Producte auf keine andere Weise statt finden, als in so fern das davon getrennte Alkali sich mit einer andern Substanz verbunden hatte, welches in diesem Falle nichts anders, als der Tiegel selbst seyn konnte.

Man sieht also aus diesen Versuchen, daß außer der, durch das Verbrennen des Schwefels bey der Röstung entstehenden Vitriolsäure, auch die erdigen Theile zu der Zerlegung des Kochsalzes, und der Befreyung seiner Säure das ihrige beytragen. In den Schmelzproducten, welche weder Schwefel noch erdige Theile enthalten, müssen die Metalle oder ihre Kalke, entweder eben so wie die Erden, oder mittelst einer besondern Verwandtschaft auf das Kochsalz wirken; denn auch in diesem Falle findet die Zerlegung des Kochsalzes statt, und bey einer noch geringern Hitze, als bey den Gemengen von Kochsalz und Erden. Anfänglich hegte ich die Meynung, daß die Metalle nur in Kalkgestalt auf das Kochsalz wirkten, weil ich schon viele Verbindungen metallischer Kalke mit Alkalien kannte. Um nun diese Sache aufs Reine zu bringen, stellte ich folgende Versuche an.

Ich calcinirte ein Gemenge von rothem Glaskopf und Kochsalz unter der Muffel, wie die vorigen. Es entwickelten sich saure Dämpfe, aber gegen alle meine Erwartung wurde dazu eine stärkere Hitze, als bey allen vorigen Versuchen

eben erfodert. Eben dieses erfolgte, als ich einen Kupfer-
kalk mit Salz röstete. Erstaunt über den Unterschied des
Feuergrades, den diese Gemenge mit metallischen Kalken er-
forderten, von demjenigen welchen ich in Ungarn bey dem
Rösten der Schwarzkupfer beobachtet hatte, gerieth ich auf
die Vermuthung, daß die Metalle im regulinischen Zustande
vielleicht eine besondere Wirkung auf das Kochsalz äusern
möchten, und ich sah sie bald durch folgende Versuche be-
stätigt.

Ich vermengte reine unverröstete, von mir selbst bereitete Eisenfeile mit Kochsalz, brachte dieses Gemenge unter
die Muffel, und verstärkte das Feuer stuffenweise, wie ich
auch vorhin gethan hatte, um den Feuersgrad zu beobachten, bey welchem die sauren Dämpfe anfangen würden sich
zu entwickeln. Sie zeigten sich bald und sehr häufig, sogar
noch ehe das Gemenge glühend wurde. Eine leichte blaue
Flamme spielte über die Oberfläche des Gemenges, und wurde besonders merklich, wenn man den Test nach der Oeffnung der Muffel zurückzog. (*)

Gefeiltes Kupfer mit Kochsalz auf ähnliche Weise behandelt, verhielt sich eben so; nur erfoderte dieses Gemenge ein wenig mehr Feuer wie das vorige, aber doch weniger als die Gemenge von Salz und Erden, oder metallischen
Kalken. Ich untersuchte ferner, wie magnetisches Eisenerz
bey einer solchen Behandlung sich verhalten würde. Die
Entwickelung der Säure erfolgte auch hier, es ward aber dazu ein, fast eben so starker Feuersgrad als vorhin beym Glaskopf

---

(*) Diese Zerlegung des Kochsalzes durch Eisenfeile scheint ein leichtes und
wohlfeiles Mittel zur Bereitung des mineralischen Alkali im Grossen darzu-
bieten; daher dieser Versuch gewiss verdient weiter verfolgt zu werden.

Theorie der Amalgamation.

kopf erfodert. Ich sah also die Richtigkeit meiner Vermuthung, daſs das Kochſalz noch leichter durch Metalle, als durch metallische Kalke und durch Erden zerlegt werde, auf das augenſcheinlichſte beſtätigt.

Die wahre Urſache dieſes Unterſchiedes ausfindig zu machen, fiel mir indeſſen nicht ſo leicht, und ich geſtehe, daſs ich noch bis jetzt dieſelbe nicht mit völliger Gewiſsheit kenne, weil ich nicht Muſſe genug gehabt habe, dieſe Unterſuchungen weiter zu treiben. So viel ich indeſſen nach den angeſtellten Verſuchen urtheilen kann, liegt der Grund der Erſcheinung in einer Phlogiſtiſirung der Salzſäure, wenigſtens kann ich keinen andern finden. Ich ſtelle mir vor, daſs zu eben der Zeit, da z. E. der, durch die Calcination des Eiſens entſtandene metalliſche Kalk, ſich einer Verbindung mit dem Alkali des Kochſalzes nähert, die Säure deſſelben durch das Phlogiſton das Eiſen flüchtiger gemacht wird. Die Verwandtſchaft des Brennbaren mit der Salzſäure, iſt alſo der einzige Grund, dem man in dieſem Falle die ſchnellere und leichtere Zerlegung des Kochſalzes zuſchreiben kann. Auch folgender Verſuch unterſtützt dieſe Meynung. Ich ſetzte ein Gemenge von rothem Glaskopf, Kohlenſtaub und Kochſalz, einige Minuten in einem bedeckten Teſt unter eine Muffel. Als ich denſelben aufdeckte, ſtiegen bald nachher häufige ſaure Dämpfe auf, obgleich die Hitze bey weitem nicht ſo groſs war als diejenige, welche vorhin bey dem Gemenge von Glaskopf und Salz ohne Kohlenſtaub, eine ähnliche Wirkung hervorzubringen nöthig geweſen war. Man ſieht alſo, daſs hier das Phlogiſton der Kohlen, eben ſo wie vorhin das Phlogiſton des Metalls wirkte.

Ich muſs bey dieſer Gelegenheit einer ſehr ſonderbaren Beobachtung erwähnen, welche dieſe Meynung, oder vielmehr die allgemeine Meynung der Chemiſten, über die Natur der dephlogiſtiſirten Salzſäure umzuſtoſsen ſcheint. Diejenigen ſauren Dämpfe, welche ſich aus den Gemengen von Kochſalz und Erden oder metalliſchen Kalken, ohne Zuſatz von Kohlen entwickeln, riechen wie gewöhnliche Salzſäure, da hingegen die, aus einem Gemenge von Salz und Eiſen- oder Kupferfeile, den Geruch des Königswaſſers, oder der ſogenannten dephlogiſtiſirten Salzſäure haben, ſo viel wenigſtens ich und andere, denen ich dieſe Dämpfe habe riechen laſſen, urtheilen können. Sind dieſelben wirklich von eben der Beſchaffenheit als diejenigen, welche bey der Deſtillation der Salzſäure über ſchwarzen Braunſtein ſich entwickeln, ſo begreife ich nicht, wie dieſe letztern weniger phlogiſtiſirt ſeyn ſollten, als gewöhnliche Salzſäure. Ich wenigſtens kann es ſchwerlich glauben. Indeſſen will ich doch auch über einen ſo delicaten Punkt, nicht früher ein entſcheidendes Urtheil fällen, bis fernere Unterſuchungen mir eine genauere Kenntniſs dieſer Thatſachen gewähren, und mehr Licht in die, bey dieſen Operationen vorkommenden Erſcheinungen bringen.

Ob nun aber gleich nach den angeführten Verſuchen, die Zerlegung des Kochſalzes auch ohne die Beyhülfe der Vitriolſäure ſtatt finden kann; ſo folgt daraus doch noch nicht, daſs man keine weitere Rückſicht auf den, in den Erzen enthaltenen Schwefel nehmen dürfe. Denn wir haben oben ſchon gezeigt, daſs die, bey dem Verbrennen deſſelben entſtehende Säure, auf die erdigen und metalliſchen Theile wirkt, ſie zertheilt und auflöſst, und hiedurch wo nicht ganz, doch wenigſtens zum Theil den Zweck der Röſtung erfüllt.

Der

Der Schwefel leistet also zum Theil die Dienste der Salzsäure, und bewirkt eine Erspahrung an Kochsalz. Ueberdem geschieht die Zerlegung des Kochsalzes, bey der Mitwirkung der Vitriolsäure auch leichter. Es wird eine desto größere Hitze dazu erfodert, je weniger Schwefel im Gemenge ist, und diese Hitze ist der Amalgamation gar nicht vortheilhaft, indem wiederholte Erfahrungen gelehrt haben, daſs, wenn man bey der Röstung zu viel Hitze gibt, oder dieselbe zu lange fortsetzt, alsdenn nicht allein mehr oder weniger Silber verflüchtigt wird, sondern auch die Rückstände von der Amalgamation zu reich bleiben. (*)

Es ist also nützlich, auf den, in den Erzen enthaltenen Schwefel Rücksicht zu nehmen, es kann sogar vortheilhaft seyn Schwefelkies zuzusetzen, um das Verhältniſs desselben zu vergröſsern. §. 4.

(*) Dieses rührt vielleicht von einem, durch die zu große Hitze verursachten Zusammensintern, einiger erdigen mit salzigen Theilen her, welche hernach beym Anreiben sich nicht wieder hinlänglich trennen, und dadurch verhindern, daſs das darinn verhüllte Silber, von dem Quecksilber nicht angegriffen werden kann. Der Meynung derjenigen, welche die Ursache davon in einer Wiederherstellung nicht allein der Gold- und Silbertheilchen, sondern auch der übrigen in dem Gemenge enthaltenen Metalle suchen, kann ich nicht beypflichten. Sie setzen voraus, daſs jene sich alsdenn mit diesen verbinden, und dadurch so eingehüllt werden, daſs das Quecksilber sie nicht berühren kann. Aber diese Wiederherstellung, besonders anderer Metalle als Gold und Silber, scheint in einem solchen Feuer nicht wohl statt finden zu können, und ist daher an und vor sich selbst sehr unwahrscheinlich. Aber auch zugegeben, daſs diese Wiederherstellung einiger andern Metalle möglich wäre; so könnte sie doch nur in Ansehung derjenigen Metalle ein Hinderniſs werden, welche sich schwer oder gar nicht mit dem Quecksilber verbinden. Dieses würde sich also bloſs auf das Eisen und den Spiesglanz einschränken, welche aber schwerlich bey dieser Operation wieder hergestellt werden, oder doch wenn dieses auch je geschehen sollte, die metallische Gestalt bey der Röstung nicht lange behalten können.

§. 4. Wir haben nunmehr die verschiedenen Mittel betrachtet, welche eine Zerlegung des Kochsalzes, bey dem Rösten der Erze und der verschiedenen Schmelzproducte bewirken können, und kehren jetzt zur Betrachtung der Wirkungen der entwickelten Salzsäure zurück. Die, entweder durch die Vitriolsäure, oder Erden, oder metallische Kalke, oder die Metalle selbst freygewordene Salzsäure, fällt mit Hülfe der Hitze, eben so wie die Vitriolsäure, die im Gemenge enthaltenen erdigen und metallischen Theile an, zertheilt sie, löset sie auf, und versetzt sie in einen kalkartigen, oder in einen salzartigen Zustand. Diese Zertheilung, welche man eine radicale Zertheilung aller Bestandtheile des Gemenges nennen könnte, wenigstens derjenigen, auf welche die Säuren wirken und sie auflösen können, vollendet die Entwickelung der Gold- und Silbertheilchen aus den Hüllen, woraus die blosse Wirkung des Feuers und der Hitze sie nicht losgemacht haben würde. Und nunmehro können sie mit dem Quecksilber sich vereinigen bis auf eine unmerkliche, und eben deswegen unbeträchtliche Kleinigkeit noch, welche in den Rückständen vom Anreiben zurückbleibt.

Die Salzsäure hat in Vergleichung mit der Vitriolsäure sehr hervorstechende Eigenschaften, wodurch sie den Zweck der Röstung befördert. Erstlich wirkt sie überhaupt besser auf die metallischen Theile, und ist also im Stande sie besser aufzuschliessen, und das darinn versteckte Gold und Silber zu enthüllen. Zweytens sind die, aus der Verbindung derselben mit Metallen sowohl als Erden, entstehenden Salze, im Wasser auflöslicher als die vitriolischen. Hierdurch wird hernach beym Anreiben eine vollkommnere Zertheilung des Gemenges bewirkt, wodurch die Gold- und Silbertheile

freyer,

freyer, und zu der leichten Vereinigung mit dem Queckſilber fähiger werden. Drittens werden einige Metalle durch die Salzſäure flüchtiger gemacht, ſie verfliegen alſo mit derſelben bey der Röſtung, wodurch das Haufwerk vermindert, und das Zuſammentreffen der Gold- und Silbertheilchen mit dem Queckſilber erleichtert wird. Es iſt wahr, daß dieſer Umſtand der Operation nachtheilig werden könnte, weil dieſe Säure das Silber zum Theil verflüchtigen und mit ſich fortreißen, und dadurch einen Silberverluſt verurſachen kann. Aber dieſes geſchieht nur alsdenn, wenn das Feuer ein wenig heftiger iſt, als es bey dieſer Operation werden darf. Wenigſtens hat man noch nirgends bemerkt, daß die Salzſäure Silber entführt hätte, ſo lange das Feuer mit der gehörigen Sorgfalt regiert wird. Der Hüttenrauch, welcher ſich in den Rauchfängen der Röſtofen anſetzt, enthält nach Verlauf mehrerer Monate, ja ſogar eines Jahres, ſo wenig Silber, daß der, durch die Verflüchtigung dieſes Metalls bewirkte Verluſt, als nichts angeſehen werden kann. Viertens verurſachen die Salze, welche die Salzſäure mit den, in dem Gemenge befindlichen erdigen und metalliſchen Stoffen bildet, nicht die Unbequemlichkeiten bey dem Anreiben, als die vitrioliſchen Salze, wie weiter unten ausführlicher gezeigt werden wird.

§. 5. Es kömmt nun noch auf die Unterſuchung an, ob in dieſer Operation die Vitriol- und Salzſäure ihre Wirkung eben ſo auf das Gold und Silber, als auf alle übrige, in dem Gemenge befindliche Subſtanzen erſtrecken, und ob ſie den Zuſtand dieſer Metalle ändern, und ſie in einen kalkartigen oder ſalzartigen verſetzen.

Soviel das Gold betrifft, müſſen wir bemerken, daſs dieſes Metall gemeiniglich, wo nicht immer, in den Erzen und den verſchiedenen Schmelzproducten im reguliniſchen Zuſtande ſich befindet. Nun haben wir in einer der vorigen Abhandlungen geſehen, daſs in dieſem Zuſtande, wenigſtens das Gold von der Vitriolſäure nicht angegriffen wird, man mag es auch damit behandeln wie man will. Man hat alſo keinen Grund zu glauben, daſs das Gold bey der Röſtung dieſer verſchiedenen Producte, die geringſte Veränderung durch die unmittelbare Wirkung der Vitriolſäure erleide. Und da auch die vereinigte Wirkung von Luft und Feuer, bey dem Feuersgrade der Röſtung nicht hinlänglich iſt, dieſes Metall zu verkalken; ſondern daſſelbe vielmehr dadurch wiederhergeſtellt werden würde, wenn es ſich in einem bloſs kalkartigen Zuſtande befände; ſo müſſen wir aus dieſem allen ſchlieſsen, daſs nach geendigter Röſtung, das Gold ſich noch in einem vollkommnen reguliniſchen Zuſtande befinden müſste, wenn nicht vorher dem Gemenge etwas zugeſetzt würde, das denſelben ändern kann.

Ohne Zweifel waren es ähnliche Betrachtungen, welche Herrn *von Ruprecht* ganz neuerlich auf die Erfindung eines neuen Mittels leiteten, das Gold genauer aus ſeinen Erzen zu ziehen, als man bisher zu thun im Stande war. Dieſer gelehrte Metallurge hatte ſchon ſeit geraumer Zeit beobachtet, daſs das, in den, durch die Amalgamation gegangenen Rückſtänden befindliche Silber, einen ſtärkern Goldgehalt hatte, als dasjenige, welches durch das Queckſilber herausgezogen war. Er verſuchte durch verſchiedene Verfahrungsarten, oder vielmehr durch verſchiedene Modificationen eines und deſſelben Verfahrens, dieſem nachtheiligen Umſtande de abzuhelfen. Er glaubte anfänglich die erste Quelle des Uebels darinn zu finden, daß die zu verarbeitenden Zeuge nicht fein genug gemahlen, und folglich die Goldtheilchen von den sie verhüllenden Materien nicht hinlänglich befreyet wären, um sich mit dem Quecksilber verbinden zu können. Die Erfahrung bestätigte diese Vermuthung zum Theil, denn als die Zeuge feiner gemahlen wurden, gaben sie auch mehr Gold; indessen blieb doch das Silber in den Rückständen, nach Ausweisung der Proben auf der Capelle, immer reicher an Golde, als das mittelst des Quecksilbers erhaltene Silber. Er glaubte nunmehro, daß es von der großen Zartheit einiger Goldtheile herrühre, welche ihrer Schwere ungeachtet, wegen ihrer Kleinheit, während des Anreibens auf der Oberfläche des Wassers schwimmen blieben, ohne untertauchen, und mit dem Quecksilber in Berührung kommen zu können; er gab deswegen dem Gemenge während des Anreibens weniger Flüssigkeit, wie hernach gemeldet werden wird. Hierdurch brachte er es dahin, daß er das Gold und Silber in weit kürzerer Zeit erhalten konnte, als mittelst der bis dahin gebrauchten Methode möglich gewesen war, auch kam der Goldgehalt besser heraus. Die Rückstände blieben aber demungeachtet noch viel zu reich, besonders an Golde, als daß man nicht hätte auf Mittel denken sollen, diesen Verlust zu vermindern. Er fand endlich dieses Mittel in einer zweymaligen Röstung und Verquickung. Er röstet zum erstenmal wenig, und ohne Zusatz von Salz, und nimmt unmittelbar darauf das Anreiben mit Quecksilber vor. Wenn diese Operation vorbey ist, trocknet er die Rückstände, röstet sie von neuem mit Kochsalz, und reibt sie noch einmal mit Quecksilber an. Auf diese Weise erhält er gleich beym erften Anreiben den gröſsten Theil des Goldes, und das übrige erfolgt mit dem gröſsten Theile des Silbers beym zweyten Anreiben; ſo daſs nur ſehr wenig in den Rückſtänden zurück bleibt. Wir ſehen hier alſo einen ſehr merkwürdigen Unterſchied unter dieſer neuen, und der vorher gewöhnlichen Methode, welcher einzig auf der Gegenwart oder Abweſenheit des Kochſalzes beruht, woraus alſo klar erhellet, daſs im letzten Falle, nemlich wenn die Zeuge ohne Kochſalz geröſtet werden, das Gold ſeine reguliniſche Geſtalt behält, und von der Vitriolſäure nicht angegriffen wird; im erſtern aber der Zuſatz des Kochſalzes daſſelbe verändert, und es an einer leichten Verbindung mit dem Queckſilber hindert. Wir wollen nun unterſuchen, wie das Kochſalz in dieſem Falle eigentlich wirkt.

Das Kochſalz ſelbſt, als ſolches, kann keine Wirkung auf das Gold äuſsern, ſondern nur die Säure deſſelben kann eine Veränderung dieſes Metalls bewirken. Iſt das Gold in Kalkgeſtalt in den Zeugen befindlich; ſo kann die Salzſäure daſſelbe bekanntermaſsen in dieſem Zuſtande auflöſen, man könnte folglich alsdenn ohne Bedenken annehmen, daſs ſie das Gold in dieſer Operation wirklich auflöſte. Aber da dieſe Vorausſetzung nicht einmal wahrſcheinlich iſt, ſo müſſen wir unterſuchen, ob dieſe Auflöſung dennoch ſtatt finden könne, wenn auch gleich das Gold im reguliniſchen Zuſtande wäre. Ich habe in einer der vorhergehenden Abhandlungen bewieſen, daſs die gewöhnliche Salzſäure das Gold ſehr gut angreifen und auflöſen könne, wenn daſſelbe auch in vollkommner reguliniſcher Geſtalt iſt, und daſs dazu weiter nichts erfodert wird, als daſs daſſelbe ſehr fein zertheilt, und die Salzſäure ſehr concentrirt ſey. Nun iſt aber die Säure im im gegenwärtigen Falle so concentrirt als möglich, weil sie alles Wassers beraubt, und in Dunstgestalt ist; und das Gold ist so sehr zertheilt, daſs auch das, mit einem guten Vergröſserungsglaſe bewafnete Auge, kein Stäubchen deſſelben entdecken kann. Denn in den Wäschen, durch welche man die Erze bereits hat gehen laſſen, sind die gröbſten Goldtheilchen, welche doch an und vor sich sehr zart und fein sind, schon herausgeschieden, und nur diejenigen zurück geblieben, welche das Waſſer mit fortreiſſen kann, weil sie nicht Körper genug hatten, sich niederzuſenken, und auf den Herden und Plahnen wie jene sich aufzulegen. Die günſtigſten Umſtände zur Auflöſung des Goldes durch die Salzſäure, vereinigen sich alſo in dieſem Falle, und man darf alſo nicht zweifeln, daſs dieſelbe auch wirklich ſtatt finde. Herr *Möbling*, welchem die Direction der Amalgamation zu Joachimsthal in Böhmen anvertraut iſt, röſtete göldiſchen Kies von Guttwaſſer in Böhmen mit Kochſalz, und digerirte das Gemenge nach der Röſtung in Salzſäure; hierauf fällte er die ſaure Flüſſigkeit mit vegetabiliſchem Alkali, trieb den Niederſchlag auf der Capelle ab, und erhielt auf dieſe Weiſe beynahe den ganzen, in den Erzen befindlichen Gold- und Silbergehalt. Der unauflösliche Rückſtand ward auf gleiche Weiſe auf der Capelle unterſucht, gab aber nur ein faſt unmerkliches Korn, welches deutlich beweiſst, daſs das Gold gänzlich in der Säure aufgelöſst war. In dieſer Röſtung wird alſo das Gold durch die Salzſäure verkalkt, aufgelöſst, und in Salzgeſtalt gebracht. Dieſe Säure iſt alſo dasjenige, wodurch das Gold verhindert wird, mit dem Queckſilber während des Anreibens sich eben ſo leicht zu verbinden, als wenn es in reguliniſcher Geſtalt iſt.

Was das Silber anbetrifft, so werden wir sehen, daß daßelbe in dieser Operation, eben so wie das Gold von den Säuren angegriffen und aufgelöst wird. Wir wissen, daß die Vitriolsäure das Silber sowohl in regulinischer, als Kalkgestalt auflößt. Im ersten Falle wird zwar die Hülfe des Siedens erfodert, ich glaube aber, daß die Hitze bey dem Rösten, und die Verwandlung der Säure in Dämpfe, mehr als hinreichend sind, ihr dieselbe Wirksamkeit zu geben. Man kann also nicht zweifeln, daß auch die Vitriolsäure in dieser Operation das Silber angreift und auflößt. Diese Verbindung scheint aber bey einer Röstung mit Kochsalz nicht von langer Dauer seyn zu können, weil die, aus diesem Salze sich entwickelnde Säure, eine größere Verwandtschaft mit dem Silber hat, als die Vitriolsäure. Das Silber wird derselben also durch die Salzsäure entrißen; die erste Verbindung wird getrennt, und es entsteht eine neue, nemlich das Hornsilber. Es wird indeßen dazu erfodert, daß die Salzsäure in hinlänglicher Menge vorhanden sey, und daß dieselbe auch mit den vitriolischen Zusammensetzungen in Berührung komme, wie auch, daß sie Zeit genug behalte, die Zerlegung zu bewirken, ehe sie von dem Feuer fortgerißen, oder durch die beständige Bewegung verrückt wird, worinn man das Gemenge erhält um die Oberfläche immer zu erneuern. So wird also bey dieser Operation auf eine mittelbare Weise Hornsilber hervorgebracht; wir wollen nun sehen ob diese Verbindung nicht auch auf eine unmittelbare Weise entstehen kann.

Wir kennen die große Verwandtschaft der Salzsäure mit dem Silberkalke schon zu gut, um einen Augenblick zweifeln zu können, daß diese Säure sich deßelben in der Röstung

ſtung nicht unmittelbar bemächtigen ſollte, wenn ſie das Silber im kalkartigen Zuſtande antrifft. Wir haben ſchon in der vorhergehenden Abhandlung gezeigt, daſs das, mit Schwefel verbundene Silber, in einem mehr oder minder dephlogiſtiſirten Zuſtande zu ſeyn ſcheint; man dürfte ſich alſo nicht wundern, wenn beym Röſten ſolcher Zeuge, worinn ſich durchſchwefeltes Silber befindet, die Salzſäure ſich damit verbindet und Hornſilber bildet. Die Erfahrung ſtehet dieſer Vorausſetzung nicht entgegen, da wie in der angeführten Abhandlung gezeigt iſt, die gewöhnliche flüſſige Salzſäure das Rothgülden und Glaserz zerlegt, und mit dem darinn befindlichen Silber, Hornerz hervorbringt. Bey der Röſtung dieſer Erze mit Kochſalz, entſteht eben daſſelbe Product, und es iſt mehr als wahrſcheinlich, daſs es zum wenigſten gröſstentheils, durch eine unmittelbare Wirkung der Salzſäure auf das Silber gebildet wird. Aber was vollends allen Zweifel hebt, iſt, daſs, wie wir in der erſten Abhandlung geſehen haben, die gewöhnliche Salzſäure das Silber auch im reguliniſchen Zuſtande auflöſst. Es iſt alſo auf alle Fälle gewiſs, daſs die Salzſäure in der Röſtung das Silber angreiffen, und es zu Hornſilber machen muſs.

Es können auch noch beſondere Umſtände eintreten, welche die Wirkſamkeit der Salzſäure auf Gold und Silber über das gewöhnliche verſtärken. So könnte es ſich zum Beyſpiel zutragen, daſs die Salzſäure während der Röſtung dephlogiſtiſirt würde, entweder durch ſchwarzen Braunſtein, oder einen andern metalliſchen Kalk dieſer Art, oder auch durch die Wirkung eines Metalles im reguliniſchen Zuſtande; wenn es anders ſeine Richtigkeit hat, daſs die, während der Röſtung eines Gemenges von Salz mit gefeilten Eiſen oder

einem

einem andern Metall entwickelten Dämpfe, von diefer Befchaffenheit find. In diefem Falle würde ohne Zweifel die Salzfäure noch viel lebhafter auf das Gold und Silber wirken, und diefe Metalle noch leichter auflöfen.

§. 6. Ob nun gleich aus dem angeführten unwiderfprechlich erhellet, daſs befonders die Salzfäure das Gold und Silber bey der Röſtung der Erze und Schmelzproducte auflöſst; fo wird man nun doch auch wünfchen zu wiſſen, ob diefe beyden Metalle gänzlich in den beyden Säuren aufgelöfet find, ob fie in diefem Zuftande der Auflöfung bis zu Ende der Operation verharren, und ob es der Arbeit an und vor fich zuträglich fey, daſs diefe Metalle mit den Säuren verbunden find.

Betrachtet man die Erze und die verfchiedenen Schmelzproducte in Anfehung ihres Gold- und Silbergehalts; fo fieht man daſs derfelbe an einem Orte auf 4 bis 6 Loth im Durchfchnitte, und an andern auf 12 bis 14 Loth fich beläuft, an noch andern aber gar auf eine oder mehr Marke fteigt, wobey das Gold dem Gewicht nach immer nur einen fehr kleinen Theil diefer Producte ausmacht. Wären nun die Quantitäten des zugefetzten Kochfalzes, und die übrigen Umftände in diefen verfchiedenen Fällen gleich; fo ift klar, daſs, wenn auch im erften Falle das ganze Silber vollkommen zu Hornfilber wird, es doch wohl feyn könnte, daſs folches in den übrigen Fällen nicht gefchähe, wenn nemlich nicht Salzfäure genug vorhanden wäre, um alles Metall aufzulöfen; und doch findet man nirgend etwas davon erwähnt, daſs die Menge des Salzes nach Verhältniſs des ftärkern Gehalts des Gemenges vermehret werden müſſe, wenn auch nicht andere Urfachen es erfodern.

Die

Die verschiedenen Zuständе, worinne das Gold, und besonders das Silber, in diesen Gemengen, vornemlich in den Erzen sich befinden, können noch einen Unterschied veranlassen, indem nach Maasgabe derselben, die Säuren sie bald mehr, bald weniger angreifen. So wird z. B. durchschwefeltes Silber leichter, als gediegenes aufgelöst werden. Da die Gemenge ihrer Natur nach sehr verschieden sind, so scheint auch dieser Umstand hier einen grossen Unterschied verursachen zu müssen. Das Verhältniß des Schwefels, der auflöslichen erdigen und metallischen Theile, ihr verschiedener Zustand, wie auch die Menge des zugesetzten Kochsalzes, und der Grad der, bey der Röstung gegebenen Hitze, sind äusserst verschieden, und müssten also sehr verschiedene Resultate geben. Zieht man indessen auf der andern Seite in Betrachtung, daß diese, aus der Vereinigung der reichen Geschicke mit den armen entstehenden Gemenge, selten mehr als einige wenige Mark Silber im Centner halten, daß das zugesetzte Salz wenigstens 10 bis 12 p. C. beträgt, und daß dieses Metall, so wie das Gold, nur ⅛ seines Gewichts von Salzsäure zur Sättigung erfodert, daß ferner auch die Vitriolsäure einen Theil des aufgelösten Silbers zurückbehalten kann; so sollte man fast glauben, daß diese Metalle in der Röstung gänzlich von den Säuren aufgelöst, und in einen salzartigen Zustand versetzt werden. Der Ausfall der von mir angestellten, und in der ersten Abhandlung beschriebenen Röstversuche mit einem Gemenge von Gold- oder Silberblättern und Kochsalz, und Hrn. *Möblings* Versuche mit Joachimsthaler Erzen, scheinen diese Meynung zu bestätigen, denn in allen diesen Versuchen, war das Gold und Silber gänzlich in den Säuren aufgelöst. Indessen muß ich aber auch gestehen, daß in allen diesen Verfuchen weit mehr Kochsalz zugesetzt war, als nach Verhältniſs bey den Arbeiten im Grossen geschieht; man kann also die Resultate dieser Arbeiten und jener Versuche nicht eher mit einander vergleichen, und ein entscheidendes Urtheil fällen, bis beyde auf eine gleichförmigere Art angestellt und mit Aufmerksamkeit beobachtet sind.

Die Wirkung des Feuers allein ist schon hinreichend, die meisten metallischen Salze zu zersetzen, und es leidet keinen Zweifel, daſs die Hitze bey dem Rösten der Erze und Schmelzproducte groſs genug ist, um wenigstens manche dieser Zusammensetzungen, durch die Austreibung der Säuren zu trennen. Sollten die, durch das Gold und Silber gebildeten Salze wohl mit unter diesen begriffen seyn? und sollten diese beyden Metalle vor der Beendigung der Operation, dadurch vielleicht in ihren metallischen Zustand zurückgebracht werden? Dieses ist also noch zu untersuchen. Es ist eine ausgemachte Sache, daſs das Hornsilber durch die Hitze zerlegt wird, daſs es alsdenn seine Säure verliehrt, und daſs das Silber in metallischer Gestalt zurück bleibt. Ich zweifle auch nicht, daſs es mit dem Silbervitriol, und den mit dem Golde gebildeten Salzen, sich eben so verhält. Ich that Hornsilber in einen abgesprengten gläsernen Kolben, stellte denselben in ein irdnes Gefäſs, und brachte ihn so unter die Muffel eines Capellenofens. Das Hornsilber fing an zu schmelzen, und in der Maaſse, als das Feuer heftiger wurde, wurde das Glas weich, sank zusammen, und legte sich an die Seiten und den Boden des irdenen Gefäſses. Die Salzsäure fing bald an sich zu entwickeln, und in leichten Dämpfen aufzusteigen, welche über vier Stunden, so lange als das Feuer unterhalten wurde, fortdaureten. Nachdem alles erkaltet war, fand ich

den

den Boden des Glafes mit einem ziemlich glänzenden Silberblech, und einigen Ueberbleibfeln von Hornfilber belegt. Ich trieb damals diefe Unterfuchung nicht weiter, weil meine Abficht blofs dahin ging, mich von der Zerlegung diefes metallifchen Salzes durch die blofse Hitze, zu überzeugen. Ich fah indeffen bey diefem Verfuche, dafs, um eine kleine Portion Hornfilber auf diefe Weife zu zerlegen, eine ziemlich ftarke Hitze erfodert wird, und dafs die Säure bey ihrer Verflüchtigung, einen beträchtlichen Theil des Silbers entführt; denn was zurück geblieben war, fchien bey weitem nicht fo viel zu feyn, als es nach Verhältnifs der Menge des Hornfilbers hätte feyn follen. Das Röftfeuer dauret gewöhnlich drittehalb oder drey Stunden, und diefe Zeit fcheint in der That zur Zerlegung des Hornfilbers hinlänglich zu feyn, und zwar um fo mehr, da es in fehr kleinen Theilchen in der ganzen Maffe des Gemenges zerftreut ift, und folglich fehr viel Oberfläche darbietet. Indeffen ift aber auch nicht in Abrede zu ftellen, dafs man nicht diefe ganze Zeit auf die Zerlegung des Hornfilbers rechnen darf, denn erftlich mufs das Hornfilber vorher fich bilden, und diefes kann nur in der Maafse gefchehen, als die Salzfäure fich entwickelt, alfo nachdem der Schwefel faft gänzlich verbrandt ift, und nun das Feuer verftärkt wird, folglich erft nach Verlauf von einer oder anderthalb Stunden; zweytens kann diefes metallifche Salz auch nicht eher die, zu feiner Zerlegung nöthige Hitze bekommen, als höchftens gegen das Ende der Operation, weil das Feuer, fo man im Anfange und in der Mitte derfelben gibt, gewifs bey weitem dazu nicht hinlänglich ift. Ich halte es fogar noch nicht für ausgemacht, dafs das Feuer am Ende der Operation dazu ftark genug fey. Es ift alfo fehr wahrscheinlich, daſs das, während der Röſtung einmal entſtandene Hornſilber, entweder gar nicht, oder doch nur zum Theil in dieſer Operation wieder zerlegt wird. Alle bisher im Kleinen darüber angeſtellte Unterſuchungen begünſtigen dieſe Meynung, weil man nach der Röſtung beynahe alles Silber in der Geſtalt von Hornſilber fand. Wenn von dem Silbervitriol einige Theile übrig bleiben, welche von der Salzſäure nicht zerlegt worden ſind, ſo widerſtehen auch dieſe vielleicht dem, bey der Röſtung erforderlichen Feuersgrade, und bleiben unzerlegt. Ich weiſs aber noch keine Erfahrung, ſowenig dafür als dagegen anzuführen.

Was das Gold betrifft, ſo haben wir bey den vom Hrn. *Möbling* mit den göldiſchen Kieſen von Guttwaſſer angeſtellten Verſuchen geſehen, daſs derſelbe nach der Röſtung den ganzen Goldgehalt in ſeiner Auflöſung erhalten hat, ohne daſs etwas mehr als ein unmerklich kleines Körnchen in dem Rückſtande geblieben iſt. Es iſt zwar wahr, daſs man auf dieſen Verſuch nicht zu viel bauen darf, wenn man beſtimmen will, ob die Goldſalze, welche ſich während der Röſtung bilden, bey Fortſetzung derſelben nicht wieder zerlegt werden, weil Herr *Möbling* das Gemenge nach der Röſtung in Salzſäure digerirt hat, und man nicht weiſs, ob dieſelbe ſchwach oder concentrirt geweſen iſt. Wir finden aber einen eben ſo directen und minder zweifelhaften Beweis in den, von dem Herrn *von Ruprecht* mit den niederungriſchen Erzen angeſtellten Arbeiten, von denen wir oben geredet haben. Wir haben geſehen, daſs dieſer unermüdete Metallurge, durch ein zweymaliges Röſten und Anreiben, einmal ohne, und das anderemal mit dem gewöhnlichen Salzzuſatze, mehr Gold als durch eine einmalige Bearbeitung aus dieſen Erzen gebracht hat,

hat, weil im erſten Falle das, im reguliniſchen Zuſtande ſich befindende Gold, ſich leicht mit dem Queckſilber verband, dahingegen im letzten Falle das, durch Salzſäure aufgelöſte Metall, ſich ſchwer damit vereinigt. Dieſes beweiſt alſo, daſs das einmal durch die Salzſäure aufgelöſte Gold, durch die Wirkung des Röſtfeuers ſich nicht wieder davon trennen läſst, und daſs es am Ende dieſer Operation ſich wenigſtens zum Theil noch im ſalzartigen Zuſtande befindet.

Die Auflöſung des Goldes und Silbers in den Säuren, kann an und vor ſich bey dem, auf das Röſten folgenden Anreiben keinen Nutzen haben, als in ſo fern durch dieſen Zuſtand die Verbindung mit dem Queckſilber erleichtert würde. Aber es erfolgt gerade das Gegentheil; denn es wird weit mehr Zeit und Arbeit erfodert, das Queckſilber mit dem, in dieſen Salzen befindlichen Silber, als mit einer gleichen Menge von reguliniſchem Silber zu verbinden; und vermuthlich hat es mit den Goldſalzen eben die Bewandtniſs. Ich habe ungefähr zwey Quentin Hornſilber vier Tage hindurch mit einer ziemlich beträchtlichen Menge Queckſilber und einigen Tropfen Waſſer anreiben laſſen. Jeden Tag erneuerte ich das Queckſilber, indem ich es heraus nahm, und durch naſſes Leinen preſste, um das Amalgam zu erhalten; ich erhielt auch jeden Tag eine Portion Amalgam, und doch war am Ende des vierten Tages noch genug unzerlegtes Hornſilber vorhanden. Der einzige Fall, wo die Verbindung des Goldes und Silbers mit Säuren, für die Amalgamation nützlich ſeyn könnte, wäre der, wenn dieſe Metalle zu Ende der Röſtung im kalkartigen Zuſtande blieben, alſo mit dem Queckſilber ſich nicht verbinden könnten, und in den Rückſtänden verlohren gingen. Alsdenn würden die Säuren mit dieſen Metallen

Metallen Salze bilden, und fie dadurch zur Verbindung mit dem Queckfilber, mittelft einer doppelten Verwandtfchaft fähig machen. Indeffen ift diefer Fall faft unmöglich, und nicht zu begreifen, wie es zugehn könnte, dafs diefe Metalle am Ende der Röftung fich im kalkartigen Zuftande befinden follten, da das aus dem Schwefel entbundene Brennbare fowohl, als das Phlogifton des Rauchs, wie auch die Hitze felbft, fchon hinlänglich feyn würden, diefe Metalle wieder herzuftellen. Die Verbindung der Säuren mit dem Golde und Silber befördert alfo nicht allein die Verbindung des Goldes und Silbers mit dem Queckfilber nicht, fondern verzögert und erfchweret fie fogar. Die Säuren find alfo aus diefem Geflichtspunkte betrachtet, eher fchädlich als nützlich, weil ihre Wirkung dem Zwecke der Röftung gerade zuwider ift. Auf der andern Seite hingegen entwickeln fie das Gold und Silber aus den Materien, womit diefelben entweder verbunden, oder verhüllet find, weit beffer als das blofse Feuer, wodurch die Berührung des Metalls und Queckfilbers dergeftalt befördert wird, dafs, wie die Erfahrung lehrt, weit weniger in den Rückftänden bleibt. Diefer Vortheil erfetzt die Verzögerung der Vereinigung mit dem Queckfilber fehr reichlich. Auch find jene Unbequemlichkeiten nicht fo grofs als fie fcheinen, denn da diefe Zufammenfetzungen in fehr zarten und feinen Theilchen im Gemenge zerftreut find, fo bieten fie dem Queckfilber fehr viel Oberfläche dar, daher die Verzögerung nicht fo fehr beträchtlich ift.

§. 7. In Anfehung deffen, was über die Röftung zu bemerken war, ift nun nichts weiter übrig, als dafs ich noch etwas von dem Gebrauche des lebendigen Kalks und des Quarzes fage, deren man fich zuweilen neben dem Kochfalze bey dem

dem Röften der zu amalgamirenden Zeuge bedient. Man bedient fich aber diefer Zufätze überhaupt nur felten, und man hat noch nicht einmal Verfuche genug vor fich, um fowohl die Fälle beftimmt angeben zu können, wo man diefe Zufchläge anwenden mufs, als auch den Nutzen zu beurtheilen, den fie eigentlich leiften. Bisher wollte man dadurch nur die Zufammenhäufung der Beftandtheile des Gemenges, oder das Entftehen der Klümperchen verhindern, welche, da fie fich nicht wieder trennen, auch nicht vollkommen abgeröftet werden, und hernach bey dem Anreiben nicht ihren ganzen Gold- und Silbergehalt hergeben; oder man wollte auch mittelft diefer Zufätze die, während der Röftung zu häufig entwickelte Schwefel- oder Vitriolfäure abforbiren, um dadurch dem Queckfilberverlufte beym Anreiben vorzubeugen, welchen diefe Säuren, oder vielmehr die Salze welche fie bilden, vornemlich einige metallifche Salze, verurfachen würden.

Die Zufammenhäufung der Theile des Gemenges bey der Röftung, rührt entweder von einiger darinn gebliebener Feuchtigkeit her, oder von einem Zufammenfintern. Im erften Falle hängen die erdigen, befonders thonartigen Theile, fo wie auch die Theile der metallifchen Kalke, fo wie fie ihre eigne, oder die vom Kochfalze ihnen mitgetheilte Feuchtigkeit verliehren, fich an einander, ziehen fich zufammen, und verhärten fich dergeftalt, dafs fie durch die Bewegung des Inftruments, womit das Gemenge auf dem Herde des Röftofens unaufhörlich umgerührt wird, nicht wieder zertheilt werden können. Diefer Umftand tritt gewöhnlich nur bey den Erzen ein, und vornemlich bey denen, welche durch die Wäfchen gegangen find, indem die Schmelzproducte keine merkliche Feuchtigkeit an fich haben, und diefelbe auch nicht

nicht leicht aus dem Salze anziehen. Der Zusatz einer grössern oder kleinern Menge sehr trocknen Quarzes oder ungelöschten Kalkes, könnte diese Zusammenhäufung der Theile vermindern, oder wohl gar gänzlich verhindern, aber ein langsames Austrocknen ist ein weit sicherer Mittel diesem Uebel vorzubeugen. Man bedarf alsdenn gar keines dergleichen Zusatzes, und man braucht nur die Arbeit mit einem sehr gelinden Feuer anzufangen, nachdem man jede Portion des Gemenges, welche auf einmal geröstet werden soll, eine Zeitlang auf derjenigen Stelle im Röstofen liegen gelassen, welche vom Feuer am meisten entfernt ist. Im zweyten Falle, nemlich wenn die Theile des Gemenges durch die Wirkung des Feuers erweichet, zusammensintern, sind es entweder erdige und salzartige Theile, welche eine Art Verglasung erleiden, welches aber nur alsdenn geschieht, wenn man ein zu starkes Feuer gibt; oder metallische Theile, welche zusammenkleben, indem sie anfangen zu schmelzen, oder auch wirklich in Fluss kommen. Der erste Umstand ist eine Folge einer unbehutsamen Regierung des Feuers, ein Fehler, aber kein mit der Arbeit nothwendig verbundenes Uebel. Das einzige Gegenmittel ist, ein achtsames Auge, und eine geschickte Behandlung des Feuers. Der andere rührt von der Leichtflüssigkeit einiger metallischen Theile her, und ist durch blosse Behutsamkeit bey dem Feuren nicht immer so leicht zu verhüten, weil das Feuer doch bis auf einen gewissen Grad verstärkt werden muss, wenn die Operation gehörig geschehen soll. Dieser Umstand tritt hauptsächlich bey der Röstung sehr bleyischer Erze, des Schwarzkupfers, und einiger Arten Stein ein, vornemlich, wenn letztere Producte viel Spiesglanz oder Arsenik enthalten. In diesem Falle scheint es unumgänglich

Theorie der Amalgamation. 265

lich nöthig zu feyn, eine Materie zuzufetzen, welche fich zwifchen die Theile des Gemenges legt, und diejenigen wieder trenne, welche im Begriff find zufammenzufintern und fich an einander zu hängen. Zu einem feinen Pulver gemahlner Quarz oder Kalk, find gleich gut zu diefem Ende, und man könnte fich anftatt deren auch noch mancher andern Materien bedienen. Aber Quarz, oder jeder andere Kiefelfand, fcheint wegen feiner Unauflöslichkeit in Säuren den Vorzug fo lange zu verdienen, als es nicht darauf ankömmt zu gleicher Zeit überflüffige Vitriolfäure zu abforbiren. Denn alle übrige Subftanzen, werden mehr oder weniger von diefer Säure wegnehmen, welches der Röftung nachtheilig feyn würde, indem die nöthige Auflöfung der Erztheile und der Schmelzproducte, dadurch gehindert werden würde.

Bey dem Röften der Erze und fchwefelreicher Rohfteine, wird mehr Vitriolfäure frey, als zur Sättigung der, in diefen Zeugen enthaltenen erdigen Theile, und des alkalifchen Grundtheils des zugefetzten und zerlegten Kochfalzes erfoderlich ift. Diefer Ueberfchufs von Säure greift alsdenn die metallifchen Theile des Gemenges an, und bildet mit denfelben verfchiedene Arten von Vitriolen. Von einigen derfelben, nemlich dem Kupfer- und Eifenvitriol, wird befonders das Queckfilber angegriffen, wie hernach gezeiget werden wird, welches einen fehr beträchtlichen Verluft diefes Metalls bey dem Anreiben verurfacht. Um demfelben vorzubeugen, mufs man entweder der Entftehung diefer Vitriole zuvorkommen, oder fie zerftören wenn fie fich bereits gebildet haben. Zu diefen Zwecken ift nicht der in der Schwefel- und Vitriolfäure unauflösliche Quarz und Kiefelfand, fondern der leicht auflösliche ungelöfchte Kalk brauchbar, auch bedient

L l man

man fich jetzt mit Nutzen diefer Erde fowohl bey den Verfuchen, als in den Arbeiten im Grofsen alsdenn, wenn man mit jenen Unbequemlichkeiten zu kämpfen hat. Auch der Thon würde vielleicht diefem Zweck entfprechen; man kann aber aus Mangel an Verfuchen noch nichts davon fagen. Auch ein mäfsig ftarkes und lange genug unterhaltenes Feuer, würde dazu dienen, indem die vitriolifchen Salze zum Theil durch die Verflüchtigung der Säure zerlegt werden würden. Aber auf der andern Seite, würden fich vielleicht die vorhin angeführten nachtheiligen Folgen eines zu ftarken Feuers äufsern. Man hat endlich noch ein ander Mittel mit Vortheil angewandt. Man röftet nemlich anfänglich mit gelindem Feuer und ohne Kochfalz, und fetzet diefes erft nach einiger Zeit zu. Der Zufatz des Salzes zu einer Zeit da ein fehr grofser Theil der Schwefelfäure fich bereits verflüchtigt hat, und wo nicht mehr davon in dem Gemenge noch übrig ift, als die erdigen und metallifchen Theile zu ihrer Sättigung bedürfen, mufs nothwendig die Zerlegung der metallifchen Vitriole auf eine befriedigende Weife bewirken, und dadurch alfo der Zweck vollkommen erreicht werden. Um diefen, durch die Entftehung der metallifchen Vitriole nach der Röftung, verurfachten Queckfilberverluft zu verhüten, hat man auch das geröftete Gemenge ausgelaugt, in der Abficht es von diefen Salzen noch vor dem Anreiben zu befreyen. Diefes Mittel ift in der That fehr wirkfam, und führt gerade zum Ziele, allein es ift auf der andern Seite zu viel nachtheiliges damit verknüpft, als dafs man diefes Mittels fich je bedienen könnte. Denn durch diefes Auslaugen werden in der That nicht allein die Vitriole, welche man wegfchaffen will, fondern auch alle in dem Gemenge befindlichen

lichen Salze, mit Inbegriff der Gold - und Silberfalze ausgezogen, und dadurch ein Verluſt diefer Metalle veranlaſst. Das Goldkochſalz iſt fehr auflöslich im Waſſer, und geht alſo durch das Auslaugen unwiederbringlich verlohren. Das Hornſilber und der Silbervitriol werden allgemein für unauflöslich in Waſſer gehalten, und diefemnach könnte in Anfehung diefer Salze das Auslaugen nach dem Röſten nicht nachtheilig feyn. Diefe Unauflöslichkeit iſt indeſſen vielleicht nicht fo vollkommen gewiſs als man glaubt, und es iſt die Frage ob nicht eine grofse Menge Waſſer, einen kleinen Theil diefer Salze aufnehmen, und dadurch einen, in Betracht der Koſtbarkeit des Silbers, immer noch beträchtlichen Verluſt verurfachen könne. Ueberdem bleiben diefe Salze fehr leicht im Waſſer fchweben, verändern die Durchfichtigkeit deſſelben nicht, wenn fie nicht in einer, einigermafsen beträchtlichen Menge darinn find, und erfodern alsdenn eine geraume Zeit um fich gänzlich zu Boden zu fenken. Nun iſt es aber bey einer Arbeit im Großen faſt unmöglich, alle diefe Salztheile welche das zum Auslaugen angewandte Waſſer mit fortführet, vollkommen wieder zu erhalten, und bey der gröſsten Sorgfalt würde man doch einen beträchtlichen Silberverluſt nicht verhüten können. Als ein überzeugendes Beyfpiel der nachtheiligen Folgen des Auslaugens nach dem Röſten, brauche ich nur einen bey dem Amalgamationswerk zu Schmölnitz in Oberungarn bemerkten Umſtand anzuführen. Man reibt dafelbſt die Schwarzkupfer nach der Röſtung mit Salz in Tonnen an. Am Ende der Operation läſt man das Queckſilber durch ein kleines, in die Mitte des Bauchs der Tonne gemachtes Loch ablaufen; wenn das Queckſilber heraus iſt, fpült man die Rückſtände nebſt dem Waſſer durch

eine

eine größere Oeffnung heraus, und fängt dieselbe in einem Kasten auf. Wenn das Wasser klar ist wird es abgelassen, und in einer Pfanne mit altem Eisen gesotten, um Cementkupfer zu erhalten. Dieses Kupfer gibt auf der Capelle 4 Loth Silber im Centner, da doch die Rückstände, welche sich in dem Kasten zu Boden setzen, nur höchstens ½ Quentin im Centner geben. Geschiehet dieses sogar noch nach dem Verquicken, was muß man denn nicht von dem Auslaugen vor demselben besorgen. In keinem einzigen Falle ist es zu empfehlen.

Zweyter Artikel.
Vom Anreiben.

Die zu amalgamirenden Gold- und Silbererze und Schmelzproducte sind nach der Röstung in einem Zustande, der von demjenigen worinne sie vor derselben sich befanden, sehr verschieden ist. Ihre Theile sind mehr zertrennt und verfeinert und bieten weit mehr Oberfläche dar, die flüchtigen Metalle, nebst einigen andern Bestandtheilen sind durch die Wirkung des Feuers verjagt, und die erdigen Substanzen, theils durch die Säuren, theils durch das Alkali des Kochsalzes in einen salzartigen Zustand versetzt; endlich sind auch die metallischen Theile entweder in einen salzartigen Zustand gebracht oder verkalkt. Gold und Silber allein möchten vielleicht in Ansehung des letzten Satzes eine Ausnahme machen; denn wahrscheinlicherweise befinden sich diese beyden Metalle nach der Röstung niemals in einem kalkartigen, sondern weit eher, wenigstens zum Theil, in einem regulinischen Zustande.

Man kann nunmehro leicht übersehen, was für Vortheile man durch die Röstung beym Anquicken des Goldes und Silbers

Silbers eigentlich erhält. 1) Schon die bloße feinere Zertheilung dieser Subſtanzen, verſchafft dem Queckſilber einen freyern Zutritt, und befördert das Zuſammentreffen dieſes Metalls mit den Gold- und Silbertheilchen, wodurch das vollſtändige Ausbringen dieſer Metalle ungemein erleichtert wird, ſo daſs nur wenige Stäubchen derſelben in den Rückſtänden bleiben. 2) Die Wirkung des Feuers trennt die Verbindungen, worinn die Beſtandtheile des Gemenges ſich befinden, und enthüllet das Gold und Silber, ſo daſs das Queckſilber ſich leicht mit dieſen Metallen vereinigt, ſie mögen nun im reguliniſchen oder im ſalzartigen Zuſtande ſich befinden. In beyden Fällen bemächtigt das Queckſilber ſich ihrer weit leichter, als wenn es ſie aus den rohen Erzen oder Schmelzproducten ziehen müſste. 3) Kann auſſer dem Golde und Silber, kein ander Metall nach der Röſtung in reguliniſchem Zuſtande ſich befinden, mit dieſen allein alſo kann das Queckſilber ſich verbinden, woraus denn folgt, daſs dieſelben nach der Scheidung vom Queckſilber, vollkommen rein und ohne Beymiſchung anderer Metalle ſeyn müſſen. Da wir indeſſen vorhin geſehen haben, daſs wenigſtens der gröſste Theil des Goldes und Silbers, in der Röſtung durch die Säuren in einen ſalzartigen Zuſtand verſetzt wird, ſo ſcheint hieraus zu folgen, daſs jene Vortheile nur in ſehr geringer Maaſse, und nur in ſo ferne erreicht werden, als man annehmen kann, daſs das Queckſilber mit dieſen Metallen, auch wenn ſie aufgelöſt ſind, ſich lieber als mit andern verbindet. Aber dieſes iſt auch der Fall. Das Queckſilber fällt bekanntermaſsen von allen bisher bekannten Metallen nur Gold, Silber und Platina aus den ſauren Auflöſungen. Wenn alſo daſſelbe die Silber- und Goldſalze welche ſich in der Röſtung bilden, zerlegen kann, so werden sie auch die einzigen Metalle seyn, welche es aus den Säuren fället, und womit es sich in dieser Operation verbindet.

Wäre hier nur von den sehr auflöslichen Gold- und Silbersalzen, wie zum Exempel der Silbersalpeter ist, die Rede, so liesse die Zerlegung derselben durch Queckfilber, und die Bildung des Amalgams mit den dabey entstehenden Niederschlägen sich leicht begreifen. Diese Fällungen sind sehr bekannt, und nicht leicht wird ein Chemiker seyn, der sie nicht sehr oft selbst gemacht hätte. Mit dem Hornsilber und Silbervitriole hingegen, verhält es sich nicht so. Es wird selten davon geredet, sehr wenig Chemisten haben sich damit beschäftigt und Gebrauch davon gemacht, und gewöhnlich bedient man sich auch sehr zusammengesetzter Hülfsmittel, um das Silber aus diesen Salzen wieder herzustellen. Aus dieser Ursache stutzten manche Metallurgen, welche erst neuerlich mit der Amalgamation sich zu beschäftigen angefangen hatten, als sie hörten, dass bey der Röstung der zu amalgamirenden Zeuge Hornsilber entstehe. Sie konnten nicht begreifen, wie man in diesem Falle das Silber durch das Queckfilber aus dem Gemenge ziehen könne, ohne einen beträchtlichen Theil desselben nach dem Anreiben in den Rückständen zu lassen. Indessen hat schon *Marggraf* vor geraumer Zeit gezeigt, dass man das Silber aus dem Hornsilber durch blosses Reiben mit Queckfilber wieder herstellen könne, und diese Methode wird seitdem in allen Anfangsgründen der Chemie angeführt. Die Sache hat überhaupt weiter nichts wunderbares, als dass man so wenig Gebrauch davon gemacht; und sie vielleicht bisher für nicht sehr erheblich gehalten hat. Es ist weiter nichts als eine Fällung eines in Säuren aufgelösten

löſten Metalles mittelſt eines andern, und läſst ſich wie alle übrige Niederſchläge, durch die doppelte Verwandtſchaft erklären. Nemlich der im Hornſilber mit Salzſäure verbundene Silberkalk, bemächtigt ſich des Brennbaren des Queckſilbers, nimmt die metalliſche Geſtalt wieder an, und läſst dagegen die Salzſäure fahren, womit ſich denn der Queckſilberkalk verbindet. Da das Hornſilber im Waſſer nicht merklich auflöſlich iſt, ſo kann man dieſe Fällung nicht ſo deutlich als bey dem Silberſalpeter ſehen; ſie geſchiehet auch nicht ſo leicht, erfordert mehr Zeit und ein ganz eignes Verfahren. Aber man reibe dieſes Salz nur mit Queckſilber und ein paar Tropfen Waſſer lange genug, ſo wird man ſehen, ob es nicht alles Silber fahren läſst. Mit dem Silbervitriol verhält es ſich eben ſo.

Ich habe ſchon vorhin meine über die Zerlegung durch das Anquicken des Hornſilbers angeſtellten Verſuche angeführt und dabey bemerkt, daſs ich viel Zeit gebraucht habe, um das Silber aus einer kleinen Quantität dieſes Salzes zu ziehen. Man könnte hieraus vielleicht ſchließen, daſs bey den Arbeiten im Groſsen alſo wohl ein, einige Wochen hindurch fortgeſetztes Anreiben erfordert würde, um das Silber aus einem paar Centner Erz heraus zu bringen. Aber ich habe auch zugleich dabey bemerklich gemacht, daſs das bey der Röſtung gebildete Hornſilber in kleine Stäubchen zertheilt, in dem ganzen Gemenge zerſtreut iſt, daſs es daher dem Queckſilber unendlich mehr Oberfläche darbietet, und die Zerlegung alſo weit geſchwinder geſchieht, als wenn alle dieſe Theilchen mit einander verbunden ſind, und homogene Maſſen bilden. Es iſt alſo in Anſehung der Umſtände gar keine Aehnlichkeit unter beyden Fällen, und wenn das

Horn-

Hornſilber durch das ganze geröſtete Gemenge zerſtreut iſt, ſo greift das Queckſilber das in dieſem Salz enthaltene Silber beynahe eben ſo leicht und geſchwinde an, als wenn es ſich in reguliniſcher Geſtalt befinde.

§. 2. Wir kennen nun den Zuſtand, worinn die Beſtandtheile der zu amalgamirenden Zeuge nach der Röſtung ſich befinden; die Vortheile welche dieſelbe gewährt, und die Art und Weiſe wie das Queckſilber ſich mit dem im Gemenge befindlichen Gold und Silber verbindet. Es iſt alſo nur noch übrig, das Anreiben an und vor ſich ſelbſt zu betrachten, und die verſchiedenen dabey vorkommenden Umſtände durchzugehen.

Die geröſteten Erze und Schmelzproducte werden in gröſsern oder geringern Quantitäten, mit einer hinreichenden Menge Waſſer und Queckſilber, und einer gewiſſen Quantität granulirten oder lamellirten Kupfer oder Eiſen, zuweilen auch noch einigen Pfunden Kochſalz, in ein ſchickliches Gefäſs gethan. In gewiſſen Fällen bedient man ſich auch des ungelöſchten Kalks. Ich werde von einer dieſer Subſtanzen nach der andern reden, aber ehe wir umſtändlich auseinander ſetzen, was für Nutzen man von ihnen erwartet, muſs ich erſt noch anführen, daſs dieſes Gemenge in dem Gefäſs in beſtändiger Bewegung, und zwar ſo lange erhalten wird, bis man ſich durch ſchickliche Proben überzeugt hat, daſs dieſe Zeuge alle ihr Gold und Silber hergegeben haben, oder bis ſo viel Zeit verfloſſen iſt, als man durch die Erfahrung zu Erreichung dieſes Zwecks nöthig gefunden hat. Alsdenn hält man mit der Bewegung inne, und ſondert durchs Auswaſchen oder auf andere Weiſe die, des Goldes und Silbers beraubten Materien von dem Queckſilber ab, welches dieſe Metalle in ſich genommen hat.

Theorie der Amalgamation.

In dieſer Operation werden nun die, durch das Waſſer verdünnten Materien zertheilet, und zu einem mehr oder minder flüſſigen Schlamm gemacht; das Queckſilber ſelbſt zertheilt ſich in kleine Kügelchen, welche ſich durch die ganze Maſſe verbreiten, ſich innig damit vermiſchen, und mit allen Gold- und Silbertheilchen welchen ſie auf ihrem Wege begegnen, ſich verbinden, ſo daſs ſie nachgerade, da ſie ihren Ort unaufhörlich verändern, endlich alles in dem Gemenge enthaltene Gold und Silber in ſich nehmen.

§. 3. Indem die Materien woraus das Gemenge beſteht, im Waſſer zergehen, löſet dieſes die ſalzartigen Theile, ſo weit die Menge deſſelben es verſtattet, auf. Dieſe können nunmehro freyer als in der Röſtung nach ihren verſchiedenen Verwandtſchaften auf einander wirken, und geben nun zu neuen Zerlegungen Gelegenheit, woraus wieder neue Zuſammenſetzungen entſpringen. So werden zum Beyſpiel, wenn ſich in der Miſchung freye alkaliſche Erden und Salze befinden, die Metalle aus den metalliſchen Salzen dadurch gefället werden. Auch die freyen Erden werden andere Erden, die eine geringere Verwandtſchaft mit den Säuren haben womit ſie verbunden ſind, daraus niederſchlagen. Eben ſo verhält es ſich mit den metalliſchen Kalken, deren Verwandtſchaften ihren Graden nach aber noch nicht genau bekannt ſind. Auſſer dieſen nach der Verſchiedenheit der Gemenge unendlich mannigfaltigen einfachen Verwandtſchaften, muſs man auch noch eine Menge anderer Verbindungen mit in Anſchlag bringen, welche durch die doppelten Verwandtſchaften entſtehen können. Die an alkaliſche oder erdige Grundtheile gebundene Kochſalzſäure, und die metalliſchen Vitriole werden, wenn ſie mit einander vermenget werden, ihre Grundtheile

theile wechselseitig gegen einander austauschen, und ganz neue Salze bilden.

Die Aufzählung aller dieser Zerlegungen und neuen Verbindungen, welche in dieser Operation auf so vielen und so verschiedenen Wegen entstehen können, würde uns jetzt zu weit von unserm Gegenstande abführen, und mehr Beobachtungen voraussetzen, als ich bisher noch im Stande gewesen bin zu machen. Da diese Producte nach Beschaffenheit der Gemenge sehr verschieden seyn müssen, und ich in dieser Abhandlung mich nur auf die allgemeinen Erscheinungen einzuschränken Willens bin, so übergehe ich alle besondere Fälle, ausser wenn dieselben für die Theorie von Wichtigkeit sind. Ohne mich also weiter über alle diese Salze zu verbreiten, einige wenige ausgenommen, wovon ich hernach reden werde, will ich jetzt eine interessante Frage untersuchen, welche sich auf diese Materie bezieht.

Aus dem bisher gesagten folgt, dafs von allen während der Röstung der Erze und Schmelzproducte gebildeten Salzen, die metallischen Salze den grösten Veränderungen unterworfen sind, weil sie, besonders in Ansehung der einfachen Verwandtschaften, durch weit mehr Mittel zerlegt werden können, als die Salze mit erdigen oder alkalischen Grundtheilen. Machen die Gold- und Silbersalze eine Ausnahme von dieser Regel? Sollten die alkalischen und erdigen Theile, und selbst die Kalke der übrigen Metalle diese Salze wohl nicht zerlegen? und wenn dieses geschiehet, sollten die alsdann erfolgenden Niederschläge nicht im kalkartigen Zustande, und folglich unfähig seyn, mit Quecksilber sich zu verbinden? Es leidet keinen Zweifel, dass in Ansehung der im Wasser leicht auflöslichen Goldsalze, dieser Umstand eintreten

treten kann, da die andern Subſtanzen ſehr bequem darauf wir:
ken können, und man dürfte ſich eben nicht wundern, wenn
hierinn wohl gar die eigentliche Urſache läge, warum man bisher in Niederungern ſo viel Schwierigkeit gefunden, den Goldgehalt aus den Erzen rein heraus zu bringen, welches wie wir
vorhin geſehen haben, Herr *von Ruprecht* endlich noch durch
eine zweymalige Röſtung bewirkt hat. Die Silberſalze hingegen, nemlich das Hornſilber und der Silbervitriol, ſind wegen ihrer Unauflöslichkeit durch ſo einfache Mittel nicht ſo
leicht zu zerlegen, und es ſcheint nicht, daſs die Umſtände
bey dieſer Operation günſtig genug ſind, um eben die Wirkung in Anſehung dieſer Salze als bey den Goldſalzen hervorzubringen. Nach alle dem was ich bey mancherley Arbeiten in verſchiedenen Ländern zu beobachten Gelegenheit
gehabt habe, iſt mir noch keine einzige Thatſache vorgekommen, welche ſich auf irgend eine Weiſe, einer ähnlichen
Zerlegung der Silberſalze, durch die, in dem Gemenge befindlichen Erden, Alkalien, oder metalliſchen Kalke zuſchreiben
lieſse. Wenn ſich ein Verluſt dieſes Metalles ereignet, ſo
muſs man die Urſachen deſſelben in den Umſtänden ſuchen,
welche ich theils ſchon angeführet habe, theils weiter unten
noch anführen werde, aber nicht in Zerlegungen jener Art.

§. 4 Es iſt ganz und gar nicht gleichgültig, wie viel
oder wenig Waſſer man beym Anreiben nimmt. Zu viel Waſſer, verdünnet zu ſehr, verhindert die nöthige Zertheilung
des Queckſilbers, und macht daſs die Gold- und Silbertheilchen dieſem Metalle nicht ſo oft begegnen. Die dadurch verurſachte zu groſse Beweglichkeit der Theile des Gemenges,
entfernet dieſe Metalle ſelbſt in dem Augenblicke wieder von
einander, da ſie ſich begegnen, und läſst ihnen nicht die nöthige

thige Zeit ihre Vereinigung zu Stande zu bringen. Das völlige Ausbringen des Goldes und Silbers wird dadurch verhindert, oder doch wenigſtens ungemein verzögert. Bey zu wenigem Waſſer hingegen, wird das Gemenge und das Queckſilber nicht genug zertheilt. Letzteres kann ſich nicht genug in der ganzen Maſſe zerſtreuen um allen Gold- und Silbertheilchen zu begegnen und dieſelben aufzunehmen, und das gänzliche Ausbringen wird dadurch eben ſowohl, als durch zu vieles Waſſer gehindert. Beyde Extreme ſind fehlerhaft, aber das erſte doch weit mehr als das letzte, beſonders da jener Fehler, wenn man ihn einmal begangen hat, nicht leicht wieder gut zu machen iſt. Um den Zweck wozu das Waſſer beſtimmt iſt, gehörig zu erreichen iſt hinlänglich, daſs das Ganze zur Conſiſtenz eines klebrigen, aber nicht flüſſigen Schlammes gebracht werde; man braucht dabey auf die völlige, oder auch nur partiale Auflöſung der Salze keine Rückſicht zu nehmen, da dieſelbe zu nichts führen, auch zu nichts dienen würde, als einen Queckſilber- vielleicht auch gar einen Goldverluſt zu verurſachen.

§. 5. Auch die Geſchwindigkeit womit die Gemenge bewegt werden, kann auf gewiſſe Weiſe eben die Wirkung, als eine zu groſse, oder zu geringe Verdünnung hervorbringen, ſobald ſie die Grenzen überſchreitet. Iſt die Bewegung zu geſchwind, ſo werden die Theilchen des Gemenges zu bald aus ihren Stellen geſtoſsen, und die Queckſilbertheilchen haben nicht die gehörige Zeit und Ruhe, um ſich mit dem Gold und Silber vereinigen zu können, welches die Arbeit nothwendig verzögern muſs. Iſt ſie hingegen zu langſam, ſo werden die Oberflächen nicht oft genug erneuret, die Queckſilbertheilchen kommen ſpäter und ſeltener mit dem

Golde

Golde und Silber in Berührung, wodurch die Arbeit ebenfalls verzögert wird. Es ist indeſſen leichter auf das erſte dieſer Extremen zu gerathen, und dieſes iſt gefährlicher, ſo wie die zu groſse Verdünnung mit Waſſer. Denn bey einer zu langſamen Bewegung iſt man doch wenigſtens ſicher, daſs die Queckſilbertheile ſich der Gold- und Silbertheilchen die ſie antreffen, bemächtigen, ſtatt daſs ſie bey einer übertriebenen Geſchwindigkeit hundertmal auf einander ſtoſsen können, ehe ſie ſich vereinigen. Hierzu kömmt noch, daſs bey einer kreisförmigen Bewegung, die ſchwerſten Theile ſich vom Mittelpuncte entfernen, indeſſen ſich die leichteſten demſelben nähern, wobey denn keine gleichförmige Verbreitung des Queckſilbers in der ganzen Maſſe, und folglich kein vollkommnes Gold- und Silberausbringen ſtatt finden kann.

§. 6. Bey der erſten Vorrichtung, welche in Europa zur Amalgamation der Gold- und Silbererze im Groſsen gemacht ward, bediente man ſich zum Anreiben kupferner, ſehr tiefer, und birnförmiger Keſſel, worinn ſich ein verticalſtehender Rechen beſtändig hin und her drehte, und das Gemenge in Bewegung erhielt. Unter dieſen Keſſeln, welche in zwey geraden Reihen zwiſchen den Mauern eines Galerenofens ſtanden, unterhielt man während der Operation ein gelindes Feuer. Dieſe Einrichtung machte es an und vor ſich ſelbſt ſchon nothwendig, daſs das Gemenge mit ſehr vielem Waſſer verdünnet werden muſste, weil es ſich ſonſt gleich anfangs ſo zu Boden geſetzt haben würde, daſs die Rechen es nicht ohne eine ſehr groſse Kraft in Bewegung hätten erhalten können, wobey ſie alle Augenblick gebrochen ſeyn würden. Dieſer Ueberfluſs von Waſſer verurſachte nun

nun natürlicherweife, daſs das Queckſilber immer auf dem Boden lag, ohne ſich hinlänglich zu zertheilen, und ohne ſich weiter als auf die Höhe zu erheben, worauf es die Bewegung des Rechens ſtoſsweiſe werfen konnte. Die Erze hingegen ſchwammen wegen ihrer gröſsern Leichtigkeit, im Waſſer auf der Oberfläche des Queckſilbers, vermiſchten ſich nur wenig damit, ſo daſs nur dasjenige Erz, welches ſich unten, und dem Queckſilber am nächſten befand, ſein Gold und Silber ohne Schwierigkeit hergeben konnte. Das Ubrige wurde nur alsdenn erſt von dem Queckſilber angegriffen, wenn die Stöſse des Rechens es auf die Oberfläche deſſelben hinunter trieben, oder wenn es dem wenigen Queckſilber begegnete, welches dieſe Stöſse und die Bewegung des Waſſers zertheilten, und durch die Maſſe zerſtreuten. Dieſe Menge Waſſer, verbunden mit der groſsen Geſchwindigkeit welche man der Bewegung der Rechen geben muſste, um zu verhindern, daſs das Gemenge ſich nicht zu Boden ſetzte, verurſachte auch, daſs das Queckſilber ſich mit dem Golde und Silber nicht leicht verbinden konnte, weil die Metalle ſo wie ſie ſich begegneten, durch den Stoſs des Waſſers gleich wieder getrennt wurden, und nicht Zeit und Ruhe genug behielten, um ſich mit einander vereinigen zu können. Ohne noch mancher andern Unbequemlichkeiten dieſes Verfahrens zu erwähnen, erhellet aus dem angeführten ſchon zur Gnüge, daſs bey dieſen ungünſtigen Umſtänden, der Zweck der Operation erſt in ſehr langer Zeit, und oft nur mit Gold- und Silberverluſt erreicht werden konnte, weil dieſe Metalle zum Theil in den Rückſtänden blieben. Dieſe Operation erforderte auch bey der gröſsten Sorgfalt immer eine anhaltende Arbeit von 15 bis 18 Stunden, auch waren die Rückſtände nie anhaltend ſo arm,

arm, vornemlich an Golde, daſs man ſie hätte vernachläſſigen dürfen.

In der Folge nahm man ſeine Zuflucht zu einer einfachern, und zugleich weit ſicherern Methode, um den Zweck des Anreibens vollkommen zu erhalten. Dieſe Methode hat gegen die vorige den Vorzug, daſs ſie nur ein Drittel, höchſtens die Hälfte der Zeit erfodert, und daſs dabey überdem noch das Holz zum Wärmen der Keſſel erſpart wird. Man bedient ſich nemlich hölzerner Fäſſer, von gewöhnlicher Form, welche in den Mittelpuncten ihrer beyden Böden Axen haben, die auf einer Pfanne ruhen. Die eine dieſer Axen iſt länger als die andere und trägt ein Stirnrad, welches in ein, an der Welle eines Waſſerrades befindliches Getriebe greift. Ein einziges ſolches Waſſerrad iſt hinlänglich, mehrere dergleichen Fäſſer auf einmal in einer umwälzenden Bewegung zu erhalten. Um das Gemenge in die Fäſſer bringen zu können, hat jedes derſelben im Bauche ein groſses Loch, welches während der Operation feſt verſchloſſen gehalten wird. Gerade gegen über befindet ſich ein anderes ſehr kleines Loch, welches mit einem Pflock verſtopft wird, und woraus man nach geendigter Operation das Queckſilber abflieſsen läſst. Endlich befindet ſich noch ein drittes Loch darinn, welches von Zeit zu Zeit geöffnet wird, um dem, ſich aus dem Gemenge entwickelnden Gas, einen Ausgang zu verſchaffen. In dieſe Fäſſer thut man nun das Gemenge, wie vorhin in die kupfernen Keſſel, nur mit dem Unterſchiede, daſs man nicht mehr Waſſer zugieſst, als nöthig iſt, das Ganze zur Conſiſtenz eines dicken Schlammes zu bringen, und daſs ſtatt 2 Centner Erz, und eines Centners Queckſilber, ſo man in jeden Keſſel that, in jedes Faſs 10 Centner Erz, und

vierzig

vierzig bis funfzig pro Cent Quecksilber genommen werden. Noch beträchtlicher wird die Quantität, wenn man Schwarzkupfer oder andere Schmelzproducte anreibt, weil diese weniger Umfang haben als die Erze. Wenn die Fässer gefüllt sind, läſst man die Maschine angeben, welche dieselben so lange in einer beständigen Umwälzungsbewegung erhält, bis daſs die aus der Erfahrung bekannte, zum Anquicken alles Goldes und Silbers erforderliche Zeit verflossen ist. Man hemmet alsdenn den Umlauf der Maschine, und setzt noch eine gewisse Quantität Wasser zum Gemenge, um dasselbe noch mehr zu verdünnen, damit das in Kügelchen zertheilte, und in der Masse zerstreute Quecksilber sich vereinigen könne. Hierauf läſst man die Maschine wieder eine Zeitlang fortgehn, und bringt sie alsdenn zum Stillstande. Man öffnet nunmehr das kleine Loch, um das Quecksilber herauslaufen zu lassen, und verstopft es wieder, so bald das Wasser heraus zu fliesen anfängt. Hierauf läſst man die Maschine noch einmal einige Zeit gehen, damit das im Gemenge zurückgebliebene Quecksilber sich noch vollends vereinigen möge, und nachdem man es wie das vorige auslaufen lassen, leert man das übrige Gemenge durch das grofse Loch aus, und fängt es in einem Kasten auf, der zu diesem Ende unter jedem Fasse steht. Endlich wird das Gemenge ausgewaschen, um die letzten Theile des Quecksilbers und Amalgams welche noch damit vermengt geblieben sind, davon zu bringen.

Nach dieser Beschreibung wird man leicht einsehen, daſs auf solche Weise die Anquickung des, in den Erzen und Schmelzproducten enthaltenen Goldes und Silbers weit vollkommner, und in kürzerer Zeit, als mittelst der kupfernen Kessel geschieht. Das Verhältniſs des Wassers gegen das Gemenge

Theorie der Amalgamation.

menge, und die mäſsige Geſchwindigkeit der Maſchine, ſind die hauptſächlichſten Urſachen dieſer Vortheile. Man verdünnet hier die Materien mit nicht mehreren Waſſer als nöthig iſt, damit das Queckſilber ſich in kleine Kügelchen zertheilen, und gleichförmig durch die ganze Maſſe zerſtreuen könne, um ſich innig damit zu verbinden. Dieſe Zertheilung des Queckſilbers erſtreckt ſich nicht blos auf einen gewiſſen Theil deſſelben, wie bey den Keſſeln, ſondern die ganze Maſſe dieſes Metalls, iſt in mehr oder minder kleine Theilchen zertrennt, und durch das Gemenge zerſtreut. Bleibt ja etwas auf dem Boden in einer Maſſe bey einander, ſo kann dieſes nur äuſſerſt wenig ſeyn. Es fällt in die Augen, wie ſehr dieſe groſse Zertheilung des Queckſilbers das Anquicken der beyden andern Metalle befördern muſs. Das Umwälzen der Fäſſer macht, daſs die zu einer etwas dicken Conſiſtenz gebrachten Theile des Gemenges, blos über einander wegrollen, wobey ſie ſich zuweilen in Klümpchen zuſammenſetzen, und eine Zeitlang unzertrennt bleiben, wodurch die Vereinigung des Queckſilbers mit dem Golde und Silber, wenn es dieſen Metallen begegnet, ſehr begünſtigt wird. Uebrigens kann die Geſchwindigkeit dieſer Bewegung nach Gefallen gemäſsigt oder vergröſsert werden, nachdem man es nöthig findet. Man kann alſo auch dem Queckſilber die nöthige Zeit und Ruhe geben, deren es bedarf um ſich mit den Gold- und Silbertheilen, denen es begegnet, zu vereinigen, und es leidet keinen Zweifel, daſs eine ſo gut abgemeſſene Bewegung, ſehr viel zu einem geſchwinden und vollſtändigen Anquicken dieſer Metalle beytragen muſs. Die Erfahrung bewahrheitet dieſe Vortheile auf eine überzeugende Weiſe. Jede Operation erfodert nur 6 höchſtens 8 Stunden, ſtatt der

15 oder 18, welche vorhin erwähntermaßen erfodert wurden, als man sich noch der Keſſel bediente, und die Rückſtände ſind immer ſehr arm, und halten oft nicht einmal ein Viertelloth Silber im Centner. Auſſer dieſen Vorzügen der Fäſſer vor den Keſſeln, welches die wichtigſten ſind, haben ſie noch andere gleichfalls nicht unbeträchtliche in Anſehung der Erſparniſs. Die Maſchine zu den Tonnen, iſt an und für ſich ſchon einfacher als die zu den Keſſeln. Man iſt der Umſtände mit den Rechen überhoben, welche nicht allein ſehr beſchwerlich, ſondern auch wegen der beſtändigen daran vorfallenden Ausbeſſerungen ſehr koſtbar waren. Die aus harten Holze gemachten, und mit eiſernen Reifen verſehenen Fäſſer, koſten weniger und ſind von wenigſtens eben ſo langer Dauer als die kupfernen Keſſel, erfodern nicht ſo häufige Ausbeſſerungen, und wenn dieſe ja nöthig ſind, ſo ſind ſie leicht gemacht. Man erſpart auch das Holz, welches man ſonſt zum Erwärmen der Keſſel nöthig hatte, oder braucht höchſtens nur ſo viel als erfodert wird, um das wenige Waſſer ſo man zuſetzt, heiſs zu machen, wenn man ſich ja des warmen Waſſers bedienen will. Das aus dem Amalgam geſchiedene Silber fällt viel feiner aus, und bedarf keines Feinbrennens. Endlich erfodert auch die Arbeit an ſich ſelbſt weit weniger Sorgfalt, denn wenn die Fäſſer gefüllt ſind, ſo macht man ſie zu, und läſst ſie gehn ſo lange es nöthig iſt, ohne etwas hinzu zu thun oder heraus zu nehmen, ſtatt daſs bey den Keſſeln immer darauf geachtet werden muſste, den durch die Ausdünſtung verurſachten Abgang an Waſſer wieder zu erſetzen, und dadurch zu verhüten, daſs die Materien nicht zu dick und zu trocken würden, und dadurch die Bewegung des Rechens hemmten, oder zum wenigſten er-

ſchwerfchwerten und öftere Brüche veranlaßten. Diefe Methode ift alfo in allem Betracht der erften vorzuziehn, und bey ihr treffen alle Umftände, welche die Operation befördern können, fo zufammen, daß fie auf den höchften Grad der Vollkommenheit deren fie fähig ift, gebracht zu feyn fcheint.

Ich darf indeffen noch ein paar andere Methoden das Gemenge anzureiben, nicht mit Stillfchweigen übergehen, von denen Hr. *Gellert* die eine, und Hr. *von Ruprecht* die andere erfunden hat. Der erfte diefer beyden gelehrten Metallurgen, wollte den Gebrauch der kupfernen Keffel, und den damit verknüpften Holzverbrandt vermeiden, und bediente fich zu diefem Ende hölzerner cylindrifcher Gefäße, worinn er das mit Waffer hinlänglich verdünnte Gemenge, nebft der erforderlichen Menge Queckfilber that. In jedem diefer Cylinder fpielt ein kupferner Kolben, der blos aus einem, einen guten Zoll breiten Ringe, mit vier im Mittelpunkte fich vereinigenden Speichen befteht, und an einer Stange befeftigt ift. Die auf- und abfteigende Bewegung diefes Kolbens, rührt das Gemenge auf, zertheilt das Queckfilber, und zerftreuet es durch die ganze Maffe. Es ift leicht einzufehen, daß diefe Art des Anreibens eben die Wirkung als die vorigen beyden hervorbringen muß, und nach den bisher damit angeftellten Verfuchen, fcheint fie auch fehr ausgezeichnete Vorzüge vor der erften zu haben, da die Operation nur die Hälfte der Zeit, und oft noch weniger erfodert, und das Silber fo gut ausgebracht wird, daß die Rückftände zuweilen nur noch ein Viertelloth und wol noch weniger halten, wohinzu noch die Erfparung der Feurung kömmt. Die Bewegung des Kolbens von oben nach unten, und umgekehrt, fcheint in der That viel gefchickter zu feyn, das Queckfil-

ber mit den übrigen Stoffen innig zu vermifchen, und diefe
in den Wirkungskreis deffelben zu bringen, als die horizontale Bewegung der Rechen. Die Confiftenz des Gemenges
ift dicker als bey den Keffeln, und die Bewegung des Kolbens gemäßigter, wodurch alfo die Zertheilung des Queckfilbers befördert, und demfelben mehr Zeit und Ruhe gegeben wird, mit dem Gold- und Silbertheilchen fich zu vereinigen. Indeffen erfodert diefe Methode noch immer eine
ziemliche Verdünnung des Gemenges, und ein grofser Theil
des Queckfilbers bleibt unzertheilt auf dem Boden des Cylinders, und da die Bewegung doch ein wenig heftig ift, fo
fcheint das Queckfilber in diefen Gefäßen fich nicht fo gut
zertheilen, und fo innig mit dem Gemenge vermifchen zu
können, als in den Fäffern, auch nicht Zeit und Ruhe genug
zu behalten, die Gold- und Silbertheile denen es begegnet, aufzunehmen, daher man mittelft diefer Methode das Gold und
Silber wohl fchwerlich fo vollkommen, und in fo kurzer
Zeit ausbringen wird, als mittelft der vorher befchriebenen.
Herr *Gellert* hat indeffen einige Verfuche gemacht, welche
beynahe eben fo wie das Anreiben in Fäffern ausfielen, aber
diefer Verfuche waren nur wenig, nicht alle fielen gleich
glücklich aus, und gegen einen welcher glückte, erfoderten
mehrere andere eine längere Zeit. Aber auch zugegeben,
dafs diefe Methode von diefer Seite der andern nicht nachftünde, fo ift dadurch doch noch nichts gewonnen, wenn
die Mafchine, welche die Kolben in Bewegung fetzt, und die
Arbeit an fich felbft nicht zugleich einige Vorzüge hat. Diefes hat man aber noch nicht gezeigt; man kann auch nicht
eher darüber entfcheiden, bis einige Verfuche im Grofsen gemacht find, womit Herr *Gellert* jetzt wirklich befchäftigt ift.

Bis

Bis dahin, dafs wir die Refultate feiner Verfuche erfahren, können wir vorläufig behaupten: 1) Dafs man fchwerlich hölzerne Cylinder von fo grofsen Inhalt als die Fäffer haben, brauchen kann, und dafs man folglich genöthigt werden würde, weit mehr Cylinder als man Fäffer nöthig gehabt hätte, anzulegen. 2) Dafs man die Kolben der Cylinder nicht durch eine fo einfache Mafchine als die Fäffer in Bewegung fetzen kann, daher man einer mehr zufammen gefetzten fich bedienen müfste. 3) Dafs man einer gröfsern bewegenden Kraft bedarf, weil die Kolben an und vor fich ein beträchtliches Gewicht haben. 4) Dafs das Gemenge immer bey einem gewiffen Grade von Flüffigkeit erhalten, alfo vielleicht von Zeit zu Zeit Waffer zugegoffen werden müfste, vornemlich wenn zu Anfang der Operation warmes Waffer genommen ift, welches alfo von Seiten derer die die Aufficht führen, mehr Achtfamkeit erfordern würde. 5) Dafs nach geendigter Operation die Cylinder gewifs nicht mit fo wenig Umftänden, als die Fäffer fich ausleeren laffen. Es fcheint alfo nicht, dafs diefe Methode jemals eben fo vortheilhaft als die andere werden könne.

Herr *von Ruprecht* fuchte an feiner Seite das vollkommne Ausbringen des Gehalts, vornemlich der Golderze, dadurch zu befördern, dafs er dem Gemenge die Confiftenz eines dicken Schlammes gab. Er bediente fich zu dem Ende, ehe er von den Fäffern Gebrauch machte, einer Art zirkelrunder, von Brettern gemachter Kaften, deren inwendige untere Hälfte mit Kupfer befchlagen war. Derjenige, deffen er fich zu den erften Verfuchen bediente, war 38 Zoll lang, und hatte 2 Fufs im Durchmeffer. Durch die Mitte diefes Kaftens ging der Länge nach die horizontale Welle eines, während der Operation umlaufenden Rades. Diese Welle war mit zwey Reihen Löffel oder gekrümmter Schaufeln besetzt, welche in einer doppelten Spirallinie, und in der Entfernung eines Zolles von einander längst der ganzen Welle vertheilt waren, um das Gemenge aufzurühren. Man that dasselbe in diesen Kasten in eben dem Zustande, als man es in die Kessel that, nur mit dem Unterschiede, daſs man nicht mehr Wasser zusetzte als erfodert wurde, um das Gemenge zur Consistenz eines dicken Schlammes zu bringen. Es ist leicht einzusehen, daſs bey jedem Umlauf des Rades, die Löffel das Gemenge aufrühren muſsten. Auch muſste dadurch das Queckſilber zertheilt und innig mit den Materien vermengt werden, da diese Consistenz die Zertheilung deſselben so sehr begünstigte. Und diese Consistenz sowohl, als die Geschwindigkeit der Bewegung, welche man nach Gefallen mäſsigen konnte, beförderte auch die Vereinigung des Queckſilbers mit den, demselben begegnenden Gold- und Silbertheilen. Diese Umstände muſsten also nothwendig ein besseres Ausbringen bewirken, und die Dauer der Operation mehr abkürzen, als bey der Methode mit den Kesseln möglich war. Alles Silber war auch wirklich nach Verlauf von 6 bis 8 Stunden ins Queckſilber gegangen, und von dem Golde nach 20 Stunden ungleich mehr als bey den Kesseln. Ein so erwünschter Erfolg konnte freylich zu einer Einführung dieser Methode im Groſsen reizen, und Herr von *Ruprecht* fing wirklich an dergleichen Kasten von 24 Fuſs Länge, und 8 Fuſs im Durchmesser vorrichten zu laſsen, um 60, 80 bis 100 Ctn. Erz auf einmal darinn anzureiben. Ich habe indeſsen hernach erfahren, daſs er diese Methode wieder aufgegeben, und sich blos an die Fäſſer gehalten hat, worinn das Anquicken wenigstens eben so vollkommen,

kommen, in kürzerer Zeit, und mit weniger Beschwerlichkeit geschieht, und wobey man ein reines und feines Silber erhält.

§. 7. Das Queckſilber, welches den gerösteten Erzen und übrigen Producten bey dem Anreiben zugeſetzt wird, wirkt auf zweyerley Weiſe. Erſtlich als ein Niederſchlagsmittel desjenigen Goldes und Silbers, ſo durch die Säuren aufgelöſt worden, und dann als ein Auflöſungsmittel dieſer beyden Metalle im reguliniſchen Zuſtande, ſie mögen nun entweder von Anfang an in dieſem Zuſtande geweſen ſeyn, oder in denſelben durch die Fällung aus den Säuren erſt wieder verſetzt ſeyn. Es iſt ſchon vorhin gezeigt, wie dieſe Fällung des Goldes und Silbers mittelſt des Queckſilbers geſchieht, ich will alſo jetzo nur noch hinzufügen, daſs auch Kupfer und Eiſen in metalliſcher Geſtalt, wenn ſie dem Gemenge zugeſetzt, oder auf andere Art damit in Berührung gebracht werden, auf eine vortheilhafte Weiſe als Fällungsmittel, beſonders in Anſehung der Goldſalze dienen können. Auf die Silberſalze wirken ſie wahrſcheinlicherweiſe nicht, weil dieſelben im Waſſer unauflöslich ſind, und daher zu ihrer Zerſetzung ein flüſſiges Metall, wie das Queckſilber erfodern, indem ein feſtes darauf nicht wirken kann. Auch iſt der Zuſatz von Kupfer oder Eiſen, oder daſs man das Gemenge mit dieſen Metallen auf andere Weiſe in Berührung bringe, nicht deswegen nöthig, um die während der Röſtung entſtehenden Gold- und Silberſalze zu zerſetzen, ſondern in einer ganz andern Hinſicht, wie wir bald ſehen werden.

Es gibt noch eine andere Materie welche gleichfalls das Gold in reguliniſcher Geſtalt niederſchlägt, nemlich den Eiſenvitriol. Eine ſolche Fällung könnte aber bey dem Anreiben nur alsdenn ſtatt finden, wenn nach der Röſtung noch

etwas

Mittel dar, wodurch diefer Zweck erreicht werden könnte, als die Fällung des Queckfilbers aus diefem Salze mittelft eines andern Metalles in regulinifcher Geftalt; diefes Mittel ift alfo auch das einzige, wozu man feine Zuflucht nehmen kann. In diefer Rückficht gefchieht es nun, dafs man dem anzureibenden Gemenge entweder eine gröfsere oder kleinere Menge granulirtes, gefeiltes, oder laminirtes Kupfer, oder Eifen zuletzt, oder die Operation in kupfernen oder eifernen Gefäfsen vornimmt. Diefe beyden Metalle haben eine gröfsere Verwandtfchaft mit der Salzfäure als das Queckfilber, verbinden fich mit derfelben, und fchlagen letzteres in metallifcher Geftalt nieder; hierdurch wird der Queckfilberverluft entweder völlig vermieden, oder doch wenigftens in Vergleichung desjenigen, welcher ohne den Zufatz diefer Metalle entftehen würde, auf eine äufserft geringe Kleinigkeit gebracht.

  Kupfer und Eifen find nicht die einzigen Metalle, wodurch die Zerlegung des Sublimats fich bewirken läfst. Zink, Bley, und die meiften andern Metalle, zerlegen ihn auch, aber die damit verknüpften Nebenumftände machen die Arbeit befchwerlicher, vermehren die Operationen, und vergröfsern oft fogar den Verluft welchen man erfetzen wollte, wie wir bald fehen werden. Das Eifen felbft ift von einigen diefer Unbequemlichkeiten nicht ganz frey, weil es aufser dem Queckfilber auch das Kupfer, das Bley und andere Metalle niederfchlägt, welche in falzartiger Geftalt in dem Gemenge enthalten find, wodurch denn ein unreines Amalgam verurfacht, und das Feinbrennen des Silbers nach der Scheidung deffelben aus dem Amalgam nöthig gemacht wird. Das Kupfer hingegen, kann aus dem Gemenge nur das in der Salzfäure auf-

Theorie der Amalgamation. 291

aufgelöste Queckſilber und die Goldtheilchen niederſchlagen, welche vielleicht mit dieſer Säure vereinigt ſind, und die Amalgame können höchſtens nur durch Kupfer verunreinigt ſeyn, welches nicht immer nachtheilig iſt. Das Kupfer iſt alſo allen übrigen Metallen zur Fällung des Queckſilbers vorzuziehen; man hat ſich deſſelben auch immer bey den Arbeiten im Groſsen bedient, und das Eiſen nur zu beſondern Unterſuchungen und zu Verſuchen im Kleinen angewandt.

§. 9. Die Verbindung des Queckſilbers mit der Salzſäure, iſt nicht die einzige Veränderung dieſes Metalles, welche bey dem Anreiben ſtatt findet, und einen beträchtlichen Verluſt deſſelben verurſacht. Es gibt noch zwey andere, die eben ſo viel Einfluſs haben, und welche zu verhüten eben ſo weſentlich nöthig iſt, wenn die Arbeit anders mit gehöriger Oekonomie betrieben werden ſoll. Die erſte iſt blos mechaniſch, und beſteht in einer Zertheilung dieſes Metalls in ſo feine Stäubchen, daſs ſie auf dem Waſſer ſchwimmen, und auf der Oberfläche deſſelben ein Häutchen bilden. Das ſo fein zertheilte Queckſilber wird beym Auswaſchen vom Waſſer mit fortgeführt, und es iſt äuſſerſt ſchwer es zurück zu halten, oder wieder zuſammen zu bringen. Dieſe äuſſerſt feine Zertheilung des Queckſilbers findet ſtatt, wenn das Gemenge mit einer zu groſsen Geſchwindigkeit bewegt wird, und rührt von dem Reiben der Theile dieſes Metalls ſowol unter ſich, als mit den andern Materien her. Die dicke Conſiſtenz des Gemenges begünſtigt dieſe Zertheilung ſehr, und ſie trägt ſich daher häufiger in den Fäſſern als in den Keſſeln zu. Dieſes Metall befindet ſich alsdenn in eben dem Zuſtande, worinn es verſetzt wird, wenn man es in einem wohl verſtopften Gefäſse ſtark ſchüttelt, wodurch es zu einem

ſehr

sehr feinen schwärzlichen Pulver wird. Zuweilen, und zwar vornemlich wenn sehr bleyische antimonialische oder arsenikalische Erze und Producte bearbeitet werden, trägt es sich zu, daſs diese Metalle mit der Vitriol- noch mehr aber mit der Salzsäure zähe Salze bilden, welche die Queckſilbertheile umhüllen und ihre Vereinigung hindern. Diese feinen isolirten Maſſen sind zu klein, um den Widerſtand des Waſſers zu überwinden, und gehen alſo auch im Auswaſchen mit fort.

Das einzige bisher bekannte Mittel gegen diese Zertheilung des Queckſilbers, wenn ſie durch ein von dem zu geſchwinden Gange der Maſchine verurſachtes Reiben der Theile verurſacht wird, beſteht in einer verminderten Geſchwindigkeit. Aber noch ſchwerer iſt es dieſe Inconvenienz zu verhüten, wenn zähe Materien die Queckſilberkügelchen umgeben, und dadurch ihre Wiedervereinigung hindern. Man muſs alsdenn die Salze ſo dieſes verurſachen, zu zerſtöhren ſuchen, welches entweder durch die bloſse Wirkung des Feuers in der Röſtung geschehen kann, oder mittelſt des Zuſatzes einer Materie, welche dieſelben entweder in der Röſtung, oder während des Anreibens zerlegt. Man hat ſich dazu des lebendigen Kalkes bedient, der eine ſtärkere Verwandtſchaft mit den Säuren hat, und folglich diese Salze zerlegt indem er ſich ihrer Säure bemächtigt. Indeſſen iſt dieſes Mittel nicht vollkommen ſicher und ohne Nachtheil, denn man hat bemerkt, daſs der Zuſatz des Kalks ſowol beym Röſten als Anreiben, die Operation oft beträchtlich verzögert, und das vollkommne Ausbringen des Goldes und Silbers hindert. Man hat ſich auch zuweilen mit Nutzen einer vitrioliſchen Lauge bedient, vornemlich bey ſehr bleyiſchen Gemengen, wo ſich denn wahrſcheinlicherweiſe das Bley mit

der

der Vitriolſäure verbindet, und damit ein minder auflösliches, und nicht ſo zähes Salz bildet als mit der Salzſäure.

Um nun das Queckſilber, welches aus einer der angeführten Urſachen zu ſehr zertheilt iſt, wieder mit einander zu vereinigen und zuſammen zu bringen, muſs man das Gemenge nach dem Anreiben mit vielem Waſſer verdünnen, es ſanft und hinlänglich lange in dem Auswaſchfaſſe umrühren, und einen Centner Queckſilber oder noch mehr, als einen Regen, mittelſt einer Gieskanne darauf fallen laſſen. Indem das Waſſer das Gemenge verdünnet, löſet es die ſalzigen Theile, welche die kleinen Queckſilbermaſſen umgeben, auf, und macht dieſe auch von den andern Materien, an welchen ſie hingen, los, und durch die verminderte Dichtigkeit des Flüſſigen, wird das Niederſinken derſelben befördert; die langſame Bewegung des Rechens erleichtert zu gleicher Zeit die Wiedervereinigung dieſer Theilchen, welche alsdenn gröſsere Kügelchen bilden, und deſto leichter zu Boden fallen; das friſche Queckſilber ſo man darauf fallen läſst, nimmt, indem es durch die Flüſſigkeit geht, die Queckſilbertheilchen auf, und reiſst ſie mit zu Boden. Indeſſen reichen dieſe Mittel dennoch zuweilen nicht zu, die in der Maſſe der Rückſtände zerſtreuten Queckſilberſtäubchen wieder zuſammen zu bringen, ſondern man muſs zu neuen Arbeiten ſeine Zuflucht nehmen. Es bleibt alsdenn kein ander Mittel übrig, als die Rückſtände durch das Waſchen auf einem gewöhnlichen Pochwerksherde ſo viel möglich in die Enge zu bringen, ſie hierauf zu trocknen, und nochmals mit Hülfe einer mäſsigen Wärme anzureiben. Durch dieſe Operation werden die Queckſilbertheilchen auf gewiſſe Weiſe wieder lebendig, nehmen ihre Farbe und metalliſchen Glanz wieder an, verbinden ſich mit einander und gehen auf dem Boden in eine Maſſe zuſammen, welche man am Ende durch ein blóſses Abgießen, oder durch eine Verdünnung des ganzen Gemenges mit Waſſer abſcheidet.

Die andere Veränderung welche dem Queckſilber zuweilen beym Anreiben wiederfährt, ſcheint mehr chymiſch als mechaniſch zu ſeyn; ſie iſt aber noch nicht mit alle der Aufmerkſamkeit unterſucht welche ſie verdient. Dieſe Veränderung beſteht gleichfalls in einer äuſſerſt feinen Zertheilung des Queckſilbers, die aber durch einige Materien bewirkt wird, welche es angreifen, und eine Veränderung ſeiner Natur hervorzubringen ſcheinen. Dieſe Materien ſind die vitrioliſchen Salze, und vornemlich der Kupfer- und Eiſenvitriol. Wenn Queckſilber mit einer Auflöſung dieſer Salze angerieben wird, ſo bekömmt es anfänglich eine graue Farbe, verliert ſeine Lebhaftigkeit, zertheilt ſich in Kügelchen welche Schwänze ziehen, zertrennt ſich endlich in feine Stäubchen, und wird zu einem grauen Pulver, das wegen ſeiner Leichtigkeit im Waſſer ſchweben bleibt, und beym Auswaſchen mit fortgeht. Das Queckſilber ſcheint durch eine Art von Auflöſung in dieſen Zuſtand gerathen zu ſeyn, denn nach Herrn *Walchers* Verſuchen darf man nur eine Portion Eiſenfeile hinzuthun, um das Metall wieder zum Vorſchein kommen zu ſehen, welches ſich alsdenn wieder vereinigt, ſeine ganze Lebhaftigkeit und metalliſchen Glanz wieder erhält und zu Boden ſinkt. Aber dieſe Erſcheinung iſt auch noch zur Zeit die einzige welche vermuthen läſt, daſs das Queckſilber in dieſem Falle nicht blos zertheilt, ſondern auch durch die Wirkung der Salze oder ihrer Säuren aufgelöſt iſt; man kann alſo dieſe Meynung noch nicht zuverſichtlich behaupten. Wir müſſen daher erſt noch erwarten, daſs weitere tore Unterſuchungen dieſelbe entweder beſtätigen, oder den Zuſtand, worinn das Queckſilber nach dieſer Operation ſich befindet, uns näher kennen lehren.

Dieſe ſonderbare Veränderung des Queckſilbers, trägt ſich meiſtens bey der Bearbeitung ſehr ſchweflichter Erze und Schmelzproducte zu, bey deren Röſtung eine groſse Menge Vitriol entſteht; ſie ſcheint alſo, ſo lange dieſe Salze vorhanden ſind, unvermeidlich zu ſeyn. Das einzige Mittel derſelben vorzubeugen, iſt die Zerſtörung dieſer Salze, ehe man das Queckſilber beym Anreiben hinzuſetzt. Ich habe ſchon vorhin angeführt, daſs man beym Röſten ſehr ſchweflicher Gemenge, eine mehr oder minder groſse Portion lebendigen Kalk zuſetzt, um das Uebermaaſs von Schwefelſäure zu abſorbiren. Dieſer Kalk kann auch zugleich dazu dienen, daſs er beym Anreiben die Vitriole zerſtört, welche während der Röſtung ſich gebildet haben, und man hat ihn auch wirklich in ſolchen Fällen mit Vortheil angewandt. Indeſſen iſt man doch aber über den Nutzen deſſelben noch nicht vollkommen einig, denn oft verzögert er die Operation, wie vorhin gezeigt iſt, und verhindert ſogar das vollkommne Ausbringen des Goldes und Silbers, vornemlich wenn die Quantität ein wenig groſs iſt. Das Kochſalz iſt ein eben ſo wirkſames Mittel zur Zerlegung dieſer Vitriole, und die Anwendung deſſelben iſt mit wenigerm Nachtheil verknüpft. Die Uebermaaſse dieſes Salzes ſchadet niemals, es ſcheint ſogar nothwendig zu ſeyn, daſs nach der Röſtung noch etwas davon übrig bleibe, oder bey dem Anreiben von neuem hinzugethan werde, weil es die Oberfläche des Queckſilbers rein erhält, und dadurch die Vereinigung deſſelben mit dem Golde und Silber erleichtert. Herr *von Ruprecht* hat ſich von

dem

dem Nutzen des Kochſalzes beym Anreiben durch wiederholte Verſuche überzeugt, denn er fand, daſs oft ein Zuſatz von Kochſalz hinreichend war, ein vollkommneres Ausbringen aus ſolchen Gemengen zu bewirken, deren Rückſtände ſonſt zu reich blieben. Indeſſen bleibt die Art und Weiſe, wie das Kochſalz, der lebendige Kalk, die Vitriollaugen, und andere dergleichen Zuſätze in dieſer Operation wirken, noch immer etwas dunkel, da ſie noch nicht mit gehöriger Aufmerkſamkeit unterſucht worden iſt.

Der Schluß folgt künftig.

II. AUS-

nach dem Gehalt auf ntner fallende		Bleyverbrandt			Summa der auf 1 Centner fallenden Schmelzkosten.			
Pf.	Thl.	Gld.	Krz.	Pf.	Thl.	Gld.	Krz.	Pf.	Thl.
1		2	24	-		8	-	1	
2		2	29	-		8	8	2	
2		2	34	-		8	16	2	
1		2	39	-		8	24	1	
-		2	42	3		8	31	3	
2		2	48	3		8	39	1	
3		2	53	3		8	46	3	
-		2	58	3		8	54		
1		3	3	3		9	1	-	
-		3	8	3		9	7	3	
3		3	13	3		9	14	2	
2		3	18	-		9	21	1	
-		3	23	2		9	27	3	
1		3	28	2		9	34		
2		3	33	2		9	40	-	
-		3	38	2		9	46		
1		3	43	2		9	52		
		3	48	2		9	57	3	
3		3	53	2		10	3	1	
2		3	58	2		10	8	2	
2		4	3	1		10	13	3	
2		4	8	1		10	19		
2		4	13	1		10	24		
2		4	18	1		10	28	3	
		4	23	1		10	33	2	
		4	28	1		10	38		
		4	33	1		10	42		
		4	38	1		10	46	2	

über die Anno 178ilber enthalten war, wie hoch der gemeine Silberngänge ergeben, und was für :eugt worden.

	abgang auf ooo Ctn. Erz		Einlöfungs-Nutzen	Quicknutzen		
	Pfd.	Lt.		Guld.	Kr.	Pf.
Iftes Quartal 178f	32	⅓		4112	59	1
2tes - - 3	44	⅓		3240	46	2
3tes - - 1	85	⅜		4517	49	-
4tes - - 1	93	⅓		4133	3	1
Iftes Quartal 178}	49	⅔		1970	38	-
2tes - - 5	27	-		3625	53	2
3tes - - 3	39	⅓		2722	28	-

II.

AUSZUEGE.

I.

Des Hofraths von Leibnitz mißlungene Verſuche an den Bergwerksmaſchinen des Harzes.

Von

Friedrich Wilhelm Heinrich von Trebra.

Schluſs.

Eine zwote Idee des thätigen *Leibnitz*, zu Verbeſſerung der Bergwerksmaſchinen am Harze, ging auf die Treibewerke. Man hatte damals gröſstentheils nur Pferdegöpel, oder Haſpel, um noch koſtbarer mit Menſchen die Erze der Gruben aus den Schächten herauszuſchaffen. Waſſerräder waren bey den Gruben meiſt nur dazu angewendet, die im Innern der Gebirge zufließenden Waſſer, aus ihren tiefſten Punkten auf die Stölln zu pumpen. Dieſe Waſſerräder gingen aber immer nur nach einerley Richtung um, muſsten ſo gehen, und ſo aptirt, konnte, wie dieſes beym Treiben nothwendig iſt, mit dem Waſſerrade nicht gekehrt werden, das iſt, der Umlauf konnte in vorwärts, und gerad entgegengeſetzt rückwärts

wärts Umgehen nicht so verändert und augenblicklich gerichtet werden, als dieses beym Treiben nöthig ist, wobey immer eine Tonne leer den Schacht hinein, die andere voll ihn herausgeht, letztere wenn sie herauskömmt, ausgestürzt, erstere unten im Schachte gefüllt werden, und dann der Umgang der Maschine die völlig entgegengesetzte Richtung erhalten muß. Auch waren damals der Wasser so viele, zum Aufschlag auf Räder nicht vorhanden (selbst der erste Versuch zu Verbindung Windes und Wassers beweißt dieß) daß besondere Räder zum Treiben damit hätten können in Umgang gesetzt werden. Diesen beyden Uebeln nun, wollte der unabläßig auf Nutzen spekulirende Mann, durch eine Erfindung mit eins abhelfen, die darinne bestund, mit den zum Auspumpen der Wasser schon gangbaren Rädern auch zu treiben, so daß sie in ihrem Laufe immer einerley Richtung behalten, und doch kehren, auch dabey nicht mehr Wasser zum Aufschlag erfordern sollten, als höchstens nur so viel mehr, wie man zu einem noch angehängten, nur einzigen Satze nöthig haben würde. Eine Idee, die ebenfalls des grosen Kopfs, auf alle Weise sehr würdig ist. Schon im Jahre 1683. arbeitete Leibnitz darauf, sie erst noch recht durchzuprüfen, und dann zur Anwendung zu bringen, wie folgender Brief beweißt.

Zellerfeld 23. Dec. 1683.

Puis qu'il vous paroit, ce me semble, que la pensée que j'ai d'une nouvelle maniere de tirer la mine du puits n'est pas tout a fait méprisable; j'ai consideré, depuis que j'ai eu l'honneur de vous parler, comment nous en pourrions être eclaircis; et voyant qu'il y a quantité de circonstances a examiner, touchand les quelles je ne suis pas encore assez informé, j'ai jugé, qu'il

me

me feroit necessaire d'en conferer avec quelques personnes instruites en ces matières. Mais ne trouvant pas encore a propos de faire connoitre mon dessein a toutes sortes de gens, j'ai pensé qu'il seroit bon de choisir quelques personnes pour cela. Et entre ceux que je connois, dont la nombre n'est pas grand, le *Geschworner Polsdörfer*, et le *Schichtmeister Bosse* (qui ont été presens dernierement a l'operation de la Machine à Vent) m'y paroissent encore propres; d'autant que Vous même avez envoyé l'un, et moi l'autre. Pas un d'eux n'en sçait encore mot. En cas donc, que Vous le trouviez à propos, je Vous supplie Monsieur de leur dire, ou faire dire, qu'ils ayent à me trouver, à conferer avec moi sur la matière que je leur proposerai, et à ne communiquer leur Considerations qu'a Vous et a moi.

Au reste je souhaite, que Vous passiez ces fêtes et bien d'autres, avec toute la satisfaction possible, et je suis avec respect etc.

Ich rücke diesen Brief von Wort zu Wort hier ein, weil er so vollständig beweißt, daß Leibnitz zwar das Talent fühlte, womit er bey Bergwerksmaschinen nützlich werden konnte, zugleich aber auch fand, daß er nicht Kenntniß gnug vom Bergbau, und seinen ganz eignen Situationen hatte, um damit ausübend wirklich zu nützen. Er fand sehr nöthig, solche Bergleute über Anwendung seiner Erfindungen mit zuzuziehen, die den Bergbau hinlänglich gnug kannten, um durch ihre Unterhaltungen davon, in solche Modificationen seiner Erfindungen geleitet zu werden, wie sie nothwendig waren, wenn das anwendbar werden sollte, was er wußte. Er suchte auf die beste Art die, ihm so nöthigen Unterhaltungen mit solchen Bergleuten zu erlangen. — Aber traurig

rig ifts, von der Hand des Empfängers auf diefen Brief gefchrieben zu finden: prf. 23. R. 24. Dec. 1683. *abgefchlagen.* ——

Vorbedeutung fchon wieder dahin, dafs auch diefe Unternehmung in Gefahr fey zu verunglücken. Der raftlofe Leibnitz liefs es indeffen dabey nicht bewenden, er drang im folgenden Jahre noch einmal an, erbot fich diefen kleinen Verfuch, ohne Kehrrad zu treiben, auf feine Koften zu machen. *Mais pour ne pas faire ces frais mal a propos,* fagt er, *il faut neceffairement que je communique avec des gens, qui me puiffent informer de quantité de petites particularités, qu'il eft impoffible, que je puiffe ffavoir autrement.* Es verzog fich gleichwohl damit, bis in das Jahr 1685, an deffen Schluffe befohlen wurde, dafs dem Hofrathe Leibnitz alle zur Probe nöthige Sachen ohnweigerlich, und ohne Aufenthalt verabfolgt werden follten. Nun drang man aber auch in ihn, feine Erfindung auszuführen, und er fäumte fich nicht, ward aber durch die Arbeiter aufgehalten, denn es wird unterm 15. Martii 1686. gefagt:

> Ich habe den Schmidt heut um Mitternacht anfangen laffen, um fertig zu werden, ift auch meift fertig, dafs aber der Zimmermeifter gegen fein Verfprechen, heut guten Montag halten, und noch diefen Morgen trunken feyn würde, habe ich nicht verhüten können. ——

Nun ward am 3. April befohlen, dafs ein Schichtmeifter gefetzt, von diefem die Lohnung aus dem Zehnden gehoben, und von der Zeit an, da der Hofrath abgereifst fey, das Auslohnen beforgt werden follte, weil von ihm war vorgeftellt worden, dafs nach feiner Abreife vom Harze, Arbeitsleute ihm davon gegangen wären. —— Unter allen diefen

Schwierigkeiten kams endlich doch dazu, daſs am 21. May 1686. mit der nun ſo weit fertigen Einrichtung des Treibens nach Leibnitzens Idee, auf der Grube Thurmroſenhof die erſten Verſuche gemacht werden konnten, wobey ſich aber die Schwierigkeiten äuſsern, daſs die Seile ſich verwickeln, die ledige Tonne auf der vollen im Schachte ſitzen bleibt, und alles ſehr langſam geht, denn in ¾ Stunden kam auf 80 Lachter Tiefe, in ⅝ Stunden auf 100 Lachter, erſt die Tonne heraus. Man bittet dann, einen Menſchen zuzugeben, der des Schachtes, und des darinne ſonſt geſchehenen Treibens kundig ſey. — Die Gegenſeite dringt in der Folge immer mehr an, den ſtandhaften und nützlichen Umgange des neu eingerichteten Treibens zu Werke zu richten, und es wird dem Hofrath Leibnitz durch ein Decret vom 24ſten May, der 3te Junius zum Tage vorgeſchrieben, an welchem die entſcheidende Probe gemacht werden ſolle. Er wendet darauf alles an, das Werk fertig zu bringen, erlangt dieſs, und macht den 2ten Junii ſchon einen Verſuch für ſich damit, wobey aber das Seil bricht und in den Schacht fällt. Dieſen Unfall meldet der Hofrath, bittet das Seil wieder herauszuſchaffen, und ſetzt zur Hauptprobe nächſten Montag den 7ten Jun. feſt, um erſt alles wieder in Ordnung zu bringen, welcher Tag auch angenommen wird. Freytags den 4ten Junii iſt er dann mit äuſſerſtem Fleiſse beſchäftigt, die Maſchine vollends zuſammenzurichten, und bringt damit bis 11 Uhr in die Nacht zu. Es bleibt aber das ledige Seil abermals im Schachte hängen, das doch endlich durch Bergleute wieder los gemacht wird. Nachdem nun bis Sonnabends Nachmittags 2 Uhr, ämſigſt gearbeitet worden iſt, und die Arbeiter ſich endlich verlaufen haben, müſſen dieſe wieder herbey geholt werden,

die

die Arbeit wird fortgesetzt, und man fragt endlich den Aufseher der Arbeiter des Hofraths: ob noch ferner etwas nachstünde, so er vor der Probe vorzurichten, zu ändern, oder sonsten anzustellen verlangte? Dieser — er wüste nichts, sondern es könnte nunmehro die Probe zur Hand genommen werden. Die Probe wird denn auch wirklich vorgenommen — ohne Leibnitzen dabey zu haben, oder ihn nur befragen zu lassen — und in ⅜ Stunden wird die erste Tonne glücklich zu Tage gebracht. Als die 2te Tonne bis nur auf 24 Lachter noch heraus ist, reißt das Seil, die Maschine wird laufend, schmeißt die Kämme aus den Rädern zum Dach heraus, und alle die dabey sind gerathen in Gefahr. — Leibnitz der in Zellerfeld war, beklagt sich höchlich hierüber, bemerkt, daß er gemeint gewesen, die Dinge nur allein erst gebührend vorrichten zu lassen, klagt besonders, daß das Werk violentirt, und der Meister angetrieben worden sey, fortzufahren, ob er gleich einen überaus großen Widerstand gespürt habe, und thut verschiedene entscheidende Fragen, die ihm kurz und bitter gnug beantwortet werden. Nun gerieth auch dieser Versuch in einen langen Schlaf. Das vorige Treiben wird wieder eingerichtet, nur so viel von der Leibnitzischen Vorrichtung bleibt stehen, als geschehen kann, ohne das gewöhnliche Treiben zu hindern, und Leibnitz scheint alles auch hier, so wie bey den Windmühlen aufgegeben zu haben. —

Nach verlaufener ansehnlicher Zeit, von mehr als 6 Jahren, am Schlusse des Jahrs 1692. und Anfange 1693, wo man vielleicht glaubte, die Leibnitzische Idee möchte nun schon ganz vergessen seyn, beginnt ein neuer Akt in dieser Treibewerksverbesserung. Der Münzmeister Bornemann zu Zeller-

Zellerfeld, in Compagnie mit dem Zellischen Münzmeister Jenisch, macht bey der Bergwerksdirection zu Clausthal bekannt, eine neue Invention zu besitzen, zu Erleichterung des Treibens mit Pferden sowohl, als Kehrrädern. Namentlich, wie nachher angegeben worden, sollte das Treiben auf die Hälfte erleichtert, es sollte mit zwey Pferden getrieben werden, was sonst mit 4, auch sollten die Hälfte Wasser bey den Kehrrädern erspart werden. —— Am Harze, und auch höhern Orts, wird die Sache sehr profitabel, und um so viel sicherer erachtet, weil die Invention von zwey bekannten Personen, welche der Bergwerke kundig, herkömmt. Eben so wird auch die hierbey eventualiter geforderte Ergötzlichkeit, für ganz billig gehalten, und die war nach der Punctation die Jenisch unterm 9ten Januar 1693. einreichte, 2 Ggr. für jedes Treiben Erz a 40 Tonnen, 1 Ggr. für jedes Treiben Berg. Dies möchte, für beyde Bergämter Clausthal und Zellerfeld, nur 120 Treiben Erz, und halb so viel Treiben Berg wöchentlich angenommen, die Hälfte der jährlichen 1200 Thlr. auf Lebenszeit, schon ansehnlich übersteigen, die Leibnitz für eine weit wichtigere Hülfe, nemlich die Verhinderung des Wassermangels, begehrt hatte. Und diese beyden Herren Münzmeister, beschränken sich dahin nicht einmal, nur auf Lebenszeit diese Ergötzlichkeit zu verlangen —— Unterm 14. März 1693. wird den beyden Münzmeistern ein Privilegium auf ihre Invention ertheilt, dem aber Leibnitz, welchen nur eine Reise, und andere Geschäfte ins Mittel gekommen waren, um seine Erfindung bey den Treibewerken vollends durchzusetzen, durch Vorstellung vom 27sten März, und mit der Bitte höchsten Orts angebracht, zu begegnen sucht: daß er mit Ausführung seiner Erfindung erst zugelassen werde.

Drauf erbietet sich im April der Zehndner Flach zu Clausthal: „Da es nur drauf ankomme, ein eisern Seil in gleiche Abwa„ge zu bringen, das sich wohl thun liese, und da der Hof„rath Leibnitz keine Zeit habe, die Maschine selbst anzule„gen, so wolle er es übernehmen, wenn man ihm 30 Thlr. „Vorschuß dazu, zwey Trümmer eisern Seil geben, und „sonst hülfliche Hand leisten wolle.„ Er bittet dabey, daß er nicht übereilt werde, wenn das Seil sich etwan verwickeln und brechen sollte, damit er weiter auf Verbesserung nachdenken könne. Leibnitz ist das sehr wohl zufrieden, schießt die 30 Thlr. her, und nun wird dem gemäß, der nöthige Befehl an den Harz gegeben. Zehndner Flach macht den Versuch, berichtet, daß er mit der alten Invention in einer Stunde 5 Tonnen, mit der neuen 3 bis 3½ herausgebracht habe, bekennt auch auf ausdrückliches Befragen, am 6ten August 1693, daß sein Versuch zu Ende sey, und er mit der Sache weiter nichts mehr zu thun habe. Leibnitz hatte, nachdem vom Zehndner Flach, wie er selbst erklärte, nur das Abwiegen des Seils vorgenommen, und gegen das Verwickeln desselben im Schachte verschiedenes gethan worden war, nun seine eigentliche Hauptidee, nemlich mit dem gewöhnlichen Wasserrade zu treiben, noch auszuführen, und für diesen Versuch bestimmte er den Johannisschacht aufm Rosenhofer Zuge. Am 8ten Februar 1694. geschahe endlich der Hauptversuch mit dieser Leibnitzischen neuen Vorrichtung, wobey die Localbergwerksdirection nicht allein, sondern auch er selbst gegenwärtig war. In einer Zeit von einer Stunde, wurden 4 Tonnen Erz herausgebracht, man fand aber, daß es nicht so egal als mit den Pferden ging. Nach einer Stunde brach ein Arm an der Kunst, weil die Tonne im Schachte wo untergefaſst hatte. Bey Aufnahme des Protocolls über dieſe Probe im herrſchaftlichen Amthauſe, „be„dankt ſich Leibnitz gar ſchön, daſs man ſeiner Probe habe „beywohnen wollen, trägt die Geſtalt der Erfindung in ih„rem ganzen Umfange, einige in ihr noch beſtehende Män„gel, ſo wie ein paar Fragen über ihre weitere Anwendung „vor, und will nun erwarten, was die Herren Bergverſtän„digen etwan noch zu erinnern haben, hofft aber von ihnen, „daſs ſie das Werk nicht ſowol als ſeine Sache anſehen, ſon„dern vielmehr ihre Gedanken darauf richten würden, ob „ein gemeiner Nutze zum Dienſt der gnädigſten Herrſchaft „und des Publikums dabey ſey, und alſo, nicht nur was et„wan *dagegen* zuſammenſuchen, ſondern auch das, was *dafür* „geſagt werden könne, nicht verſchweigen, und alſo ſich ih„rem Amte gemäſs, auch ohne ſein Erinnern, unpartheyiſch „erweiſen würden.„ — Nach dieſem Eingange wird der *Steiger* der Grube *Zilla* mit deren Erzen die Probe geſchehen war, befragt: was er von dieſer neuen Invention halte? Dieſer: er habe nirgends viel, als hier auf dem Harze beym Bergwerke gearbeitet, ihm wäre alſo keine andere Förderniſs bekannt, als die durch den Haſpel, oder die mit Pferden, könnte von der Probe Nutzbarkeit nicht judiciren, hätte nur wahrgenommen, daſs es viel langſamer gehe — dann die *Stürzer* und der *Anſchläger*, was ſie davon hielten? Sie geben ein gleichmäſsiges Judicium, thun hinzu, daſs ſie nicht allein mehr Zeit bey dieſem neuen Werke zubringen müſsten, folglich mit dem ordinairen Lohne nicht begnügt ſeyn könnten, ſondern daneben auch in gröſserer Gefahr wären, weil der Umgang ruckweiſe ſey, und es alſo leicht zum Brechen kommen könne. — Nun das Gegencompliment an Leibnitz:

„Man

„Man habe auf fein Verlangen nicht ermangeln wollen, feiner
„Invention beym Treiben beyzuwohnen, wobey man wahr-
„genommen, daß zwar die Austreibung an fich practicabel
„fey, fo lange nichts dran breche. Man könne in Zeit von
„einer Stunde von dem völligen Effect, und dem Verhalten
„gegen das Treiben mit Pferden nicht urtheilen, zweifelte
„nicht, der Herr Hofrath würde damit einig feyn, vier Wo-
„chen lang die Probe im Gange zu laffen, (*) *dafern das ge-*
„*meine Bergvolk dazu zu bringen wäre.* Man wäre indeffen
„dem Herrn Hofrath für feinen guten Willen obligirt, *und*
„*würde er einen ewigen Nachruhm gewinnen,* daferne diefes
„Werk beftändig practicabel und nützlich befunden werden
„follte.„ Noch wird in Zweifel gezogen, ob das Holzhängen durch diefe Invention möchte gefchehen können. Leibnitz: Den Zweifel wegen des Holzhängens wolle er zu löfen
fich Mühe geben, auch vermeine er beym neuen Stürzen eins
und das andere zu verbeffern. Er hat nichts dagegen, daß
das

(*) Allerdings muß bey jeder, auch noch fo nützlichen Neuheit in den Ein-
richtungen beym Bergbau jedes Ortes, der gute Wille des gemeinen Berg-
volks mit in Obacht genommen werden. Aber an Mitteln den zu gewinnen fehlt es auch nicht, zumal denjenigen, die den Arbeitern zunächft vor-
gefetzt find. Sie ftrüuben fich oft auch gegen das, was ihnen felbft nützlich ift, und man muß denn Geduld haben, muß fchonend den fchicklich-
chen Zeitpunkt abwarten. — So bemerkte ich bey einer Commiffion, die
ich aufm Stockwerke zu Altenberg in Sachfen, im Jahre 1769. hatte, daß
die dafigen, über 100 Lachter tiefen, ganz perpendikularen Treibefchächte,
ganz offen, ohne alle Brüftung fogar waren, daß deshalb zu viele Leute
beym Stürzen der Tonne feyn mußten, und daß diefe alle in Gefahr waren den Schacht hineinzuftürzen, wovon man auch fchon gnug traurige
Beyfpiele hatte. Ich fchlug da vor, Fallthüren über den Schacht zu legen, die man zu Joachimsthal in Böhmen noch fchon hatte, und fo den
Arbeitern hinlängliche Sicherheit zu geben, auch einen Arbeiter zu erfparen. Diefes auszuführen, konnten die Arbeiter fchlechterdings nicht bere-
det

das Werk einige Zeit zur Probe gehet, dankt endlich nochmals, daß man die Sache so, wie sie an ihm selber ist, nemlich zu gemeinen Besten gemeint, angesehen, und sich im übrigen zu dienlicher Assistenz erbieten wollen. — So scheinen nun endlich Practiker und Theoretiker zu gutem Vernehmen zu kommen, doch war der, wie es scheint von Leibnitz glücklich gewonnene Zehndner Flach, damals schon verstorben. — Leibnitz bittet nachher in Schriften vom 9ten Febr. 1694.: da man Steiger und Stürzer vernommen habe, nun auch die Zimmerleute zu vernehmen, die nicht mehr als 5 Tonnen (nicht 7) in der Stunde gewöhnlich mit Pferden herausgetrieben wüßten, und er Leibnitz selbst, habe wohl vorhin mit der Uhr beobachtet, und auch nicht mehr als 5 Tonnen in der Stunde herauskommen sehen. Er beantwortet denn einige vom Bergamte ihm vorgelegte Punkte, und legt diesem einige andere dagegen zur Beantwortung wieder vor, unter andern: ob nicht nunmehro billig, daß das Onus ihm abge-

det werden, vermuthlich weil man nicht die rechten Mittel ergriff, sie dazu zu bringen, und ich ihnen nicht gegenwärtig seyn konnte. In der Folge kam ein sehr gutartiger Mann, Herr Factor Nicolai auf dieses Werk, den ich vorher in Marienberg als Schichtmeister im Dienst gehabt hatte, diesem empfahl ich, die Sicherheit der Arbeiter an den Treibeschächten durch Fallthüren, gelegentlich doch mit zu besorgen. Aber auch ihm wollte es anfangs nicht glücken, die Arbeiter dazu zu bringen ihre eigne Sicherheit anzunehmen. Endlich stürzte einer von ihnen den Schacht hinein, und erlitt den Tod elendiglich für seine Widerspenstigkeit und der übrigen ihre mit. Aber auch dann noch wollten die übrigen Arbeiter die Fallthüren nicht haben, bis der Factor ihnen ihr Lohn, wie es bisher war, versicherte, auch vorerst keinem Arbeiter von der bisher gewöhnlichen Anzahl an den Treibeschächten wegnahm. — Ich sah dann im Jahr 1786. als ich durch Altenberg reiste, die Fallthüren auf den Schächten recht sehr gut angebracht, fand die Arbeiter sehr zufrieden damit, und aufs beste eingerichtet, die Tonnen auf den Fallthüren nun in vollkommener Sicherheit zu stürzen.

abgenommen werde, da es doch nur noch auf einige Additiones und Verbesserungen ankomme, die Hauptsache gemacht sey? — Dann, ob nicht billig, daſs man an Seite der Practiker nicht nur mit *Oppofitionen*, fondern auch mit dienlichem berg - und kunſtverſtändigem *Beyrathe* fich vernehmen laſſe, und bey Gelegenheit an die Hand gebe? Er fände zwar dienlich, verſtändige Fuhrleute über die neue Einrichtung des Korbes beym Treiben mit Pferden zu vernehmen, und fie zu bedeuten, daſs man nicht gemeint fey, fie härter zu treiben, fondern vielmehr zu fubleviren — Klage der Fuhrknecht, daſs feine Pferde beym neuen Korbe zuletzt auch zu ziehen hätten, bey dem gemeinen Korbe aber nicht; fo könne man diefes einem Fuhrmannsknechte wohl zugute halten, verſtändige Perfonen aber, würden einem folchen Behelfe wohl nicht beyfallen, da es hier auf *gleiche Vertheilung* der Laſt ankomme. — Er gäbe zu bedenken, ob man nicht rathfam finden möchte, wenigſtens den neuen Korb, der nicht viel koſte, ohne alle Ungelegenheit befunden fey, förderlichſt an mehr Orten, fonderlich aber bey tiefen Schächten verfuchen zu laſſen, denn je höher (nach einer vorhergegangenen Vergleichung des alten Korbes mit einem Wege über einen Berg, des neuen auf der Ebne) der Berg zu Paufilippo, je gröſser der Vortheil der durchgebrochenen Grotte, vermittelſt deren man den Berg vermeide, und in der Ebne bleibe. —

Stürzer, Anfchläger, und Nachzähler melden am 10ten Febr. 1693., daſs fie bey Herrn Hofraths Leibnitz neuer Invention *aufgewartet*, nur 26 Tonnen zu Tage, und viele Zeit dabey zugebracht hätten, wollen nach Stunden oder Schichten bezahlt feyn. Darauf wird decidirt, daſs das für diefe 26 Tonnen gewöhnliche Lohn, in allem 9 Mgr. von den Gewerken

werken bezahlt werden folle, wegen des übrigen aber werden fie an den Hofrath Leibnitz verwiefen. Diefs hebt fich indeffen in der Folge, und Leibnitz erhält Nachricht nach Hannover, daſs den 22. 23. und 24. Febr. allein 64 Tonnen ohne das Holzhängen herausgebracht worden find. Von Morgens 7 Uhr bis Mittags ½ auf 2 Uhr find 26 Tonnen, und in der Folge in 3 Tagen, 26. 27. 28. März, 85 Tonnen herausgebracht worden. Die Practiker klagen über Brüche an der Mafchine — Leibnitz fagt, er habe halbverfaultes büchen Holz dazu gebrauchen müffen, weil kein befferes da gewefen. — Auch über das viele Räder- und Federwerk wird geklagt, und dafs gemeine Bergleute nicht im Stande wären die dran vorfallenden Reparaturen zu beforgen, und man behauptet, es würde nichts mit diefer Einrichtung gewonnen werden, da das Lohn der, bey der neuen Vorrichtung nöthigen Arbeiter, das durch Abgang der Pferde erfparte Lohn, bis auf 18 Mgr. abforbire, und demnach vermuthlich, wenn alle Koften follten gerechnet werden, kein Ueberfchufs herauskommen dürfte — Leibnitz dagegen: die Brüche wären nicht an der neuen Invention, fondern an den alten gebräuchlichen Werken, und man müffe fich bey der Klage über Räderwerk und Federn verwundern, dafs grad daran nichts gebrochen wäre, es fey doch einmal eine fehr wichtige, und unverhoffte Sache dargethan, auf was Maafse nemlich die gemeine, ohnedem gehende Wafferkünfte, vermittelft diefer vortheilhaften Application, noch ein fo grofses ftatt der Pferde mit verrichten könnten. — Gleichwohl bleibt man auch im Bericht vom 31. März 1694. dabey, daſs die Leibnitzifche Vorrichtung die Kunft mehr erfchwere, und freylich nur an diefer wohl Brüche vorfielen, aber auch nur darum, weil fie

der,

der, durch Leibnitzens angehängte Erfindung erhaltenen neuen Laſt nicht gewachſen wäre, es könne alſo dem Bergwerke kein Vortheil daraus erwachſen. — Es ſoll nun nochmals eine Probe in voller Feyerlichkeit, und in Beyſeyn des Hof-. raths Leibnitz gemacht werden, wird den 24. April 1694. befohlen. Am 24ſten May gedachten Jahrs iſt Leibnitz auch wieder mit dem Treiben beſchäftiget, bringt das, geſtrigen Tages gebrochene Seil wieder in Ordnung, läſst um 4 Uhr Nachmittags zu treiben wieder anfangen — die Maſchine bleibt aber ſtehen, und hat es das Anſehen gehabt, als hätte die Tonne wieder untergefaſst. — Und ſo bleibt denn die Maſchine wirklich auf ewig ſtehen. Leibnitz hält nöthig die Wirkung des Treibens mit den Grubenſätzen zu proportioniren, er ſucht deshalb um einen Befehl nach den Harz an, erhält den auch unterm 13. September 1694. Hiermit ſchlieſsen ſich aber meine Nachrichten, und es ſagt nur noch ein Clausthaliſches Bergamtsprotocoll von Nro 6. Quartal Luciae 1695. daſs im Johanneſſer Gaipel der Korb, welcher vor dieſen von Herrn Leibnitzen inventirt und daſelbſt angerichtet worden, deſſen man ſich aber bishero bey dem ordinairen Treiben mit den Pferden bedient, ausgelaufen ſey, ſo daſs das Seil ſich in einander verwickele, und das Treiben damit weiter nicht ohne groſse Gefahr geſchehen könne, es wird dahero vorgeſchlagen den Korb abzunehmen, und einen andern an die Stelle zu ſetzen.

So liefen die Schickſale der Leibnitziſchen Erfindungen, an den Bergwerksmaſchinen des Harzes, von welchen ich mit groſser Begierde genaue Zeichnungen, wenigſtens umſtändliche Beſchreibungen aller ihrer Theile ſuchte, und nicht fand. Leibnitzens Hauptkunſt auf der Katharine, möchte vielleicht

eine

eine Windmühle von gewöhnlicher Art gewefen feyn, nur ftärker durch längere Flügel, und bequemer durch das Mittel die Violenz des Windes zu brechen, ohne Menfchen dazu zu gebrauchen, wovon er felbft fagt, daſs er es befitze. Die beyden, zu Ausführung feiner Hauptidee erbauten Mafchinen, waren Horizontalwindmühlen, und waren, wie er felbft fagt, fo vollkommen eingerichtet, daſs fie auch bey der geringften Bewegung der Luft umgehen, und doch auch bey dem heftigften Sturme im Umgange nicht Schaden leiden konnten. Er brachte fie wahrfcheinlich nicht bis zur wirklichen Arbeit, fondern nur bis zum ledigen Umgange, und es find vielleicht nur 60 Thlr. gewefen, woran fie ftehen geblieben find, denn die fehlten ihm nur noch, nach einem Schreiben, in welchem er Nachricht davon giebt, daſs fie ledig ungemein gut umgehen. Daſs die Sätze an der Kathariner Windmühle mit 2 Ventilen (Klappen) vorgerichtet, und fonſt in nichts gegen die Sätze der Wafferräder geändert gewefen, das fagt das Bergamt. Leibnitz gibt an, daſs die Sätze diefer Windmühle die Kolbenröhren unten hätten, (vermuthlich waren es fogenannte Hobefätze) indem fie fich felbft anfrifchen müſsten, was die der Wafferräder nicht nöthig hätten, indem die nicht bald ftehen, bald gehen müſsten, fondern in eins immer fortgehen könnten. Von feinem neuen Korbe beym Treibwerke, fagt er felbft, daſs die erfte Gelegenheit der Erfindung die Schnecke in der Tafchenuhr fey, es war alfo diefer Korb wohl conifch, wie der deffen man fich jetzt in Ungarn bey den Kehrrädern, und mit Vortheil bedient. Von feiner Erfindung beym Treibewerk überhaupt fagt er felbſt:

„Ich laſſe demnach Bergverſtändige candidé urtheilen, ob
„nicht dieſe drey von mir dargeſtellte Experimentalde-
„monſtrationes conſiderabel, 1) wie vermittelſt des Aequi-
„librii die Laſt des Seils aufgehoben wird, und allein das
„Erz hauptſächlich in Conſideration kömmt. 2) Wie
„durch ein hin und her zu ſchiebendes Feldgeſtänge, eine
„Welle oder Spindel rund umzutreiben, und ein motus
„circularis zu Wege zu bringen, welches noch viel andere
„trefliche Uſus haben kann, und zuvor nicht geſehen wor-
„den; auch durch einen ganz neuen und beſondern motum
„geſchiehet, nemlich nicht durch Kammrad und Getriebe,
„ſondern durch gewiſſe concentriſche Räder, daſs movens
„und motum nicht wie ſonſt in der Arbeit an einander
„ſchleifen, und alſo hart gehen, ſondern gleichſam in ein-
„ander durante motu feſt, als ein Stück, mithin ſowohl be-
„ſtändiger, als wegen ceſſirender Friction leichter gehen.
„3) Wie nunmehro zu begreifen, durch den Augenſchein
„zu verſichern, daſs das Treiben bey weiten ſo groſse
„Kraft nicht erfordere, als man vermuthet, mithin durch
„die bereits habende Waſſerfälle zugleich zu verrichten ſey.„

Sein Zimmermeiſter, den er die Maſchinen zu bauen anwendete, hieſs *Hans Linſe*, war Beſitzer der, noch jetzt in
Clausthal umgehenden Getraide-Windmühle, erhielt wöchentlich ½ Thlr. für Aufſicht, und hatte übrigens die Arbeit im
Gedinge. Zum Aufſeher bey den Bauen, auch Verſuchen,
bediente er ſich eine Zeitlang des Fähndrichs *Brandsbagen*,
dem er wöchentlich 1½ Thlr. gab. Auch hatte er zuletzt einen Bevollmächtigten bey den Verſuchen mit dem Treiben
im Jahr 1694, der ſich *Reimers* nennte. Die Unkoſten bey
der Hauptidee der Windmühle angewendet, liefen bis zum

14ten Januar 1682. auf 1515 Thlr. 17 Ggr. 10 Pf. wovon aber den 3ten Theil Leibnitz felbſt trug. Auf die Erfindung bey den Treibekünſten, wurden 328 Thlr. 11 Ggr. 9 Pf. verwendet, ſo daſs, und wenn man auch noch die 500 Thlr. die für die Ueberbleibſel von den Windmühlen Leibnitzen als eine Ergötzlichkeit gezahlt wurden, dazu rechnen wollte, der ganze Aufwand auf dieſe Maſchinenverſuche nicht höher lief, als etwan 2344 Thlr. 5 Ggr. 7 Pf., ungerechnet was Leibnitz vor ſich drauf verwendete, das der öftern Reiſen, und der oft langen Anweſenheit wegen am Harze, ſehr anſehnlich geweſen ſeyn, und durch wenigſtens 10 Jahren durch, wohl gar jene Summe erreicht haben mag.

Um dieſe Geſchichte völlig zu ſchlieſsen, muſs ich noch bemerken, daſs von den beyden Münzmeiſtern *Bornemann* und *Jaeniſch* nichts mehr vorkömmt. Durch ihr wiederholtes Nachſuchen, daſs auch ihnen ein Verſuch erlaubt werden möchte, beförderten ſie es, daſs Leibnitz mehr gedrungen wurde, ſeinen Verſuch zu beendigen. Nachdem ihnen während dem Laufe der Leibnitziſchen Verſuche erklärt worden war, daſs ſie aus einem andern Principio, als dem der Gegenwage, welches dem Hofrath Leibnitz zugehöre, ihre Verſuche machen müſsten, wenn ſie etwas erlangen wollten, hat keiner von ihnen einen Verſuch gemacht, oder gar den Preis damit erlangt, um den ſie ſich faſt in einen Wettſtreit eingelaſſen hätten — mit LEIBNITZ. —

II.

Geschichte eines Wasserkunstgeheimnisses
vom Jahr 1565. u. f.

Aus Archivsnachrichten gezogen

von

Christian Gottlob Voigt,
Geheimer Regierungsrath und Geheimer Archivarius
zu Weimar.

Ich hoffe, daſs die kleine Geſchichte, die ich umſtändlich aber ſchlicht erzählen will, (*) einigermaſsen intereſſant ſeyn ſoll, wenn es auch unentſchieden bliebe, „ob dabey der Misbrauch des Geheimniſſes, zur Hülle der Unwiſſenheit, oder wohl gar des Betrugs begünſtiget worden.„ (**)

Reichart, Pfalzgraf bey Rhein, ſchrieb den 7. Febr. 1565. aus Waldſaſſen in der Oberpfalz an den Herzog zu Sachſen *Johann Wilhelm,* daſs ihm ein Mann bekannt ſey, der eine Waſſerkunſt erdacht habe, mit welcher man in Bergwerken die Waſſer *in ewiger Tiefe* nur allein mit Menſchenhänden und

---

(*) Da ich immer die eignen Worte der alten Nachrichten beybehalte, ſo bin ich hoffentlich wegen des in dieſem Aufſatz hin und wieder vorkommenden abſoluten Ausdruckes, bey dem jedoch die Deutlichkeit nicht verliert, hinlänglich entſchuldiget.

(**) Bergbaukunde, Erſter Band, erſte Seite.

und mit viel geringern Koften, dann mit Pferden und einen
Heinzen (Paternofterwerk) befchehen möge, herausheben und
gewältigen könne. Er, der Pfalzgraf, habe mit dem Erfinder eine Gewerkfchaft angerichtet, wovon er dem Herzog
Johann Wilhelm, ihrer beyden Verwandtnifs nach, (*) noch
etliche Kuxe anbieten wolle. Es fey auch fchon ein zehnjähriges kaiferliches Privilegium auf diefe Kunft gefucht worden. (**) Als der Herzog *Johann Wilhelm* zuförderft zu erfahren wünfchte, wieviel jeder Gewerke zum erften einlegen
müffe, oder wie hoch überhaupt der Kunftmeifter einen Kux
fchätze, fo erklärte fich der Pfalzgraf (27. Febr. 1565.) folgendergeftalt: Die Kunftgewerkfchaft folle, wie bey einer
Fundgrube eines rechten Bergwerks, in 128 Antheilen oder
Kuxen beftehen. Acht Kuxe wären daran noch um 4000 Gld.
zu haben, doch könne auch wohl auf eine geringere Summe
gehandelt werden. Auch fey der Weg übrig, dafs der Herzog eine vertraute Perfon vorher abfende, diefer folle die
Kunfterfindung in einem kleinen Werklein, faft wie die grofse Wafferkunft eingerichtet, vorgezeigt werden, *um daraus
die Macht und Gewalt des grofsen Werks zu fpüren*. Das kaiferliche Privilegium werde darauf gehen, dafs die Kunft in
zehn

(*) Pfalzgraf Reichart war der zweyte Bruder Friedrichs des Dritten, Chorfürften von der Pfalz. Die Gemahlinn des Herzogs Johann Wilhelm
zu Sachfen, und feines Bruders, Herzogs Johann Friedrich des Mittlern, waren Töchter von dem Churfürft Friedrich III. folglich Nichten
des Pfalzgrafs Reichart. Er hatte in diefer Wafferkunftfache auch an
den Herzog Johann Friedrich gefchrieben, der damals eben zu Prag
dem Leichenbegängniffe des Kaifers Ferdinand I. beywohnete.

(**) Ich fehe eben jetzt aus der Wiener Zeitung (Nro 27. 1789.) dafs ganz
kürzlich noch Herr Franz Ignaz Scheffler zu Wien, ein ausfchliefsliches Privilegium für eine, auch zu Sangwerken brauchbare Mafchine erlangt hat, die zur Zeit auch noch ein Geheimnifs ift.

zehn Jahren nicht nachgemacht werde. Dagegen folle die Gewerkfchaft mit etlichen Potentaten, Churfürften, Grafen, Herren und Ständen des Reichs, welche waffernöthige Bergwerke hätten, um eine Summe Geldes fich vergleichen, die Kunft vorzurichten, und dabey jederzeit einige Freykuxe an den gelöften Zechen vorzubehalten.

Der Herzog *Johann Wilhelm* erklärte fich nicht abgeneigt, diefe Kunftgewerkfchaft zu unterftützen, wollte aber dabey 'doch wiffen, ob er des ausgelegten Geldes auch wieder habhaft werden könne? Ueber diefe fchwere Frage half fich der Pfalzgraf damit hinaus, (13 Merz 1565.) daß er verficherte, der Herzog könne feine Kuxe zu jederzeit, jedoch mit Vorwiffen und Willen der übrigen Gewerken, wieder verkaufen. Dermalen folle das Kaufgeld für acht Kuxe, welche *Georg Holdorf*, Bürger und Goldfchmidt zu Eger, ablaffen wollte, nur in 2000 Guld. beftehen, welche in acht Leipziger Meffen auszuzahlen wären. Wenn der Herzog beytreten, und fich gleich andern Gewerken verpflichten würde, das Geheimniß der Kunft eher nicht zu offenbaren, bis die Gewerkfchaft fich darüber mit Potentaten, Churfürften, Fürften, Grafen, Herren, auch Stadtcommunen und Landen verglichen habe, alsdenn folle dem Herzog, oder feinem Gefandten, das Geheimniß allerdings genugfam offenbart, und davon nichts verhelet werden.

Wirklich fendete der Herzog unvorzüglich feinen Münzmeifter *Gregorius Einkorn*, mit einem eignen Creditiv und befonderer Inftruction an den Pfalzgraf *Reichart* ab. Die Inftruction war darauf gerichtet, daß *Einkorn* fichere Erkundigung einziehen folle, wer der Meifter fey, der die geheime Kunft erfunden habe, was für Bedingungen er mache,

Geschichte eines Wasserkunstgeheimnisses. 319

che, und was die angebotenen acht Kuxe ungefähr *an baaren Geld und ewiger Nutzung* einträgen, auch wie man *ohne Nachtheil* allenfalls wieder aus der Kunstgewerkschaft scheiden könne. Dabey solle dem Pfalzgrafen im Vertrauen gemeldet werden, daß der Herzog in Erfahrung gekommen, wie etliche Leute seyn sollten, unter denen einer mit Namen *Pusch*, ein Edelmann von Nordhausen, darnach einer, *Peter Gordian* wäre, welche viele Fürsten und Herren arglistigerweise betrogen, zuförderst die Graffchaft Stollberg und die Stadt Cölln am Rhein, dawider wolle der Herzog bestens gewarnet haben.

Einkorn kam in *Waldsassen* an. Man zeigte ihm ein Kunstmodell, das er ordentlich umgehen sah. Er durfte es auch befühlen, aber nicht inwendig sehen, damit *das Geheimniß* verschwiegen bliebe. Das große Kunstwerk wurde ihm zwar fertig, aber zerlegt, vorgezeigt. Man stellte ihm auch ein schriftliches *Bedenken* oder Plan der Kunstgewerkschaft zu. Der Pfalzgraf rechtfertigte in einem weitläuftigen Schreiben, (26 Merz 1565.) daß weder er, noch der Erfinder der Kunst, noch die Mitgewerken es zur Zeit für gut achten wollen, das Werk *inwendig* sehen zu lassen.

Dieses gewerkschaftliche *Bedenken* enthielt die schon gemeldete Einrichtung der Kunstgewerkschaft, die zwar in 128 Kuxen, aber nie mehr als in acht Theilhabern bestehen solle. Noch bedung man, daß die Kosten des auszuwirkenden kaiserlichen Privilegiums, und der beyden kleinen und großen Probekünste zu gleichen Theilen getragen werden solle. Auch wäre zwar jedem theilhabenden Fürst unbenommen, die Kunst in seinem Lande anzustellen und zu gebrauchen, jedoch innerhalb 10 Jahren, auch nur gegen Vergleichung mit der Gewerkschaft. Der

Der Bericht des Münzmeisters *Finkorn* findet sich nicht; wahrscheinlich rieth er von der Theilnehmung an dieser Kunstgewerkschaft ab, indessen scheint er doch nicht ganz ungünstig gewesen zu seyn. Denn der Herzog drückt sich in einem Schreiben (23 May 1565.) an den Pfalzgraf, wodurch er sich mit guter Art aus der Sache zu ziehen suchte, folgendergestalt aus: Er habe aus *Einkorns* schriftlichen Bericht vernommen, daß solche Kunst, wie er sie im Kleinen habe geben sehen, zum höchsten zu rühmen und kein Zweifel sey, daß, *wenn sie in dem Großen ihre Beständigkeit erlange*, sie auf Erzgebirgen in wassernöthigen Zechen viel Gutes schaffen werde. Da der Herzog aber bereits mit einer solchen Wasserkunst versehen, dergleichen in der Nähe bey keinem Bergwerk zu finden, so danke er für die geheime Kunstgewerkschaft. Ausserdem werde er seines Orts mit Erlegung der Gebühr, *wiewohl es bürgerlicher Handel und Gewerb sey*, keinen Mangel haben erscheinen lassen.

Der Pfalzgraf wurde hierüber empfindlich. Ich setze seine kräftige Antwort ganz her:

„Unser freundlich Dienst und was Wir Liebes, Ehre und
„Gutes vermögen zuvor, Hochgeborner Fürst, freund-
„licher lieber Vetter, Schwager, Bruder und Gevatter!
„Wir haben E. L. wieder Antwort durch Unsern Boten
„den 26ten dieses empfangen, in welcher Wir vermerkt,
„daß E. L. mit einer andern Wasserkunst versehen, und
„nicht allein in Unsrer Gesellschaft dieser Wasserkunst
„nicht seyn wollen, sondern dieselbige bürgerlichen Han-
„deln und Gewerben vergleichen thun, ob welchem Wir
„nicht gering Befremden tragen, da doch wißlich daß
„grössere Hannsen, dann Wir sind, in Seiden Gewerbs-
„handlung

Geschichte eines Wasserkunstgeheimnisses.

„bandlung liegen, Wir aber dergleichen Handel nicht
„führen, sondern mit Bergwerken und derselbigen freī-
„en Künsten umgehen, welche zu erfahren grofse Potenta-
„ten, Chur- und Fürsten etc. sich viel Geldes, auch bey
„Unsern Zeiten, kosten haben lassen, und dennoch nicht
„ergründet. Ob nun einer auf seine Kosten etwas erfährt,
„was einem andern verborgen, mag demselben drum nichts
„unbilliges zugemessen werden, solches dem andern um-
„sonst zu offenbaren, wie euch in dieser Wasserkunst.
„Dieweil aber E. L. hierzu keine Lust, hat es dabey sein
„Bleiben; welches Wir E. L. hinwieder freundlicher Mei-
„nung, dieweil wir jetzo ohnedas vergebliche Botschaft
„gehabt, nicht wollen verhalten, Dero Wir zu freundli-
„chen Diensten geneigt. Datum Waldsassen den 28. May
„Anno etc. 65.
„*Reichart von Gottes Gnaden Pfalzgrave bey Rhein,*
„*Herzog zu Baiern etc.*
„E. L. dienstwilliger Bruder
„*Reichart Pfalzgrav.*„

Indessen bewendete es doch hierbey (*) nicht, sondern
der Pfalzgraf besuchte den Herzog *Johann Wilhelm* selbst zu
Altenburg, und drang wegen der Kunstgewerkschaft sehr in ihn.
Nach

(*) Der Pfalzgraf war für seine Person so böse nicht, wie es aus jenem Canz-
leyschreiben scheinen könnte. Er legte vielmehr einen weitläuftigen ei-
genhändigen Brief hinzu, worinnen er dem Herzog seinen Feldzug in
Hungarn, bey Raab und Comorn beschreibt, und wie er dabey in Gefahr
gewesen, und wie er hoffe noch einmal Kundschaft mit den Türken zu
machen. Er meldet sich zugleich an nach Altenburg zu kommen, und
bittet, ihm einige Bergverständigen nach Albereut zu schicken, um die
Rechnung bey dem dortigen Goldbergwerk abzuhören und zu berathschla-
gen, wie dieses Werk weiter zu fördern sey.

Nach vieler Weigerung bewilligte endlich der Herzog, dem *Georg Holdorf* für seine Kuxe vorerst 500 Guld. unter der Bedingung, daß er oder die Kunstgewerkschaft solche erstatteten, wenn die Wasserkunst *nicht ganz böfflich oder beständig* seyn würde. Dieses Geld wurde in der Leipziger Michaelismesse 1565 ausgezahlt. Der Pfalzgraf schrieb, daß *Holdorf* sich beklagte, daß die Zahlung in *Pistolet-Cronen* (*) geschehen, da er dieselben so wenig, als der Pfalzgraf gekannt habe, und viel daran verliehren müsse. Uebrigens hoffe er, die neue Wasserkunst solle in kurzen an einem Orte vorgerichtet werden, wo sie den Leuten kundbar würde, und zum Geschrey komme. Würde man vorerst auch keine grofse Summe Geldes damit erlangen, so werde doch der Ueberschuß und die Ausbeute des Bergwerks selbst, dem damit geholfen werde, der Kunstgewerkschaft zu Nutz kommen.

In der Folge legte der Pfalzgraf die Verwilligung des Herzogs also aus, als wenn er den Kauf über 8 Kuxe mit *Holdorf* wirklich eingegangen, und die 2000 Guld. in vier Messterminen auf den Fall, daß die neue Wasserkunst ganghaftig und beständig seyn werde, zu bezahlen übernommen habe. Als er daher dem Herzog meldete, (22. April 1566.) daß die Kunst völlig im Gange sey, und schon aus Cremnitz und andern hungarischen Städten geschrieben worden, daß sie, gegen billige Vergleichung, mit Vorwissen Röm. Kaiser. Majestät die Kunst bey ihnen vorrichten lassen wollen: so erinnerte er zugleich die terminliche Nachzahlungen der restirenden 1500 Guld., zumal doch Holdorf *ein guter armer Gesell* und des Geldes nothdürftig sey. Herzog *Johann Wilhelm* bezog

---

(*) Der Herzog Johann Wilhelm zog französische Subsidien, woher wohl jene dem Pfalzgraf so unbekannte Goldsorten herrühren mochten.

bezog fich aber blos auf die zu Altenburg genommene Abrede, und war erbötig nochmals 500 Guld. zu zahlen, jedoch müsse *Holdorf* oder die Kunstgewerkschaft gnugsame Versicherung aufbringen können, dafs das Geld ersetzt werden solle, falls die Wasserkunst ins Stecken geriethe.

Ferner schrieb der Pfalzgraf (19. Jul. 1566.), dafs man nun schon zum drittenmal aus Ungarn und Polen nach der neuen Kunst geschrieben habe; man erwarte aber bey der Gewerkschaft nur noch das kaiserliche Privilegium, sonst hätte man lange abschliefsen und sich Vortheile verschaffen können. Denn man werde nunmehr das Geheimnifs nicht anders, als um viele tausend Gulden mittheilen, und nächstdem um das Neuntheil der Zechen. Also möge sich der Herzog immer seines Contracts mit *Holdorf* erfreuen, auch nunmehr allenfalls durch einen Sachverständigen selbst Besichtigung anstellen lassen. Der Herzog ergrif abermals diesen Ausweg, und sendete den Bergmeister *Jlgen Wegner*, von Saalfeld nach *Albereut*, wo die neue Kunst angelegt worden war. Dieser berichtete (20. Jul. 1566.): dafs man mit dieser Kunst zwey Röhrwerke *ziehe*, ein Satz 13 Lachter tief. Seine Leute, die er dabey mit anstellen lassen, hätten gesagt, es sey so schwer zu ziehen, dafs sie nicht eine halbe viertel Stunde dauern können, ohne auszuruhen. So habe er selbst es schon auch in der Woche Judica (*) wahrgenommen, und sey dabey

---

(*) So wie Pfalzgraf Reichard an den Sächsischen Goldbergwerken zu Steinhelde mit bauete, (Bergbaukunde erster Band S. 194.) so nahm Herzog Johann Wilhelm auch Antheil an Albereut, und liefs es durch den Bergmeister Wegner, von Saalfeld, besichtigen. Hierauf beziehet sich dieser, und weil sein Bericht über die damalige Beschaffenheit der Albereuter Werks, noch vorhanden ist, so führe ich das Wesentliche,

bey immer etwas gebrochen. Da nun seit der Zeit keine Erleichterung verschafft werden können, so sey zu besorgen, daß Menschenhände diese Wasserkunst mit Nutzen nicht leicht würden zu Stande bringen. Es habe das Ansehn, als wenn sie dort mit der Herren Geld lernen wollten. Ein vertraulicher Privatbrief des Albereutischen Bergmeisters, *Wolf Iben* (*), den *Wegner* zugleich überreichte, enthält als eine Hauptbedenklichkeit ebenfalls, daß es die Haspelknechte bey der neuen Kunst nicht lange ausdauerten. „*Alsbald sie die Kunst anlassen* (so schreibt er) *so ziehen sie nicht so lange als einer ein Ey mag aussessen und lechzen wie die Leithunde.*„ Auch gebe immer etwas am Eisenwerke zu Bruche, besonders sprängen die Röhren täglich; denn sie wären zu dünne gebohret, und nur unten und oben mit einem schwachen Ringe beschlagen. So oft der Pfalzgraf käme, so oft solle der

mit seinen eignen Worten, daraus an: „Ein geröllig Wäschwerk lag am Tage, 3 Lachter breit und 2 Lachter tief, davon hatte man vor 600 Guld. Gold gemacht. Bisweilen hatte es Ueberschuß, bisweilen trug es die Kosten nicht. Das ganze Bergwerk befand sich in einer Fläche vor dem hohen Gebirge; vor Alters hatte man einen Stollen getrieben und niedergewältigen. Er brachte vom Tage 13 Lachter tief ein. Vier flache Gänge strichen neben einander; auch waren Flötze und Geschicke überfahren worden. Die Gänge bewiesen sich in der Sicherung mit Gold. Bisweilen brach auch ein nierichter Kieß, darinne man Gold spürte, welches eine gute Anzeige. Das Stollort müsse man also stattlich forttreiben, und den flachen Gängen mit einem Richtschacht, von wegen der leichten Bergförderniß und Wasserhaltung, vorschlagen. Alsdenn könnte man aus dem Schacht nach den Gängen Oerter treiben, und das Gebirge damit untersuchen. Denn man habe kein sehr fest Gestein, sondern einen feinen Stufstein, wo es sich wohl fortkommen lasse. Es sey auch kein Zweifel, daß, wenn man erst absinken werde, sich die Gänge stürzen würden.„

(*) Dieser Wolf Ihen war Geschworner zu Saalfeld gewesen, und in den Dienst des Pfalzgrafen abgegeben worden. Er war ein alter Bekannter

des

der Schmidt, oder fonſt etwas anders Schuld haben, daß es nicht recht gehe, etc.

Nach Eingang dieſer Nachrichten entſchuldigte ſich der Herzog nochmals bey dem Pfalzgraf, daß er an dem Kunſtwerke nicht weiter Antheil nehmen könne, als unter der Bedingung, einer zu verſichernden Schadloshaltung wegen des ſchon geleiſteten Vorſchuſſes und des itzt noch verlangten Nachſchuſſes, *damit nicht zu dem Schaden am Ende auch noch der Spott kommen möge.*

Dem unerachtet blieb der Pfalzgraf dabey, (17. Aug. 1566.) daß die Zweifel des Herzogs ſchon gehoben wären, da die Kunſt ſelbſt, *gerecht, gangbaftig und beſtändig ſey,* mithin eine Verſicherung des Vorſchuſſes nicht bedürfe. Den Ohrenbläſern und Widerſachern ſolle ſchon das Maul noch geſtopft werden. Wenn er, der Pfalzgraf, nicht ſelbſt gegründeten und ſattſamen Bericht gehabt, daß es möglich geweſen, ſolche Kunſt ins Werk zu richten, ſo würde er ſich nicht ſo weit eingelaſſen haben; ja wenn er nicht das Beſte gethan,

---

des Bergmeiſters Wegner, und wollte ſeine Stelle zu Saalfeld auf alle Fälle gern offen behalten. In einem von Wegner an den Herzog Johann Wilhelm hierüber erſtatteten Bericht (Laurentii 1567.) kommt von dem Fortgange der neuen Waſſerkunſt folgendes vor: „Nachdem vor „einem Jahr auf E. F. G. gnädigen Befehl, Wolf Ihen, wie es um Her-„zogs Reichart, Pfalzgrafen bey Rhein, neue Waſſerkunſt einen Zuſtand „der Zeit gehabt, mich ſchriftlich berichtet; ſo habe ich ſeine Schrift E. „F. G. damals unterthänig überſandt. Weil er aber bey dem Herzog „Richart in Verdacht iſt, als ſollt er wenig von der Waſſerkunſt halten, „und man ihm darüber zur Rede geſetzt, damit es ihm nicht zum Nach-„theil gereicht, was er mir auf Vertrauen geſchrieben, ſo bitte ich unter-„thänig den Wolf Ihen nicht zu melden. Er berichtet mich, daß ſie „bisher noch immer künſteln, verſuchen eins über das andre und haben „es noch an keinen Ort fortgeſetzt. Waſſerkunſt in der Gruben auf Men-„ſchenhöhe anzurichten und zu ziehen, hat viel Nachdenkens.„ etc.

gethan, wäre die Kunst wohl noch in Deutschland verborgen geblieben. Der Herzog solle daher doch nochmals einen Vertrauten abschicken, und, wie die Kunst inwendig zugerichtet, ohne jemand weiter davon etwas zu offenbaren, besichtigen lassen. Er möge also *Holdorfs* beygelegten Gewährschein und seinen, des Pfalzgrafs, Bekräftigungsschein annehmen, und dagegen einen vorgeschriebenen Revers, wegen Festhaltung des Contracts, ausstellen, auch mit den fernern Zahlungen einhalten. Man verlange in Pohlen und Schlesien sehr nach dem Kunstwerke, auch wolle des Pfalzgrafs Bruder, wegen seines Quecksilberbergwerks zu *Clainbach*, sich in die Gewerkschaft einkaufen. So habe auch Churfürst *August*, von Sachsen, zwey Kunstverständige abgeschickt, welche dieser Tage, sobald die Kunst wieder gehängt worden, solche, jedoch weiter nicht als auswendig und wieviel sie Waſſer mit geringer Mühe hebe, ansehen sollten.

Der Herzog schrieb hierauf an den Churfürst *August*, zu Sachsen, und erkundigte sich darnach, was dessen Abgeordnete wegen der Kunst für Bericht erstattet hätten. Der Churfürst antwortete folgendes: Der Pfalzgraf, als er ihm auf der Heimreise von Augsburg zu *Türſſenreut* besuchet, habe ihm selbst von der Wasserkunst erzählt, die er auf seinem Goldbergwerk zu *Albereut* angerichtet, und womit 2 Personen in 8 Stunden ein trefliches Waſſer 14 Lachter hoch heben könnten, er habe auch gebeten, diese Kunst besichtigen zu laſſen. Weil aber er, der Churfürst, bedacht, daß diese Kunst nur 14 Lachter hoch hebe, und die Sächsischen waſſernöthigen Gebäude von treflicher Teufe wären, auch nicht gewiß erfahren, ob man diese Kunst wechseln, und
eine

eine über die andere richten könne, daß eine der andern das
Waſſer bis an den Tag zuhübe, ſo habe er es faſt nicht geachtet, noch zur Beſichtigung geeilet. Auf des Pfalzgrafs
Erinnerung habe er endlich zwey Kunſtverſtändige abgeſendet und den Pfalzgraf gebeten, ihnen die Kunſt ſehen und
einen Abriß davon machen zu laſſen. Als ſie aber hinge-
kommen und man ihnen die Kunſt gezeiget, ſey ſie bis an
die Haſpelhörner mit Brettern ganz verſchlagen geweſen, ſo
daß ſie nichts als die zween Haſpler und die Waſſer die ſie
gehoben, ſehen können. Ob nun wohl der Pfalzgraf etliche
Conditionen unterſchrieben haben wollen, unter welchen er,
der Churfürſt, der Kunſt mit theilhaftig werden ſollen, auch
die Abgefertigten berichtet hätten, daß die Kunſt ein ziemlich ſtarkes Waſſer hebe: ſo wäre ihm doch bedenklich, einer ſolchen Waſſerkunſt, oder geringen Gewinns halber, in
eine Geſellſchaft ſich einzulaſſen. Er verhoffe, daß auf den
Sächſiſchen Bergwerken dem unerachtet Waſſernoths halber
wenig gutes Erz ſtehen bleiben ſolle. Zugleich wolle er die
Bedingungen der Gewerkſchaft, die der Pfalzgraf vorgeſchlagen, mittheilen, (welches eben diejenigen ſind, die dem
Herzog Johann Wilhelm ſchon vorgelegt worden waren.)

Nach einiger Zeit erinnerte der Pfalzgraf auch den Herzog, (2. Sept. 1566.) daß er doch ſeine Abgeordneten ſenden, und wie es mit der Waſſerkunſt beſchaffen, anſehen laſſen
möge. Denn je länger ſolche da ſtehe, jemehr gingen wegen der Bewachung und ſonſt Koſten auf; der Herzog antwortete, daß er, dieſe Beſichtigung vornehmen zu laſſen,
oder mit der Gewerkſchaft ferner ſich einzulaſſen, aus etlichen erheblichen und beſtändigen Urſachen und Verhinderun-
gen, nunmehr Bedenken trage, und vielmehr darauf beſtehe,
die

die vorgeschoffenen 500 Guld., wovon er jedoch 50 Guld. dem *Holdorf* verehrt haben wolle, zurück zu nehmen, wogegen *Holdorf* die 8 Kuxe in andere Wege verkaufen möge. Denn es wolle nicht thunlich seyn, sich nach den zugeschickten Entwürfen desfalls zu obligiren. Die Pfalzgräflichen Räthe erwiederten, (11. Sept. 1566.) dafs ja die gewerkschaftliche Verbindung mit *Holdorfen* bereits zum Bestand abgehandelt worden sey; indessen wollten sie ihren abwesenden Herrn Nachricht ertheilen.

 Georg Holdorf schrieb endlich selbst auch an den Herzog *Johann Wilhelm* (20. Febr. 1567.) und verlangte die restirenden terminlichen Nachzahlungen von dreymal 500 Guld., nach Inhalt des geschloffenen Kaufs der acht Kuxe. Er wolle nichts lieber sehen, fügt er hinzu, als dafs der Herzog solch geringes Geld nicht so hoch achtete, da doch nunmehr die Kunst bald zu Nutz der Gesellschaft vorgerichtet werden solle.

 Durch ein Schreiben aus *Türssenreut* unterstützte der Pfalzgraf Holdorfs Bitte. Er führte zur Empfehlung der neuen Wasserkunst an, dafs doch mit derselben, die Schächte möchten saiger seyn oder nicht, durch zwey Knechte *in* 6 *Stunden* 15 *Lachter hoch ein Wasser eines Armes dick*, und in eben der Zeit 30 Lachter hoch ein Wasser halben Arms dick, gehoben, ja dafs mit dieser Kunst auch mit geringen Kosten Berge herausgefördert werden könnten. Nicht weniger sey nunmehr auch das kaiserliche Privilegium ausgefertiget und bey Handen. Damit der Nutzen der Kunst auch wirklich einmal an den Tag komme, so habe man im Werke, eine ertrunkene Fundgrube, mit ihren zugehörigen Maassen und Erbstolln, in welcher reiche Erze im Anbruch stehen sollen, aufzuneh-

zunehmen, die Kunſt dahin zu hängen, und der Kunſtgeſellſchaft den beſten Nutzen zu ſchaffen. Man könne daher den Herzog zum Kauf der Kuxe mehr zu - als abrathen; es ſey auch Schade, daſs dieſe neue Kunſt nur einen Tag länger feiern ſolle.

Der Herzog wiederholte aber ſeine vorige Erklärung, (28. Febr. 1567.) bat jedoch den Pfalzgraf ſolches zu keinem Miſtrauen auszulegen, ſondern die gefährlichen Kriegsübungen, worinn er begriffen, und die darauf zu verwendenden Koſten zu erwägen, und daher ihm ſein Geld wiedercuzſchaffen. Eine Reſolution gleichen Inhalts, wurde auch an *Georg Holdorf* (24. Nov. 1567.) nach Eger abgeſendet.

Dem unerachtet intercedirte der Pfalzgraf anderweit für Holdorf und machte ſich Hoffnung, daſs der Herzog ſich anders bedenken, und die fernern Zahlungen folgen laſſen werde, da doch die Kunſt itzt dermaſſen angerichtet ſey, *daſs ſich alle Bergverſtändigen darob verwunderten*, und ſie daher bald zu *Joachimsthal* werde gebraucht werden.

Als in dem folgenden Jahre der Pfalzgraf *Reichart* in andern Angelegenheiten ſeinen Rath *Albrecht von Pack*, zum Herzog *Johann Wilhelm* abſchickte, erinnerte der Herzog Holdorfs Zurückzahlung, mit der nochmaligen Aeuſserung, daſs ihm der Spott bey der Sache beſchwerlicher ſey, als der Schade. Der Pfalzgraf antwortete ihm hierauf ſelbſt, (25. Jul. 1568.) wiederholte ſeine oft angeführten Gründe, gab aber zu, daſs es ſeyn könne, er, der Pfalzgraf, habe hiebevor für die hergeſchoſſenen 500 Guld. ſelbſt gut ſeyn wollen; das habe er ſonderlich dahin gemeynt, wenn die Kunſt umſchlagen ſollte. Es habe aber mit ihr nun ſolche Gelegenheit, daſs der *erſte Erfinder* derſelben, *Johannes Staudt* genannt, ſie auf ſeine

seine Koſten zu *Joachimsthal* in einer waſſernöthigen Zeche, der nächſten an der dritten Maaſse, *auf dem rothen Gang* genannt, wo man weder mit Waſſer noch mit Pferden ankommen können, gehängt und ganghaft gemacht, und auch zum Theil die Waſſer ſchon gewältiget worden, und in kurzem vollends gewältiget werden würden, in welcher Zeche ziemlich reiche Bergart am Anbruch, und im Tiefſten Erz ſtehen ſolle, welches der Kunſtgeſellſchaft zum Beſten und zur beſondern Probe der Kunſt gereichen müſſe; wie man denn ihre Macht und Gewalt, die blos durch Waſſerknechte zuwege gebracht werde, wohl ſehen könne. Es wären auch Leute vorhanden, welche dieſe neue Kunſt weiter begehrten, und ſich mit der Kunſtgeſellſchaft deshalber in Vergleich und Contract einlaſſen wollten. Dem Herzog ſey daher nicht zu rathen, ſich dieſer Gewerkſchaft zu entſchlagen, vielmehr, da er des Geldes ohne Zweifel wohl entrathen könne, möge er dem Hokdorf ſeinen Contract halten. Da das angelegte Geld mit der Zeit große Ueberſchüſſe bringen müſſe, ſo werde es nicht zum Spott, ſondern vielmehr zum Ruhm gereichen, dieſes *hohe Werk* befördern zu helfen. Mehrere Fürſten hätten ſich dabey eingekauft, und die Kuxe um einen noch höhern Werth an ſich gebracht; mehrere wollten es noch gerne thun und kein Geld anſehen; es müſſe aber um etlicher Urſachen willen unterbleiben. Der Herzog habe ja aber ſelbſt Salzbergwerke in ſeinen Fürſtenthümern, wobey die Kunſt vorzüglich zu gebrauchen wäre. Er möge doch eine verſchwiegene Perſon abſenden, die Kunſt *inwendig* beſichtigen, auch *des rothen Ganges* Gelegenheit ſich erkundigen zu laſſen, um die Sache ganz ſo zu finden, wie ſie gemeldet worden. Dieſes könne itzt ſogleich, oder auch alsdenn erſt geſchehen,

wenn

Geschichte eines Wasserkunstgeheimnisses. 331

wenn die Waſſer ganz niedergewältiget worden. Der Abgeordnete ſolle bey Joachim Röſſel, Gaſtgeber zu Joachimsthal, allen Beſcheid finden.

Der Herzog hatte aber alle Luſt zur Sache verloren; er blieb ſtandhaft bey ſeiner Entſchließung, daß *Holdorf*, dem er 50 Guld. an der Schuld erlaſſen wolle, ihm 450 Guld. zurückgeben müſſe, weil er die Kunſt ſo lange Zeit nicht ins Werk geſetzt habe. Uebrigens wolle es der Herzog ihm und der Kunſtgewerkſchaft gern gönnen, daß ein anderer ſtatt ſeiner, ſich mit einer höhern Summe bey ihr einkaufe. Als der Pfalzgraf hierauf ferner vorſtellete, (9. Sept. 1568.) daß doch *Holdorf* 40 Guld. Verluſt an den Piſtolet-Cronen gehabt habe; ſo antwortete der Herzog: er wolle eben ſolche Münzſorten wieder in Rückzahlung annehmen.

Es erfolgte aber immer keine Rückzahlung, der Herzog erinnerte ſie (24. Oct. 1568.) unter dem Vorwand, daß ſein Zug nach Frankreich viele Ausgaben erfordere. Auch bey Gelegenheit, daß der Herzog in der Folge (24. Sept. 1569.) dem Pfalzgraf zu ſeiner Vermählung Glück wünſchte, mahnte er ſeine Anforderung ſehr ernſtlich. Hierauf erfolgte aus *Simmern* den 24. Oct. 1569. eine weitläuftige Antwort des Pfalzgrafs. Er ſtellt darinnen vorzüglich des *tröſtlichen Georg Holdorf* Armuth vor, der, wenn er die 450 Guld. bezahlen ſollte, mit ſeinem Weib und wohlerzogenen, auch kleinen Kindern, an den Bettelſtab gerathen werde. Er, der Pfalzgraf, würde ſogleich ſelbſt für ihn bezahlt haben, wenn er der Summe auf ſeine Hochzeit entrathen können. Nach Abſterben ſeines zweyten Bruders (Pfalzgrafs *Georg*, von dem er das Fürſtenthum Simmern erbte,) ſey er mit Reichs- Creiß- und andern reſtirenden vergangenen und noch ſchwe-

benden

benden Ausgaben merklich beladen. Damit aber der Herzog sehen möge, daß sein brüderlicher Wille gegen ihn nicht verloschen sey, und damit ihm nur die Kuxverkaufsbriefe und ihre Confirmation wieder zu Handen kämen; so wäre er gesonnen, für diese ausstehende Summe Geldes dem Herzog *eine Kunst im Vertrauen* zu lehren, deren er wohl jährlich zu geniesen haben werde. Der Herzog möge also jemand Vertrautes an ihm abordnen, auch *Holdorfs* Gewährschein und des Pfalzgrafs Verschreibung mitschicken, so wolle er den Abgeordneten in der Kunst selbst unterweisen. Wäre dieses Erbieten wider Vermuthen nicht annehmlich, so solle in der nächsten Leipziger Neujahrsmesse die Summe bezahlt werden.

Hiermit schliesen sich die Archivs-Nachrichten, und lassen in Zweifel, ob der Herzog *Johann Wilhelm* lieber des Pfalzgrafs baare Zahlung, oder seinen Kunstunterricht angenommen habe. Es ist immer artig genug, daß die Sache sich am Ende in einen andern *Kunsthandel* auflößte, oder vielmehr von neuen verwickelte.

Ich bedaure, daß sich von dieser anderweiten *geheimen Kunst* sogar nichts findet, wodurch vielleicht ein fernerer Beytrag zur *weisen Narrheit und närrischen Weisheit* verloren gehet. (*)

Der Herzog *Johann Wilhelm* verstarb schon 1573. in der Blüte seiner männlichen Jahre, und setzte den Pfalzgraf
Reichart

(*) D. Joh. Joachim Bechers, Röm. Kaif. Maj. Cammer- und Commercienraths närrische Weisheit und weise Narrheit, oder einhundert so politische, als physicalische, mechanische und mercantilische Concepte und Propositionen, deren etliche gut gethan, etliche zu nichts worden. Frankf. 1683.

Reichart, der noch bis 1598. lebte, zum Mitexecutor seines fürstlichen letzten Willens, und zum Mitvormund seiner unmündigen Prinzen ein. (*) Die erzählte Wasserkunstgeschichte muſste also doch des Herzogs Vertrauen auf des Pfalzgrafs perſönlichen Charakter nicht geſchwächt haben; ein Umſtand, der dieſen billig wider den Verdacht der Theilnehmung an einem vorſetzlichen Betruge rechtfertigen kann.

(*) Müllers Sächſiſche Annalen, S. 162. Der Pfalzgraf wird daſelbſt unrichtig Reinhard genannt.

III.
Das Lager von gebrannten Mauerſteinen zu Marſal in Lotheringen.

Unterſuchungen über die Natur und den Umfang eines alten Werks der Römer Briquetage de Marſal genannt,

durch

Herrn d'Artezé de la Sauvagére,
bey Carl Anton Jombert, 8vo 1740.

Seite 3.

In einer Urkunde vom Jahre 709., iſt Marſal genannt worden Marſallum. In einer von Fulrade im 9ten Regierungsjahre Carls des Großen, nach der chriſtlichen Zeitrechnung 777., iſt es genannt worden Bodatius ſeu Marſallum. Bodatius kommt von dem alten Deutſchen Boden und Budé her, erklärt von Dulange durch Botta, lateiniſch Lucana, franzöſiſch Mare. In einer Urkunde der Abtey Münſter von 844., erläßt der König Lothar dieſer Abtey den Zoll, welchen man von dem Salze bezahlte, das ſie von Marſal erhielt.

Seite 8 und 9. Marſal iſt auf ein Mauerſteinlager aufgeſetzt, das aus unförmlichen Maſſen beſtehet, in welchen man oft Merkmale von eingedrückten Fingern und Händen findet. Die Mauerſteine ſind in einen Moraſt unordentlich über einander geworfen. Dieſes Mauerſteinlager, welches in der Stadt in einer Tiefe von 22 Fuſs gefunden wurde, iſt mit feſter Erde beſtürzt. Auſſer der Stadt hat ſich ein zweyter Moraſt gebildet, 7. 8. 9. 10 und 11 Fuſs tief, welcher das Mauerſteinlager wieder bedeckt, und welcher derjenige iſt, den man alleweile noch ſieht. Der unterſte Moraſt iſt ein auſſerordentlich zäher Schlamm, der keinen Grund hat.

Als man den Grund zum Nonnenkloſter zu Marſal legte, hat man Kupferſchmelzöfen, von ovaler Form nach dem Grundriſſe gefunden, welche die Fig. 9. Tab. II. nach Grund- und Standriſs vorſtellt, nach einer Copie, die nur in Eil, und nur nach Augenmaaſs gemacht iſt. Es iſt ſchwer aufzufinden, wo dieſe Oefen ihren Feuerherd hatten. In dieſer Fig. 9. Tab. II., iſt *a.* Thon, *b.* iſt aufgetragene Erde, *c.* iſt das Mauerſteinlager. Es fanden ſich dabey Kupfergrün, Grünſpan, Körner rothen Kupfererzes, und wenig gelbes. Die Ziegelſteine welche das Gewölbe ausmachten, waren von ſehr groſsem Maſse, die welche zum Pflaſter dienten, hatten einen Fuſs ins Gevierte, bey 10 Linien Dicke. Es waren 6 aneinander hangende Oefen, deren Eingänge abwechſelnd an der einen, und dann an der andern Seite lagen. Die ohngefähr 5 Fuſs hohen Ofengewölber, hatten an den Seiten 3 Fuſs hohe gemeinſchaftliche Wiederlager, in jedem derſelben war eine eingefaſste Oeffnung, 1 Fuſs lang, 9 - 10 Zoll breit, 2 Fuſs 3 - 4 Zoll hoch, wodurch alle Oefen miteinander Communication hatten. Das Mauerſteinlager hat ohngefähr 350 Toiſen Länge auf der Seite nach Moyenvie, 100 zur rechten, 140 zur linken. Von Marſal nach Dieuſe, findet ſich kein Mauerſteinlager. Innerhalb einer Viertelmeile iſt ein zäher Moraſt, demjenigen ähnlich, welcher unter dem Mauerſteinlager iſt. Von da bis Dieuſe, findet man 5. 6. 7. und 9 Fuſs

Fuſs tief den Grund im Moraſte, der ein felſenharter Sand
iſt. Von Marſal nach Moyenvic auſſerhalb dem Mauerſteinlager, iſt ein grundloſer Moraſt. An manchen Stellen findet
man 9. 10. und 11 Fuſs tief einen ſehr feinen loſen Sand.
Zu Moyenvic findet man das Mauerſteinlager wieder. Dieuſe iſt von den Römern decem pagi (die zehen Dörfer) be-
nennt worden, ſo findet es ſich in Antonins Reiſebeſchrei-
bung bemerkt. Man iſt ſehr ungewiſs über ſeinen Urſprung,
der ſehr alt iſt. Man ſetzt das Märtyrerthum des heiligen
Livier ins Jahr 450. oder 55., ins Jahr 555. oder 556. Im Jahre 570. hat man ihm nahe bey Marſal eine Capelle erbauet,
die noch da iſt.

Betrachtung.

Nach der gegenwärtigen Tiefe, worinne ſich auf dem
Platze der Kupferſchmelzöfen das Mauerſteinlager von Marſal befindet, wo der Erdboden einige Fuſs über demſelben
ſich befand, ſiehet man deutlich, daſs das Bette des Fluſſes
nach und nach erhöhet worden iſt. Indem man dieſe Beobachtung mit dem vergleicht, was täglich auch an andern
Orten, und unter unſern Augen geſchiehet, ſelbſt nahe bey
Paris, wo man einen Wald (den Wald der Druiden) in der
Seine, an der Seite wo man die Brücke zu Meuilly gebauet
hat, und wo man gegenwärtig die Brücke Ludewigs des
XVI^{ten} bauet, gefunden hat; ſo wird man daraus folgern,
daſs ſich die Betten der kleinen und groſsen Flüſſe erheben,
und man wird verlegen ſeyn, den Gang der Natur wieder zu
erkennen, nach welchem es im Gegentheile ſcheint, daſs die
Bäche ſich ihr Bette ausgraben, und die Flüſſe ſich ihren
Weg queer durch die Gebirge eröffnet haben, wovon man
die correſpondirenden Lagen an den beyden gegen einander
über

über liegenden Seiten noch ſieht, welche ihre vorige Verbindung beweiſen.

Man muſs über dieſen Gegenſtand zweene Zeitpunkte feſtſetzen. *Den erſten*, wo die wenig bewohnte Erde mit Holze und Büſchen bedeckt war. Damals konnten die Flüſſe ihre Ufer nicht leicht angreifen, ſie muſsten alſo nothwendig ausgraben, und den Sand den ſie losriſſen, ins Meer tragen.

Die zweyte Epoche fängt zu der Zeit an, wo die mehr bewohnte, mehr bearbeitete Erde, bis zu den Ufern der Flüſſe urbar gemacht worden iſt. Die groſsen Rodungen in Frankreich, nehmen im 13ten Jahrhunderte ihren Anfang, wo die Könige für Pflicht hielten ſie anzuordnen. Seitdem ſind ſie nur gar zu häufig fortgegangen, und die unbegrenzten Fortſchritte des Ackerbaues haben die Abhänge, die ſteilen Ufer der Bäche und Flüſſe urbar gemacht. Von da an ſind die nicht mehr zurückgehaltenen Sände und Erden durch die Regen abgeſpült worden; die durch Regengüſſe angeſchwellten Flüſſe, haben ſie bis in die Plainen getragen; ihr Abhang hat ſich allmählig vermindert; ihr Lauf iſt weniger reiſſend geworden, und heutiges Tages ſetzen dieſelben in geringerer Entfernung von ihrem Urſprunge die Erden ab, welche in ihr Becken fallen. Die Gebirggegenden allein enthalten noch reiſſende Ströhme welche ihr Bette ausgraben, die aber doch nach und nach ein gleiches Schickſal haben werden.

Paris May 1789.

de Laumont.
Inſpecteur general des Mines de France.

338 *Lager von gebrannten Mauerſteinen zu Marſal.*

Ein ähnlicher Beweis von Erhöhung der Flufsbetten, findet fich am Harze in dem Fluſſe *Innerſt*, unterhalb der Bergſtadt *Lautenthal*, fchon in der Nähe des Ausganges der Harzgebirge gegen das ebne Land. Hier liegt das Mundloch eines, auf einem Eiſenſteinszuge in der Vorzeit getriebenen Stollns, mit feiner ganzen Höhe, unter der Oberfläche des Flufsbettes, wie es jetzt iſt. Genaue Beſchreibung hiervon wird vielleicht künftig erfolgen können.

von Trebra.

III. BE-

III.

BEMERKUNGEN.

I.
Umgehender Bergbau, und wichtigste Vorgänge dabey, soweit ersterer und letztere bekannt sind.

Mit Nachrichten der Art wie sie hier folgen, wird man von Zeit zu Zeit fortfahren, um nach und nach von dem, jetzt in der Welt gangbaren Bergbau, sichere Kenntniss in einem weitern Umfänge zu erlangen.

1.
Bergbau in Piemont und Savoyen.

Seit der Römer Zeiten ist der Bergbau in den Piemontesischen Gebirgen nie ganz liegen geblieben. Besonders Eisengruben sind immer umgegangen. Aber nur schwach, nur zum Fortfristen ging aller Bergbau.

Haut Novarrais hat vorzüglich zwey grosse gebirgische Thäler, la Vallée d'Ossola, und la Vallée de Sesia, worinne gegen die Gipfel der Berge, und auch in den angrenzenden Thälern, eine Menge Goldgänge gefunden werden, die gröstentheils güldischen Eisenkies führen, worinne aber sehr selten das Gold gewachsen vorkömmt. Alles wird amalgamirt, nach der Art, wie Agricola es beschreibt. Die Gruben alle im Thale Anzaska sind die reichsten, und gehören dem Hau-

fe Boromaeo zu Mayland, welches fie gegen ohngefähr 6000
Livres (*) reinen Ueberfchufs verpachtet hat.

Im Thale Sefia find auch Kupfergruben fehr beträchtlich. Sie beftehen auf drey vorzüglich mächtigen Lagern in einem kalkartigen grünlichen Thonfchiefer zu Alagna. In der Nachbarfchaft diefer, find noch andere fehr wichtige Kupfergruben im Vallée d'Andourno. Nahe bey diefem Thale find die Gruben von Seffera, deren Erze aus mancherley gemifcht find, als Nickel, Kobald, Bley, Zink in Blende, Kupfer — dabey fehr reich an Gold und Silber.

Im grofsen Thale Aofta, welches bis an den Mont Blanc fich heranzieht, werden Gruben auf allen Arten Metallen betrieben, Eifen, Bley, Kupfer, Gold, Magnefium im Thale Evançon. Sie werden ftark bearbeitet, befonders auf Eifen und Kupfer. Hier liegt auch die berühmte Kupfergrube in Ollomont, die manche Jahre bis 30,000 Livres Ausbeute gegeben hat. Hier in diefem Thale, in Cogne, findet fich ein merkwürdiges, bis 10 Lachter mächtiges Lager magnetifchen Eifenfteins, der ein fürtrefliches Eifen gibt.

Im Thale Jvrea in Prozzo, findet fich ein weitläuftiger Berg voller Stockwerke und Gänge von Eifenkies und Eifenglanz, aus erftern wird Vitriol, aus letztern ein rothbrüchiges Eifen im Zerrennfeuer gemacht. In eben diefem Berge, hat man auch einen grofsen Nieren ganz derben reinen Bleyglanz gefunden, reich zugleich auch an Silber, der bis gegen 200,000 Livres Ausbeute gegeben hat. Man fuchte mit vielem Aufwande mehrere folche Nieren, und fand ihrer auch, aber von weit kleinerem Umfange, und büfste alfo bey diefem Weiterfuchen fehr ein. Die Gebirgart ift eine Art Gneufs.

In

(*) 3 Livres machen 1 Thlr.

In eben diefer Gegend, in dem Thale Locana, find viele Gruben auf fpäthigem Eifenfteine, Bley und Kupfer betrieben, aber nicht weit fortgefetzt worden. Am Fufse diefer Gebirge, in einer Ebne, finden fich Lager von einer rothen Erde, welche Gold hält, und man wäfcht gegenwärtig nach Waffercrgiefsungen den Sand der Flüffe aus, woher ihr Waffer den Namen Aqua d'Oro erhalten hat. Auch mehrere Flüffe in Piemont führen Gold.

Im Vallée de Lanz zu Vieux, findet fich viel Sand mit Eifenkörnern, die man auswäfcht, und im Zerrennfeuer ein fürtrefliches Eifen daraus macht. Zu Traves in eben diefem Thale bauet man auf Kobald, der nach Deutfchland verkauft wird.

Die übrige ganze grofse Kette der Gebirge zwifchen Dauphiné und Piemont, hat eine Menge Spuren von Erzen aller Metalle gezeigt, Bley, Eifen, Kupfer, Silber, etc. Man hat darauf fchon gebauet, aber alles wieder liegen laffen, bis auf die Bleygruben von Tende, fchon in den Alpen Maritime, die mit Vortheil noch jetzt bearbeitet werden, und wo die Römer fchon baueten. Zu Robilrent, nahe bey Mondavi in den Appeninen, hat man eine Silbergrube entdeckt, wo Rothgüldigerz, und gewachfen Silber in Blättern vorkommen. In der Gegend von Aqui und Afti, befinden fich viele Salzquellen. Zu Acofta bey Tortona, find mächtige Lager von gewachfenen Schwefel, in ziemlich grofsen Stücken eingemengt in Mergel und Gyps.

Alle diefe Schätze der Piemontefifchen Gebirge, werden bisher von Privatleuten betrieben, welchen die Krone fie eingegeben hat.

Chevalier Napion de Coccionas.

2. Von

2.
Von den Bergwerken im Cöllnischen Herzogthume Westphalen.

Bleyerze zu 1½ Loth Silber, und 20 bis 50 Pfd. Bley, werden *in der Gegend der Ruhr* von ihrem Ursprung vier Stunden herunter in Südweft gefördert. Die Gänge find 1 bis 3 Fuss mächtig, aber meist Pucherz; fie fallen fehr flach und verdrücken fich fchon in einer mittlern Tiefe, oder werden doch fchwächer. Das Liegende ift meift Thonfchiefer, das Hangende fefter Hornfchiefer. Die Stöllen gehen durch das Queergeftein.

Oft- und Oftfüdwärts der Ruhr werden beträchtliche Eifenfteingruben betrieben, theils am Heppecker Fluffe, theils an der Diemel. Die Eifenfteingänge fetzen in ziemliche Tiefe. Die Stöllen find durch das Queergeftein getrieben, 8 bis 9 Fuss hoch, und 3½ Fuss weit um Wetterfchächte zu erfparen. Die Gänge find 4 bis 10 Fuss mächtig, fehr feft, zwifchen einem blauen und grauen Schiefergebirge. Am Heppecker Fluffe liegt ein fehr mächtiges Stockwerk Grottenburg genannt. Der Stein ift mit Spath vermifcht. Dem Thal hinunter nach den Flufs zu, ift ein fchmaler Eifenfteingang mit viel Schwefelkies vermifcht. Auf diefem Gange ift mit einem Stollen aufgefahren worden, weil im Schachte der Waffer wegen nichts mehr zu erhalten war. Dermalen liegt diefs Werk unbearbeitet. Hier foll fich ehemals auch Goldfand gefunden haben, der aber die Koften nicht erfetzte. Unter Churfürft Maximilian Heinrich wurde das Goldwafchen betrieben, nachher unterblieb es. An der Waldeckifchen Grenze liegt ein mächtiges Stockwerk, worauf ein Stolln von etwa 700 Lachter getrieben werden mufs, um 24 bis 27

Umgebender Bergbau. 345

Lachter Tiefe zu erhalten. Am Flusse Worst befindet sich ein mächtiges Stockwerk in klüftigem Kalkstein, der starke Waller fallen läst. Ein angelegtes Kunstwerk wird durch die Grubenwasser getrieben. Eine Kluft gibt die Aufschlagewasser und zwar in solcher Menge, dafs die Kunst immer fortgetrieben werden kann. Ferner ist dort neben einer andern Kluft ein Schacht 15 Lachter abgeteuft, und in dieser Tiefe eine Strecke durch das taube Gebirge getrieben, bis an den Eisenstein, welcher abermals ein Stockwerk ausmacht, das aber mit ersterem keine Verbindung hat. Die Waller werden in diese Kluft geführt und von ihr verschlungen; wäre sie nicht gewesen, so hätte ein Stolln von 300 Lachter geführt werden müssen. Im ersten Stockwerke wo die Kunst ist, sind die Waller sehr warm; wird eine Strecke durch das feste Gestein getrieben und Waller angehauen, so werden die Wetter alsbald schwach.

Ohnweit *Brilon* wird Galmey gefördert, welcher mit etwas Bleyglanz vermischt ist. Diefs Werk kann nur bey trocknen Zeiten getrieben werden, weil die Gruben schon ziemlich tief, und wasserreich sind, ein Stolln aber nicht anzubringen ist.

Bey *Stadtbergen* wird ein Kupferschieferwerk getrieben. Ehemals wurden hier Kupferschiefer in Menge gefördert, auch Kupferlazurerze, und Kupfergrün, letztere beyde aus einem Letten unter dem Schieferzuge. Zuweilen ist der Letten ganz taub, zuweilen sind aber auch centnerschwere Erzknobben gefördert worden, doch selten in Menge. Dermalen können der Waller wegen nicht viel Schiefer gewonnen werden, bis der Stolle ferner aufgefahren ist. Wo das Flötzgebirge sich endigt, finden sich in einer Tiefe von 7 bis 10

Lach-

Lachter Kupfergraupen, oder kleine Knöppchen Kupferlafur, aber nur ½ bis 1 Fuſs mächtig, zum Theil in Eifenſtein, zum Theil unter einem eifenhaltigen Letten. Dieſs ſind Waſcherze, doch können ſie ſo rein nicht gemacht werden, daſs nicht noch viel Eiſen dabey bliebe. Weilen dieſe Gänge zu ſchwach ſind um Stölln darauf anzulegen, die vielen Waſſer abzuziehen: ſo bleiben ſie unbearbeitet. Die davon fallenden Kupfer ſind durchaus Galmeykupfer.

Zu *Silbach* ſollen ehemals viele Silber- und Bleyerze gefördert worden ſeyn, wie dieſes auch wirklich noch an den Ueberbleibſeln vieler alten Arbeit zu ſehen iſt. Unter andern ſoll auf dem ſogenannten Silberberge, viel gediegen Silber gefördert worden ſeyn. Nachrichten zufolge iſt die, oben auf der Spitze des Bergs befindliche alte Binge 70 Lachter tief geweſen. Man hat darauf zu Maximilian Heinrichs Zeiten einen Stolln 500 Lachter lang, ohne Wetterſchacht fortgetrieben, und endlich nur etwas Bleyglanz ohne Silbergehalt neſterweis angebauen. Viele andere überfahrne Quarzgänge waren taub. In dieſem Jahrhunderte wurde dieſer Stolln von verſchiedenen Gewerkſchaften bis unter die tiefe Binge getrieben. Jetzt liegt er ſchon zwey Jahre unbearbeitet. Es ſcheint daſs die Gänge in dieſer Tiefe nichts thun wollen.

1788.

Das *Itterſche* Kupferſchieferwerk lieferte ſeit mehreren Jahren Schiefer, welche im jährigen Durchſchnitte die 3 Pfd. nicht erreichten. Seit vorigem Herbſt erſcheinen beſſere Ausſichten. Der rechtſchaffene Bergmeiſter Rhode, welcher dermalen dieſem Werke (das vormals vier, fünf Bergofficiers unterhielt) allein als Sachverſtändiger vorſteht, ließ vorigen Herbſt

Herbst den Stollen von *Appelau*, dem ältesten Reviere wieder öffnen, und fand, daß hier die Vorfahren noch die herrlichsten Anbrüche zurückgelaßen hatten. Das Waßer hatte ihnen Beschwerlichkeiten gemacht, die sie sich zu überwinden um deswillen nicht angelegen seyn ließen, weil sie um eben die Zeit (1725.) auf dem *himmlischen Heere* in einem andern Reviere, mächtige und reiche Schiefer fanden.

Das Merkwürdigste und Lehrreichste bey dieser Entdeckung ist, daß ein schwärzlicher, theils sehr mächtig anstehender Letten, der oft keine Spur Grünung zeigt, 3 - 4 Pfd. Kupfer hält. Man hatte sich in vordern Zeiten gar zu wenig mit dem Probiren im Kleinen abgegeben. In neuern Zeiten wurde verfügt, daß allen Quartal-Extracten, Probezettul beygelegt werden sollten, und so verließ man sich nicht mehr gänzlich auf so oft täuschende Kenntniß nach dem Auge. Bergmann und Bergofficier hatten bis jetzt noch die Regel, schwarze Schiefer und schwarzer Letten sind taub. Als der Appelauer Letten 4 Pfd. gab, so erfolgte Erstaunen und Mißtrauen. Die Probe wurde wiederholt, aber mit ähnlichem Erfolge. Nun sucht man auch in dem andern Reviere die schwärzlichen Letten- und Schieferarten wieder auf, und findet auch darinn hier und da ziemlichen Gehalt, doch so stark nicht wie auf der Appelau, wo die edlen Schiefer 3, 4, 5, 6, ja 7 Pfd. geben. Dermalen wird eine kleine Kunst angelegt, und man hat nun wieder auf lange Jahre einen blühenden Bergbau zu hoffen.

Junius 1789.

Klipstein.

3.
Bergbau in den Hessischen Landen.

Der in diesen Landen jetzt noch im Betriebe stehende Bergbau bestimmt sich auf Silber, Kupfer, Eisen, Kobold, Steinkohlen, Alaun, und gehöret mit unter den ältesten Bergbau Deutschlandes, der besonders seine Vorzüge darinnen hat, daß man nicht leicht ähnliche Werke in der Natur aufweisen kann. Er bestehet meistentheils in Flötzwerken, deren besondre Erze die Aufmerksamkeit jedes Mineralogen verdienen.

I. Zu *Frankenberg* gewinnt man in einem von 4 Zoll, bis zu 1½ Fuss mächtigen Lettenflötze ein Kraupenerz, so aus vererzten Holz, Kohlen, einer der Kornähre gleichkommenden Pflanze, und mehrern Arten nicht zu bestimmender Kraupen bestehet, die alle von Vegetabilien abzustammen scheinen. Alle diese Wesen haben sich theils in Glas, Fahlerz, und, jedoch selten, in gediegen Silber vererzt. Dieses Flötz, so sich ganz nach der äußern Lage des Gebirges zu Tage richtet, liegt oft nur 10, oft aber auch 30 Lachter unter der Dammerde, hat zum Dach einen bläulichen Mergel, und zur Sohle einen sandartigen Kalkstein, außerdem aber einige Kalksteinschichten über sich. Die Wasser gehen meist auf Klüften ab, doch bedient man sich auch der Stolln. Silber und Kupfer sind die Producte dieses Werks, so wegen seinem sehr alten Betriebe wenig Aussichten mehr auf die Zukunft verstattet. Anno 1590. fing man dieses Werk zuerst an.

II. Zu *Biber* gewinnt man flötzweis brechenden Kupferletten, und auf Gängen Kupfererze, Kobold, und Eisenstein. Die Kupfererze haben einen ziemlichen Silbergehalt, und würden gleich den Frankenbergern mit beträchtlichen Vortheil zu amalgamiren seyn. Zu Lösung der Grubenwasser hat man

außer

Umgebender Bergbau. 349

auſſer 3 Hauptſtolln, ſo vom Tage einige 40 Lachter Teufe einbringen, 2 Feldgeſtänge mit ſtehenden Wellen, womit man 4 Lacht. unter der Stollnſohle den Koboldsbau betreibt. Vor ohngefähr 6 Jahren ward dieſes Werk von dem Herrn Cancrinus vor nicht bauwürdig erklärt, und würde gänzlich eingegangen ſeyn, (wie denn auch ſchon alle Bergleute abgelegt waren) wenn nicht durch die Bemühungen des Herrn Cammerraths Waiz von Eſchen ſolches wieder betrieben worden wäre, ſo daſs es jetzt eine anſehnliche Ausbeute liefert. In neuern Zeiten, vor ungefähr 50 Jahren, ward dieſes jetzt ſo beträchtliche Werk erſt angefangen, und hat unter den Heſſiſchen Werken die mehreſten Ausſichten.

III. Zu *Riegelsdorf* ſind Kupfer und Kobolde die Gegenſtände des Bergbaues, erſteres findet ſich in 30 bis 40 Lachter Teufe in einem flötzweis brechenden bituminöſen Mergelſchiefer, mit einem dieſer Art Schiefer gewöhnlich armen Gehalte von 1½ bis 3 Pfd. Garkupfer ohne weitern Silbergehalt; der Kobold bricht hingegen gangweiſe auf Rücken und Wechſel, ſo dieſes Flötz durchſchneiden, und führet ſchweren Spath zu ſeiner Gangart. Auſſer dieſen Kobolden brechen auch, doch zufälligerweiſe, und ohne einen wirklichen Bau darauf errichten zu können, Kupferbrandterz, Kupferglas, Kupferfahlerz, und Kies von geringer Mächtigkeit, theils auf Koboldsrücken, theils auf beſondern Wechſeln, woran dieſe Erze vom Zechſtein bis auf das Flötz oder Liegende der Schiefer brechen, ſobald ſolche in das Flötz ſetzen, legen ſich ſtatt dieſer Kobolde an. Auch Bleyglanz von ſehr geringem Silbergehalte findet man hier im Gunkelröder und Bauhäuſer Revier, dabey der beſondre Umſtand merkwürdig iſt, daſs dieſe Bleyrücken die Koboldsrücken

gänzlich abfchneiden, und die Gangart aus Kalkfpath beftebt.
Die Hauptreviere diefes Werks find:
1. Das Bauhaus, hat Kobold und Kupferfchiefer.
2. Die Hohnfufs, hat blos Kobolde.
3. Das Stollenrevier, hat blos Schiefer.
4. Das Siebels, } haben blos Schiefer.
5. Das Bodenthal,
6. Das Gunkelroder Revier, hat Kobold und Schiefer.
7. Schneidemüllers Grabenrevier, Kobold und Schiefer.

Zwifchen 30 und 40 gangbare Schächte kann man gegenwärtig rechnen, fo noch im Betriebe find, und auſſer 7 Hauptſtolln, die auf dem Liegenden der Schiefer zur Waſſerlofung mit 30 bis 40 Lachter Teufe getrieben find, baute man zu Gunkelrode mit einem Feldgeftänge von 3000 Fuſs Länge, 2 Koboldsrücken 18 Lachter unter der Wohltsberger Stollenfohle ab, hatte aber voriges Jahr das Unglück, einem vorliegenden Sandrücken zu nahe zu kommen, fo daſs man der häufigen Waſſer wegen genöthiget ward, diefen Bau fo lange zu verlaſſen, bis man mit einem tiefern Stollen vom Dorfe Iba her, folchen ohne eine Kunſt nöthig zu haben, wird waſſerfrey machen können.

Die Lagen diefes merkwürdigen Flötzes find nach der Abbildung Tab. V. folgende:
1.) 1 bis 2 Lachter mächtige eifenfchüſſige thonartige Dammerde.
2.) 6 bis 8 Lacht. mächtiger weiſsgrauer würflichter Kalkſtein.
3.) 8 bis 10 Lacht. mächtiger blauer Letten, fo mit Stahlgypstrümmern durchzogen ift.
4.) 8 bis 9 Lachter mächtiger fefter bläulicher Kalkſtein (Rauhwacke genannt.)
5.)

5.) 7 bis 8 Lacht. mächtiger grauer oft fester Gypsstein, mit eisenschüssigen Letten durchmengt.
6.) 1 bis 1¼ Lacht. mächtiger schwarzer oft fester Stinkstein.
7.) 1 bis 1¼ Lacht. mächtiger oft fester, oft lockerer Sand.
8.) 3¼ bis 3½ Lacht. mächtiger Zechstein, welcher oben nach dem Sande zu, graubräunlich und milde ist, in mehrerer Teufe aber schwärzer und fester wird.
9.) 18 bis 20 Zoll Ober- oder Noberge, so ein, mit Schwefelkies eingesprengtes schwarzes Schiefergebirge ist, und das Dach der Schiefer ausmacht.
10.) 3 bis 8 Zoll ein schwarzer bituminöser kupferhaltiger Mergelschiefer, auf dessen Liegenden, oder Sohle, zuweilen 1 bis 2 Zoll mächtig, geringhaltige Sanderze brechen.
11.) 6 bis 18 Lachter mächtiges, weißgraues, grübiges Gestein, so aus abgerundeten Kieseln, Quarz, zuweilen auch Stücken Jaspis und Glimmer, mit verhärteten Thon fest zusammen verbunden ist, das Liegende der Schiefern ausmacht, und hier mit dem Namen Flötz benennet wird.
12.) Das Todte, so aus einem nicht gar festen, grobkörnichten rothen Sandsteine besteht, und das Grundgebirge dieser Flötzlagen ausmacht.

Die Koboldsrücken, auf deren einem der Schacht steht, durchschneiden die Flötzlagen, wobey man die veränderte Lage des sogenannten hohen und tiefen Flötzes wahrnehmen kann, veredlen sich mehrentheils erst im Zechsteine, setzen durch das Schiefergebirge ins Liegende der Schiefern anhaltend bis aufs Todte, selten aber in solches hinein. Die Gangart dieser Rücken oder Gänge ist mehrentheils Schwerspath,
selten

selten Kalkspath, noch seltener Quarz. Die Stunden, worinnen sich die Rücken am mehresten veredlen, sind zwischen 7 und 9. Oft werden sie von übersetzenden Bleyglanzrücken abgeschnitten, in welchem Falle ersterer seine Endschaft erreicht, und nicht weiter fortsetzt. Das Hangende der Rücken ist jederzeit das hohe Flötz, so wie das tiefe Flötz das Liegende derselben bestimmt. Alle diese Flötzlagen streichen im rechten Winkel mit der Mittagslinie, und haben ihr Ausgehendes in Mitternacht, so daß sie gegen Mittag auf 8 bis 10 Lachter, 1 Lachter saiger einfallen. Die Abdrücke von Fischen, Kräutern u. dgl. finden sich selten im, oder gleich unter dem Zechsteine, öfterer in den Ober- oder Nobergen, am gewöhnlichsten aber in den Kupferschiefern selbst. Die meisten dieser hier gefundenen Fische sind Karpfen, Forellen, Hechte, Erlitzen u. dgl. Arten hiesiger Fische, um so merkwürdiger sind aber die, zuweilen dabey gefundenen Meerbutten oder Plateis, Stücke von Seehunden, und Glieder von menschlichen, oder vierfüßigen thierischen Körpern. Mehrentheils findet man diese Abdrücke nicht untereinander vermischt, sondern Geschlechterweis versammlet. Ihre Gestalt, die oft noch die deutlichsten Spuren von der geschwinden Ueberraschung ihres traurigen Schicksals zeigt, ist mehrentheils gebogen, selten gerade, ja oft eine ganz zerrissene Figur. Oeftere Versuche im Kleinen haben mir gezeigt, daß diejenigen Kupferschiefer worauf Abdrücke sind, beynahe noch einmal so reich an ihrem Metallgehalte sind, als jene bloße Kupferschiefern ohne Abdrücke es waren. Friedrichshütte 1789.

Ries.

II. Aus-

II.
Auszug aus dem Tagebuche über eine Reise von Hannover, bis in die Gegenden des Oberrheins, und der Pfälzischen Queckfilberbergwerke.

Vom

Herrn Lieutenant Lasius.

Schlufs.

Von Felsberg nahm ich meinen Weg über Hochstetten, wo ich schon wieder Thonschiefer fand, nach Auerbach, wo zwey Sauerbrunnen sind, die etwa ⅛ Stunde von einander liegen. Am neuen Brunnen fand ich einen Kalksteinbruch, der in einem mächtigen Lager zwischen Thonschiefer angelegt war, welches aber so, wie der Schiefer, noch in der Stunde 2. sein Streichen hatte. Der Kalkstein ist weisser salinischer Kalkstein, ohne Spuren organischer Körper. Etwas Schwefelkies findet sich zuweilen darinne. Von Queerbach ab, ist die Gebirgkette an der Bergstrafse erst Thonschiefer, näher gegen Heidelberg zu, lauter Sandsteine. Von Heidelberg ab, trifft man, wenn man nur wenig am Neckerflusse hinaufgeht, Granit an, auf welchen sich der Sandstein auflegt, und also das Vorgebirge von Granit ausmacht.

Von Heidelberg reiset man über Schwetzingen und Mannheim, beständig durch ebene und fruchtbare Gegenden, aber wenn man bey Mannheim den Rhein paſſirt iſt, erhebt ſich das Flötzgebirge in verſchiedenen ſanften Hügeln.

Zu Neuſtadt erhebt ſich wieder das einfache Thonſchiefergebirge, die *Haard* genannt, und ziehet ſich nordwärts einige Meilen fort, über Dürkheim. In dieſer Richtung weiter fort, erhebt ſich bey Boland ein Gebirge, der Donnersberg genannt. Bey Kirchheim, auch am Fuſſe des Donnersberges, ſehr verwitterter Baſalt, der aber in ſehr geringer Tiefe feſte wird; höher hinauf, Schiefer, den kleine Gangtrümmer, Stunde 8. 9. durchſetzen, höher hinauf, eine Art brauner Trapp. Auf dem 3ten Gebirgkopfe, bey einer Schanze, Mandelſtein, mit etwas Serpentin, worinn ein Quarzgang ſich zeigt, der auch Serpentin, wie er im Mandelſteine ſich findet, bey ſich führt, und den man der grünen Farbe wegen, leicht für Kupfergrün halten würde; allein bey der Unterſuchung zeigt ſich nicht die geringſte Spur von Kupfer. Etwas berunter, wieder Trapp. Auf dem 4ten Bergkopfe, am Todtenmann, oder Droſſelfelſen, wieder Mandelſtein, abwechſelnd mit braunem Trapp, ſo in mächtigen Blöcken am nackten Felſen zu Tage ausſteht, und Stunde 12. ſtreicht. Den 5ten Kopf beynahe hinauf, Baſalt, gleich darauf wieder Trapp, welchen ein Gangtrumm St. 11. durchſetzt, das ſich im Wurzelgraben als Letten zeigt. Er hatte weiter oben mit etwas Aſphalt zu Tage ausgeſetzt, darum glaubte man hier Steinkohlen zu finden, und teufte 2 Lachter ab, ward aber bald den Irrthum inne. Das blaue Schiefergebirge, ſo ſich am Wurzelgraben zeigt, wechſelt auf dem Lettengange, ſo daß es im Haugenden faſt ſchwebend

bend liegt, im Liegenden faſt ſaiger ſteht. Weiter vom Gange entfernt, ſteht alles parallel, und hat gegen Abend ſein Fallen. Am Fuſse des höchſten Gebirgskopfes, findet ſich auf einer kleinen Ebne eine graue Breccia, und rechts ab, am Ernſthäuſer Stadthofe, verſteinert Holz in der Dammerde, das man hier auf einem ausgemachten Grundgebirge, und noch dazu auf einer ſo beträchtlichen Höhe, nicht ſuchen ſollte. Die ganze obere höchſte Kuppe des Donnersberges, iſt ein pfirſigblüthfarbener Pſeudoporphyr, wo blos einzelne Quarzkörner dem thonigten Geſteine eingemiſcht ſind. Er ſtreichet Stunde 6. Ganze Felſenmaſſen muſsten davon durch Verwitterung zertrümmert ſeyn, wie man ſolches aus dem vielen Gerölle urtheilen konnte, das unten den Thonſchiefer bedeckte.

Von Kirchheim aus, gehet man nach den Queckſilbergruben zu, gleich über Baſalt, dann durch ein kleines ſehr flaches Thal, und dann wieder über Baſalt; beyde dieſe Baſalte haben den Fuſs des Grundgebirges, auch wol einen kleinen Theil des hier ausgehenden Flötzes durchbrochen. In einiger Tiefe trifft man ziemlich regelmäſsigen Baſalt an. Weiter hin, findet man Sand, der ſich einige hundert Schritte fortzieht; beym nächſten Hügel, Thon, der aus einem ſehr ſchwebend liegenden und verwitterten Schiefer ſcheint entſtanden zu ſeyn. Nun geht es zu der Anhöhe hinauf, wo die Queckſilbergruben liegen. Die Flötze ſind bald rechtfallend, bald der Abdachung des Hügels entgegenfallend. Einem Wechſel der Stunde 9 ſtreicht, fällt ein anderer St. 11. ſtreichend zu, und ſo ſchaaren ſich mehrere, zuweilen einander veredlende Wechſel, in dieſem ſo ſehr zerrütteten Flötze.

Auf einem der höchſten Puncte des Hügels, findet man das Flötz, nach beyden Abdachungen rechtfallend; dieſes macht oben auf der Höhe einen Bruch im Flötze, auf welchem ich ſelbſt, in einem unbeträchtlichen Schurfe, den Zinober zart an dem Geſteine angeflogen geſehen habe. Man ſuchet bey den Bauen immer die Wechſel zu erreichen, und auf dieſen nieder zu gehen, wo man faſt allenthalben den Zinober zart angeflogen findet. Auch geſellt ſich zuweilen glänzendes erhärtetes Erdpech dazu. Zuweilen iſt die Gebirgart in den Steinſcheiden, oder natürlichen Ablöſungen des Geſteins, auf ein, und mehrere Lachter von einem ſolchen Wechſel, zart mit Zinober angeflogen, wie ich ſolches auf der neuen Grube die ich befuhr, verſchiedentlich bemerket habe. Alles ſieht hier einer Sublimation ſehr ähnlich, und man könnte wohl vermuthen, daß unter dem Todtliegenden, die eigentlichen Lagerſtätten des Zinobers, oder die Zinobergänge, anzutreffen ſeyn müſsten. Ob hier gleich in der Nähe das Grundgebirge nirgend zu Tage ausſtehet, ſo kann es doch, nach Maasgabe der nicht über eine halbe Stunde davon ſich zeigenden Grundgebirge, ſo gar tief nicht unter dem Flötze liegen. Der Waſſer wegen möchte es jedoch miſslich ſeyn bis dahin nieder zu kommen. Auf der Grube *alter Heubuſch*, hat man ſehr reiches Zinobererz getroffen, ſo 80 p. C. reines Queckſilber gab. Der Waſſer wegen hat man den Bau nicht fortſetzen können, weil Maſchinen, ohne ſehr groſse Koſten, nicht anzubringen ſind. Ich konnte dieſe Grube nicht befahren, weil ſie verfallen war, aber nach erzählten Umſtänden muſsten die reichen Anbrüche da gefunden ſeyn, wo das Flötz auf dem Grundgebirge aufliegt.

Von

Von da ab, reiſet man immer über die Flötzgebirge fort, worinn Herr *Collini* auf ſeiner Reiſe verſchiedene, von ihm beſchriebene Verſteinerungen gefunden hat.

Ich nahm meinen Weg über Orbis, Benneckenheim, Erbesbüdesheim, Uthofen, Steinbokenheim, Deimbach, nach Mörsfeld. Die Queckſilbergrube Carl Theodor daſelbſt, iſt ganz im Stillſtande. Die Waſſer welche beym Betriebe der Grube auf einer Flötzſchicht ſo häufig einbrachen, konnten mit einer Roſskunſt nicht gewältiget werden, und haben den Bau ganz gehemmt. Die übrigen Gruben, welche noch betrieben werden, ſtehen in Zubuſſe. Die Gebirgart iſt gröſtentheils eine thonartige Breccia, welche aus Thongeſchieben von verſchiedenen Farben beſteht; ſie macht ſehr mächtige Lagen aus, und wird nur von 5 bis zu 18 Lachter, durch Thonſchieferflötze von geringer Mächtigkeit, abgeſchnitten. Durch dieſe Flötzlagen ſetzet Stunde 12. der Gang faſt ſaiger nieder, welcher ehedem ſo reiche Erze geliefert hat, daſs 22 Retorten in einem Brande 1160 Pfd. Queckſilber gegeben haben. Blos des Waſſers wegen, hat man ſie verlaſſen müſſen. Mehrere Gangtrümmer ſtreichen Stunde 11, nach welchen ein Queerſchlag getrieben wird. Auf 2 derſelben ſind ſchon Erze erbrochen. Kalkſpath iſt hier die Gangart, und Zinober, zwiſchen welchem und dem Heſtege des Ganges (einem weichen Thonſchiefer) ſich hin und wieder erhärtetes Erdpech findet. Das Gebirge iſt hier viel regelmäſsiger als bey Kirchheim, wo alle Lagen äuſſerſt verworren durch einander liegen, und die Flötze bald nach dieſer, bald nach jener Seite fallen.

In der Nachbarſchaft der Mörsfelder Queckſilbergruben, findet man an verſchiedenen Orten Baſalt, ſo daſs man faſt auf den Gedanken gerathen sollte, die Hitze der benachbarten Vulkane, habe das Queckſilber in die Klüfte des Flötzgebirges hinauf ſublimirt. Aber ſo müſte ja ſelbſt in dem Grundgebirge die eigentliche Lagerſtätte des Queckſilbers ſeyn. —

Das Grundgebirge, was ſich hier unter dem Flötze finden möchte, muſs noch mit dem Grundgebirge des Donnerberges zuſammenhängen.

Auf dem Wege von Mörsfeld nach Münſterappel, in der Rheingraffſchaft Greweiler, zeigte ſich an verſchiedenen Stellen Baſalt. Am Abhange des Gebirges nach Münſterappel zu, ſtehet flötzartiger ſandigter Thonſchiefer. Die von Herrn *Collini* zuerſt beſchriebenen, mit Zinober durchdrungenen Fiſchabdrücke, finden ſich in einem mehr thonartigen Flötzſchiefer. Es ſind die nemlichen Fiſcharten, die man am Fuſse des Harzes in den Kupferſchieferflötzen findet. Ich habe nicht bemerken können, ob ſie auch ſo, wie jene, auf dem todten liegenden oder Sanderze aufliegen. In den dortigen Queckſilbergruben findet man Sanderz, welches ſo mit Zinober durchdrungen iſt, als in den Kupferflötzgebirgen das Sanderz mit Kupfer. Auf dieſem Queckſilberſanderze wird der Bau, wiewohl ſehr unbedeutend, getrieben. Das Dach deſſelben, iſt ein ſchwebendliegender aſchgrauer Thonſchiefer, der zuweilen beym Zerſpalten ſchöne dendritiſche Kieſe, die zuweilen etwas geſtrickt ſind, enthält. Doubletten davon ſind äuſſerſt ſelten zu bekommen, weil die eine Seite des Schiefers beym Zerſchlagen gemeiniglich in Stücken bricht.

Nun reiſete ich über Obernhauſen nach Greweiler, und von da das Sandſchiefergebirge hinauf, und herunter nach Alzey; von da nach Obermoſchel, am Fuſse des Landsberges.

ges. In dieſer Gegend ſtehet das Grundgebirge an verſchiedenen Orten zu Tage aus. Flötze, deren untere Schicht Steinkohlen ſind, bedecken den Fuſs aller dortigen Gebirge. Der ſogenannte Landsberg, worinn der Bau auf Queckſilber mit ſehr gutem Vortheile getrieben wird, iſt gröſstentheils Grundgebirge mit Eiſenſteinsgängen durchſchnitten. Hier trifft man ſchönes Queckſilberhornerz, laufend Queckſilber, und ſogenanntes cryſtalliſirtes Amalgama an, welches letztere aber eigentlich nichts weniger als Cryſtalliſation beſitzt. Ich halte es für Queckſilber, was in den kleinen Zellen, die das Geſtein hat, zuſammengelaufen iſt, und weil ſich Silber aus denen zuweilen ſich findenden Fahlerzen mit ihm amalgamirte, ſich ſo in der Figur der Zellen verhärtete. Es muſste daher die Geſtalt der Zellen im Geſtein annehmen, und verführeriſche Aehnlichkeit mit einer Cryſtalliſation erhalten.

Am Landsberge findet ſich auch Baſalt. Ich fand ein ſehr ſchönes Stück getropfte Lava, welches ein vortrefliches Cabinetſtück meiner Sammlung geworden iſt.

Auf dem Wege nach Stahlberg, 2 Stunden von Obermoſchel, fand ich an einigen Stellen das Grundgebirge ſich ſehr wenig aus den Flötzen erheben. Am hintern Stahlberge fuhr ich auf der Grube *Friſcher Muth*, zum obern Stollen ein. Bey dem ziemlich weitläuftigen Gebäude, war es mir oft ſchwer, den Zuſammenhang des Ganzen zu beobachten. Zuerſt fuhr ich auf wahrem Flötzgebirge ein, kam aber bald auf wahres Ganggebirge, und hier brachen die Zinobererze theils auf Gangklüften, theils aber auch war an verſchiedenen Stellen das Grundgebirge nur blos damit angeflogen und durchdrungen. Die Flötze waren nur in der Nachbarſchaft des Ganggebirges, mit Zinober entweder durchdrungen,

gen, oder auf den Klüften damit angeflogen. Hier hat auch ehemals das blättriche Amalgama gebrochen. Jetzt findet sich etwas Fahlerz, zuweilen in kleinen glänzenden Treädris neben dem Zinober. Der Herr Berginspector Günther hat einige Centner dieser Erze mit gutem Vortheil, nach des Hrn. Hofraths von Born Abhandlung vom Anquicken, amalgamirt, und dazu am Landsberge eine kleine Amalgamirhütte vorgerichtet.

Auf dem untern Stolln fuhr ich wieder heraus. Hier konnte ich sehr deutlich den Abschnitt zwischen dem Ganggebirge (so hier eine Art grauer Sandstein ist, der mit der Harzischen Grauwacke etwas ähnliches hat) und dem Flötze sehen, von welchem das Ganggebirge bedeckt wird. Also ward ich hier sehr in der Meynung bestärkt, die ich schon vorher geäussert habe. Des Gedankens an Sublimation des Zinobers kann man sich nicht erwehren, wenn man aus diesem Gesichtspuncte Betrachtungen anstellt. Die Flötze haben gleichsam eine Decke abgegeben, daß der Zinober sich durch die Klüfte des Ganggebirges nicht hat verflüchtigen können. Basalt habe ich hier in der Nähe nicht gefunden, er kann aber leicht meiner Aufmerksamkeit entgangen seyn. Aber gesetzt, es wäre keiner in der Nähe, braucht man denn grade immer eine vulkanische Explosion anzunehmen, wenn man sich so viel unterirrdische Hitze denken will, als zur Sublimation des Quecksilbers und Schwefels nöthig ist? Sollten nicht zwischen der natürlichen Temperatur der Erde, und der Gluth, welche sie zu ihren vulkanischen Explosionen braucht, noch viele Zwischenstuffen seyn? —

Von Obermoschel reisete ich über Meisenheim, woselbst auf Steinkohlen gebauet wird, nach Wolfsstein, wo ehemals

ein

ein nicht unwichtiger Bergbau auf Queckſilber zwiſchen Eiſenſteinsgängen geführet wurde. Jetzt liegt es alles ſtill. Mit Mühe erhielt ich noch einige Proben von den hier ehemals gebrochenen Erzen, worunter beſonders der ſtrahlichte Zinober merkwürdig iſt. Ich erhielt zum Glücke ein Stückchen, woran dieſer ſtrahlichte Zinober, halb ſtrahlichter Schwefelkies war; oder vielmehr, woran ſich die Strahlen des Zinobers, in die mit ihm gleichlaufenden Strahlen des Schwefelkieſes, und ſo umgekehrt, verliefen. Die Gebirgart um Wolfsſtein, iſt größtentheils Grundgebirge, und zwar namentlich Trapp. Ungeheure Maſſen, ja ganze Berge einer Breccia, von ziemlich abgerundeten zuſammengebackenen Kieſeln, haben ſich ziemlich hoch an ſelbige an- und auch aufgelegt. Ich glaube, man könnte dieſs für das todte Liegende der Flötze anſehen, die mich von Meiſenheim bis hieher begleitet hatten.

Von da reiſete ich über Zweykirchen, Rothsweiler, über den Zellberg, — alles Grundgebirge. Von bemeldeten Orte, auf der Höhe und Ebene des Zellberges, mächtiges Lager von Kalkſtein, das Stunde 1. 2. mit den Schichten des Schiefers parallel zu ſtreichen ſchien. An verſchiedenen Stellen Baſalt. Hinunter auf Reichenbach, wo wieder Flötz iſt, und von da nach dem Potsberge. Der Dreykönigszug daſelbſt, iſt in der ganzen Gegend die reichſte Queckſilbergrube, und hat ſchon anſehnliche Ausbeute gegeben. Der Potsberg iſt wie der Stahlberg, das nehmliche Grundgebirge, deſſen Fuſs aber bis auf eine ziemliche Höhe, mit Flötzen bedeckt iſt. — Ich ſah dieſs ſehr deutlich, als ich auf einen Stollen des Dreykönigszuges zuerſt durch Flötze einfuhr. Darauf erreichte ich das Grundgebirge, und die Gänge, ge, worinn die Queckſilbererze brechen. Hier iſt ein wirklicher Gang, ſo Stunde 8 ſtreicht, deſſen Gangart ein grauer Letten iſt. In dieſem Letten ſteckt vieler Zinober, zuweilen in iſolirten ſehr kleinen Cryſtallen, auch oft gediegenes Queckſilber. Der Letten wird ſämmtlich laborirt, wenn gleich das Auge nichts laborirenswürdiges daran erkennen kann. An einem andern Orte dieſes Dreykönigszuges, iſt eine ſtarke Kluft dieſes Gebirges mit einer Kieſelbreccia ausgefüllt, die hier gleichſam die Gangart ausmacht. Zwiſchen dieſen Quarzkieſeln bricht häufig Zinober von cryſtalliniſchem Korn, und oft ſcheint der Zinober das Cement auszumachen, was dieſe Quarzkieſel verbindet. Dem Lettengange iſt ſo weit nachgearbeitet worden, bis man das Flötzgebirge wieder getroffen, wo man denn mit der weitern Verfolgung des, mit dem Stolln durchlaufenen Ganges natürlicherweiſe inne gehalten hat, und nun den Bau in die Förſte, grüſtentheils aber mit Stroſſen, in die Tiefe fortſetzet, wozu man denn ſchon einen tiefern Erbſtolln angeſetzt hat. So, wie der Dreykönigszug am nordweſtlichen Abhange des Potsberges liegt, ſo liegt die Davidskrone am ſüdlichen; ich habe ſie aber nicht befahren können, ſondern begnügte mich mit einigen ſchönen Stuffen cryſtalliſirten Zinobers, wo zwiſchen den Cryſtallen kleine Perlen von laufenden Queckſilber inne liegen. Wer genauere Nachrichten über die Bergwerke des Potsberges wiſſen will, leſe die Beſchreibung die der Hr. Hofrath Succow zu Heidelberg im 2ten Stücke des erſten Bandes der Beyträge zu den chemiſchen Annalen 1785. davon gegeben hat.

Von hier reiſete ich über Reichenbach zurück, und ſo auf Kuſel, woſelbſt mir die vielen Kugelbaſalte auffielen, die ich

ich da fand, bey welcher Gelegenheit ich einige Bemerkungen über die Kugelbasalte überhaupt, hier einfließen zu laſſen nicht Umgang nehmen kann. Ich rede hier nicht von den Baſalten, die durch Wellen und Fortwälzen der Baſaltgeſchiebe im Waſſer, eine kugelförmige Geſtalt angenommen, ſondern von denen, die nach der Meynung einiger Vulkaniſten, entweder durch eine eigene und beſondere Cryſtalliſation entſtanden, oder auch eine flüſſige Lava geweſen ſind, die bey der Exploſion der Vulkane, in der Luft ſich zur Kugel gebildet hat, und ſo abgerundet wieder herunter gefallen; oder auch durch Herabwälzung der flüſſigen Lavamaſſe von einer ſchiefen Fläche, kugelförmig geſtaltet worden ſind. —— Es mag noch mehrere Erklärungen darüber geben, und dieſen will ich auch eine Meynung beyfügen. Es gibt verſchiedene Baſalt- und Lavaarten, die bey einiger Verwitterung ſich ſchaalenweiſe ablöſen. Ich habe dieſes am Hahnenkippel im Trierſchen, und in dem großen Lavabruche bey Wilhelmsbad, auch an mehrern Orten, niemals aber an dichten ſäulenförmigen Baſalte, der oft ganz nahe dabey ſtand, bemerkt. Liegt nun ein unbeſtimmt eckiges Stück Baſalt der Verwitterung ausgeſetzt, ſo kann dieſe natürlich an den Ecken mehr zur Zerſtöhrung des Steines beytragen, als auf den Seitenflächen. Die ſich ablöſenden Schaalen werden alſo an den Ecken allezeit dicker ausfallen, als da, wo ſie ſich von den Seitenflächen abgelöſet haben. Nach dem natürlichen Zerfallen dieſer Schaale in Erde, wirket die Verwitterung immer aufs neue, und es löſen ſich, wenn man den Stein mit dem Hammer zum Zerſpringen nöthiget, verſchiedene Schaalen nach einander von dem Geſteine ab, die allezeit da am dickeſten ſeyn werden, wo der Stein noch etwas eckiges hatte. Eine oftmalige Wiederholung diefer fchaalenförmigen Ablöfung, wird alfo dem Steine, welcher vorher eckig war, zuletzt eine kugelförmige Geftalt geben; da hingegen die Schaalen, die fich von wirklichen Kugeln ablöfen, eine mehr gleichförmige Dicke haben. Ich habe wohl eher dergleichen fchaalenförmige Ablöfung, auch fogar an den Ecken grofser Granitblöcke bemerkt, die dadurch ihre Ecken ganz verlohren hatten, und fich der kugelförmigen Geftalt etwas näherten. Sollte nicht die, in *Faufas de faint Fond* Mineralogie der Vulkane, auf den letzten beyden Kupferplatten abgebildete, zwifchen Bafaltfäulen eingeklemmte Bafaltkugel am Ardennehügel, nahe bey Pradelle, auf diefe Art fich erklären laffen? Sollte nicht ein, mit der Zeit durch oftmalige fchaalenförmige Ablöfungen kugelich gewordenes, von dem fäulenartigen verfchiedenes Bafaltftück, bey einer nachmaligen Revolution verfchüttet, mit Bafaltfäulen bedeckt, und auf diefe Art in felbige gleichfam eingepaffet worden feyn? —

Von Kufel ab, reifete ich über Biedenkopf, Körweiler, nach Baumholder, — gröfstentheils Grundgebirge. Bey Baumholder, eine Queckfilbergrube, die ich aber nicht befahren konnte. Von da auf Frauenberg, Frohnhaufen, wofelbft ich mitten im Felde einen kleinen Hügel antraf, worinn eine thonigte Grundgebirgsart anftand, die gewifs eine nähere Befchreibung verdient. Sie ftehet im Bruche in grofsen Parallellepipeden, deren Seitenflächen Rhomben find. Mit dem, nach dem 70 bis 80ften Grade fallendem Gefteine parallel, laufen wechfelweife graue und braunrothe Streifen, erftere 2, und letztere 1 Linie dick herunter. Ein dunkelrother Feldfpath, der auf dem Bruche ein fehr granatartiges Anfehen hat, ift in kleinen Flecken durchgehends, vorzüglich

lich den braunrothen Streifen eingefprengt. Ein grünlicher Feldfpath ift nur allein in den grauen Streifen anzutreffen. Das Geftein brauft nicht mit den Säuren, fchlägt mit dem Stahle fehr mühfam einige kleine Funken, fpringt beym Zerfchlagen in unbeftimmt eckigte Bruchftücke, die rauh im Bruche find; feine fpecififche Schwere ift 2,534, wenn das Regenwaffer = 1. ift. Mir fcheint diefs Geftein unter die Porphyrarten zu gehören. Näher nach Oberftein zu, fand ich am Wege einen zellulöfen Achat fehr häufig auf dem Felde, und entdeckte bald auch einen Gang davon, der hier durch die Dammerde zu Tage ausfetzte. In den Zellen des Achates findet man eine braune Dammerde, die nur von einem darinn verwitterten Gefteine herzurühren fcheint. Nierenförmigen, auch wohl getropften Achat findet man ebenfalls darinn. Das Gebirge ift hier, und um Oberftein, faft durchgehends Trapp, der hin und wieder in Mandelftein übergeht. Ohngefähr eine Stunde von da finden fich, ohnweit dem Dorfe Ausweiler und Aulenbach, unförmlich geftaltete Zeolithgefchiebe auf dem Felde zerftreut, die oft, wenn man fie zerfchlägt, in ihrem Inwendigen gediegenes Kupfer zeigen. Der Zeolith hat oft eine grüne Farbe davon angenommen. Es ift fchwer, die Felsart zu beurtheilen, weil die Dammerde alles bedeckt. Aus etwas den Gefchieben anfitzenden fehr mürben Gefteine, läfst fich wohl auf eine Lavenart fchliefsen. Nicht weit davon, bey Nahreichenbach, im Baadenfchen Amte Birkenfeld, findet fich in einem Bruche eine fehr fonderbare Gefteinart, die, aller Wahrfcheinlichkeit nach, auch unter die poröfen Lavenarten gehört. Die Pori der Lava grenzen fehr nahe an einander, und find fämmtlich mit Zeolith ausgefüllt, fo, dafs das Ganze einer

Breccia von lauter Zeolithkügelchen in Erbſengröſse ähnlich ſiehet. Auch habe ich einen ſchönen Chryſolith in dieſem Geſteine gefunden. Nicht weit davon findet ſich ein apfelgrüner Pechſtein, ich habe aber ſeine Lagerſtätte nicht beobachten können.

Von Oberſtein aus, beſuchte ich den Achatbruch am Galgensberge bey Idart. Man hat am ſteilen Abhange dieſes Berges eine weite Höhle, ziemlich horizontal, tief hineingetrieben, und damit eine, hier zu Tage ausſetzende Schicht, in dem Berge eröffnet, worinn ſich vorzüglich die ſchönſten Achate finden, unter denen man neuerlich zwey hohle Achatkugeln von 4 Zoll im Durchmeſſer gefunden hatte, die inwendig mit dem ſchönſten getropften Calcedon ausgefüllt ſind. Ueber 100 der feinſten Calcedonzapfen hängen in der einen dieſer hohlen Kugeln herunter. Der ſchon von andern beſchriebene Regenbogenachat, gehört allerdings unter die artigſten Achate, die man nur findet. Die Utzenbacher Dendriten ſind ebenfalls eine Merkwürdigkeit dieſer Gegend. Die Achat- und Calcedonnieren haben ein ſchaalenförmiges Gewebe, und zwiſchen dieſen Schaalen erzeugen ſich die Dendriten. Durch vorſichtiges Schleifen derſelben, ſondert man ſie ab, und läſst ſie, wenn ſie ſchön und groſs ſind, theuer bezahlen. In der Sohle und in der Förſte findet man nur äuſſerſt ſelten Achate, die noch dazu nicht ſchön ſind. Sonſt iſt der Berg faſt lauter Trapp, der nur an wenigen Orten ſich dem Schiefer nähert, auch zuweilen Mandelſtein wird. Das ſogenannte *Saxum metalliferum*, woraus man dort ein ſehr gemiſchtes und unreines, noch nicht hinlänglich unterſuchtes Metall geſchmolzen hat, iſt weiter nichts als eine Art verwitterter Mandelſtein, der ſich oft in mächtigen gangartigen

gen Klüften, zwischen dem Trapp findet, zuweilen gesellt sich auch Eisenspath dazu. —

Wenn man längs dem Naheflusse, von Oberstein wegreiset, so trifft man bald die grosen und ungeheuren Brecciamassen wieder an, die ich bey Wolfsstein beschrieben habe. Auch hier bilden sie grose Felsen, von etwa 200 Fuss Höhe, die unmittelbar an den Trapp grenzen, und an selbigen an-auch wohl aufliegen. Diese Felsenmassen hatten für mich das Auffallende, dafs die Geschiebe, welche diese Breccia bildeten, völlig flötzartig stratificirt waren, und noch dazu mit allen den Verschiedenheiten, welche man bey dem Fallen der Flötze anzutreffen pflegt, z. E. erst eine, etwan 1 Lachter mächtige Schicht, lieget horizontal; eine dergleichen darüber liegende, fällt in einem Winkel von 20 bis 30 Graden gegen Osten; dann wieder eine horizontal liegende Schicht, und dann wieder eine Schicht die gegen Westen fällt u. s. w. Man bemerkt diese Stratification nicht in der Nähe, sondern nur in einer Entfernung von 100 und mehreren Schritten. Nahe bey scheinet alles eine gleichförmig gemischte Breccia zu seyn. Weiter an der Nahe herunter, trifft man Grundgebirge, gröfstentheils Trapp wieder an, den man zuweilen mit flötzartigem Sandsteine bedeckt findet. Bey Nauenburg, Basalt, auch an mehrern Stellen. Bey Kirn, Trapp und Schiefer. Bey Sobernheim, Mandelstein, darauf wieder Trapp. Bey Waldbockelheim, Basalt, bald hernach flötzartiger Sandstein bis Creuzenach. Bey Creuzenach, und noch an verschiedenen andern Stellen an der Nahe hinunter bis Bingen, am Einflusse der Nahe in den Rhein, zeigt sich verschiedentlich das Schiefergebirge. Rechts über die Nahe weg bis Maynz, ist fast alles Flötzgebirge. Gegen Bingen über,

steigt

steigt jenseits dem Rheine das Rheingauergebirge, so aus Thonschiefer bestehet, an, und hänget so mit dem Taunus Mons wieder zusammen. Bey Bingen tritt der Rhein zwischen eine sehr enge Kehle von Thonschiefergebirge, so daſs unmittelbar von den Ufern des Rheins, das Gebirge sehr steil in die Höhe steigt. Bey dem sogenannten Binger Loche setzt der Felsen durch den Rhein, und es ist das Hindernifs, welches der Schiffarth dadurch zuwachsen muſste, erst in neuern Zeiten durch Wegsprengen gehoben.

    Nach Beschaffenheit der, von Frankfurth aus beschriebenen Gegenden, fühle ich mich gedrungen, die Muthmasung zu äusern, daſs wahrscheinlich die ganze ebene Gegend am Rhein, deren Umfang ich von Frankfurth aus bis Bingen bereisete, und noch weit über Mannheim, am Rhein hinauf bis an sämmtliche, von mir auf dieser Reise bemerkte Grundgebirge, zu den Zeiten auch müsse unter Wasser gestanden haben, als die Nord- und Ostsee die ganze Gegend der Flötzgebirge über Hannover, Göttingen, Cassel und so weiter, bis vor Marburg hinauf, bedeckt hatten. Die ganze Gegend, worinn ich von Frankfurth aus über Darmstadt, Mannheim, und so weiter bis Bingen, der Flötze erwähnt habe, war also höchstwahrscheinlich ein See, der diese Flötzgebirge aufgeschwemmt haben muſs. Sie war es so lange, bis der Rheinstrom sich so tief in das Schiefergebirge, zwischen Bingen und Coblenz eingeschnitten hatte, daſs die ganze Gegend, wo jetzt Flötzgebirge sind, dadurch abgewässert werden konnte. Wenn man die Reise von Bingen bis Coblenz zu Wasser macht, so siehet man deutlich, wie das Schiefergebirge durch das Thal des Rheins, gewaltsam muſs zerrissen worden seyn. Das Schiefergebirge stehet an beyden Ufern sehr deutlich zu

Tage

Tage aus, fo dafs man fein Ausgebendes, gegen Mitternacht, und fein Streichen gegen Stunde 5. 6. (gerade wie das Harzgebirge) deutlich wahrnehmen kann. Die grofse Aehnlichkeit der, zu Tage ausftehenden Schichten am öftlichen, mit denen am weftlichen Ufer; die geraden Linien in denen die, an einem Ufer unterbrochenen Schichten, auf die ähnlichen Schichten des andern Ufers zuftreichen, leitet auf den Gedanken, an einen höchftwahrfcheinlichen Durchbruch des Rheins durch diefe Schiefergebirge. Aber dies läfst fich beffer fehen und fühlen, als befchreiben. —— Ohnweit Ehrenter liegt in diefem Schiefer das Sachfenhäufer Bley- und Silberbergwerk, nahe am Rhein; die Stollnmundlöcher fieht man im Vorbeyfchiffen. Ich konnte das Nähere davon nicht unterfuchen. Hernach kommt man Braubach vorbey, wo fich hoch auf den Schiefergebirgen eben die Hyfteroliten (die man dort Mautzenfteine nennet) finden, die man auch auf dem Harze in der Schalke und auf dem Rammelsberge antrifft. Bey Coblenz wird die Gegend am linken Ufer des Rheins wieder freyer, dahingegen das Schiefergebirge am rechten Ufer noch fortdauret, von Bentorf aus fich etwas weiter vom Rhein entfernet, aber bey Andernach, 4 Stunden von Coblenz, fich wieder an den Rhein anfchliefst. Bey Andernach fcheinet der nehmliche Fall gewefen zu feyn, wie bey Bingen. Das Schiefergebirge hat hier ebenfalls, aller Wahrfcheinlichkeit nach, zufammen gehangen, und der Rhein hat fich alfo hier auf gleiche Art einen Weg durch das Schiefergebirge einfchneiden müffen. Ehe diefes aber gefchehen konnte, mufste nothwendig die ganze Ebne, zwifchen Coblenz und Andernach ein See feyn. Anftatt der gewöhnlichen Flötzgebirge indeffen, die fonft die Folgen von den vorhin über ihnen geftandenen Gewäffern zu feyn pflegen, zeigte fich hier eine ganz andere Erfcheinung. Die ganze Ebne war faft durchgehends mit lauter kleinen Bimsfteinbrocken bedeckt, die an verfchiedenen Orten durch einen erhärteten Schlamm, oft ziemlich feft verbunden waren. So gräbt man z. E. zwifchen Bentorf und der Saynerhütte, im ebenen Felde, eine mit Schlamm überzogene wahre Bimsfteinbreccia aus der Erde, die aus etwan erbfengrofsen Bimsfteinbrocken zufammen gefetzt ift. Man fchneidet fie in beliebige Parallelepipeden, und gebraucht fie, ihrer Leichtigkeit wegen, fehr häufig zu Ausfüllung der Fachwände in Gebäuden. Ganze Flötzfchichten von diefen Gefchieben, (bald mehr, bald weniger mit einander verbunden), legen fich an den Fufs der, das Thal ringsum umgebenden Schiefergebirge, oft ziemlich hoch an. Ich fand fie noch bis auf die Höhe, oberhalb Rengsdorf, ohnweit Sayn. Auch auf der andern Seite des Rheins, an den Bergen bey Kerlich und Baffenheim, fah ich fie ziemlich hoch aufliegend. Natürlich mufste diefe Erfcheinung ein Verlangen erwecken, den Urfprung diefer ungeheuren Menge von Bimsfteinen zu fehen, und die Vulkane aufzufuchen, aus welchen fie ausgeworfen feyn mufsten. Ob man nun gleich an verfchiedenen Orten Bafalte und Laven, als z. E. Bafalt, bey Bonnefeld und Neuwied; hernach jenfeits des Rheins, bey Niedermennig, den Mühlftein; bey Formich und Unkel, Bafalt; hernach bey Klofter Lach, auch bey Baffenheim, wieder den Mühlftein findet: fo fiehet man doch leicht ein, dafs diefe Vulkane die Bimsfteingefchiebe nicht fo weit, und fo regelmäfsig haben umher ftreuen können, fondern Gewäffer und der See, der diefe Gegend in jenen Vorzeiten bedeckte, fchwemmten die Bimsfteine

und

und vulkanifchen Afchen von den Orten, wohin fie von den Vulkanen waren ausgeworfen, weg, und fo fchwammen die Bimsfteine, ihrer Leichtigkeit wegen, (der gemeine Mann in diefer Gegend, nennet fie Schwimmfteine) auf dem See umher, verbanden fich an verfchiedenen Orten mit Thon und vulkanifchen Afchen, fchlugen fich zum Theil aus dem Waffer nieder, oder verbanden fich gröfstentheils da erft, als das Waffer verlief, zu den fogenannten Trafs, der bey Pleit, Cretz und Kruft, hernach bey Proth und Dönnigftein und fo weiter, gebrochen wird. Er ift vom Herrn Collini, de Luc, Voigt, und zuletzt vom Herrn D. Nofe, in Elberfeld, in den Beyträgen zu den chemifchen Annalen, IIter Band, 4tes Stück, 1787. hinlänglich befchrieben, dafs ich alfo die genauere Befchreibung diefes Gefteins übergehen kann. Nur befchäftigt mich noch auf einige Augenblicke feine Lage, die es deutlich genug zeigt, dafs feine Theile vom Waffer aufgefchwemmt find. Der Trafs hat fich in den Thälern, zwifchen den Schiefergebirgen niedergefchlagen, und legt fich oft ziemlich hoch an diefe an. Ich habe oft bemerkt, dafs fich feine Beftandtheile nach dem Gefetze ihrer fpecififchen Schwere niedergefchlagen haben. Den beften, zum Verkauf brauchbaren Trafs, gewinnt man an den tiefften Stellen, wo man ihm von der Seite beykommen kann. Je höher hinauf, defto mehr ift er mit Bimsfteinen gemifcht, und defto unbrauchbarer wird er zur Maurerarbeit. Der obere Theil, das Dach, beftehet faft aus lauter kleinen Bimsfteinbrocken, die oft nur kaum durch den Trafsfchlamm (wie Hr. D. Nofe a. a. O. fich fehr richtig ausdrückt) verbunden und zufammengebacken find. Mehrmalen fah ich in den Trafsbrüchen flötzartige Stratificationen der Trafsmaffen, wovon ich auch ein fehr lehrreiches Stück im Cabinet befitze. Noch einen Beweis, daſs diefe Gegenden von einem See find bedeckt gewefen, geben die Spuren der Körper des Pflanzenreichs, die man bey Burg-Prott, und an mehreren Orten im Traſſe findet, ich meyne das verkohlte Holz, und die Blätterabdrücke im Traſs, die Hr. D. Nofe a. a. O. fehr richtig befchreibt. Noch eine Bemerkung über das verkohlte Holz. Ich glaube Beweife gefunden zu haben, daſs diefe Kohlen nicht zu denen gehören, die durch das Feuer verkohlt find, fondern ehe zur Claſſe der fogenannten Braunkohlen, denn ich fand einige Stücke die nicht wie gewöhnlich fchwarz, fondern völlig fo braun, wie jene Braunkohlen ausfahen. Diefes Holz iſt alfo wahrfcheinlich, vom Waſſer hieher gefchwemmt, und fo wie die Blätter, in dem Schlamme begraben und verfchüttet worden. Eine Verkohlung des Holzes durch glühende Laven, läſst fich hier gar nicht gedenken. Wie gern hätte ich mich dort länger aufgehalten, um eine Charte von der ganzen Gegend zu entwerfen, auf welcher ich die Lage des Schiefers, des Bafalts, der Laven, und des Traſſes, deutlich hätte bemerken können. Manche Beobachtung mehr für die Naturgefchichte, hätte ich mit Hülfe einer folchen Charte in diefen fo merkwürdigen Gegenden machen können. Auch hätte ich dadurch jeden in den Stand fetzen können, das Ganze zu überfehen, was man auf kurzen Reifen unmöglich in feinem Umfange bemerken kann, und über manchen mir noch dunkeln Gegenstand würde ich ein helleres Licht haben verfchaffen können. Vielleicht hätte ich dann den eigentlichen Vulkan, der diefe ungeheure Menge von Bimsteinen ausgeworfen, entdecken, und über den Crater etwas fagen können, für den man jetzt den Lager-

See,

See, mit einiger Wahrſcheinlichkeit, annimmt. Verwitterte Laven finden ſich in Menge an ſeinen Ufern, und viele ſchwarze, glänzende, wahrſcheinlich aus ihnen übrig gebliebene kleine Körner, kann man mit dem Magnete aus dem Sande deſſelben ausziehen.

Nahe bey Formich, ſtehet der Baſalt als eine ſehr ſteile Wand zu Tage aus. Nie iſt mir der Baſalt in ſolchen ungeheuren Blöcken vorgekommen, als hier. Wenn man etwas Einbildungskraft zu Hülfe nimmt, kann man ihn ſäulenförmig nennen. Aber ſolche Säulen haben 3 bis 4 Fuſs im Durchmeſſer. Die Baſaltſäulen am Unkelſtein (man ſehe die Abbildung davon in Collini Reiſe) ſind ausgebildeter, aber im Ganzen doch nicht ſo ſchön, als die zu Weilburg. Die Säulen ſtehen hier in allerley Richtungen, und es ſcheint mir, als ob unter der Lage der Säulen, eine ſehr groſse gewaltſame Zerrüttung müſſe vorgegangen ſeyn. In der Miſchung des Baſalts, habe ich vorzüglich groſse Hornblende-Cryſtallen (wiewohl ſelten) gefunden. Ich habe ein Stück Baſalt, mit einer Hornblende-Cryſtalle daher mitgebracht, die im Durchſchnitte 1½ Zoll im Quadrate hält. Von Zeolith habe ich keine Spur gefunden, aber doch etwas von der grünen ſpeckſteinartigen Subſtanz, deren ich am Hermannsköpfchen bey Weilburg, erwähnet habe, ſie muſs alſo mit dem Zeolith in keiner abſoluten Verwandtſchaft ſtehen. Auch von dem ſogenannten vulkaniſchen Chryſolith, habe ich fauſtgroſse Stücke in dieſem Baſalte gefunden. Stalactit überziehet zuweilen die Baſaltſäulen, und findet ſich oft in groſsen Klumpen zwiſchen den Klüften, wo die Säulen etwas von einander gewichen zu ſeyn ſcheinen. Die unmittelbare Decke des Baſalts, iſt eine vulkaniſche Breccia, aus Traſs, Bims-

Bimsstein, poröser Lava, und Schieferbrocken zusammen gesetzt, welche von einer sehr mächtigen Lage Dammerde bedeckt ist, die aus Leimen bestehet, worinn sich Nieren von mergelartigen Kalkstein finden.

Von den, für die Liebhaber interessanter Mineralien so sehr wichtigen Bergwerke zu Rheinbreitenbach, wo man das bekannte rothe Kupfererz, das schöne dendritische gediegene Kupfer, das crystallisirte Kupfergrün, und die weißen Bleyspäthe findet, kann ich nichts weiter sagen, als daß die Gebirgart Schiefer, die Gangart Quarz ist, und das Hauptstreichen der Gänge gegen Stunde 6. kömmt. Die Gruben selbst konnte ich nicht befahren. ——

Ich nahm meinen Weg zurück nach Andernach, Neuwied, Heddestorf, die Eisenhütten am Rasselstein, Niederbieber, Mehlsbach, immer im Thonschiefer hinauf durch Waldungen, Bonnefeld links lassend bis zum Straßenhause bey Jarsfeld, von da beynahe Oberhonnefeld vorbey, auf Herrhausen im Churtrierschen Amte Hirschberg, welches ich seines sehenswürdigen Eisenbergwerks wegen zu befahren wünschte. Das Bergwerk lieget ¼ Stunde vom Dorfe; alles ist Schiefer, dessen Lagen hier Stunde 3. streichen, und gegen Mittag fallen. Fast alles Gestein, was man siehet, ist hier eisenschüssig. Vieler sandiger Leseeisenstein liegt auf den Feldern herum, der aber ohne Vermischung, kein sonderlich gutes Eisen gibt. Auch rother Glaskopf findet sich mit unter. Der Gang, dessen Gangart ein grauer, zuweilen weißlicher Letten ist, streichet Stunde 6. 7., und ist gewöhnlich 8 bis 10 Lachter mächtig. Der schwarze Glaskopf scheint in selbigen recht zu Hause zu seyn. Der Gang ist nicht besser, als mit einem Eisensteinsgewebe, voll lauter Blasenlöcher oder Höhlen, von
allen

allen Gröfsen, bis zur Gröfse eines Menfchen, zu vergleichen. Alle Höhlen diefer Blafenlöcher, die fehr nahe an einander grenzen, find mit fchwarzen Glaskopf ausgekleidet, der oft in den fchönften getropften Zacken herunter hängt. Zuweilen ift diefer Glaskopf pfauenfchweifig angelaufen, da er denn mit den herrlichften Farben prangt. Man haut grofse Weitungen aus, und läfst hin und wieder Pfeiler zur Unterftützung ftehen. Solcher Weitungen grenzen nun viele an einander, und dies gibt dem Auge den herrlichften Anblick, im höchften grotesken Styl. Ich fand auch einen dunkelbraunen Glaskopf dort, deffen in einen Punct convergirende Strahlen 3 bis 4 Zoll lang waren. Aus dem Centro find Bögen, wie mit einem Zirkel durch die Strahlen gezogen, welche von einer allmählichen Entftehung und Vergröfserung diefes Glaskopfs, mit Fortfetzung des ftrahlichten Gewebes, zeugen. Auch fand ich fpäthigen Eifenftein auf dem Gange, der fehr mächtig an einigen Stellen anftehet. Braunftein kömmt hier auch, wiewohl fehr felten vor. Von Herrbaufen reifete ich den nehmlichen Weg auf das Jahrsberger Strafsenhaus wieder zurück durch den Wald, und fo links vom vorigen Wege ab, hinunter nach Rengsdorf, wo ich am Abhange des Berges, die erfterwähnten Bimsfteingefchiebe, oder Bimsfteinflötze fand. Von da auf Oberbieber, die Abtey Rommersdorf, Heimbach, nach der Sayner Eifenhütte (wo der Herrhäufer Eifenftein verblafen wird) über Bentorf, wofelbft Eifenfteinsbergwerke im Schiefer gebauet werden, über den Rhein wieder nach Coblenz. Von Coblenz aus, befah ich den Steinbruch, wo die Grauwacke brechen foll. Das Geftein hat viel ähnliches mit der Harzifchen Grauwacke, aber ganz ift fie es doch nicht; fie gehört eher zu

der

der Gebirgart die ich am Pottsberge fand, auch wechſelt ſie ſo nicht mit dem Schiefer ab, wie die Harziſche Grauwacke. Von Coblenz ging die Reiſe über lauter Schiefergebirge nach Embs, welches wegen ſeiner warmen Quellen bekannt iſt. Die Quellen ſind nur warm, ſo daſs man die Hand füglich hinein halten kann. Alles iſt Thonſchiefergebirge, auf deſſen Höhen ſich ebenfalls Hyſteroliten und Entrochiten finden. —

Die Bergwerke bey Embs, konnte ich wegen Mangel an Zeit nicht befahren. Von Embs ging es weiter, gröſstentheils über Thonſchiefergebirge, in welchen zuweilen mächtige Schichten von einem weiſsen Thone vorkommen, der zur Verfertigung der Sauerwaſſerkrüge gebraucht wird. Mir ſcheint dieſer weiſse Thon ein verwitterter, oder wieder in Thon aufgelöſter weiſser Thonſchiefer, von der Art zu ſeyn, wie ich ſeiner bey Elgershauſen und Münſter erwähnt habe. Ich kam endlich über Holzhauſen nach Schwalbach, wo der bekannte Sauerbrunnen iſt. Von Schwalbach ging es über die noch zum Taunus gehörige Bergkette, hier traf ich die ſogenannte weiſse Wacke wieder an. Hinunter auf Wisbaden, war wiederum Schiefergebirge. Hier ſtaunte ich die berühmte heiſse Quelle eine ganze Weile an, und konnte mit gröſseſter Ehrfurcht für dies Wunder der Natur, weiter nichts ſagen, als: Unſer Wiſſen über ſie iſt Stückwerk. Nie hatte ich dies ſo mächtig, als jetzt gefühlt. Indeſſen kann ich doch nicht umhin, hier einige Gedanken mitzutheilen, die mir dabey, über die mancherley Temperaturen des Waſſers überhaupt, einfielen.

Wie mannigfaltig ſind dieſe nicht! Bald quillt das Waſſer faſt eiskalt aus der Erde; bald hat es die gewöhnliche mittlere Temperatur der Luft; bald iſt ſeine Temperatur ſo,

daſs

daſs auch die heftigſte Kälte nicht im Stande iſt, es auf einige Entfernung von der Quelle, in Eis zu verwandeln; bald iſt ſeine Wärme ſo merklich, daſs man nur eben die Hand hinein halten kann, wie zu Embs; bald ſo heiſs, daſs ſie die gemeine Hitze des kochenden Waſſers weit überſteigt, wie hier zu Wisbaden — und wie viele Zwiſchenſtuffen mag es nicht noch zwiſchen den eiskalten, und brennend heiſſen Quellen geben, die wir nicht kennen? In der ganzen Natur ſind allenthalben Mittelſtuffen zwiſchen beyden Extremen. Hier treffen wir ſie deutlich im Waſſer an. — Sollten ſich denn dieſe Zwiſchenſtuffen nicht auch in dem andern Elemente finden, da wir ſie in dem einen ſo merklich wahrnehmen? Sollte es nicht in der Erde und ihren Gebirgen eben ſolche Gradationen ihrer Temperatur, zwiſchen der gewöhnlichen Kälte, und der groſsen Hitze eines brennenden Vulkans, ja auch unter den Vulkanen ſelbſt wieder Grade der Hitze gegeben haben, und noch geben? Vielleicht iſt dieſe Bemerkung ein Wink für die Herren Vulkaniſten, die gern alles der Wirkung der Vulkane zuſchreiben möchten! In tantum bin ich es zufrieden, und bin ſehr der Meynung, daſs allerdings die Temperatur der Wärme das ihrige dazu beytrug, hier dieſe, dort jene Bergart, aus einem und eben demſelben Stoffe, zu groſser Verſchiedenheit, oft aber auch zu groſser Gleichheit zu bilden. Eben darum fällts auch gar nicht ſchwer, einen Grad unterirrdiſcher Wärme ſo ſtark anzunehmen, daſs er im Stande war, das Queckſilber und den Schwefel aus den Gängen, als Zinober hinauf zu ſublimiren, ohne einmal zur Wirkung wüthender Vulkane Zuflucht zu nehmen, die in den Pfälziſchen Queckſilberbergwerken doch wirklich in der Nähe ſind. Sollten nicht in den brennenden Vulkanen ſelbſt, die grofsen Verſchiedenheiten der Feuergrade auf dieſe oder jene Bildung der Laven und des Baſalts Einfluſs mit haben? Von Wisbaden aus erreichte ich bald jene Flötzgegenden des Oberrheins wieder, von denen ich oben geredet habe, und reiſete über ſelbige nach *Maynz;* dann über den Hochheimer kalkartigen Flötzhügel nach *Höchſt,* und ſo nach *Frankfurth;* von da über das Kalkflötz bey der, eine Stunde davon liegenden Friedberger Warte; erreichte bald das Grundgebirge wieder, welches ſo, bis Marburg, fortdaurete, und trat damit am 3ten September meine Rückreiſe wieder an.

Zuſätze zur III. Bemerkung des 1. Bandes der Bergbaukunde.

Seite 372.

Die Beſchreibung der, bey Langgoens gefundenen Glaslava, iſt nicht von meinem Freunde dem Herrn Ingenieur-Capitain Müller, ſondern von mir. Ingenieur-Lieutenant Werner zu Gieſsen, fand dieſe Lava bey Gelegenheit eines zur Chauſſée eröffneten Steinbruchs. Er fing eben an ſich mit Mineralogie bekannt zu machen, als ich ſie bey ihm ſah.

Klippſtein.

Seite 382.

Der hier mit angeführte Bleyglanz mit gediegenem Schwefel, iſt nicht aus den Weyherer Bergwerken, ſondern aus einer andern mir unbekannten Gegend, ob ich ihn gleich zu Weyher erhielt, woher alſo die Irrung entſtehen konnte.

Laſius.

Seite 381.

Nach den *Selterſer, Schwalbacher, Emſer* Mineralquellen, und vielen Säuerlingen in dem Schiefergebirge zwiſchen dem Rhein, Mayn, und der Lahn, ſieht man Gänge hin und vorbeyſtreibeyſtreichen. Höchſt wahrſcheinlich entſtehen jene wol alle von dieſen, in dem klüftigeren Geſtein der Thäler und Rücken. Auf der Mittagsſeite des, zwiſchen *Limburg* und *Niederbrecher* liegenden Dorfs *Lindholzhauſen*, quillt an dem kleinen Walde ein gleicher Säuerling in der Sinke am Fuſse der Münzfelder Höhe, auf welchen die Weyherer Gänge in Stunde 7. zuſtreichen. Genauere Specialcharten als die Hünauiſche und Rozier Theatre de Guene von 1761, würden das, und viel mehreres aufklären.

Zu Seite 382 - 383.

Grobwürfelichen Bleyglanz, (wie ihn die ganze Gebirgskette, die man von Frankfurth bis Limburg queer durch paſſirt, hauptſächlich nur führet) von 1 - 1½ Loth Silbergehalt, den aber abwechſelnd Silberfahlerze von 9 bis 12 Loth Gemeinhalt in gröſseren Scheiderzpoſten ganz verdrängen, und nur grünen, ſelten ſchwarzen cryſtalliniſchen Bleyſpath und verhärtete Bleyocher zu einiger Begleitung haben, lieferte der Betrieb des laufenden Jahrhunderts ſeit 1757. Eine Gattung wachsähnlichen Bleyſpaths von 50 Pfund Gehalt, die man wohl *Spatum plumbi viride flaveſcens noduloſum opacum* beſchreiben muſs, zeichnete ſich auf einem jetzt verbühnten, nicht fahrbaren Schachte, als eine Sonderbarkeit aus. Fahlerze von 22 Loth Silbergehalt und drüber, in derben Stuffen, und von weniger auszeichnenden ganz ſchwarzen oder lebererzartigen Anſehen, hat man in gröſsern Poſten. Schwefel und Schwefelkies ſind nicht das Erbtheil dieſer Kette, ſondern erſt der folgenden von Diez nach den Niederrhein hinab, wo ſich grob- und klarſpeiſiger Bleyglanz findet, und aller Kalkſtein aufhört. Arſenikaliſche, kobaldiſche, ſpeiſige Unart, empfindet der Röſter und Schmelzer, und leidet davon, wenn die Anbrüche einige Teufe erreichen, doch quälte sie den Hüttenmann der höher nach *Weilmünster* hinauf gelegenen, jetzt aufläffigen *Langenbecker* und *Melbacher* Gruben noch empfindlicher.

Die Weyherer Gemarkung, womit die bauende Gesellschaft beliehen ist, durchstreichen Gänge in der 5. 6. 7. 8. 9. 10ten Stunde des Compasses, deren Kreuzungen Erzpuncte machen. Fast alle sind vor dem 30jährigen Kriege bis auf 10 und 24 Lachter Teufe von Tage nieder bebauet worden, je nachdem das Ausgehende des Erzpuncts mehr oder minder gegen das Thal erhaben war, worinnen ihre Stöllen in möglichster Nähe angesetzt sind. Alle Gewinnung dieses Jahrhunderts hat sie zu unterteufen erfordert. Unmittelbar unter den Grundsohlen der Alten, und hart bis an solche, hat man die derbsten Anbrüche gewonnen, besonders an Fahlerzen. „Haben die Alten solche von dieser Güte stehen gelassen, „oder haben sie sich seit 1630 ungefähr, wo die meisten „Werke aufläffig wurden, mehr veredelt?„

Das Thal worinnen das Dorf Weyher liegt, fängt oberhalb dem Dorfe Wolfenhausen an, wo es sich in der Langenhecker Kette, deren nordlichen Fuß die Lahn bespühlt, ausschleift. Von hier zieht es in der 5ten 6ten Stunde auf *Münster* am südlichen Fuß dieses Gehängs fort, in Stunde 7, bis ½ Stunde oberhalb Weyher, wo es sich in Stunde 2, bis zum Dorfe wendet, und gleich unter solchem das kürzere und etwas mehr ansteigende Thal zwischen Stunde 8. und 9. von Morgen kommend, aufnimmt, worinnen die im Bau stehenden Gruben liegen. Dann fällt es mit diesen vereinigt in Stunde 5. u. 6. hinab bis *Oberbrechen*, wo es in das tiefste Hauptthal sich windet, worinnen der Selterser Brunnen quillt,

und

und welches in Stunde 10-11 von der Hauptkette dem Taunus, oder der Höhe herab kömmt, und feine Waffer unterhalb *Runkel* der Lahn zuführt. Diefes tiefe, dem Laufe des Rheins faft parallele Hauptthal, würde wohl den Rhein und Mayn aufgenommen haben, wenn fich in der Gegend von *Hochheim*, wie bey *Bingen*, eine Kluft dazu gefunden hätte. Wahrfcheinlich haben die verfchiedenen Stunden der Gänge in diefer Gegend Beziehung darauf. Der von 1760-1770 nahe am Dorfe Weyher bebaute Erzpunct, ftand auf einer Schaarung von Gängen Stunde 7. u. 8, mit Stunde 9. u. 11. ftreichender andern Gängen. Der von 1780-1787 betriebene Erzpunct entftand von einem, den vorigen etwan 60 Lachter im Liegenden in Stunde 8. ftreichenden Gange, durch Beyfchaarung voriger Stunde 7. ftreichender Gänge, und der jetzige Betrieb ift vornemlich auf einem, noch 20 Lachter weiter im Liegenden ftreichenden, und durch die Gänge Stunde 7. fich veredelnden, Stunde 8. ftreichenden Gange angeftellt, unter den, Seite 383 erwähnten unregelmäfsigen alten Bingen, welche theils auf der Schaarung, theils auf den, Stunde 7. ftreichenden Gängen liegen. Die Veredlung von letztern, haben die Alten weniger als die Schaarungen ausgebauet, vielleicht hat fie der Krieg daran geftört. In 29 bis 32 Lachter vom Tage nieder, mindert fich indeffen hier wie auf der *Langenbecke*, und zu *Melbach* die Veredlung durchgängig, vom 9ten bis zum 30ften Lachter aber find in allen Erzpuncten die Anbrüche fehr annehmlich. Auf dem, Stunde 8. ftreichenden Gange, ift man anjetzo neue Erzpuncte gegen Morgen aufzufchliefsen begriffen, da fich auf feinem Streichen in geringerer und gröfserer Entfernung Gründe dazu wahrnehmen laffen.

An dem, gegen der jetzigen Grube über befindlichen mittäglichen Hange des kürzern oberwähnten Thals, fetzen Stunde 6. 9. u. 10. Gänge auf, welche mit dem Stolln im Dorfthale durchbrochen, auch von den Alten obenher bebauet, in diesem Jahrhunderte aber nicht weiter geöffnet worden find. Der Stolln, der zum Behuf von Künften blos als Rüfche, zu geschwind, und zu oeconomisch anfangs durch das Dorfthal im Wiesengrunde zum Theil herauf geholt ward, ging allda durch öftere Ueberschwemmungen des Grundes zu Bruche. Man hatte während der Gewinnung des ersten Erzfalls von 1760 - 1775. nicht für hinlänglichen Aufschluß des Gebirges gesorgt, daher ermüdete ein Theil der Gesellschaft, die bey Künften, welche mit schweren Koften, und zum Theil übel angelegt waren, keine Aufmunterung vor sich sah. Einen andern Theil nahmen die Aufschlußkoften seit 1775. von dem Ueberschuffe weg, daher ist man jetzt erst beschäftiget, diesen verbrochenen Theil des Stollns ein beffer angelegtes Stück durch das Gehänge herauf zu furrogiren, das in einem Jahr die, zum Theil gespannten Waffer löfen, und einen vollftändigeren Aufschluß aller Erzpuncte in diesem fanften Gehänge erleichtern wird. Wenigere Bauluft hat die, eine und respective drey Stunden von Weyher entlegenen Gruben, die *Langenhecke* und *Melbach* nach abgebauten Erzpuncten auf gefchaarten Spath und flachen Gängen, zum Erliegen gebracht, weil man das Vorurtheil von beträchtlich *längern*, oder ununterbrochen *tiefer* niederfetzen müffenden Veredlungen, wenn fie bauwürdig feyn follten, entweder noch nicht abgelegt hat, oder es an der Unterftützung zum Aufschluß größerer Teufe, oder neuer Erzpuncte fehlet. —

Gefchrieben im Auguft 1789. *Kleinschmidt.*

III.
Nachricht von den Flintensteinbrüchen bey Avio, in Wälsch Tyrol.

Die bisher in der Gegend bey Avio bekannten Lagerstätte der Feuersteine befinden sich gleich hinter jetzt genannten Marktflecken, dies- und jenseits der *Etsch*. Die jenseitigen liegen in den von dem hohen Kalkgebirge, Monte Baldo genannt, entsprungenen, und theils auf das Gehänge desselben aufliegenden, theils weiter herabgeschlemmten Mittel- und Flötzgebirgen, zu beyden Seiten eines ausgerissenen Seitenthals, Vall delle Aque nere genannt. Die diesseitigen bedecken ein Stück Rücken des nordwestlichen Gebirgzugs des von der *Etsch* durchströmten Hauptthals.

Die Hügel, worinn die Feuersteine liegen, sind folgende: Auf der Ostseite des Aque nere Thals, diesseits der Etsch von oben herab: Costa longa, Gradika, Costone, Tratte Soli, Lawakio. Dieser letzte ist eigentlich das grössere Mittelgebirge, und macht ein Stück des südöstlichen Gebirgzugs des Etschthals aus. Es zieht sich hinter den andern Hügeln gegen Mittag wieder bis auf das Venetianische Grenzjoch, Cerbiol genannt, hinauf. Die andern aber sind durch kleine Kreuzschluchten abgesonderte Vorhügel dieses Mittelgebirgs in das Gehänge des Aque nere Thals. Auf der andern, oder
West-

Westseite dieses Thals: Il Colonell dei crari, La colla, Pra della Stuba, Poste momelle. Dieses sind Vorgebirgshügel des Kalkgebirges Baldo, le selve del Monte Baldo genannt, und sind eben durch Kreuzschluchten von einander abgesondert. Es soll auf dieser Seite (wie die Herren Rudarii sichern) auch höher oben an dem Gehänge des Monte Baldo, noch mehrere Feuersteinspuren geben, welche aber wegen auf dieser Höhe noch befindlichen vielen Schnees, nicht beaugenscheiniget werden konnten. Jenseits der Etsch findet man auf jenem Stücke des Hauptzuges, auf der Alpe Sega, auf dem Hügel Maja, auf dem Hügel Lavakio d'ala, in Montagna di Borgetto d'ala, eine Menge Findlinge; auch ist auf letzterm Orte erst vor kurzem eine dreyfache Lage schön durchsichtiger, lichtröthlicher und grauer Feuersteine, wie im Aqua nere Thale entdeckt worden. Auf den übrigen 3 Orten dieses Gebirgs, findet man nur Findlinge, und im Lavakio d'ala, und dem jenseitigen Hügel, finden sich die, als beste anerkannten Caffé - und schwärzlichbraune Feuersteinkiesel; es ist aber von solchen eben keine ordentliche Lage bishero entdeckt worden, sondern es haben die Rudarischen Arbeiter bishero von solchen nur auf den Alpgräsern die Findlinge zusammen gesucht. Es wollen die Alpeninhaber allda (wie die Rudarii sagen) durchaus nicht graben lassen, und wird denen Arbeitern mit dem Tode gedrohet.

 Die Feuersteinkiesel dieser Gebirge befinden sich Lagen- oder Flötzweis, mit untermischten, oder vielmehr mit abwechselnden Kreidelagen, und die häufig auf der Oberfläche auf allen Feldern, Wiesen, und Alpgräsern herumliegenden Kiesel, sind nur durch Regen, Schnee, und Luft, aus ihrer Lage gerissen, und schon ziemlich verwitterte und zerstörte Findlin-

Findlinge, gleichwie auch dieſer Boden häufig, mit an der Luft in kleine Stücken zerfallener Kreide bedecket iſt, von welcher, da ſie mergelartig iſt, dieſe ſonſt magern Felder gedünget werden. Die Flötze der Kieſel und der Kreide ſind gröſser und kleiner, von weiterer und geringerer Ausdehnung. Man hat einige dergleichen Flötze über Tage ſehr weit ausgerichtet, und das Ausbeiſſen davon richtig, mit ſehr weniger Aufſchürfung, oder auch ohne dieſe gefunden. Die auf und unter den Kieſellagen befindlichen Kreidelagen, ſind gemeiniglich dicker als jene der Kieſel, und die Kieſel liegen meiſtens in platt abgerundeten Geſchieben neben einander, und ſind mit einer dickern oder dünnern Kreidenrinde, und einem meiſtens darunter befindlichen weiſſen, aber glatt- und hornartigen Rande überzogen; die Kreide aber bricht bey ihrer Aushauung aus denen Lagen in irregulaire ſcharfeckige Stücke, in welche ſie an der Luft alsdenn auch, wie jede zuſammengeſchlemmte und wieder verhärtete Kalkerde, kleiner zerfällt. Die Farbe dieſer Kieſelſteine, ihre mehr oder wenigere Durchſichtigkeit, und die Zähe und Härte derſelben, iſt ſehr verſchieden. Man trifft hauptſächlich unter dem Monte Baldo in dem Vall delle aque nere, lichte und dunkele, auch röthlichgraue an, welche durchſichtiger als die andern ſind; dann ſchwarze und ſchwarzbraune, welche, wie viele der lichtgrauen, ziemlich dicht ſind; dann auch gelbe, rothe, bräunliche und gelblichrothe, welche aber kleinbrüchiger ſind, und wovon wenigere Stücke die zu Formirung der Flintenſteine nöthigen groſsen Schalen geben. Auf der andern Seite der Etſch befinden ſich nebſt eben dergleichen licht und röthlich durchſichtigen, auch ſchwarz- und ſchwarzbraune, oder Kaffeefarbene, welche ſehr zähe und dichte ſind, und deren

Schale ein nur mit fehr wenig Kalk zufammenhängender klein-
körnichter Sand ift, wie dann auch diefe Kiefelgattungen
mit feinen Sandtheilen untermifcht find, weswegen fie rauch
anzufühlen, weniger als alle andere, und nur an denen dünn-
ften Rändern etwas durchfichtig find, aber beffer und mehr
als die übrigen Gattungen Feuer geben. Die Gefellfchafte-
rinn aller diefer Kiefel, die Kreide, ift fowohl in den Lagen,
als an den Rinden und Beymifchungen der Kiefelgefchiebe
überall weifs, und nur in Anfehung des etwas gröbern oder
feinften Kornes, dann in ihrer mehr oder wenigern Feftig-
keit unterfchieden. Ich habe zwar nur meiftens meine Beobachtung auf die alleinig entblöfsten obern Flötze einfchränken
müffen, aber dennoch habe ich hiebey gefehen, dafs durchfich-
tigere und feinere hornartige Kiefel, auch eine feftere, aber
fehr zart- und glattbrüchige Kreide bey fich führen. Eine gelbe Kiefelgattung hat theils eine grüne Rinde, oder doch wenigftens unter der weifsen einen grünen auch durchfichtigen
Rand. Uebrigens find die Kiefel faft alle mehr oder weniger
mit weifsen Flecken gemifcht, welche aber in zweyerley
zu unterfcheiden find. Es gibt wirklich in den Kiefeln einge-
fchloffene *Kreide*, welches erdige raube Flecke in den Steinen verurfacht, und als eine wirklich fremde erdartige Beymifchung anzufehen ift. Es gibt aber auch im Gegentheil,
darinn weifse, aber glatt und hornartige Flecke, welche nach
meiner Meynung zwar wie die Rinde und der darunter befindliche Rand ein Anfang der Verwitterung des Kiefels find,
wo nemlich die Luft und das Waffer zwifchen die Blätter
deffelben beykommen kann, indeffen haben aber diefe zweyte Gattung Flecke, noch alle Eigenfchaften eines Horn-
fteins. Sie braufen nicht mit Scheidewaffer, geben mit dem

Stahle,

Stahle, wiewohl etwas schwächer, Feuer, und sind eher fester als der Stein selbst, indem, wenn ein dergleichen weisser hornartiger Fleck an die Feuerschneide eines Feuersteins kömmt, und man darauf Feuer schlägt, eher darneben ein Splitter vom Stein, als der weisse Fleck abspringt.

Die auf den obbeschriebenen Gebirgen liegenden Findlinge, oder aus den bisher aufgeschürften Oberflötzen genommene Ganze, oder Stücke der grösern Geschiebe, werden angeschlagen, um zu sehen, ob der Stein die gehörige Festigkeit, und genug grosse Blätter zu einer der Feuersteingattungen habe, und wie die Blätter liegen. Diese werden alsdann zu Erſparung der überflüßigen Gewichtsübertragung, gleich bey dem Gewinnungsorte mit der, etwas zugespitzten Seite einer Art von Stufeisen, eines nach dem andern abgepeikt. Da ein Kiesel sehr irregulair bricht, so gibt es kleine und grösere, doch mehr kleinere, und sehr viele zu kleine, und ganz unbrauchbare Blätter oder sogenannte Feuersteinschalen. Die zu den 3 Artillerie Feuersteingattungen, oder sonst wenigstens zu Jagd-Küche- und Tobackfeuersteinen tauglichen Schalen, werden für die Arbeiter gesammlet, und in den weitern Bearbeitungsort getragen, woraus alsdann auf kleinen, $\frac{1}{2}$ Zoll dicken, in hölzernen, in die Erde geschlagenen Pfählen steckenden eisernen Stiften, mit einer 8 oder 9 Zoll langen, 2 Zoll breiten, und $\frac{1}{2}$ Zoll dicken Eisenschiene, die der Größe und Dicke der Schale angemessenen, entweder hinten abgerundeten Musketen- Carabiner- und Pistolen-, oder nur kleine zweyschneidige Jagd- und Küchenfeuersteingattungen vollends fertig gemacht werden. Eine solche Schale gibt nur einen Stein ab, obwohl solche meistens zwischen 2 bis 4 Zoll lang, $\frac{1}{2}$ bis 2 Zoll breit, und $\frac{1}{2}$ Zoll dick sind.

Es fällt alſo viel weg, und dürfte etwas wirthſchaftlicher umgegangen, und aus vielen Schalen zwey, entweder ein gröſserer, und ein kleinerer, oder 2 kleinere Flintenſteine gemacht werden können. Ein Musketenſtein erfordert eine groſse Schale, weswegen dieſe in weniger Quantität gemacht werden können, und den Beſitzern dieſer Fabrik, wegen mehr abgebenden, und dagegen geringeren Bedarf der Carabiner- und Piſtolenſteine, von dieſen 2 Gattungen ein groſser Vorrath übrig bleibet. Die Arbeiter werden von den Contrahenten nach der Quantität der Steine bezahlt, und bekommen für das Tauſend Musketen- und Carabinerſteine von 2 Guld. 24 Kreuz. bis 2 Guld. 30 Kreuz., für die Piſtolenſteine 1 Gld. 30 Krz. Die übrigen Requiſiten- Auffichts- Transports- Magazin- Zins- Speditions- und andere dergleichen Koſten dazu gerechnet, betragen nach ſpecificirter Angabe des Eigenthümer bey 1 Guld. 25 Kreuz. auf das Tauſend, woraus folgt, daſs der überbleibende Profit eben nicht groſs ſeyn könnte.

Es muſs jedoch erinnert werden, daſs unter dieſen 1 Guld. 25 Kreuz., nebſt ziemlich hoch angeſetzten Magazinzinſen 1) gewiſse Salarien, welche ſich die Contrahenten für Führung der Caſse, und der Auffſicht ausgeworfen haben, 2) auch das Intereſse von einem auf dieſer Fabrik liegen ſollenden Capitale von mehreren 1000 Guld. begriffen ſind. Da dieſe Zahlungsart der Arbeiter ein Aftercontract der Contrahenten mit jenen iſt, und die Lieferanten nur brauchbare Steine von den Arbeitern verlangen, ihnen übrigens die Freyheit laſsen, die Steine da oder dort zu gewinnen, ſo folgt von ſelbſt, daſs der Arbeiter die wohlfeilſte Gewinnung erwählt, und die nöthigen Stücke zu Lieferung ſeiner Quantität

tität Feuersteine, um auf einen competenten Lohn zu kommen, so viel und so lange er kann, auf der Oberfläche zusammensucht, oder höchstens nur aus den obersten Flötzlagen unter der Dammerde nimmt, und da diese bishero noch genug mit Kieseln versehen ist, aller tiefern, kostbaren und beschwerlichen Arbeit, noch mehr aber einer Untersuchung zu Herstellung gewisser und dauerhafter Steinbrüche ausweichet.

Auf solche Art ist bishero neben Zusammensuchung der ledigen Findlinge, nur an verschiedenen, weit von einander zerstreuten Orten, die Oberfläche und Dammerde dieser Gebirge aufgeschürfet, etwan die oberste Geschiebe Flötzlage allein, oder wenn eine zweyte gleich darunter war, auch diese 4 bis 5 Klafter in der Länge entblößet, und die tauglichsten Kiesel herausgenommen; sobald aber die Arbeit über ½ oder höchstens 1 Klafter tief geworden ist, wieder verlassen, und wegen dem Viehauftrieb wieder zugefüllt worden.

IV.

Göttingen 1789.

Vor einiger Zeit erhielt ich von Hamburg ein Salz, das aus denen daselbst von Backsteinen aufgeführten Gebäuden, vornemlich in denen weniger bewohnten feuchteren Zimmern häufig auswittert. Die Probe, welche mir mein Freund, Hr. Prof. *Giefeke* daselbst, zustellte, war von den Wänden des grofsen Hörsaals im Gebäude des Gymnasiums. Das Salz war schneeweifs, bitterlicht, und zeigte hin und wieder ordentliche, aber kleine spiesichte Kryftallen. Dafs es kein Salpeter war, erhellet daraus, dafs es, auf glühende Kohlen gestreut, im geringsten nicht verpuffte; dafs es kein mineralisches Laugensalz war, daraus, dafs seine durchgeseihte Auflösung in reinem Waffer die Farbe des blauen Kohlaufgusses nicht änderte; dafs es kein erdichtes, also auch kein Bittersalz war, dafs seine durchgeseihte Auflösung in abgezogenem Waffer von Laugensalzen nicht trüb wurde. War es keines von denen Salzen, die man gewöhnlicher aus Mauern auswittern sieht, was konnte es denn seyn? Vitriolsäure verrieth doch der Niederschlag, den die reine Auflösung des Salzes in der Auflösung des Bleyes in Salpetersäure, so wie in der Auflösung der Schwererde in Kochsalzsäure bewirkte. Dafs es kein vitriolischer Weinstein war, zeigte sich schon aus der spiesichten Gestalt seiner Kryftallen, noch mehr, dafs das Salz auf Kohlen gar nicht knisterte, im Feuer leicht flofs,

und

und im Waſſer ſich leicht auflöſete. Glauberiſcher Salmiak konnte es eben ſo wenig ſeyn, denn es ging nicht im Rauch auf, wenn es auf Kohlen geſtreut wurde. Was konnte es alſo wohl anders ſeyn, als Glauberſalz? Wirklich ſtimmte auch die Geſtalt der Kryſtallen die man erhielt, wenn man das Salz in Waſſer auflöſete, die Auflöſung durchſeihte, abdampfte, und in die Kälte ſetzte, gänzlich damit überein. Freylich iſt das Salz ſo roh, wie es von den Wänden abgekratzt wird, nicht ganz reines Glauberſalz, es bleibt, wenn man es in reinem Waſſer auflöſt, immer etwas Erde unaufgelöſt zurück, die ſich mit Aufbrauſen in Säuren auflöſt, und durch Vitriolſäure als Selenit gefällt wird, alſo wahre Kalkerde, die wahrſcheinlich erſt bey dem Abſcharren von den Mauern mit darunter kömmt. Aber woher nun dieſes Glauberſalz? Ich hoffte den Grund ſeiner Gegenwart und Bildung im Thon zu finden, aus welchem die Backſteine gebrannt wurden; es wurde mir nemlich verſichert, daſs, wenn die Backſteine, woraus die Mauern aufgeführt werden, vorher lange genug im Waſſer gelegen haben, man kein Salz auf den Mauern auswittern ſieht. Hr. Prof. *Gieſeke* hatte auch die Güte, mir drey Thonarten, aus welchen die zu Hamburg gebräuchlichen Backſteine gebrannt werden, mitzutheilen. Da es mir hier nur darum zu thun war, den Grund dieſer Erſcheinung aufzufinden, ſo halte ich mich hier weder mit der Erzählung ihrer äuſſern Eigenſchaften, noch mit der Beſtimmung ihrer übrigen Beſtandtheile auf. Um zu ſehen, ob ſie nicht unter der Geſtalt von Schwefel oder Kies, wovon doch mit bloſsem Auge nichts darinn wahrzunehmen war, Vitriolſäure enthielten, die ſich denn bey dem Brennen erſt entwickelte, brachte ich von jeder Sorte eine Probe recht zart abgerieben, in einem eifernen Löffel über einem Kohlenfeuer zum Glühen, und erhielt fie eine Zeit lang in diefer Hitze; es ließ fich bey keiner von diefen Proben, weder im Geruch, noch durch Dampf oder Flamme etwas vom Schwefel bemerken; nur eine, (die mir als die befte zugefchickt war) glimmte, von den vielen vermodernden, doch noch kennbaren Pflanzentheilen die fie enthielt, ftärker als die übrigen, und brannte fich anfangs fchwarz, alle aber am Ende gelbroth.

Ich nahm nun von jeder diefer Thonforten zwey Loth, und kochte fie theils in Glas, theils in glaffirtem Töpfergefchirr einige Stunden lang mit zwölfmal fo vielem abgezogenem Waffer, feihte das Waffer durch, und dampfte es nach dem Durchfeihen noch fo weit ab, dafs nur noch ungefähr 2 Loth Waffer übrig waren. Bey derjenigen Sorte, die ich als die befte erhalten hatte, fo wie bey derjenigen, die mir als die fchlechtefte genannt war, fetzte fich fchon, ehe das Waffer ganz erkaltete, ziemlich vieler Bodenfatz ab, der bey der erftern Sorte in feinen kleinern Theilchen Kryftallgeftalt zu haben fchien; ich gofs etwas davon auf die Auflöfung der Schwererde in Effigfäure, fie wurde plötzlich trüb und milchicht; von dem Waffer, das mit der mittlern Sorte gekocht war, nicht fo fehr, aber von dem Waffer der beyden andern, ganz dick. Sicher war alfo Vitriolfäure in diefen Thonarten, aber unter welcher Geftalt, und in welcher Verbindung? Schon jener Satz, der aus dem erkaltenden Waffer niederfiel, ließ mich Selenit vermuthen; diefe Vermuthung beftätigte fich auch, als ich von jenem Waffer etwas auf die Auflöfung des mit reiner Pottafche gefättigten Sauerkleefalzes gofs, denn fie wurde davon plötzlich trübe und milchicht; aber auch fie weniger von dem Waffer, das mit der mittlern Sorte gekocht war, als von den andern.

So

So scheint also die Vitriolsäure als Selenit in dem Ziegelthon zu seyn. Was entbindet sie nun in den davon gebrannten Backsteinen, und in den Wänden, die davon aufgeführt werden, von der Kalkerde? Etwa das Laugensalz des Meersalzes, das vielleicht durch den, aus Schalenthieren gebrannten Kalk des Mörtels, oder auf andere Wege herbeygeführt wird? Aber dieses Laugensalz ist doch auch noch mit Säure gebunden, in deren Gesellschaft es diese Wirkung nach bisher angenommenen Grundsätzen und bekannten Erfahrungen nicht äußern kann? Wie und wodurch wird dieses frey? Geschieht es etwa durch den Kalk selbst, den schon *Scheele* von dieser Seite wirksam gefunden hat?

Diese Fragen lassen sich nun freylich noch nicht entscheidend beantworten; aber erklären läßt sich doch einigermaßen, warum man zu Hamburg bemerkt hat, daß Gebäude, von solchen Backsteinen aufgeführt, die zuvor einige Zeit im Wasser gelegen, nichts von diesem Zufall zu leiden haben; und der Mühe werth wäre es, darauf Acht zu geben, ob Gebäude von Backsteinen aus der mittlern Thonart, die bey der Prüfung weniger Selenit zu erkennen gab, aufgeführt, ihm eben so sehr ausgesetzt sind, als andere, was sich nicht erwarten läßt.

Gmelin.

V.

Bekanntermafsen erhält man das Bley aus dem Bleyglanze im Grofsen auf verfchiedene Weife. Man röftet die fchweflichten Bleyerze, fchmelzt fie mit Schlacken, Herd und dergleichen in niedrigen Krumöfen. Oder man fchmelzt das Bley in Stein. Oder man fchlägt das Bley, nach gehöriger Beymifchung von Schlacken und bleyifchen Vorfchlägen, durch Eifen im dunkel geführten hohen Ofen nieder.

Oft wiederholte, im Kleinen angeftellte Verfuche, haben mich belehrt und überzeugt, dafs man den Niederfchlag des Bleyes, auch durch eifenhaltige Schlacken erhalten, und alfo das Eifen erfparen könne. Wie oft tritt nicht der Fall ein, dafs dergleichen Schlacken bey Schmelzhütten in Menge vorhanden find? Natürlich mufs alsdann auch der Wunfch entftehen, felbige mit Nutzen zu verwenden, befonders wenn fie zugleich bleyifch find. Man wird aber feine Abficht gewifs verfehlen, wenn man dergleichen bleyhaltige Schlacken durch blofses Schmelzen mit Kohlen, zum Niederfchlag des Bleyes aus dem Bleyglanze zu benutzen gedenkt, weil dergleichen Schlacke den Grad von Hitze nicht annehmen kann, der zur Reduction des Eifens erforderlich ift. Das Eifen wird alsdenn in verfchlackter Form wieder von den Ofen herunter kommen, wie es aufgefchüttet ift. Es kommt daher lediglich auf ein Hülfsmittel an, welches die Reduction des Eifens bewirkt, und die abermalige Verfchlackung deffelben

Vom Niederschlag eisenhaltiger Schlacken etc.

ben verhindert. Ein solches Hülfsmittel findet man in dem Kalkstein, dieser ist der einzige Körper in der Natur, welcher das Eisen ohnverschlackt niederschlägt.

Der Anblick eines großen Schlackenhaufens, wovon der Centner 20 - 30 Pfd. Eisen, und 7 bis 9 Pfd. Bley enthielt, brachte mich auf den Gedanken, in obiger Absicht Versuche im Kleinen anzustellen. Der Erfolg war erwünscht. Die Versuche sind folgende: Zuförderst war nothwendig die Schlacke auf Eisen zu probiren.

 2 Centn. eisen- und bleyhaltige Schlacke,
 1½ - Kalkstein,
 1½ - Flußspath,
 ½ - Kohlstaub,

wurde alles zart zerrieben, in eine Schmelztute geschüttet, worinn zuvor ein Herd von ⅔ Kohlstaub und ⅓ weißen Thon gedruckt und wohl getrocknet worden war. Hierauf wurde die Mischung mit 2 Ctn. verkrachten Kochsalze bedeckt, verstrichen, und 1½ Stunde vor einem guten Gebläse geschmolzen. Dies gab gewöhnlich 25 Pfd. Eisen, auch drüber. Den Bleygehalt erforschte ich durch Schmelzen mit schwarzen Fluß.

Nunmehro schritt ich zu dem Niederschlage des Bleyes aus dem Bleyglanze, durch das in der Schlacke befindliche Eisen. Nachdem

 8 Centn. reiner grober Bleyglanz,
 10 - eisenhaltige Bleyschlacke,
 2 - roher Kalkstein,
 ½ - Flußspath,
 ½ - Kohlstaub,

396   *Vom Niederschlag eisenhaltiger Schlacken,*

abgewogen worden waren, wurden selbige zart zerrieben, genau gemischt, in einer verschlossenen Schmelztute 1 Stunde vor dem Gebläse geschmolzen. Das Resultat war ein Bleykönig von 3½ Ctn., welcher auch zugleich das in dem Bleyglanz befindliche Silber enthielt. Auf dem Bleykönige ruhete ein sogenannter stahlfarbener Stein, welcher fast nichts als Eisen und Schwefel enthielt, und 2¼ Ctn. wog. Dieser Stein war so arm an Bley, daſs ich durch die Bleyprobe die mehrste Zeit fast nichts an Bley erhalten konnte, also unverbesserlich. In der Schlacke waren eine Menge reducirter Eisenkörner befindlich, ein Beweis, daſs mehr Eisen reducirt worden, als zum Niederschlag des Bleyes erforderlich war. Ich änderte daher den Versuch dahin ab, daſs etwas weniger Eisen erfolgte, und doch die Schmelzbarkeit auch ohne hinzugefügten Fluſsspath bewirket wurde, weil mir der Fluſsspath im Groſsen unnöthig schien, auch die Kosten vermehrte.

Zum zweyten Versuche wurden
  8 Ctn. reiner Bleyglanz,
  8 - obiger eisenhaltender Schlacke,
  1 - Kalkstein,
  ½ - Kohlen,

auf vorige Weise behandelt, der Bleykönig wog 2 Ct. 27 Pfd. der Stein 2⅔ Ctn. — Die Schlacke war glänzend schwarz, und enthielt nicht so viel Eisenkörner. Weil hier nicht so viel Kalk zugesetzt worden war, so konnte auch nicht so viel Eisen niedergeschlagen werden. Bey einem andern, mit nicht so reichem Schlieg angestellten Versuche, war die Schlacke blau. Ueberhaupt richtet sich der Zusatz des Kalkes und der Schlacke nach der Art des Schlieges. Bey armen Erzen wird nur ¼ bis ½ Kalkstein erforderlich seyn.

Die

Die im letztern Falle dabey befindliche Bergart, erleichtert alsdann den Fluſs des Kalks ſehr. Schlägt man zu viel Kalk zu, ſo wird man zwar faſt das ſämmtliche Eiſen niederſchlagen, allein dieſes überflüſſige Eiſen wird ſich in den Herd einlegen. Es wird alſo hauptſächlich darauf ankommen, jedesmal das Verhältniſs des Kalkes und der Schlacke, zu dem Bleyglanz durch Verſuche im Kleinen zu beſtimmen, und bey dem Ausſchmelzen im Groſsen, ſich eines ſolchen Ofens zu bedienen, worinn die geſchmolzene Materie ſo lange ſtehen kann, als man für nöthig erachtet, damit der Schwefel ſich gehörig mit dem ausgeſchiedenen Eiſen verbinden, das Bley und Silber ſich niederſchlagen, und ſo ſich alles rein abſcheiden könne. Clausthal im May 1788.

Johann Christoph Ilſemann.

VI.

Wien 1789.

Unter andern ſchönen Mineralien, die ich der Güte meines Gönners und Freundes Hrn. Baron *von Hompeſch*, Domherrn zu Eichſtedt und Bruchſal, zu danken habe, war auch ein Stück aus dem Eichſtedtiſchen, das aus aſchgrauen Sandſteine beſteht, und mit feinen Körnerchen theils von wirklich gediegenem Eiſen, das ſich geglüht vollkommen hämmern läſst, theils von einer gelbbraunen Eiſenocher durchaus eingeſprengt iſt. Dieſer Sandſtein hat ungefähr die Härte eines Quaderſteines, brauſet nicht mit Säuren, und beſteht offenbar aus Kieſel- und Eiſentheilchen, ſo daſs der Probirzentner mir 19½ Pfd. Eiſen gab. Eine gegen zwo Linien dicke derbe hammerbare ganz ſchwefelloſe Rinde von gediegenem Eiſen bedeckt deſſen Oberfläche. Dieſe gleicht einem ſchwärzlichen Glasſilberüberzuge, und löſet ſich in Scheidewaſſer vollkommen auf. Braunſtein, den getreuen Gefährten der Eiſenerze, habe ich dabey nicht wahrgenommen. Die ganze Maſſe trägt Spuren ausgeſtandenen Feuers.

Vom Stücke ſelbſt ward dem Hrn. Kanonikus folgende Nachricht gegeben, „daſs es ein Arbeiter an einer Ziegel„hütte bey Winterszeit, da die Erde über einen Schuh hoch „mit Schnee bedeckt war, unmittelbar auf einen heftigen „Donnerſchlag habe wollen aus der Luft herabfallen ſehen; „daſs er ſogleich hinlief, ihn aus dem Schnee aufzuheben,
„welches

„welches er aber feiner Hitze wegen nicht konnte, fondern
„ihn erft im Schnee abkühlen mufste. Der Stein möge unge-
„fähr einen halben Schuh im Durchmeffer gehabt haben, und
„fey ganz mit der fchwarzen Eifenrinde umgeben gewefen.
„Das Gebirge, wo dies gefchah, beftehe aus derbem Marmor,
„hornfteinigen feuergebenden Kalkfelfen, und einer Sandftein-
„art. (Vermuthlich der, von welcher ich oben gefprochen
„habe.) Es fey hier der erfte Uebergang vom Flötzgebirge
„ins Mittelgebirge, bey dem unfern der weiße Kalkmergel-
„fchiefer aufhöret, in dem die bekannten Eichftedter Ver-
„fteinerungen gefunden werden." Unfer unfchätzbarer Hofr.
v. Born befchreibt in feinem Index Foff. T. I. p. 125. ein glänzendes, wie er fagt, retractorifches Eifenerz, das in grünliches
Geftein eingemifcht ift, und eine fchlackige Oberfläche hat,
das bey Plann unweit Tabor im Bechinerkreife in Böhmen
gefunden wurde, und von dem die Leichtgläubigen verfichern,
es fey 1753. den 3. Jul. unter Donnerfchlägen vom Himmel
gefallen.

Diefe Nachrichten erinnerten mich auf einen Klofs gediegenes Eifen, 71 Pfunde fchwer, der in das Kaiferl. Na-
turalienkabinet als ein gleichfalls vom Himmel gefallener
Stein, ift gefendet worden, und über deffen Entftehungsart
fchon mancher Mund fich in höhnifches Lächeln verzogen
hat. Zeigen fich in dem Eichftedter Stücke die Wirkungen
des Feuers ziemlich deutlich, fo find felbe hier unverkennbar.
Deffen Oberfläche ift voll kugelicher Eindrücke, ungefähr
wie das gediegene Eifen, fo der berühmte Herr Collegien-
rath Ritter Pallas am Jenifeiftrom fand, ausgenommen dafs
hier die Eindrücke größer und weniger tief find, auch fowohl das gelbe Glas, das die Höhlungen des fibirifchen Eifens
ausfüllt,

ausfüllt, als der Sandftein, der beym Eichftedtrifchen vorkommt, fehlen, indem vielmehr das ganze Stück derb, dicht und fchwarz ift, wie gehämmertes Eifen. Mit dem Stücke wurde auch eine vollkommene Urkunde in lateinifcher Sprache eingefchickt, die ich hier überfetzt anhängen zu müffen glaube, weil fich darinn überzeugende Proben von der Wahrheit der Thatfachen finden dürften, und weil dadurch meine Meynung über die Entftehungsart diefer Eifenklöfse, die ich übrigens niemand aufdringen will, wahrfcheinlich werden kann. Hier ift die Urkunde:

„Wir Wolfgang Kukulyewich Sr. Exzellenz des gnädi-
„gen und hochwürdigften Herrn Herrn Franzen Freyherrn
„von Clobufchiczky de eadem und zu Zeteny, von Gottes
„Gnaden und apoftolifchen Stuhles Bifchofen zu Agram geift-
„licher Vikar, Domherr zu Agram, Abt zu St. Helena in
„Podborje u. f. w., bekennen hiemit: dafs wir, weil das Ge-
„rücht zu uns gekommen, es wären zwey einem Metalle
„ähnliche Stücke in der Hrafchiner Pfarre, die von dem
„Agramer Biftume und in der Erzkaplaney Kemlek geftiftet
„worden, und in der Agramer Gefpannfchaft im oberen Thei-
„le des Königreichs Slavonien gelegen ift, vom Himmel her-
„abgefallen, um hievon eine glaubwürdige Nachricht einzu-
„holen, zween aus unferem bifchöflichen Konfiftorium, nem-
„lich Ihro Hochwürden den Herrn Jofeph Pozledich Erz-
„kaplan zu Kemlek, und unferes Konfiftoriums Gerichtsbey-
„fitzer, und den hochwürdigen Herren Georg Malenich eben
„diefes Konfiftoriums Fiskus, beyde Domherren zu Agram
„abgeordnet haben, in der Sache eine Gewifsheit zu erfor-
„fchen, wie auch Zeugenfchaften zum künftigen Andenken
„der Sache aufzubringen, die etwan vorhandenen Zeugen
„münd-

Ueber einige vorgeblich vom Himmel gefallene Steine 401

„mündlich zu befragen, und deren Bekenntniſſe ſowohl als
„die übrigen vorgefallenen Umſtände ordentlich und getreu
„zu hinterbringen, welche bey ihrer Zurückkunft uns gleich-
„lautend auf Gewiſſen folgende Antwort und Nachricht er-
„theilet haben: Sie wären den zweyten Julius jetzt laufen-
„den Jahres 1751. in obbeſchriebenem Pfarrhofe eingetroffen,
„und hätten allda die nachſtehenden Zeugen über folgende
„Fragen vernommen.„

„*Erſtens.* Ob er Zeuge wiſſe, an welchem Tage und
„in welchem Monathe gewiſſe Metall ähnliche Stücke vom
„Himmel gefallen, und ob er ſelbe herabfallen geſehen? Auch
„was er damals am Himmel und in der Luft beobachtet ha-
„be? *Zweytens.* Ob er Zeuge geſehen, an welchem Ort ſol-
„che niedergefallen? auch was ſelber da, als ſie auf die Er-
„de fielen, bemerket habe? und wer obbemeldete Stücke aus
„der Erde herausgenommen habe? Ueber welche Punkte
„*der erſte Zeuge Herr Georg Marſich*, derzeit Pfarrer in Hra-
„ſchina, alt 39 Jahre, bekennet von Wiſſen und Sehen, *aufs
„erſte,* daß er den 26ſten May jetztlaufenden Jahres 1751. un-
„gefähr um ſechs Uhr Nachmittag gegen Oſten am Himmel
„eine Art feuriger Kugel bemerket habe, welche, nachdem
„ſie in zween Theile mit ſehr groſſem einen Kanonenſchuß
„übertreffenden Knalle zerſprungen, auch ſo in zween Thei-
„len bald nacheinander herabgeſunken iſt, in Form zwoer
„in einander verwickelter Ketten, mit ſolchem Getöſe vom
„Himmel fiel, als wenn eine groſſe Menge Wägen durch die
„Luft gewälzet würde; nach dieſem Knallen und Krachen,
„und zweymaligen am Himmel geſchehenen Auswurfe oben-
„gemeldeter Ketten, habe er Zeuge dort einen ſchwärzlichen
„Rauch bemerket, welcher allgemach vielfärbig zu werden

E e e „begonn-

„begonnte. Aufs zweyte bekennet er, daß jenes feurige
„Stück ein weit größeres Getöse gemacht habe, da es die
„Erde berührte, als da es noch in der Luft schwebte; auch
„daß er bestens bemerket habe, es wäre ein Theil besagter
„Kugel in den Acker eines sicheren Michel Koturnaß gefal-
„len, welches Stück nachmals durch die Bedienten des Herrn
„Pfarrers Michel Kolar und Georg Krajacbich aus der Erde
„genommen, und in den Pfarrhof gebracht worden ist."

„*Der zweyte Zeuge Michel Kolar*, obigen Hrn. Pfarrers
„Knecht, 24 Jahre alt, bekennet von Wissen und Sehen, *aufs
„erste*, daß er gesehen habe, wie sich gleichsam eine feuri-
„ge Kugel mit großem Knallen und Krachen am Himmel in
„zwey feurige Stücke zertheilet habe, daß beyde Stücke in
„Gestalt einer feurigen Kette mit größtem Getümmel, gleich
„als wenn zahlreiche Wägen sich durch die Luft wälzten, her-
„untergefallen seyen, und daß sich das Getümmel und Kra-
„chen verdoppelt habe, als die Stücke die Erde berührten.
„Den Rauch aber belangend, bekennet selber gleich mit dem
„ersten Zeugen. Aufs zweyte saget er aus, daß jenes Stück,
„so von besagter Kugel am ersten herabgefallen, mit solcher
„Gewalt in die Erde gedrungen, daß es dem Aussagenden
„wie ein Erdbeben vorgekommen sey; ferner sagt eben der-
„selbe aus, daß er jenes Stück, das zum ersten herabfiel,
„ungefähr 70 Pfunde schwer wiegend, aus des Michel Ko-
„turnaß Acker ausgegraben habe, welcher beyläufig acht
„Tage zuvor wäre geackert worden. Er setzt hinzu, daß
„eben dieses Stück drey Klafter tief in die Erde hineinge-
„drungen sey, und in selber eine Spalte von der Weite einer
„Elle verursacht habe, an der Spalte habe die Erde gleich-
„sam ausgebrennet und grünlich geschienen. Letzlich sagt er
„aus,

Ueber einige vorgeblich vom Himmel gefallene Steine. 403

„aus, daß er mit eigenen Händen dieses Stück ausgegraben,
„und weggetragen habe; auch sey zuvor an dem nemlichen
„Platze niemals eine Kluft oder Spalte beobachtet worden,
„obgleich die Stelle erst acht Tage zuvor geackert wurde.„

„*Der dritte Zeuge Michel Koturnaß*, Unterthan des Hrn.
„Obristen Grafen von Draskovich, ungefähr 26 Jahre alt,
„als dermaliger Eigenthümer des Ackers, auf welchen das
„oftbenannte Stück niedergefallen ist, sagte aus, daß er den
„Acker ungefähr vor acht Tagen, ehe dies geschehen ist,
„geackert habe, und damals keiner Spalte in der Erde an-
„sichtig worden sey, welche er doch hätte wahrnehmen müs-
„sen, wenn zuvor eine da gewesen wäre. *Aufs erste* aber be-
„kennet derselbe gleichlautend mit dem ersten Zeugen. Der
„andere Knecht des Pfarrers aber, welcher besagtes Stück
„mit dem zum zweyten verhörten Zeugen aus der Erde ge-
„graben und heraus genommen hat, war vom Hause abwe-
„send, und in etlichen Tagen nicht zu erwarten, konnte al-
„so nicht vernommen werden.„

„*Der vierte Zeuge Paul Prelok*, Baron Trochischer Un-
„terthan, beyläufig 50 Jahre alt, bezeuget: daß er am obbe-
„meldeten 26sten May laufenden Jahres 1751. in seinem Zim-
„mer sich befunden, und auf dem Bette ruhend ein ungeheu-
„res Krachen gehöret habe, über welches sogleich sein Haus-
„gesinde zu ihm als Hauswirth in die Stube gelaufen sey,
„und erzählet habe, es sey etwas in Gestalt einiger eisernen
„feurigen Ketten auf die kaum 300 Schritte entfernte Wiese
„nahe an dem Hause des Zeugen vom Himmel herabgefal-
„len, welches zu sehen er sich sogleich hinbegeben habe.
„*Aufs zweyte* bekennet selber, daß er auf der nemlichen Wie-
„se an dem von seinen Leuten angezeigten Platze eine bisher

„nie-

„niemals wahrgenommene beyläufig zween Ellen weite Spal-
„tung der Erde mit Augen gesehen habe, und aus selber in
„seiner Gegenwart ein anderes Stück sey ausgegraben wor-
„den, das aber viel kleiner gewesen als das durch des Herrn
„Pfarrers Leute gefundene.„

„*Der fünfte Zeuge Johann Prelok*, ebenfalls Baron. Tro-
„chischer Unterthan, von 21 Jahren, bekennet, daß er am nem-
„lichen Tage gegen sechs Uhr Nachmittag gegen Aufgang
„eine gleichsam feurige Kugel ersehen habe, welche sich mit
„ungeheuren Knallen, so den Knall eines Feldstücks über-
„troffen, in zween Theile getheilet hat; darauf habe er et-
„was, gleich einer feurigen Kette, vom Himmel herabfallen
„gesehen mit solchem Getümmel, als wenn eine sehr große
„Anzahl Wägen sich durch die Luft wälzete, und als die Ku-
„gel auf die Erde kam, habe solche einen doppelt gröse-
„ren Knall von sich gegeben. *Das zweyte* betreffend, bestä-
„tiget selber, daß diese feurige und verwickelte Kette auf
„eine gewisse seinem Hause nahe gelegene Wiese gefallen sey,
„und er sich den Ort wohl gemerket, auch auf der Stelle sich
„mit anderen Kammeraden, die es auch gesehen, dahin be-
„geben, und eine Spalte in der Erde erblicket, alsdenn das
„Stück bey 16 Pfunde schwer herausgegraben habe. Gemel-
„deter behauptet alles Vorhergesagte bestens bemerkt zu ha-
„ben, weil er dem Orte sehr nahe gewesen sey, wo die
„Masse niedergefallen ist.„

„*Der sechste Zeuge Susanna Prelok*, ebenfalls Baron Tro-
„chische Unterthaninn, 45 Jahre alt, bekennet von Wissen
„und Sehen alles das, was gleich vorhergehender Zeuge be-
„kennet hat, mit dem Beysatze, daß sie bey bemeldeten
„Zeugen eben gewesen sey, alles wohl bemerket habe, und

„beym

„beym Herausnehmen des 16 pfündigen Stückes gegenwär-
„tig gewesen sey. Wegen der zerspaltenen Erde aber be-
„merkte selbe alles wie der dritte Zeuge."

„*Der siebente Zeuge Anna Szekovanich*, Baron Trochi-
„sche Unterthaninn, bey 40 Jahre alt, bezeuget von Wissen
„und Sehen in allem gleich den 5ten und 6ten Zeugen, mit
„welchen sie den nemlichen Tag die Begebenheit besichtig-
„te, mit dem Zusatze, daß sie sich, ob sie gleich in Gesell-
„schaft mehrerer Leute war, doch des allzu heftigen Kra-
„chen und Knallen des Himmels und der anderen Umstände
„wegen sehr gefürchtet habe, und als jenes Stück auf die
„Erde gefallen sey, diese wie bey einem Erdbeben erschüt-
„tert worden, welches auch die übrigen Zeugen bestätig-
„ten, und alle erst erwähnte Umstände auch mit einem Ei-
„de, wenn dieses gefodert würde, zu bekräftigen bereitet
„waren."

„Eben diese Zeugen, vom Vierten angefangen, beken-
„nen einhellig, daß man auf angeführter ihnen von vielen
„Jahren her als Eigenthümern oder als Nachbarn wohl be-
„kannten Wiese vor der oftgemeldeten Begebenheit niemals
„eine Zerspaltung der Erde wahrgenommen habe, und die
„Wiese von dem Acker, auf den das größere Stück nieder-
„gefallen ist, ungefähr 2000 Schritte entfernet sey."

„Endlich haben viele Leute in verschiedenen Gegenden
„des Königreiches die Zeichen am Himmel, als die Zerthei-
„lung der obbeschriebenen Kugel, das Knallen und Krachen
„in der Luft, wie auch daß etwas feuriges vom Himmel
„herabgefallen sey, mit Augen gesehen, und bemerket; so
„zwar, daß die meisten darum als um eine allbekannte Sache
„wußten, nur daß ihnen der Ort, in welchen solche Stücke
„nieder-

„niedergefallen find, wegen zu weiter Entfernung unbekannt
„war. Weswegen wir auch ihre Zeugniſſe beyzubringen
„für unnöthig gehalten haben.„

„Welche ſo oft angeführte Stücke, eines zwar nach
„Ausſage der Zeugen von 70 Pfunden, von dem andern 16
„pfündigen aber nur ein Stück anfangs erwähnte Abgeord-
„nete mit ihrem Siegel verwahret zu uns gebracht haben.
„Vorbeſchriebene Zeugen haben in Gegenwart dieſer Abge-
„ſandten das Bekenntniß abgeleget, daß dieſe zwey Stücke
„die nemlichen ſeyn, die ſie vom Himmel fallen geſehen,
„und aus der Erde gegraben haben, welche zwey Stücke aus
„einerley Materie zu beſtehen ſcheinen.„

„Wir ſenden alſo das gröſſere Stück, das auf unſerer
„Waage 71 Pfunde wog, faſt wie ein unregelmäſſiges Drey-
„eck geſtaltet, oder einem groſsen Schulterblatt ähnlich, ei-
„ſen- oder ſtahlfärbig, und von beyden Seiten mit Vertiefun-
„gen verſehen iſt, nur mit dem Unterſchiede, daß die mit
„unſerem Amtsſiegel verſehene Seite etwas glatter, die an-
„dere aber voll Aushöhlungen iſt, und manches Erdtheilchen
„ankleben hat, Sr. Excellenz und Gnaden dem Herrn Biſcho-
„fen, der ſich auf dem jetzigen Landtage befindet, um ſol-
„ches Ihro Kayſerl. und Königl. Majeſtäten gehorſamſt an-
„bieten zu können.„

„Daher wir auf den getreuen und einſtimmigen Bericht
„unſerer oberwähnten Abgeordneten vertrauend, gegenwärti-
„ge Schrift zum ewigen Gedächtniß unter unſerem Vikariats-
„inſiegel herauszugeben erachtet haben.„

„Agram aus dem biſchöflichen Konſiſtorium den 6. Jul. 1751.
(L. S.)
Wolfgang Kukulyewich
General-Vikar.

Die ungeschmückte Art, mit welcher das Ganze geschrieben ist, die Uebereinstimmung der Zeugen, die gar keine Ursache hatten, über einer Lüge so ganz einig zu werden, und die Aehnlichkeit der Geschichte mit der zu Eichstedt, machten mir es wenigstens wahrscheinlich, daſs wirklich etwas an der Sache seyn möge. Freylich, daſs in beyden Fällen das Eisen vom Himmel gefallen seyn soll, mögen der Naturgeschichte Unkundige glauben, mögen wohl im Jahre 1751. selbſt Deutschlands aufgeklärtere Köpfe bey der damals unter uns herrschenden schrecklichen Ungewiſsheit in der Naturgeschichte und der practischen Physik geglaubet haben; aber in unsern Zeiten wäre es unverzeihlich, solche Märchen auch nur wahrscheinlich zu finden.

Indessen iſt noch ein groſser Schritt vom Unglauben an Märchen bis zum Auffinden der wahren Grundursache einer uns wunderbar vorkommenden Erscheinung. Und wahrscheinlich würde ich in den, bey uns unerklärbaren Dingen so natürlichen Fehler gefallen seyn, und lieber die ganze Geschichte geläugnet, als etwas so unglaubliches wahr zu halten mich entschlossen haben, wenn mir nicht zu meinem guten Glücke eben damals verschiedene neuere Schriften von der Electricität und vom Donner vorgekommen wären. Besonders brachten mich die merkwürdigen Versuche des Hrn. Komus (*), die Metallkalke durch den electrischen Funken zu reduciren, auf die Vermuthung, ob nicht die Natur in den oben angeführten Fällen eben das bewirkt habe, was man durch die Kunst zu erhalten im Stande iſt. Der Wetterstrahl iſt ja ein electrischer Schlag im Groſsen, so wie die Erscheinungen der Electrisirmaschine nur Nachahmungen des erſtern

in

(*) Crells Annalen 1784.

in fehr verjüngtem Maaſsſtabe find. Wenn nun die Wiederherſtellung des Eiſens ſchon durch die kleine Kraft der letztern zuwege gebracht wird, warum ſoll dieſes nicht durch die ſo mächtig wirkende Entladung der Wolken eben ſowohl, und mit weit größerer Wirkung geſchehen können? Bey der einen Erſcheinung fiel ein feuriger Kloſs, bey der andern eine Feuerkugel herab, die beym Zerſpringen feurige Ketten zu geſtalten ſchien. Das Getöſe, die Gluhhitze des einen Stückes, deren Geſtalt die Eiſenocher, die man bey demſelben fand, der gediegene Zuſtand eines ſo leicht an der Luft in Erde und Waſſer ſich verkalkenden Metalles, das Zerſpalten der Erde, derſelben Ausſehen, das von ausgeſtandenem Feuer zeugte, ſcheinen meiner Vermuthung ein anſehnliches Gewicht zu geben. Zudem lieſſe ſich auf dieſe Art das vermeintliche Herabfallen dieſer Steine ganz wohl erklären, ohne daſs es nöthig wäre, eine mit ſo vielen Zeugen beſtätigte, zu wiederholtenmalen geſchehene Erſcheinung, ganz unter die Ammenſagen zu rechnen.

Vorausgeſetzt aber, daſs dieſe meine Vermuthung Gründe für ſich hat, die nicht ganz verwerflich ſind, könnten nicht mehrere Naturerſcheinungen ähnlicher Art, z. B. das vom Hrn. Kollegienr. Pallas gefundene gediegene Eiſen, auf gleiche Weiſe durch Entladung electriſcher Materie entſtanden ſeyn? Sollten nicht einige der gefundenen Erzſchlacken, die der Hr. Factor Nauwerk (*) für die Feuerſtätte alter Schmelzhütten anſieht, ſelbſt wenn Holzkohlen dabey vorkommen, durch Wetterſchläge natürlich geſchmolzene und verſchlackte Mineralien ſeyn? Kann nicht ſelbſt ein Theil vorgegebener ausgebrannter Vulkane, oder anderer Erdbrände auf Rechnung

---

(*) Beyträge zur Erweiterung der Chymie durch Krell 1. B. 2. St. VII.

nung einer Entzündung durchs Ungewitter gezählet werden? In Pallas oder Georgis Reisen sind, wenn ich nicht irre, Nachrichten von Erdbränden, die auf den sibirischen Steppen oft auf ähnliche Art verursacht werden. Persiens Bergoelquellen sind davon schon sehr oft entzündet worden; von eben so entflammten Steinkohlenflötzen wissen wir mehrere Beyspiele, und — doch was führe ich hier Beweise an, da ich nichts wollte als Männer von tieferer Einsicht bitten, sie möchten meine Vermutbung überdenken, und mich zurechtweisen, wenn ich unrecht habe, oder die Wahrheit in ein helleres Licht setzen, wenn ich ihr auf die Spur gekommen bin.

Stütz.

VII.
Auszüge aus Briefen.

I.

Guanaxuato 7. Jenn. 1789.

Ohne Zweifel erwarten Sie mit Ungeduld die erften Nachrichten, mein lieber Freund, welche ich Ihnen von den amerikanifchen Bergwerken, und der Bearbeitung derfelben, geben foll. Hier find fie fchon wirklich, und zwar aus der Quelle, aus der ich fie Ihnen, nach meiner eigenen Unterfuchung, geben kann, indem die Reife, die ich nach Guanaxuato unternommen habe, keine andere Abficht hatte, als mir fo gefchwind wie möglich, einige Kenntnifs von den Bergwerken und metallurgifchen Arbeiten, die in diefem Lande dabey im Gebrauch find, zu verfchaffen, und daher zu meiner eigenen Belehrung nur abzweckte.

Der Zufall wollte, dafs ich gerade an Fefttagen ankommen mufste, an welchen die meiften Arbeiten ftocken, und wo man mich gleichfam zwang, an verfchiedenen Feyerlichkeiten Antheil zu nehmen, und zwar dermafsen, dafs ich mich 4 Wochen da aufzuhalten genöthigt war, welche ich, die wefentlichften Sachen zu befehen und zu prüfen, anwendete.

Ich

Ich habe mich nicht fo befchäftigen können, als ich wollte, um den Leuten die Vortheile deutlich darzuthun, die ihnen Ihre Amalgamationsmethode verfchaffen würde. Ich habe mich dahin eingefchränkt, nur einen Verfuch zu machen, welcher aber doch, da er fehr gut ausfiel, vorerft hinreichend war, um ihnen das Vertrauen und einige Hoffnungen zu geben, und fie verlangen zu machen, daſs ich bald wieder kommen möchte. (*)

Indeſſen habe ich durch einen, in Ihrer Amalgamationsmethode wohl unterrichteten Beamten, den ich aus Europa mitbrachte, die Oefen bauen, und die nöthigen Werkzeuge verfertigen laſſen, um die Verfuche mit mehr Genauigkeit zu unternehmen, als wir diesmal nicht konnten, weil uns viele Sachen fehlten.

Es ift mir nicht möglich, eine fo umftändliche Zergliederung zu machen, als ich es von allem, was ich in Guanaxuato gefehen habe, gerne thun möchte. Mein Brief würde zu fehr anwachfen, und auch meine Gefchäfte würden mir die nöthige Zeit dazu anzuwenden, nicht erlauben. Ich will daher für diesmal nur von dem mit Ihnen fprechen, woran Ihnen, wie mir fcheint, am meiſten gelegen feyn kann, nemlich *von der Bearbeitung der Erze*, und das übrige werde ich für das künftige Paquetbot aufbehalten.

Der gröſste Theil der guanaxuatifchen Erze bricht auf einem Gange, der 180 bis 240 Fuſs mächtig ift. Diefer Gang wird in einer Länge von ungefähr einer Meile, und durch Bergwerke, die verfchiedene Namen haben, bebauet. In der Gegend, wo die Erze brechen, befteht diefer Gang aus einer

groſsen

(*) Ein Benehmen in der neuen Welt, welches der Nachahmung in der alten wohl werth wäre.

v. Tr.

grofsen Menge Quarz, ein wenig Kalkfpath, Schwefelkies, etwas Bleyglanz und Blende, fo wie einer ziemlichen Menge Erzes, das ich noch nicht unterfucht habe, das aber mit der Pechblende von Joachimsthal viel ähnliches hat, und dann aus gediegenem Silber, Glas- und Rothgiltigerz. Das Silber, fo man daraus zieht, ift mehr oder weniger göldifch.

Die Fördernifs der Erze gefchieht auch hier durch Schächte, und in einer Grube, die *Valenzia* heifst, und in diefer Gegend, fo wie in ganz Amerika in Betracht der Ausbeute die erfte ift, gefchieht fie durch verfchiedene Schächte. In dem einen gefchieht fie durch 6, und in einem andern durch 4 Pferdegöpel.

Die 12 Trümmer des erftern fpielen auf einmal in demfelben Schachte, und fo auch die 8 Seile in dem andern. Die Form des erftern ift fechs- und die des zweyten viereckigt; beyde aber find faiger. Der erfte bringt mehr als 300, und der zweyte 500 Fufs in der Tiefe ein; beyde aber find im Felsfteine abgetieft, und haben doch, trotz ihrer innern Lichte, nicht ein Stück Holz zur Auszimmerung. Ich habe ihre Länge und Breite noch nicht beftimmt gemeffen. Sie können fich aber fehr leicht vorftellen, wie grofs diefelben feyn müffen. An keinem Orte fah ich jemals ähnliche, auch fogar folche nicht, die ihnen nur nahe kamen.

Man bedient fich hier keiner Tonnen, wohl aber lederner Säcke, deren jeder 12 Centner faffet. Die Erze, welche man in den Bergwerken zu Guanaxuato gewinnt, werden mit dem Scheidhammer ausgefchieden, und in verfchiedene Claffen, die ihre verfchiedene Benennungen haben, eingetheilt. Diefe Ausfcheidung gefchieht hier durch Weiber, und es fehlt ihr im Betracht der Genauigkeit, mit der fie in

Europa

Europa geschieht, noch sehr vieles. Die Claſſen, ſo man von den verſchiedenen Erzen gemacht hat, laſſen ſich ſowohl wegen Benennung und Gehalt, als auch wegen der Behandlung, die ſie ertragen müſſen, beſonders wegen dieſes letzten Punktes, in 3 Claſſen einſchränken, wovon die *erſte* die Erze, ſo man *Lamas ordinarias* nennt; die *zweyte*, jene, ſo man *Apolvillados;* und die *dritte*, jene, ſo man *Polvillos* nennt, in ſich begreift. Die *Lamas ordinarias*, welche man noch gewöhnlicher *Azogues ordinarias*, oder ganz einfach, *Azogues* nennt, weil man ſie durch die gewöhnliche Amalgamation behandelt, ſind die allergeringhaltigſten Erze, und man begreift unter dieſer Benennung alle, bis auf jene, ſo 20-24-30 Mrk. Silber in Haufen von 32 Centner Erz halten, die das ausmachen, was man allda einen *Monton* (Haufen) nennt. Alle Berechnungen geſchehen hier durch *Montones*, wie bey Ihnen nach Centnern. Unter dieſen Erzen bearbeitet man jene nicht, welche weniger als 3 Mrk. Silber im Monton halten, weil ſie die Unkoſten nicht bezahlen. Sie werden alle nach jener Amalgamationsmethode behandelt, die man hier *Patio* nennt, was ſo viel ſagen will, als in *Höfen*, *unter freyem Himmel*. Die *Apolvillados* ſind Erze, welche von 20-24 oder 30 Mrk. Silber im Monton (oder Haufen von 32 Ctn.) bis auf 1 Unze im Pfund halten. Ich rede hier in der Mundart unſerer Bergleute. Dieſe Erze werden ebenfalls durch die vorige Amalgamation behandelt. Zum gewöhnlichſten wäſcht man ſie ſogleich auf Herden, nachdem man ſie gepocht und zu groben Körnern gebracht hat. Was das Waſſer mit ſich nimmt, wird wie die *Lamas ordinarias* (ärmſte Erze) betrachtet, und wie dieſe durch die Amalgamation behandelt. Was auf den Herden zurück bleibt, wird wie die Polvillos angefehen, und wie diefe auf die Art behandelt, wie gleich folgen wird. Die *Polvillos* find die reichhaltigften Erze; fie halten über eine Unze Silber im Pfd. Erz. Sie werden entweder durch die Amalgamation in grofsen Kefseln, oder durch das Schmelzen behandelt.

Das erfte, was ich in Guanaxuato gefehen habe, war der Verkauf der Erze, welche aus der vorbenannten Grube Valenzia in einer Woche gewonnen wurden; er ift fo fonderbar, dafs er es nicht mehr feyn kann. Von jeder der vorgemeldeten Claffen werden verfchiedene Haufen gemacht, die, nachdem man das fchon abgefondert hat, was die Eigenthümer der Grube in ihrer eigenen Verquickungs- oder Schmelzftätte verarbeiten können, zum Verkauf ausgefetzt werden, der alle Freytag vorgenommen wird. An diefem Tage verfammeln fich nun alle Käufer an demfelben Orte, und ohne, dafs eine Frage weder über das Gewicht eines Haufens, noch über den Silbergehalt deffelben entftehet, zeigt der Grubenverwalter den Haufen an, bey welchem man anfangen foll. Sodann nähern fich die Käufer einer nach dem andern, und fagen ihm den Preis, den fie dafür geben wollen, ganz leife ins Ohr. Erft nachdem alle ihren heimlichen Anboth gemacht haben, fpricht der Grubenverwalter den Haufen jenem zu, welcher am meiften dafür giebt, und ruft: diefer Haufen gehört Herrn N. N. ohne jedoch zu fagen, für welchen Preis, was man erft alsdenn erfährt, wenn alle Haufen verkauft find. — — Ift diefer Haufe verkauft, fo fchreitet man erft zu einem andern; und fo verfährt man nach und nach, bis alle verkauft find. In diefer Zwifchenzeit find alle Käufer befchäftigt, die Befchaffenheit der Erze zu prüfen; den Silbergehalt und das Gewicht

des

des Haufens zu berechnen, um daraus abzunehmen, was fie dafür geben können, wobey fie fich fehr hüten und Sorge tragen, daß es weder ihren Mitkäufern, noch jemand andern offenbaret werde, weil fie befürchten, daß diefe ihnen dadurch fchaden möchten. Weder die Eigenthümer der Grube, noch die Käufer machen den geringften Verfuch mit dem Erze, noch eine Probe, um das Gewicht zu beftimmen, auf folche Weife alfo, daß ihre ganze Ausrechnung auf der blofsen Befichtigung beruhet, wodurch es gefchieht, daß die Käufer einmal bey diefem Ankauf gewinnen, ein andermal aber wieder verlieren. Indeffen dient ihnen ihre Erfahrung zum Maasftab, wodurch es gefchieht, daß fie viel öfter dabey gewinnen als verlieren.

Die Ausbeute in diefer Woche von der einzigen Valenziagrube, hat 40000 fchwere Piafter betragen; die des ganzen Jahres aber, fteigt über 2 Millionen Piafter. Jene Ausbeute aber, von allen Gruben in diefer Gegend, beläuft fich über 4 Millionen fchwere Piafter, obwohl fie nicht einmal 3 Meilen im Umfange hat. Urtheilen Sie demnach, was dies für Gruben find, und fehen Sie, ob ich nicht Recht habe, die europäifchen Bergwerke für armfelige und winzig kleine Wefen anzufehen.

Die Erze, welche verquickt werden follen, werden in einem gewöhnlichen, aber fehr fchlecht beftellten Pochwerk, das durch Maulthiere in Bewegung gefetzt wird, weil in der ganzen Gegend nicht ein einziger, auch noch fo kleiner Bach zu finden ift, trocken, und zu kleinen Körnern, oder vielmehr zu grobem Mehl gepocht. Ein jedes Pochwerk von 8 Schüffern, das den Tag durch 16 Stunden arbeitet, verfertigt in 6 Tagen 240 Centner. Die Unkoften belaufen fich dabey auf 24 fchwere Piafter, wovon 12½ für den Lohn der 4 Arbeiter, und das übrige für den Unterhalt der 13 Maulthiere ift. (*) Diefes grobgepochte Erzmehl kömmt nach diefem in eine Art Mühle, welche man *Araftre* (Reibmühle) nennt. Es ift eine zirkelförmige Ausböhlung, die ein wenig unter der Erde vertieft liegt, 9 Fufs im Durchmeffer hat, und mit 8 Zoll dicken, 3 Fufs langen Porphyrfteinen ausgepflaftert ift, die fenkrecht neben einander geftellt, und deren Zwifchenräume mit kleinen Steinchen und Erde ausgefüllt find. In der Mitte diefer Vertiefung liegt die eiferne Pfanne, in welche fich der Zapfen eines fenkrechten Baumes fügt, der in einer gewiffen Höhe einen Arm hat, an welchem man die Maulthiere fpannt, um denfelben umdrehen zu laffen. Unter diefem Arme hat der Baum ein doppeltes Kreuz, an welchem Stricke befeftiget find, die 4 Steine nach fich fchleppen, welche 4 Fufs lang, 15 Zoll dick, und gleichfalls Porphyr find. Diefe Steine nehmen, ein jeder nach feiner Länge, den ganzen Raum zwifchen dem Zapfen der fenkrechten Welle bis zu dem Rande der Ausböhlung, der mit Thielen umfangen ift, ein. In diefe Ausböhlung alfo werden die Erze, wie fie vom Pochen kommen, mit dem erforderlichen Waffer gefchüttet, damit, weil alles in etlichen Stunden zu feinem Mehl wird, felbige in den Zuftand eines dicken Breyes gelangen. Die 4 Steine, fo fich unaufhörlich herum bewegen, zerdrücken, zerreiben, und bringen die Erze zu fo feinem und

(*) Das Zerkleinen und Pochen der Erze, fammt dem Sieben der erzeugten feinften Mehls, koftet zu Joachimsthal für 1000 Centner 83 Gld. 10 Krz. In Guanaxuato aber würden 1000 Centner 196 Gld. blos an Pochkoften fordern, ohne die Unkoften der folgenden Arbeit, das ift, des Mahlens der grobgepochten Erze zu rechnen.

Born.

und gleichem Mehl, daß in diefem Betracht nichts mehr zu
wünfchen übrig bleibt. Für gewöhnlich ift daffelbe viel feiner als jenes, welches aus ihren Mühlen kömmt, und der
Grad der Feinheit fteigt noch höher, je weniger man auf
einmal auffchüttet. Aber defto gröfser ift auch der Unterfchied im Erzeugen. Eine von diefen unfern Mühlen, bringt
von den ärmern oder gewöhnlichen Erzen, nicht mehr als 6
Centner auf, und von den reichern, weil man diefen mehr
Feinheit giebt, nicht mehr als 4 Centner in 24 Stunden, die
man auf einmal auffchüttet, und 24 Stunden lang reibt.
Nachdem nun das Erz durch diefe Behandlung fchon zu einem gewiffen Grad gemahlen ift, benetzt man die Maffe mit
einigen Unzen Queckfilber, das man durch Leinwand prefst,
wodurch es gleichfam wie ein Regen darauf fällt. Diefes
Queckfilber ift beftimmt, einen Theil des Goldes aus den
Erzen zu ziehen. Es fetzt fich zum gröfsten Theil in die
Zwifchenräume der Steine, woraus man es die Woche einmal fammelt, und aus welchen man, nachdem daffelbe durch
Leinwand gepreßt ift, ein Gold und Silberamalgama erhält.
Diefes Amalgama, fo wie ein Theil desjenigen, fo man aus
der gewöhnlichen Arbeit zieht, vereinigt fich mit dem gewöhnlichen Silberamalgama nicht, und fchwimmt bey dem
Verwafchen auf dem Queckfilber in befondere Klumpen, die
bey dem Anfühlen rauh und dick find. Diefes find nun die
vorläufigen Behandlungen, durch welche man die Erze zur
Verquickung vorbereitet.

Bey der Verfahrungsart des *Patio*, (*Verquicken auf offenen Plätzen*), die fich in allen Arbeitsftätten diefer Gegend,
und zwar fo fehr gleich ift, daß, wenn ich eine befehe, diefe mich von allem, was in den übrigen vorgeht, unterrichtet,

tet, macht man auf den grofsen Plätzen oder Höfen, die offen und mit zufammengefügten grofsen Steinplatten reinlich ausgepflaftert find, nach Menge der auf einmal zu verarbeitenden Erze, verhältnifsmäfsige Eintheilungen. Diefe Eintheilungen find durch lange Stücke Hölzer und Bretter gebildet, deren Zwifchenräume man mit Mift verftopfet, weil man fand, dafs diefer gefchickter fey, das Auslaufen des breyähnlichen Pochmehles zu verhindern, als die Erde oder der Thon. In diefe Eintheilungen kommen die gemahlenen Erze, fo wie fie von dem *Arajtre* (*der Reibmühle*) abgeliefert werden, das heifst, im Zuftande eines dickflüffigen Breyes, wovon der Centner im Durchfchnitte 1 Unze, oder 2 Loth Silber hält. Nachdem in einer von diefen Eintheilungen diejenige Menge, welche einen Haufen macht, den man *Torta* nennt, und der gewöhnlich 1200 - 1600 Centner hält, gefchüttet worden ift, wo fie einige Tage verbleiben, um durch die Ausdünftung ein wenig auszutrocknen, werden fie weniger flüffig, und man nimmt dann die Hölzer, welche fie zufammenhielten, hinweg. In diefem Zuftande läfst man fie noch einige Tage, bis die Maffe einen Grad von Dichtigkeit angenommen hat, der erlaubt, dafs die Maulefel darein treten können, um fie untereinander zu kneten, ohne dafs fie fich verfpritzt, wornach man auf derfelben Oberfläche die Menge von Kochfalz, fo man zufetzen mufs, ftreuet. Und hiernach erft, läfst man die Maulefel durch einige Stunden darauf umtraben. Drey oder vier Tage bleibt es nachher unberührt. Am Ende diefer Zeit giebt man ihm ein neues *Repafo* (fo nennt man das Zufammentreten des Haufens durch die Maulefel), zugleich fetzt man den erforderlichen Antheil von *Magijtral* (verröfteten Kupferkiefen) mit einer kleinen

Menge

Menge Koch- oder Meerſalz zu, und nachdem man ein neues
Repaſo gegeben, ſtreuet man die erforderliche Menge Queckſilber in Form eines Regens darüber. Man giebt ihm noch
das dritte Repaſo, und läſt es endlich in Ruhe, indem man
Acht hat, daſs die Oberfläche uneben, und voll Vertiefun-
gen bleibe, damit die Sonnenwärme in das Innere dringen
möge. In der Folge der Behandlung, die 5 oder 6 Wochen
dauert, erneuert man die Repaſos zwey oder dreymal in der
Woche, indem man um 6 Uhr frühe anfängt, und um Mittag endet. In der Zwiſchenzeit läſst man die Mauleſel ausruhen, deren Anzahl gewöhnlich 12-16 iſt, weil ſie öfters
abwechſeln. Während daſs ſie ausruhen, kehren die Arbeiter die Maſſe um, indem ſie das, was im Mittelpunkte war,
an die Peripherie, und das, was hier war, an den Mittelpunkt werfen. An dieſem Tage der Repaſos geſchieht es
auch, daſs man den Zuſtand der Maſſe und der Arbeit unterſucht, und daſs man die Materien zuſetzt, die ſie nöthig zu
haben anzeigen. Merken Sie nun auf die Regeln, welche
man in der Führung dieſer Arbeit beobachtet. Um die Sprache der Arbeiter und auch derjenigen, welche die Arbeit di-
rigiren, und die, in Abſicht auf Wiſſenſchaften, kaum mehr
als gemeine Arbeiter ſind, führen zu können, iſt es nothwendig zu wiſſen, daſs man nicht nach Centnern die Menge der
Erze berechnet, woraus eine Torta beſteht, ſondern nach
der Anzahl der *Montones* (Haufen von 32 Centner) die einer
begreift, und auch, daſs man den Monton in 2 Theile theilt,
wovon ein jeder 16 Centner hat, die man *Piezas* nennt.

Was das Salz betrifft, ſo iſt der Zuſatz ſich immer gleich,
und kein Umſtand ihn zu verändern möglich. Man miſcht
immer, zu jedem Monton von 32 Centn., 1 Maaſs von Salz,

das *Media fanega* heißt, und ungefähr 75 Pfund wiegt, was beyläufig 2½ pro Cent ausmacht. Nicht ganz so verhält es sich mit dem *Magiſtral* (verröſtetem Kies). Die guten oder übeln Eigenschaften desselben, die Beschaffenheit der Erze, so man bearbeitet, und die Zeit, in welcher man die Arbeit unternimmt, erfodern bald eine Vermehrung, bald eine Verminderung dieses Zusatzes. Unter gleichen Umständen, setzt man weniger von einem guten Magiſtral, als von einem andern zu, das weniger wirkt. Je reicher die Erze sind, destomehr verlangen sie von diesem Zusatze. Zur Regenzeit, oder in der Kälte verlangt diese Arbeit ebenfalls mehr von dem Magiſtral, als in einer trocknen und warmen Zeit, und der Unterschied kann durch die Ereigniß dieses einzigen Umstandes beträchtlich genug seyn, um im ersten zweymal so viel davon zusetzen zu müssen, als im 2ten Falle. Mit einem Worte, man würde dem Mittel nach, für diese Umstände am besten thun, wenn man 10 bis 15 Pfund vom Magiſtral auf jede *Pieza* von 16 Centner, was ¾ oder 1 pro Cent ausmachen würde, auf das erstemal zusetzte. Erfodert es die Arbeit aber in der Folge, wie man es an der sehr hellen Farbe des Queckſilbers erkennet, welches zurückbleibt, wenn man einen Theil der Masse verwäscht, so setzt man eine neue Menge zu.

Was den Zusatz des Queckſilbers betrifft, so ist derselbe noch viel veränderlicher, als jener der übrigen Stoffe; aber man benimmt sich dabey nach einem ziemlich standhaften Grundsatze. Man wirft anfangs so viel Pfund dieses Metalles für eine *Pieza* von 16 Centner zu, als in einem jeden Monton von 32 Ctn. Mark an Silber zu seyn vermuthet werden, welches für jede Mark Silber 2 Pfd. Queckſilber ausmacht;

macht; und es ist folglich zu schließen, daß sich der Quecksilberzusatz, nach dem Reichthum der Erze vermehre. Indessen reicht dieser erste Zusatz nicht hin, um die Arbeit zu endigen; um so weniger noch, wenn man nicht mehr Silber in den Erzen annimmt als wirklich darinn ist. Man muß einen Theil von diesem Metall in dem Maaße zusetzen, welches die Arbeit verlangt; sie soll aber im Ganzen nicht mehr als sechsmal so viel, als Silber in den Erzen ist, verlangen. Es ist wenigstens dies das meiste Quecksilber, welches gewöhnlich zugegeben wird, wie ich es bey den meisten Arbeiten, sowohl im Ganzen als Einzelnen gefunden habe. Der Ueberfluß an *Magistral*, so wie der Mangel desselben, sind bey dieser Arbeit gleich schädlich, und eben so verhält es sich mit dem Quecksilber. Der Mangel des erstern macht die Behandlung langweilig, hält sie auf, und kann sie auch mangelhaft machen. Der Ueberfluß desselben wirkt zu heftig auf das Quecksilber, wodurch es gleichfalls einen Silberverlust verursacht, weil es alle beyde zertheilt, und vielleicht auch selbst auflöst; übrigens aber beschleunigt es die Arbeit. Seine zu heftige Wirkung auf das Quecksilber erkennt man an der viel dunklern Farbe, die es ihm giebt, und an einer Gattung Dunst oder Rauch, der sich erheben soll, wenn man einen Theil dieses zertheilten Metalles, das von ein wenig Wasser bedeckt war, unter den Fingern reibt. Die hiesigen Arbeiter sagen, dies geschehe, weil das Quecksilber warm sey, aber dies ist nichts als eine Redensart, denn weder in diesem, noch in einem andern Falle zeigt sich bey der ganzen Arbeit eine merkbare Wärme, am allerwenigsten ereignet sichs in jenem Falle, wo die Erze mit häufigem Kiese vermischt sind, der schon auszuwittern anfängt.

Der Mangel an Queckfilber zieht die Unmöglichkeit nach fich, alles Silber ausziehen zu können. Der Ueberfluſs muſs aber auch feinen Abgang vermehren, und die Erfahrung beſtätigt daher, was alle Welt mir fagt, aber ich kann auch nicht umhin, mich zu verwundern, daſs eine gröſsere Menge Queckfilber nicht im geringſten die Anziehung des Silbers, und die Vollendung der Arbeit befchleunigen foll.

Eine andere ebenfalls fonderbare Bemerkung iſt, daſs, wenn man den Begriffen der hiefigen Leute folgt, diefelben vermuthen, das Magiſtral bereite das Queckfilber nur, um auf das Erz zu wirken, und daſs es erſt gefchickt fey, nachdem es eine graue Farbe angenommen habe, die es vorzüglich haben muſs, und daſs es ohne diefe Veränderung und der darauf folgenden Zertheilung, auf das Silber in den Erzen nicht wirken würde. Ich begreife zwar den Grund hievon nicht ganz, indeſſen verachte ich doch die Bemerkung nicht, von der ich in der Folge einen Grund auszufinden mich bemühen werde. Der Zuſtand des Queckfilbers iſt es, nach dem fich die Anquicker bey ihrer Arbeit richten. Diefes Metall nimmt bald eine graue Farbe an; ein Theil zeigt fich zerfchlagen, welcher fich nur mittelſt des Reibens wieder vereinigt; der andere wird von Tage zu Tage minder flüſſig, und endet damit, daſs er trocken und zu Klumpen wird, die fich felbſt durch das Reiben nicht wieder vereinigen. Es iſt nachher ein wirkliches Amalgam, und weil der zerfchlagene Theil durch die Reibung auch den nämlichen Zuſtand annimmt, ohne laufende Queckfilberkügelchen fahren zu laſſen, fo iſt es ein Zeichen, daſs alles Queckfilber angewendet, und fchon innigſt mit dem Silber verbunden iſt, und daſs man aufs neue von demfelben zufetzen müſſe. Allein man muſs fo
lange,

lange, als das Amalgam, oder der zerfchlagene Theil des Queckfilbers, oder alle beyde noch weich find, keines zugeben. Wenn das Queckfilber, fo man zugefetzt hat, gänzlich verdicket worden ift, ohne dafs jedoch alles Silber aus den Erzen fich damit verbunden hätte, und wenn man auch fchon den zerfchlagenen Theil durch das Reiben wieder vereinigt hat, fo bleibt auffer dem wahren Rückftande, noch ein weifser Satz an deffen Rande, welcher unfehlbar der Theil des Silbers ift, der noch auszuziehen übrig bleibt, und diefe Erfcheinung zeigt an, dafs noch Queckfilber zugefetzt werden müffe. Wenn im Gegentheile am Ende der Behandlung die Queckfilbermaffe weich ift, fo dafs der zerfchlagene Theil bey dem Quetfchen oder Reiben laufende Kügelchen giebt, und am Rande kein weifser Satz bleibt, fo ift es ein Zeichen, dafs die Erze fchon alle ihr Silber von fich gegeben haben, und dafs die Behandlung geendet ift. Indeffen mufs man, um von dem Zuftande, in dem fich die Arbeit befindet, wohl zu urtheilen, auf die Epoche der Arbeit wohl Acht haben, das heifst, man mufs die Zeit wiffen, und wohl überlegen, in der fie angefangen hat, weil man fonft Gefahr läuft, fich zu irren, indem man diefelben Merkmale öfters bey der nämlichen Behandlung, in verfchiedenen Zeiten beobachtet. Für jene, die eine längere Erfahrung haben, fcheint diefe Bemerkung überflüffig; ich aber, der ich in ihrem Fall nicht bin, kenne die Mittel noch nicht, um mich in jedem Falle behelfen zu können. Man beobachtet alle diefe Merkmale auf eine fehr finnreiche, und doch fehr einfache Art. In einer hölzernen Schüffel, oder in einer Kürbisfchale, die 6 Zoll im Durchmeffer, und 3 Zoll in der Tiefe hat, inwendig mit grünem, oder was noch beffer, mit hellblauem Firnifs überzogen

zogen ift, vereinigt man einen Theil der Maſſe, ſo in der
Arbeit iſt, mit Waſſer, gießt dann mit Bedacht einen Theil
des trüben Waſſers ab, und ſchüttet friſches darauf, indem
zugleich die Schüſſel in einem großen und ganz vollen Waſ-
ſerzuber unter daſſelbe getaucht wird. Man gießt das Waſſer neuerdings ab, und wiederholt dieß ſo lang, bis das Waſſer klar wegläuft, und auf dem Boden der Schüſſel nichts als
das Queckſilber, und das Amalgam mit dem ſchwerſten Theile des Erzes, und auch nur ein wenig Waſſer zurückbleibt.
Man faßt alsdenn die Schüſſel an dem Rande derſelben, und
neigt ſie auf einer Seite immer tiefer, wodurch man nebſt
Hülfe des Schüttelns und einiger Bewegungen, die ſich nicht
beſchreiben laſſen, endlich die Maſſe dahin bringt, daß ſie
ſich in 3 Theile abſondert. Das zurückgebliebene Erz erhält
ſich in der Mitte, das Queckſilber, oder der Hauptantheil
des Amalgams, in der unterſten, und der zerſchlagene Theil
mit dem weißen Satz (wenn er einen hat) in der oberſten
Lage. Dieſes iſt die Lage, in welcher man die Merkmale beobachten kann, von denen wir ſchon geſprochen haben, und
von welcher man auf den Zuſtand ſchließt, in welchem ſich
die Arbeit befindet. Dieſe Art zu beobachten iſt wichtig,
und man hat vielleicht keine wichtigere. Man ſieht dadurch
täglich die Fortſchritte der Behandlung, und den Gang derſelben. Wenn bey dieſen Verſuchen das Queckſilber weiſs
und ſehr glänzend iſt, ſo ſagt man, daß es kalt ſey, und
man ſetzt daher, um es zu erwärmen, den Erzen von dem
Magiſtral bey. Iſt es im Gegentheil von einer dunkeln, grau-
en Farbe, ſo ſagt man, es ſey warm, und um es zu verbeſ-
ſern, ſetzt man den Erzen eine größere oder kleinere Menge
lebendigen Kalks zu. Dieſer verbeſſert es in der That, aber

er

er verzögert auch die Behandlung, und verurſacht öfters Silberabgänge. Man bedient ſich auch des Kalkes, nachdem die Behandlung ſchon geendet iſt, um zu verhindern, daſs das Amalgam ſich nicht zertheile, oder ſich während der Zeit verliere, die man braucht, um einen ganzen Haufen zu verwaſchen.

Dieſes Verwaſchen geſchieht in Bottigen, die mit Quirln verſehen, und beynahe ſo, wie die Ihrigen ſind. Dieſe Verwaſchung geht auf die einfacheſte Art, mit ſehr vielem Waſſer, aber gar keinem neuen Queckſilberzuſatz für ſich, woraus man, weil, wie ich ſchon geſagt habe, nicht mehr als ſechsmal ſo viel Queckſilber, als der Silberbetrag iſt, zugeſetzt wird, leicht ſchließen kann, daſs ſich das Amalgam in einem dichten Zuſtande hier, und nicht in einem flüſſigen, wie bey Ihnen geſchieht, ſcheidet oder vielmehr zu Boden ſetzet. Die erſte Meynung, ſo ich gleich anfangs über dieſe Behandlung hegte, trug nicht viel zu derſelben Vortheil bey. Auſſer der langen Dauer betrachtete ich das wenige Queckſilber, ſo man dazu anwendet, und das wenige Umrühren der Haufen, als höchſt ungünſtige Umſtände, das Silber vollkommen herauszuziehen. Indeſſen hielten, nachdem ich einen Verſuch mit den Rückſtänden von einer dieſer Arbeiten gemacht hatte, dieſelben doch nur ⅔ Loth Silber im Centner. (*) Sollten Sie es wohl glauben, mein lieber Freund? In Wahrheit, dieſer Verſuch muſs aus Mangel des noth-

---

(*) Der Centner des in die Anquickung gekommenen Erzes hält im Durchſchnitte, wie oben geſagt worden iſt, 1 Loth oder 1 Quentin Silber; die Rückſtände halten ⅔ Loth oder 3 Quentin. Der Silberabgang beträgt alſo, wenn auch die Probe mit aller Genauigkeit gemacht worden wäre, 35 p. C.
Born.

nothwendigen Zubehörs nicht mit genugsamer Genauigkeit unternommen worden seyn. Er scheint mir aber indessen doch hinreichend zu seyn, um glauben zu können, dass man durch diese Verfahrungsart kaum so viel an Silber verliert, als wir glaubten. Das Verfahren ist auch für sich selbst schon sehr wirthschaftlich, weil jeder Haufen von 32 Centner, ohne die Kosten des Pochens und Mahlens, nur auf 10 Piaster zu stehen kömmt, werden aber auch diese Kosten noch mit dazu, jedoch ohne jenen des Quecksilbers, gerechnet, so steigen sämmtliche auf 20 Piaster. (*) Die Dauer der Arbeit, und die Abgänge des Quecksilbers, sind daher für jetzo die grössten Mängel.

Die Abgänge des Quecksilbers steigen gewöhnlich auf 12 Unzen bey einer jeden Mark Silber. Da man aber nach Grundsätzen nur Erze, die 1 Unze Silber im Centner und auch noch darunter halten, bearbeitet, so zeigt sich, dass der Abgang dieses Metalles auch in diesem Falle nicht mehr als $1\frac{1}{2}$ Unze auf den Centner Erz beträgt, welche Menge sich aber vergrößert, wenn der Silbergehalt größer ist. Die Art, diesen Abgang zu betrachten, ist sonderbar. Man macht daraus 2 Abtheilungen, wovon die erste *Cimsumido* (*Verbrauch*) und die andere *Verlust* heisst. Der *Verbrauch* (*Cimsumido*) ist der Menge des Silbers immer gleich, die man auszieht, und alles übrige heisst der Verlust. Man betrachtet erstern, als

für

(*) Wenn der Hanfen oder 32 Centn. zu mahlen, pochen und anquicken 20 Piaster oder 41 Gld. kosten, und der Quecksilberabgang pro 12 Unzen auf die Mark, für die in 32 Centn. enthaltene 4 Mrk. 3 Pfd. à 3 Gld. 30 Krz. 4 Gld. 30 Krz., dann der Silberabgang à 35 p. C. auf 4 Mrk. 33 Gld. ausmacht, so betragen die sämmtlichen Kosten 78 Gld. 30 Krz. Es kömmt daher der Centner auf 2 Gld. 31 Krz. zu stehen, welches bey der Wohlfeilheit des Salzes viel ist.

für die Arbeit nothwendig und unwandelbar; der zweyte aber, bald größer bald kleiner, richtet sich nach der Geschicklichkeit und Sorgfalt der Arbeiter, man berechnet ihn aber gewöhnlich auf 6 vom 100 des angewendeten Queckſilbers. Mit einem Beyspiele will ich Ihnen die Sache deutlicher zu machen suchen, in welchem Sie zu gleicher Zeit die Weise, wie man dieſe beyden Arten von Abgängen berechnet, und eben so die Folge der Bearbeitung ſelbſt, erſehen werden.

Am 3ten October 1788. wurde einem Haufen, (*Torta*) der aus 45½ Montones zu 32 Centner beſtehet, nach dem Grundſatze: 8 Pfund vor die Pieza, einen halben Haufen von 16 Centner zum erſtenmal von Queckſilber zugeſetzt, in allem 720 Pfund. Am 21ſten wurde ebenfalls, nach dem Satze, daſs 2 Pfund für die Pieza kommen, in allem zugeſetzt 185 Pfd. Am 24ſten 184 Pfd. Summa 1089 Pfd. — Am 7ten November wurde zu verwaſchen angefangen, und am 14ten damit geendet, wodurch man an trocknen Amalgam 794 Pfd., und an laufenden Queckſilber 254 Pfd., in allem aber bekommen hat 1048 Pfd., welche Summe, wird ſie von den obern abgezogen, einen Reſt an Tag legt, der 41 Pfd. beträgt, und das iſt es, was man als Abgang betrachtet. Er iſt gleich 3¾ vom 100 des Ganzen. Es iſt aber ein ſeltener Fall, daſs er hier ſo unbeträchtlich iſt. (*) Was den Verbrauch

(*) Aus 45½ Montones, deren jeder 32 Ctn. wog, das iſt, aus 1456 Ctn. Erz, brachte man 734 Pfd. Amalgam. Nimmt man nun auch an, daſs dies Amalgam ſehr gepreſst, und das Silber von keinem andern Metalle verunreinigt, folglich nur 5 Theil Queckſilber und 1 Theil Silber in dem durchgepreſsten Amalgam enthalten war, ſo hat man aus 1456 Ctn. Erz 122⅓ Pfd. Silber erhalten, das iſt, der Centner Erz gab 2⅔ Loth Silber. Man hat aber 1089 Pfd. Queckſilber zu dieſer Menge Erzes gegeben, und wenn das zuge-

brauch (Confumido) betrifft, fo ift er fchon in dem Amalgam mit begriffen, indem man das Amalgam ganz als laufendes Queckfilber in der Rechnung anfieht. Die Art, in fo großen Haufen zu verquicken, ift nicht länger als feit 12 Jahren im Gebrauch, als man die *Repafos* oder Umtreten durch Hülfe der Maulefel hier einführte. Vor dem, fo wie heut zu Tage, arbeitete, und auch jetzo noch, arbeitet man in mehrern Gegenden mit Menfchen, die mit ihren Füßen die Maffe untereinander treten. In diefem Falle hat der Haufen nicht mehr, als 16 Centner. Aber es find deren viele in einem Patio oder Hofe. Suchen Sie fich daher für diesmal mit diefen Zergliederungen zufrieden zu ftellen, bis ich Ihnen die Fortfetzung mit dem nächften Paquetbot übermache. Für diesmal glaube ich, fey es genug. Ich füge hier noch eine Note bey, von dem, was das hiefige Münzhaus in diefem Jahre von Monat zu Monat aufgearbeitet hat. Diefes Product kömmt gänzlich von der Anquickung der Erze, und es ift weder von eingelöften Silber, oder Geräthfchaften, oder alten Münzen, noch von einer andern Gattung Silber dabey. Der Vorrath an Silber in Stangen aber beträgt noch 1½ Million.

zugefetzte Queckfilber nie mehr als fechsmal das Gewicht des in der ganzen Quantität enthaltenen Silbers beträgt, fo hätten in diefen 1456 Ctn. Erz 13½ Pfd. Silber feyn müffen, wornach alfo der eigentliche Silberabgang 59¼ Pfd. betrüge, welches 32 pro Cent macht.

An Queckfilber erhielte man zurück aus dem Amalgama nach Abfchlag des fechften Theiles, der Silber ift, 612 Pfd., an laufenden Queckfilber 254 Pfd., zufammen alfo 866 Pfd. Man verlohr daher 133 Pfd., oder den 3ten Theil des in die Arbeit gekommenen Queckfilbers.

Daß der Queckfilberabgang theils von dem Treten des Gemenges, theils von der Ausdünftung; der Silberabgang aber von der zu geringen Menge des zugefetzten Queckfilbers herrühre; und daß beyden, fo wie der Dauer der Arbeit, und zum Theil den Koften durch das Anquicken in Fäffern, und durch einen größern Queckfilberzufatz vorgebogen werde, bedarf meiner Erinnerung nicht. *Born.*

Razon de las cantidades de Oro y Plata acumadas en la Real Caſa de Moneda de México desde 1º. de Enero baſta 31 de Diciembre de 1788, con diſtincion de lo labrado en cada mes.

	En Oro.	En Plata.			Total.		
	Peſos.	Peſos.	Rs.	mrs.	Peſos.	Rs.	mrs.
Enero.	,000.	1,819,972.	7.	00.	1,819,972.	7.	00.
Febrero.	,000.	1,019,658.	4.	00.	1,019,658.	4.	00.
Marzo.	,000.	1,037,452.	6.	00.	1,037,452.	6.	00.
Abril.	99,122.	1,546,943.	4.	17.	1,646,065.	4.	17.
Mayo.	,000.	1,020,845.	6.	00.	1,020,845.	6.	00.
Junio.	,000.	2,023,537.	2.	00.	2,023,537.	2.	00.
Julio.	,000.	1,886,323.	7.	17.	1,886,323.	7.	17.
Agosto.	340,568.	1,852,751.	2.	00.	2,193,319.	2.	00.
Setiembre.	,000.	1,784,703.	1.	17.	1,784,703.	1.	17.
Octubre.	,000.	1,800,333.	4.	17.	1,800,333.	4.	17.
Noviembre.	,000.	1,717,855.	3.	17.	1,717,855.	3.	17.
Diciembre.	165,774.	2,030,523.	6.	17.	2,196,297.	6.	17.
En todo el año.	605,464. ✠	19,540,901.	7.	00. =	20,146,365.	7.	00.

México 31. de Diciembre de 1788.

Berechnung, wie viel Gold und Silber in dem Königl. Münzhauſe zu Mexico vom 1. Jan. bis 31. Dec. 1788. gemünzt, und wie viel in jedem Monathe verarbeitet worden iſt.

	In Gold.	In Silber.			Summe.		
	Peſos.	Peſos.	Rs.	mrs.	Peſos.	Rs.	mrs.
Januar	–	1,819,972.	7.	–	1,819,972.	7.	–
Februar	–	1,019,658.	4.	–	1,019,658.	4.	–
März	–	1,037,452.	6.	–	1,037,452.	6.	–
April	99,122.	1,546,943.	4.	17.	1,646,065.	4.	17.
May	–	1,020,845.	6.	–	1,020,845.	6.	–
Junius	–	2,023,537.	2.	–	2,023,537.	2.	–
Julius	–	1,886,323.	7.	17.	1,886,323.	7.	17.
August	340,568.	1,852,751.	2.	–	2,193,319.	2.	–
September	–	1,784,703.	1.	17.	1,784,703.	1.	17.
October	–	1,800,333.	4.	17.	1,800,333.	4.	17.
November	–	1,717,855.	3.	17.	1,717,855.	3.	17.
December	165,774.	2,030,523.	6.	17.	2,196,297.	6.	17.
Im ganzen Jahr	605,464. ✠	19,540,901.	7.	– =	20,146,365.	7.	–

Mexico den 31. December 1788.

Erklärung. Mrs oder Maravedis gehen 34 auf einen Reale.
Rs. oder Reales. 8 Reales machen einen biemexicaniſchen Peſo oder Piaſter.
1 Real iſt ungefähr 9 Groſchen Conv. M. 1 Peſo mithin 24 Gr. oder 1 Rthlr.

Auszüge aus Briefen.

2.

Mexico den 27. Aug. 1789.

Diesesmal, lieber Freund, berufe ich mich auf das Sprüchwort: lieber spät als gar nicht, und benutze diesen Augenblick wo ich ein wenig Muſse habe, um meine Beschreibung der metallurgischen Arbeiten zu Guanaxuato fortzusetzen, womit ich, wenn ich mich recht erinnere, bis auf die Verwaschung der Tortas einschlieſslich, gekommen bin.

Das Amalgam, welches in fester Gestalt auf dem Boden der Kufen liegt, wird von neuem in groſsen hölzernen Näpfen gewaschen, um den Rückstand und den Schmutz davon zu bringen, womit es vermischt ist, und dieses geschieht in einem kleinen Sumpf mit einer erstaunlichen Geschwindigkeit. Man braucht nur ein wenig Waſſer in den Napf zu gieſsen, das Amalgam mit der Hand ein wenig umzurühren, und das Gefäſs zu neigen, indem man ihm eine heftige kreisförmige Bewegung giebt, um in zwey oder drey Umschwenkungen, eine groſse Menge Amalgam von diesen fremden Materien zu befreyen. Indeſſen bleibt doch noch ein Theil des schwersten Erzes dabey, welcher zu seiner Abscheidung eine andere Behandlung erfordert.

Man läſst das Amalgam in diesem Zustande in einer groſsen Menge Queckſilber zergehn, welche man mit ein wenig Waſſer bedeckt, rührt alles mit der Hand um, und scheidet das trübe Waſſer dadurch ab, daſs man es in Lumpen einziehn läſst. Gegen das Ende bleibt auf der Oberfläche des Queckſilbers noch etwas Erz, welches so fest damit zusammenhängt, daſs es unmöglich ist es davon zu bringen, ohne zugleich einen Theil Amalgam mit wegzunehmen. Man
sammelt

sammelt dieses auch fehr forgfältig, und hebt es befonders auf, weil diefes Amalgam viel reicher an Golde als das übrige ift. Diefe Bemerkung kann Ihnen vielleicht auch bey dem Auswafchen in Ungern nützlich feyn.

Das Queckfilber mit dem, auf die befchriebene Art ausgewafchenen Amalgam, wird hierauf in einen konifchen, an einem Balken aufgehängten, aus doppelter ftarker Leinwand gemachten Sack gethan. Die Länge deffelben ift 4 bis 5 Fufs und der Durchmeffer feiner, nach oben gekehrten Grundfläche, beträgt über einen Fufs. Man fchüttet fo lange Queckfilber in diefen Sack, bis er beynahe damit angefüllet ift. Das Queckfilber läuft durch die Zwifchenräume der Leinwand, und läfst ein trocknes und feftes Amalgam zurück, ohne eines andern als des von feiner eignen Schwere herrührenden Drucks zu bedürfen. Man läfst den Sack auf diefe Weife einige Stunden hängen, leert ihn alsdenn aus, und zerreibt das Amalgam, welches in $1\frac{1}{2}$ Zoll dicke Brode von diefer Figur ▮ geformt wird, indem man es mit einem Holz fchlägt. Diefe fo geformten Brode werden nun in den Ausglühofen gebracht.

Der Ausglühofen ift ungefähr nach eben den Grundfätzen als der Joachimsthalfche vorgerichtet, jedoch mit dem Unterfchiede, dafs die Glocke nur auf dem Herde des Ofens ruhet, und dafs das Becken in zwey Theile getheilt ift, wovon der eine fich über dem Waffer-, der andere aber unter dem Waffercanal befindet, welcher zwifchen beyden frey hindurch fliefset. Ueber diefem Becken wird in die Ebne des Herds des Ofens eine Art Roft oder Platte gelegt, worauf man die Amalgambrode in einem Kreife herum über einander legt, fo dafs immer ein Raum von einer oder zwey

Linien

Linien dazwischen bleibt. Auf diese Weise bildet man mit diesen Broden einen 2 Fuss hohen hohlen Cylinder, den man mit der Glocke bedeckt, welche mit blofser feuchter Asche auf den Herd anlutirt wird. Hierauf legt man rings herum grofse Barnsteine von ungebrandtem Thon, füllt den Zwischenraum mit Kohlen an, zündet sie an, und trägt so wie sie verbrennen, frische Kohlen nach. Das Quecksilber fällt tropfenweise ins Becken, und das zurückbleibende Silber behält die, wiewohl ein wenig entstellte cylindrische Figur. Es wird in diesem Zustande in die Königl. Administration gebracht, wo es geschmolzen, in Barren gegossen, und für die Münze zu Mexico gestempelt wird.

Die Zugutmachung por Cazo, oder die Amalgamation in Kesseln wird, wie ich Ihnen schon gemeldet habe, blofs bey reichen Erzen angewandt. Die Kessel sind von Kupfer, von eben der Gestalt wie man sie in den Küchen hat, und fest eingemauret. Unter denselben ist Raum zur Feurung mit Holz gelassen, welches durch eine, auf der einen Seite angebrachte Thür hinein gelegt wird. Der Rauch wird durch einen auf der andern Seite befindlichen kleinen Schornstein abgeführt. Man läfst in einem dieser Kessel 50 Pfund Wasser kochen, und thut wenn es siedet, ½ Centner rohes Erz hinein, mit 10 pro Cent Kochsalz, kurz nachher setzt man noch 8 pro Cent Magistral, oder gerösteten Kupferkies zu. Man rührt dieses Gemenge alle Augenblick sorgfältig mit einem Stück Holz um, damit es sich nicht auf dem Boden des Kessels fest setze. Wenn der Kessel wieder zu kochen anfängt, nimmt man eine Portion heraus, wäscht sie in einem Troge, und wenn der Rückstand von diesem Auswaschen klar wird, läfst man durch ein Stück Leinwand 1 Pfund Queck-

Quecksilber als einen Regen in den Kessel fallen. Man rührt alles um, nimmt alle Augenblick eine Probe heraus, die man mit dem Troge untersucht. Findet man, daß das Amalgam trocken ist, so wird noch ein Pfund Quecksilber zugesetzet, und so fährt man fort ein Pfund nach dem andern zuzusetzen, bis das Quecksilber in seinem flüssigen Zustande bleibt, welches man als ein Zeichen ansieht, daß kein Silber weiter aus den Erzen durch diese Methode heraus zu bringen ist. Jeder halbe Centner Erz erfodert 3 Stunden Arbeit. Die Rückstände bleiben noch reich genug um mit Vortheil nach der Methode del Patio bearbeitet zu werden. Man scheidet sie durch bloßes Auswaschen vom Amalgam, welches auf dem Boden des Gefäßes liegen bleibt. Bey dieser Arbeit gestattet man keinen Consumido, wie bey der Methode del Patio, und aller Quecksilberabgang wird als wahrer Verlust angesehen. Er beläuft sich gewöhnlich 4 bis 5 Unzen auf die Mark Silber, und beträgt also nach Verhältniß des Silbers weniger, als bey der Methode del Patio, aber da die Erze, welche man nach dieser Methode bearbeitet, viel reicher sind, so folgt, daß, wenn man den Quecksilberverlust nach Verhältniß des Gewichts der Erze berechnet, derselbe weit beträchtlicher ist, als bey jener Methode. Ich habe die Rückstände von dieser Arbeit noch nicht probirt, und kann also noch nicht bestimmen, in wiefern der Gehalt aus den Erzen herausgebracht wird, aber man hat mich versichert, daß sie noch ungefähr 2 Mark im Centner halten. Andere behaupten indessen, daß diese Arbeit an andern Orten weit vollkommner sey als zu Guanaxuato, wo sie so wenig im Gebrauch ist, daß nur ein einziger armer Teufel mit einem Kessel nach ihr arbeitet; sie behaupten sogar, daß man

durch diese Arbeit den Gehalt so weit herausbringen kann,
daſs die Rückſtände die Koſten des Proceſſes del Patio nicht
mehr bezahlen.

3.

Guanaxuato im Mexicaniſchen
den 14. März 1789.

Mich hat das Gutdünken meines verehrungswürdigſten Vorgeſetzten in eine der gröſsten und reichſten Bergſtädte Neuspaniens verſetzt, wo jede Kenntniſs eines Bergmanns volle Befriedigung finden kann. Der hieſige Bergbau iſt auf einem einzigen Gange, der *Peta Madre* genennt wird, und mit Recht dieſen Namen führet, aufgeſchlagen. Dieſes Ganges Streichen iſt Nordweſt auf Stunde 9, ſein Verflächen gegen Oſtſüdweſt auf 41 Grade. Seine Mächtigkeit iſt, wie bey allen Gängen, nicht gleich, und iſt auch hier ſehr ſchwer zu beſtimmen, weil ich bey Befahrung vieler Gruben das wahre Hangende und Liegende, wegen unvollkommner bergmänniſcher Arbeit, nicht anſichtig werden konnte. Die einbrechenden Erze ſind, gediegenes Silber, Glaserz und Rothgiltigerz, und auch Gold, beſonders auf einigen Gruben, wo die Gangart blos allein aus einem eiſenſchüſſigen Quarz beſtehet. Dieſe Erze brechen meiſtens in Quarz und Hornſtein, worauf die Arbeit ſehr ſchwer iſt. Nebſt dieſem kömmt auch Kalkſpath mit ſehr reichen Erzen, und Speckſtein mit untermiſchtem Thonſchiefer vor, wo eben die Arbeit minder beſchwerlich iſt. Im Hangenden dieſes Ganges, finden ſich immer die reichſten Erze ein. Das Gebirgsgeſtein iſt *Thonſchiefer*.

Der

Auszüge aus Briefen.

Der Bau diefer Gruben ift fehr unregelmäfsig und krüppelhaft. Man hat hier keine ordentlichen Strecken, noch Abteufen, fondern die Arbeiter fahren herum wie die Maulwürfe, und fuchen nur dort, wo die reicheften Erze einbrechen, weswegen fich fehr oft der Wettermangel einfindet. Die Hauerarbeit ift zweymännifches Bohren, dabey gebrauchen fie eine befondere Art Bohrer, die unten wie ein Sattel ift, nämlich diefe Figur ▬▬ hat. Ein fehr befchwerliches Bohren, und jeder Mann hat für ein Bohrloch 1 Piafter. Aufer diefem Gezähe haben fie weiter nichts als Brechftangen. So befchwerlich und wenig ausgehend die Hauerarbeit ift, fo ift doch noch befchwerlicher die Fördernifs der Erze bis zum Treibfchacht, denn diefe gefchieht durch Tragen über Treppen, die meiftens fehr hart zu erfteigen find. Ein Mann hat einen Sack, von einer Art Baft, mit dem Riemen der die Stirn umgiebt, auf feinem Rücken liegen, mit welchem er zwey, auch 2½ Centner trägt, oder auch weniger, je nachdem der Mann ftark ift. Ein folcher verdient fich 1 Guld., auch 1 Guld. 30 Kreuz. täglich. Man kennt hier keine andere Fördernifs. So wie man Hafpel und andere zur Fördernifs dienliche Werkzeuge vorrichten könnte, fo könnte auch der Grubenbau nach der fchicklichften Eigenfchaft des Ganges, in dem fchönften Queerbau vorgerichtet werden. Nebft diefem allen fehlen die nöthigen Communicationen mit den Treibfchächten, indem meiftens nur in jeder Grube eine derfelben ift, wo die Erze herunter und herauf gefchleppet werden müffen. Die Treibfchächte find alle faiger, und fo niedergefchlagen, dafs fie in einer gewiffen Teufe den Gang durchkreuzen. Es giebt Schächte, aus welchen 5 Pferdegöpel treiben, die vom Tage

nieder bis auf das feste Geftein gemauerte Fünfecke find.
Auch giebt es welche, wo 4 und 3, 2 und 1 Göpel find. Dieſes richtet fich nach dem Reichthum der Grube. So hat die
Grube Valenciana, von welcher der gröfste Theilhaber den
Titel Graf Valenciana hat, einen Schacht von 6 Göpeln, einen von 4, und einen dritten von 2 Göpeln, aus welchen
auch die Grubenwaſſer in Ochſenhäuten gehoben werden.
Doch die Waſſer find hier nicht häufig, und werden durch
Paternoſterwerke, von welchen alle 6 Klafter eines ſtehet,
und die entweder durch Menſchenhände, oder wo die Treppen der Grube gut find, durch Mauleſel in Bewegung geſetzt werden, bis zum Sumpf des Treibſchachtes gehoben.
Die Aufbereitung der Erze auf der Grube iſt eben auch ſehr
mangelhaft. Man hat wohl eine Art Scheidwerke, das aber
ſo beſchaffen iſt, daſs ſehr viel Taubes bey den Erzen bleibt,
und im Gegentheil ſehr viel Erz mit auf die Halde geſtürzet
wird, welches, aus Mangel der Aufſchlagwaſſer zu Errichtung der Pochwerke, auf ewig verlohren iſt. Man macht
in dem Scheidwerke 3 Abtheilungen. Das reicheſte, welches 12 Mark im Centner hat, und Povillos genannt wird;
dann 6 bis 8 Mark, welches Apolviad heiſst; dann das gute
und ordinaire Erz zur Anquickung, wovon der Monton,
oder 32 Centner, 14 bis 24 Mark Silber halten. Die erſtern
zwey reichern Sorten kommen zur Verſchmelzung, wovon
ich weiter unten etwas ſagen werde. Dieſe Erzſorten werden alle Woche an einem beſtimmten Tage, an die Innhaber
der Haciendten oder Amalgamir- und Schmelzwerke, und
zwar an den Meiſtbietenden verkauft, ohne alle Probe oder
ſonſtige Verſuche, die reichern Sorten nach Centner, oder
larga, welche 3½ Ctn. hält, und die andern zwey Sorten
nach

nach Monton, oder meiſtens den ganzen Haufen Erz überhaupt. Dieſer Handel fiel mir ſehr auf, und die Käufer haben keine andere Verſicherung, als ihre Erfahrung, weil ſie beſtändig das nämliche Erz kaufen, und höchſtens eine Art Sicherungsprobe zu Hülfe nehmen, die eben nach keiner Regel oder beſtimmten Gewichte eingerichtet iſt, ſondern man nimmt die erſte beſte Stuffe, läſst ſie klar reiben, und von dieſem Mehle wird eine Hand voll genommen, in einer aus der Kürbisfrucht ausgehöhlten runden Schale, welche meiſtens Kürbisgrün oder ſchwarz lackirt iſt, gethan, dann im Waſſer das Mehl wohl untereinander gerührt, und lang und behutſam die Trübe weggeſpület, womit ſo lange fortgefahren wird, bis man nichts anders als die Kies- und Erztheile erblicket, nach welchen ſie ſchlieſsen, wie viel eine Larga und Monton Mark Silber halten möge. Gewiſs, der Verſuch iſt ſeltſam, wo eine ſehr lange Erfahrung, zu einer nur mittelmäſsigen Gewiſsheit erfodert wird, denn um etwas gewiſſes ſagen zu können, müſſen beſtimmte Data angegeben werden, und dieſe fehlen hier. Mir däucht, daſs bey dem Verkauf der Erze die Gruben immer verlieren müſſen, obwohl es auch geſchehen mag, daſs der Käufer nichts gewinnt. Von dem Verluſte will ich nichts ſagen, weil der wohl höchſt ſelten vorkommen mag.

Die hieſige Amalgamation iſt nicht die ſchlechteſte in Mexico, wozu die gute Witterung vieles beyträgt, denn da jetzt der Winter iſt, hat man wol etwas friſch, aber keinen Froſt. Weiter einige Meilen ins Gebirge macht es wol Eis. Dort findet man auch viele, doch ſchmälere Gänge, auf 1 Klafter bis auf 1 Schuh mächtig, mit dem nämlichen Streichen, wie der oben angeführte Hauptgang, doch iſt der Betrieb

trieb des Bergbaues auf diesen Gängen sehr selten, und wo gebauet wird, noch elender als auf dem Hauptgange. Zur Ursache, warum diese Gänge nicht zu bebauen wären, giebt man die hohen Arbeitslöhne, und den hohen Preis der Materialien an, denn 1 Pfd. Eisen kostet 37 Krz., und 1 Pfd. Pulver 1 Gld. 37 Krz., und das Holz zu den Maschinen muſs 40 Meilen weit hergebracht werden. Das gröſste Glück ist, daſs der hiesige Bergbau nicht viele Zimmerung bedarf.

Die Feinmachung der zur Amalgamation kommenden Erze, geschieht durch eine naſse Mahlung, nämlich es ist ein, in der Erde ausgegrabener, mit Steinen ausgepflasterter, und oben mit einer steinernen Einfassung umgebener 1½ Schuh tiefer Bottich, in dessen Mitte eine stehende Welle angebracht ist, allwo in einer gewissen Höhe Kreuzarme, die auch die Arme der Bewegungskraft sind, eingebunden sind. An den Kreuzarmen werden durch Stricke die länglichten, unten mit einer glatten Fläche versehenen Mühlsteine befestiget; oben an dem Mühlsteine werden in der gehörigen Entfernung 5 Zoll tiefe Löcher eingeschlagen, in welche hölzerne Pfähle eingetrieben werden, und somit der Kreuzarm befestiget. Jede solcher Mühle hat 4 Steine, und wird durch zwey Maulesel in Bewegung gesetzt. In einer solchen Mühle werden in 24 Stunden 6 bis 8 Centner fein gemahlen. Diese Mühlen werden *Arrastres* genannt. Am Ende der Mahlung wird mehr Wasser zur Verdünnung zugegossen, dann ausgeschöpft, und durch Füſser auf den offenen Hof getragen, welcher immer so geräumig ist, daſs 5 bis 6 Tortas, jede von 50 Montons, oder 1600 Centner Platz haben. Hat man eine Torta aufgemahlen, so bleibt solche so lang, bis das überflüssige Wasser verdunstet ist, in einer Art von Einfassung, die von Holz gemacht

gemacht ift, ftehen. Ift nun das Waffer verdunftet, fo werden die Hölzer weggenommen, und das Salz in der gehörigen Vertheilung, 2½ Pfd. auf den Centner diefes Schlammes ausgeftreuet, und dann der Haufen mit 16 Maulefeln durch 6 bis 8 Stunden durchgetreten, und einmal von innen heraus, und dann von auffen hinein durch Menfchen umgefchaufelt. Nach diefem bleibt der Haufen 4 bis 5 Tage ftehen, dann wird die Incorporation vorgenommen. Man theilt die Torta nach dem Augenmaaß in 4 Theile. Es wird gerösteter Kupferkies, oder wie man ihn hier nennet, Magiftral 2½ Pfd. auf den Centner zugefetzt. In der nämlichen Zeit wird auch ⅔ des, zur ganzen Incorporation nöthigen Queckfilbers zugefetzt, dann eben durch Maulefel 6, 8, auch bey einigen bis 10 Stunden durchgetreten, wo es während diefer Zeit einigemal überfchaufelt wird. So bleibt der Haufen ftehen, und nach einigen Tagen wird eine Probe genommen. Diefe gefchieht eben fo, wie ich oben von der Sicherung gefagt habe. Bemerkt man bey diefer Sicherung noch laufendes Queckfilber, fo wird kein Queckfilber nachgefetzt. Mit diefer Sicherung wird alle 3 Tage fortgefahren. Bemerkt man nun kein laufendes Queckfilber, fondern feftes Amalgam, und noch einige nicht amalgamirte Silbertheile, fo wird das andere Queckfilber zugefetzt, welches gemeiniglich eine Anzeige der halben Operation ift. Giebt nun die Sicherung endlich ein feftes Amalgam, und oben an dem Kopfe durch Drückung des Fingers laufendes Queckfilber, fo ift es ein Zeichen der geendigten Operation, welche gemeiniglich 40 Tage dauert, während welcher Zeit alle Wochen zweymal durch die Efel, wie ich oben bemerkt habe, das Gemenge durchgetreten wird. Bey diefer Operation kommen immer 6 M. Queckfilber

filber auf eine Mark Silber. Die Verwafchung gefchieht in gleich weiten Bottichen, deren meiftens drey neben einander ftehen, und durch eine, 6 Zoll weite, vom Boden 1½ Schuh entfernte Oeffnung miteinander Communication haben. Die Spindel ftehet auf dem Boden mit ihren Zapfen auf, und ift mit einem doppelten Rechen verfehen. Der letzte Bottich hat zwey 4 Zoll weite Ablafsöffnungen des Mehles. In folchen Mafchinen werden 50 bis 64 Ctn. mit einemmale verwafchen, denn diefe Mafchinen find in der Höhe und Weite unterfchieden. Eine folche Verwafchung dauert 2 bis 3 Stunden, und nach Ablaffung der Rückftände wird immer wieder frifches Zeug eingetragen, und fo lang damit fortgefahren, bis eine Torta verwafchen ift. Das Silber und Queckfilber fammelt fich auf dem Boden der Bottiche, und wird zu Ende der ganz verwafchenen Torta erft herausgenommen und gereinigt. Das Ausglühen ift fehr gut, und gefchieht in kupfernen Gefäfsen, nur machen fie hier keine Kugeln, fondern fchlagen das Amalgama in dreyeckichte Formen, womit dann immer ein Cylinder zum Ausglühen gefüllt wird. Der Verluft des Queckfilbers ift und beträgt auf eine Mark Silber, 12 Unzen, oder 24 Loth. Die Silberabgänge kann man eben nicht beftimmen, und da ich zum Probiren noch nicht eingerichtet bin, fo kann ich Ihnen nichts weiter fagen, als dafs fie fehr beträchtlich find. Obwohl bey dem Hierfeyn des H. Generaldirectors einige Verfuche nach europäifcher Art gemacht worden, fo kann doch aus Mangel des Probirens und der guten Röftung (denn wir müffen in den Oefen röften, in welchen fie ihre Magiftrale röften, die nicht die fchicklichften find) eben nichts beftimmtes gefagt werden.

Ich

Ich habe schon oben bemerkt, daß die reichern Erze nicht amalgamirt, sondern verschmolzen werden. Dies geschieht in einer Art Treibherd, wo einige Centner Bley hineingesetzt werden; dann wird von dem reichen Erze, welches zuerst in den Arrastern, doch nicht so fein wie das amalgamirte Erz, gemahlen, und dann auf kleinen Handherden durch Weiber so fein geschlemmt worden ist, daß nichts anders als Silber und Kiese bleiben, ohne alle Röstung oder sonstige vorherige Schmelzung in einer Schaufel, beyläufig 12 Pfd. Erz auf einmal auf das treibende Bley hineingeschüttet. Bey Hineinschüttung der Erze wird das Gebläse eingestellt, und zwar so lange, als der Schwefel brennt, und die Schmelzung anfängt, nach diesem wird das Gebläse wieder angelassen und gerührt. Gewiß eine Arbeit, daß einem das Herz wehe thut, denn der Centner dieser Art Schmelzung kostet 15 Piaster, und 20 p. C. Silberabgang.

Bey der Wiederkunft des Herrn Generaldirectors werden darüber ordentliche Versuche angestellt werden, denn im Ganzen die Europäische, oder besser gesagt, Ihre Anquickungsmethode einzuführen, kann wegen der Quantität der Erze, und des großen Holzmangels nicht geschehen. Ueber 1 Million Centner Erz werden erzeugt, und 5 Stücke ½ Elle langes, und 1½ Zoll dickes Holz kosten 15 Krz.

4.

Guanaxuato im Mexicanischen
den 15. April 1789.

Ich komme eben von einer kleinen Reise zurück, die ich von hier aus 80 Meilen weiter gegen Mittag machte, um ein Königliches

nigliches Kupferwerk, welches verpachtet ist, zu unterfuchen. Diefes Werk liegt nicht weit über Valladolid hinaus, unter einem fehr heiffen Himmelsstriche in einem steilen pralligen Gebirge, und besteht aus einem Kupferstockwerke, auf welchem blos Gelfkupfer (*Cuprum pyrituofum*) einbrechen. Ich werde ein andermal Gelegenheit finden, Ihnen von der Befchaffenheit diefes Gebirges Nachricht zu geben. Für jetzt begnügen Sie fich blos mit der Befchreibung des hiefigen Kupferfchmelzproceffes, der Sie leicht überzeugen wird, dafs Metallurgie hier noch in der Kindheit fey. Indeffen ift es immer angenehm zu fehen, wie fich der Menfch in feinem rohen Zustande behilft, um irgend einen Zweck zu erreichen. Der ganze Kupferschmelzofen besteht aus einem in der Erde selbst ausgegrabenen grossen Tiegel, der mit Leim felt ausgestaucht ist, oben hat er eine Elle im Durchmeffer, und läuft unten kegelförmig zufammen. Mitten über diefem Tiegel ruhen auf einer trockenen Mauer 2 schief gestellte Blasbälge, mit aus Thon geformten Röhren, die in den Tiegel hineinreichen. Auf der Seite der Blasbälge werden 2 grüne, 5 bis 6 Zoll ftarke Stücke Holz schief in den Tiegel gelegt, auf welche man 50 bis 75 Pf. Kupferstein oder Lech in Scheiben, ohne fie vorher geröftet zu haben, legt, und dann werden 50, 75 auch 110 Pfd. verröfteter Erze (man röftet hier nur die Gelferze, alle andere Kupfererze aber nicht), auf die Leche gestürzt. Ift dies gefchehen, fo wird alles mit Kohlen umgeben, angezündet, und das Gebläfe angelaffen, welch letzteres durch Menfchenhände bewegt wird. Nach 1 oder 1½ Stunde ift der Satz niedergefchmolzen, und ohne diefen herauszunehmen, wird ein zweyter aufgetragen. Auf diefe Art werden 3, 4, auch 5 Sätze nacheinander niedergefchmolzen,

zen, wobey man sich nach dem Gehalte der ärmern oder reichern Erze richtet. Ist nun der letzte Satz niedergeschmolzen, so werden die Kohlen abgeräumt, und da man während dieser ganzen Schmelzung keine Schlacken abzog, so werden solche in dicken Scheiben abgehoben, und auf die Halde gestürzt, bis man auf das Lech kömmt, welches dann auch scheibenweise abgehoben und bey der künftigen Schmelzung wieder zugesetzt wird. Am Boden des Tiegels findet sich ein Kupferkönig von 50 und mehr Pfunden. Die ganze Arbeit kann man sich nicht anders vorstellen, als daß die schweflichten Kupfererze zu Stein oder Lech geschmolzen, ein Theil des Leches aber durch die Heftigkeit des Feuers zu Kupfer hergestellt werde. Daß man mehrere dergleichen Oefen habe, versteht sich, bey deren jedem man auf eben diese Art verfährt, und sich blos damit begnügt, Kupfer zu erhalten, ohne je zu wissen, wie viel man erhalten sollte oder könnte, und ohne sich zu bekümmern, wie viel man bey dem Ausbringen an diesem Metalle verliehre.

Ungefähr 30 Meilen von Valladolid gegen Süden, befindet sich ein Vulkan, den ich mit dem Gouverneur dieser Provinz D. Antonio Riano, einem Manne von vielem Verstande, der mich auf dieser Reise begleitete, bestieg. Dieser Vulkan ist vor 30 Jahren auf einer Fläche entstanden, auf welcher mehrere Zuckerplantagen angelegt waren. Man verspürte anfangs ein gewaltiges Erdbeben, welches die Einwohner dieser sonst so fruchtbaren Gegend veranlaßte, die Flucht zu ergreifen; dann öffnete sich die Erde und warf so viele Steine und Asche aus, daß viele Meilen weit sich Niemand nähern konnte; die Hauptverwüstung aber geschah in einem Umkreise von 1 oder 1½ Meilen, den man nicht ohne Schauder

Schauder betreten kann. Die erften 4 Jahre waren die fortwährenden Ausbrüche des Vulkans fehr heftig. Nachher gefchahen fie noch durch 11 Jahre mit mehr oder weniger Heftigkeit. Jetzt raucht diefer Vulkan nur noch, und zur Regenszeit bemerkt man Erdbeben und hie und da einige unbedeutende Ausbrüche. Der ganze Vulkan hat die Figur eines abgeftumpften Kegels. Seine Höhe beträgt von der Morgenfeite, von der wir ihn beftiegen, 5 bis 600 Schub nach einem Verflächen von 45 Graden. Von der Süd- und Abendfeite ift er etwas höher. Wenn man hinauf kömmt, paffirt man eine Art von Fläche, voll Spaltungen, die einen Schuh und öfters mehr weit find, aus welchen fortwährender Rauch und Dampf emporfteigt. Diefe Fläche macht rund umher gleichfam den Kranz des Kraters aus, deffen Schlund ganz eingerollt, und mit fenkrechten oder überhangenden Steinwänden, die gelb und weifs befchlagen find, und ununterbrochen rauchen, umgeben ift. Die Weitung des Kraters beträgt von Süden gegen Norden 800, und von Often gegen Weften 400 Schuh. Man findet hier keine eigentlichen Laven, fondern halbgefchmolzene Steine, die mit verfchiedenen Salzen zufammengebacken find. Gegen Abend findet man noch an verfchiedenen Orten brennende Stellen, und am Ende der Verwüftung, welche man das *tible Land* nennet, trifft man viele fiedheiffe Quellen an.

5.

London Junii 28. 1789.

Die berühmte Kupfergrube in *Anglefea* ift jetzt fo ergiebig als jemals, und fetzt den Kupferpreis fo fehr herunter, dafs viele

viele von unfern Kupfergruben in Cornwallis haben eingeftellt werden müffen, und alle fehr darunter leiden. Mit dem Zinnbergbau geht es beffer, und der Verkauf des letzten Jahres, überfteigt alle bisherige weit. Folgende neue von mir bemerkte Englifche Mineralien kann ich anzeigen. 1) *Elaftifches Bergharz* aus einer Bleygrube zu Derbyshire, 2) *Gediegen Queckfilber* von Apfeleby in Weftmoreland, 3) *Citronengelber Bleyspath* aus den Leadhills in Schottland, 4) *Dichter Malachit* in Flintshire, 5) *Oktaëdrifcher Flußspath* aus Beeralston in Devonshire, 6) *Haarförmig gediegen Silber* aus einer alten verlaffenen Grube zu Huchworthybridge in Devonshire, 7) *Kupferblüthe* (wie die zu Breitenbach) von Huel Prosper in Cornwallis. Vor zwey Wochen vollendete Sir Williams den Bau eines kleinen kupfernen Schiffs, das leicht ausfällt, und vortreflich fchwimmen foll.

John Hawkins.

6.

Freyberg am 29. Jenner 1790.

Wir find endlich fo weit mit unferm grofsen Amalgamirwerke, dafs nur noch kleine, aber wefentliche Dinge, zum Zufammenfchlufs des Ganzen fehlen. Es müffen dann auch erft einige Verfucharbeiten vorgenommen werden, um den Gang der Mafchinen, die Eintheilung der Zeit, und die Verrichtungen der anzuftellenden Arbeiter, auch ihre Zahl zu beftimmen. Aus kleinen einzelnen Verfuchen läfst fich fchon im voraus guten, und entfprechenden Refultaten entgegen fehen, denn fo können wir zum Beyfpiel fchon fagen, dafs mit 6 Siebmafchinen, in ohngefähr 6 Stunden; 200 bis 250 Centn. Erz

Erz ganz bequem werden durchgesiebt werden, und verhältnismäsige Dienste leisten unsere 4 Mühlen, in welchen die, auf meine Angabe angebrachten Steine von Greifensteiner Granit, ganz fürtrefliche Dienste thun. Die geschwinde Arbeit dieser nur genannten Maschinen, gewährt uns den grosen Vortheil, daß wir die Sieb- und Mahlarbeiten nur bey Tage nöthig haben werden, die Wasser sodann zum Umtrieb der Fässer werden verstärken, und die Hände der Arbeiter, bey Erfparniß der Zeit, zu andern Dingen werden anwenden können. Die Maschinen werden auch länger conservirt, und alles dieses hat endlich Einfluß auf die Kostenersparniß. Die Anlage der Fässer jedes zu 10 Ctn. ist vortreflich gerathen. Zwanzig derselben, nehmen nicht mehr Raum ein, als zu einem Saale von ohngefähr 25 Ellen Länge, und 20 Ellen Breite erforderlich ist. Mehl, Wasser, und Queckfilber fliesst jedem zu, und eben so fliesst das Amalgam in eisernen Röhren zum Auspressen ab, die Rückstände aber sogleich in die, unter den Fässern angebrachten Waschbottiche. So wie ich die ganze Sache jetzt übersehe, werden die Arbeiten in Vergleichung mit denen, die beym Schmelzprocesse vorkommen, für die Leute äusserst bequem und leicht seyn. (*)

Unser Canalbau mit zugehörigen Schleussen und Hebehause ist fertig, und es ist auch schon ein guter Gebrauch davon

---

(*) So wird es doch noch bewiesen werden, daß des Hrn. v. Born Erfindung auf fremden Boden verpflanzt, früher zu weit vollkommenern Gedeihen reist, als in seinem vaterländischen Boden, wo die Pflanzung zuerst vorgenommen wurde, des Unkrautes aber allzuviel war. Die grosse Vollkommenheit der Churfächsischen Anlagen, wird nun allen übrigen Bergwerksgegenden das Muster geben, und hoffentlich bald Nachfolger bekommen.

v. Tr.

von gemacht worden. Im Hebehaufe wird ein, mit einigen 40 bis 50 Ctn. Erze beladenes Fahrzeug, in Zeit von 15 Minuten 22 Fufs hoch gehoben, und in den um fo viel höher liegenden Canal abgefetzt. Die Erfparnifs bey diefem Waffertransport von der Grube *Churprinz Friedrich Auguft*, bis auf die Halsbrückner Hütte an 100 Ctn., ift gegen den ehemaligen Transport auf der Axe 5 Rthlr. 3 Gr. 8 Pf., denn diefer koftete 5 Rthlr. 21 Gr. 8 Pf., und jener koftet nur 18 Gr., denn nur 3 Mann begleiten ihn. Wir wollen nur erft noch Erfahrungen über diefe Anftalt fammeln, dann wird ohnfehlbar ein Zufammenhang mit diefem Canale, und den weiter unten im Muldenthale liegenden *Chriftbefcheerunger* und *Alte Hoffnunger* Kunftgräben gemacht, und damit der Transport der Erze zu Waffer, von allen im Muldenthale liegenden Gruben bis zum Amalgamirwerke bewirkt werden, welches den Vortheil fürs Ganze gar fehr erhöhen wird.

v. Charpentier.

7.

Mietau 27. Merz 1790.

Ich übermache Ihnen hier ein Stück von den Ueberbleibfeln der verglafsten Mauren, die fich auf den Gebirgen der Schottifchen Hochländer, in den entfernteften Gegenden finden, und von denen felbft Traditionen nichts zu fagen wiffen. Dafs verfchiedene feuerfefte Steinarten, durch eine fefte Schlacke miteinander verbunden worden find, ift fichtbar, wie diefes aber bewirkt worden, ift räthfelhaft. So wichtig dem Gefchichtsforfcher die Unterfuchung diefer Refte und
ihrer

ihrer Erbauer ift, nicht weniger wichtigen Stoff zu Betrachtungen, werden Chemiker und Mineralogen daran finden. Der Durchmeſſer der Area, die von einer ſolchen Mauer umgeben wird, fand ich bey einigen 90 Fuſs, die Höhe der Mauer ſelbſt an einigen Stellen 4 bis 8 Fuſs, und die Breite 4 und mehrere Fuſs. Stücke einer ſolchen Mauer ſind mir, ehe ich Gelegenheit hatte ſie auf der Stelle zu ſehen, für Laven gezeigt, und dieſe als Beweiſe ausgebrannter Vulkane in den Hochländern gegeben worden, von denen ſich aber durchaus keine Spur auffinden läſst.

Groſchke.

8.

Helmſtädt den 3. May 1790.

Unter die wichtigſten chemiſchen Neuigkeiten gehört die Entdeckung des Hrn. von Behriſch (K. Polniſchen Hofraths) der ein Mittel ausfindig machte, die Schiffe für den Wurmfraſs durch einen Ueberzug einer wohlfeilen, leicht anzubringenden, und auf alle Fälle ſchicklichen Maſſe zu ſichern, welche ſich mit dem Holze ſo genau verbindet, daſs ſie von demſelben mit den ſchärfſten Inſtrumenten nicht getrennt werden kann. Das Seewaſſer, die Abwechſelung der Näſſe und Trockniſs ſo wenig, als die Sonnenhitze, hat einen merklichen nachtheiligen Einfluſs auf dieſen Ueberzug. Eben jenes Mittel iſt anwendbar, um das Holz bey den Mühlen, Schleuſen, und dem Waſſerbau überhaupt vor der Fäulung und Verderbniſs zu bewahren. Dieſe Erfindung hat viele Vorzüge vor allen andern Arten ſolcher Ueberzüge, ſelbſt vor dem in gleicher Abſicht angewandten Steinkohlentheer,

wie

wie sich aus dem Angeführten von selbst ergiebt. Das Zutrauen zu dieser so wichtigen Erfindung muss um so sicherer seyn, da ein paar so verdienstvolle Chemisten, als Hr. Achard, und Hr. Klaproth sie gemeinschaftlich geprüft und untersucht haben, und selbst für die Sicherheit und Richtigkeit jener Entdeckung einstehen. — Die *Unkeler* Basaltsäulen, welche gewiss zu den härtesten Mineralien Deutschlandes gehören, enthalten nach Herrn von H. in ihrem Innern Höhlungen, von denen die grössten 3 bis 4" tief sind. Ihre Oberfläche ist völlig eben, so dass an kein Durchsintern zu denken ist. Sie sind ganz mit reinem Wasser gefüllt, welches beym Zerschlagen der Prismen dem Steinhauer oft entgegen spritzt. Als Hr. v. H. im Herbste 1789. und im Frühjahre 1790. die Basalte untersuchte, fand er selbst die Höhlungen, aus denen das Wasser ausgelaufen war. Alle Steinhauer, bey denen er nachfragte, versicherten, das Wasser vielemale gesehen zu haben. Nach ihm wäre es ein sonderbarer Scepticismus, an dem Daseyn desselben zu zweifeln. Nach Hrn. Westrumbs chemischer Untersuchung des Mondsteins, oder der Adularia von St. Gotthard, enthalten 100 Gran der weissen und durchsichtigen Art an Schwerspath 2,000, Eisenkalk 1,400, Kieselerde 62,500, Alaunerde 17,500, Kalkerde (reine) 6,500, Bittererde (reine) 6,000, Wasser 0,250. Summa 96,1500. Verlust 3,850. — Dagegen enthielt die undurchsichtige, und etwas gelb gefärbte Adularia Schwerspath 1,500, Eisenkalk 4,000, Kieselerde 63,000, Alaunerde 19,250, Kalkerde 6,000, Bittererde 3,250, Wasser 0,500. Summa 97,500. Verlust 2,500. — Nach Hrn. *Bindheims* in Moskau Zerlegung des Sibirischen Aquamarins, enthalten 100 Theile desselben keine Schwer- und Bittererde, sondern Alaun-

Alaunerde 24, Kalkerde 8, Kieselerde 64, Eisen 1⅞. Summa 97⅞. Verluſt 2⅛. —— Hr. *Heyer* hat ein natürliches Silberamalgama aus Zweybrücken zerlegt. Dasjenige von Moſchellandsberg zeigt ſich als eine Art Körner, von der Gröſse einer Erbſe, auch kleiner, dieſe hingen beynahe alle zuſammen, konnten aber ſehr leicht voneinander getrennt werden. Sie hatten mehr den Glanz des Queckſilbers als des Silbers; erſteres konnte man ſogar an einigen Stellen abſondern, und dadurch hingen ſie vorher zuſammen. Die Form iſt cryſtalliniſch, obgleich nicht ganz regelmäſsig; es iſt ein Würfel, der bis über die Mitte der Seitenflächen abgeſtumpfte Ecken, und durchgehends abgeſtumpfte Kanten hat, und mehrentheils in die Länge geſtreckt iſt. Sie zerſprangen unter einem gelinden Drucke in ein gröbliches doch etwas ſprödes Pulver, das ſich leicht zerreiben lieſs, und alsdenn wurden ſie ſchmierig, wie ein Amalgama. 60 Gran davon gaben ein Theil Silber, 3 Theile Queckſilber. —— Auch zu Stahlberg im Zweybrückiſchen findet ſich noch eine andere Art von Silberamalgama, die adernweiſe durch eine thonichte, zinoberhaltige Miner geht. Von dieſer Amalgamaader wurde ſorgfältig das reinere ausgeſucht, und 43 Gran davon enthielten 27 Gran Queckſilber, und nebſt etwas aus der Miner noch ausgeſchiedenen 13½ Gr. Silber. Die Miner ſelbſt gab durch Sublimation einen ſehr guten Zinober. —— Hr. *Hacquet* erzählt von einer beſondern Selbſtentzündung. Zu Ende Julii, wo ſehr heiſse Tage waren, brachte man zu Kollaczyce in Gallizien in eine enge, mit Brettern verſchlagene Kammer, 10 Eimer Honig, 30 Eimer Brandtewein, und einige Centner Baumwolle, wovon die Kammer beynahe angefüllt war, welche wohl verſchloſsen wurde. Nach einigen Tagen merkte man eine

Dämmerung darinn, allein aus Unkenntniß argwohnete man keine üblen Folgen davon, indessen brach doch dieselbe Nacht durch einen kleinen entstandenen Wind, die Entzündung aus. Es ist allen Umständen nach wahrscheinlich, daß die ersten Tage ein Faß Brandtewein oder Honig zersprungen ist, sich in die Wolle gezogen, und so eine Selbstentzündung hervorgebracht habe. — Hr. *Wiegleb* untersuchte das Liebschowitzer steinkohlenartige Fossil, das man dem äussern Ansehen nach für Steinkohle gehalten hatte, allein man fand sich getäuscht, weil es keinen Brand unterhielt, sondern der schwarzen kohlichten Farbe ohnerachtet, im Feuer nur wie eine blosse Erde sich verhielt. Es glich der besten Glanzkohle, war leicht zerbrechlich, dickschiefricht, und muß, nach denen erhaltenen grosen Stücken zu urtheilen, in starken Lagen gefunden werden. Es brannte keinesweges, aber 1 Loth zersetzte ⅛ Quentin Salpeter durch das Verpuffen; es gab auch mit zerfallenem Glaubersalz eine wahre Schwefelleber, hatte also allerdings etwas kohlenartiges. Binnen 10 Stunden beständigem Glühens, hatten 4 Loth, 13 Quent., 20 Gr. Kohlenstoff verlohren, und das Fossil hatte eine graubraune Farbe. Der Rückstand hievon zu 2 Quent. 40 Gr. enthielt bey der Untersuchung an Kieselerde 2 Quent. 10 Gr., Alaunerde 12 Gr., Kalkerde 10 Gr., Eisen 5 Gr. Summa 2 Qt. 37 Gr. Verlust 3 Gran. — Hr. *Wiegleb* erhielt gleichfalls eine weiße Erde, unter dem Namen Glanzerde, welche bey Rulitz ohnweit Gera gefunden wird. Sie hat ein weißliches ins silberfarbichte spielendes Ansehn, und ist in der natürlichen Bildung und Lage dem Glimmer sehr ähnlich. Im Gefühle ist sie so sanft und fettig, wie eine Talkerde, und dafür würde sie auch wohl von den mehrsten gehalten werden. Bey der

Unterfuchung fand aber Hr. Wiegleb, was er gar nicht erwartete, daſs ſie nichts anders als Kalkerde war. — Das cryſtalliniſche im Baſalt, das ſogenannte Müllerſche Glas, muſs nach Hrn. D. Link, keinesweges zum Chalcedon gezogen werden, es verdient einen ganz eigenen Platz. Zufolge ſeiner Unterſuchungen enthalten 100 Theile deſſelben, Kieſelerde 57, Kalkerde 15, Alaunerde 18, Eiſen nur eine Spur. Das Verhältniſs der Beſtandtheile iſt alſo darinn, wie im Zeolith, beſonders in dem, welches Bergmann unterſuchte. — Es iſt bekannt, daſs die Kieſelfeuchtigkeit, oder die wäſsrige Auflöſung der Kieſelerde in überflüſſigem Alcali, durch alle Säuren zerſetzt werde, die Säure ſich mit dem Laugenſalze verbinde, und die Erde niederfalle. Jene Zerſetzung wird ſogar bewirkt, wenn man die Kieſelfeuchtigkeit mit Luftſäure ſättigt. Da dies hinlänglich bekannt iſt, ſo iſts um deſto merkwürdiger, daſs ebenfalls eine Zerſetzung jener Auflöſung durch Beraubung deſſelben Mittels erfolgt, deſſen Uebermaaſse ſonſt die Zerſetzung bewirkte. Hr. Stucke in Arolſen fand nemlich, daſs, wenn man zur Kieſelfeuchtigkeit Kalkwaſſer ſetze, nach Maaſsgabe dieſes Zuſatzes eine mehrere, oder mindere Menge von Niederſchlag erfolgte, der gröſstentheils aus Kieſelerde beſtand. Wenn man auch die Kieſelfeuchtigkeit durch völlig gebrannten abgewogenen Kalk ätzend macht, und bernach die Erde unterſucht, ſo findet man, daſs ſie einen Zuwachs am Gewicht erhalten hat, der Kieſelerde iſt. Hrn. Stucke ſcheint es alſo, als wenn völlig luftleere Kalkerde das Vermögen habe, die Kieſelerde vom Alcali abzuſondern. — Nach Hrn. *Hacquet* beruhen die Salzwerke in der Moldau, ſo wie auch einige von Siebenbürgen, als Barnid auf bloſsen Salzſtöcken. Sie nehmen oft ganze Hügel

vom

vom Vorgebürge ein, aber erstrecken sich nicht unter das Kettengebirge von Siebenbürgen, welches aus Granit, reinem Kalksteine, Schiefer und Sandsteine besteht. Ich glaube, die ganze Moldau, so wie der Kessel von Siebenbürgen, sey vormals Meersboden gewesen, doch ists sehr merkwürdig, daß man weder in den Gruben der Moldau, noch in den Salzgruben von Baraid in Siebenbürgen weder Kalkstein noch Versteinerungen gefunden habe, sondern *cos quadrum, schistus micaceus et arenaceus*, und Granit waren die Decken davon. Sollte man nicht vermuthen, daß so mächtige Salzstücke eine ganz andere Entstehung haben, als die Salzflötze, welche mit Erden gemischt sind? Man hat Gruben von mehr als 20 Lachter tief, und beynahe eben so breit, und doch findet man keine Spur von Erde noch Stein. So tief man auch die Gruben gemacht hat, so ist man doch nie auf eine taube Sohle gerathen, noch vielweniger hat man von unten Wasser erhalten, wodurch die Gruben wären ersäuft worden; nur allein die Tagwasser sind lästig. Noch findet man in Wäldern und Bächen deutliche Anzeigen von Salz, worauf noch nie gebaut ist. Der erstaunliche Salzberg zu Okna sieht von ferne aus wie die schmutzigen Eisberge der Schweiz im Sommer; die von Tage zu Tage schmelzenden Zinken jenes Berges ragen oberwärts hervor, in der Tiefe bilden sie kleine Salzseen, selbst da, wo man sie nicht vermuthen sollte. Es ist unglaublich, wie verschwenderisch man bey der Arbeit dieser Reichthümer umgeht. Die ausgehauenen Felsenstücke werden allein verkauft, und die nufsgrofsen Stücke, und was zu Mehl fällt, wird verworfen, oder daraus im Gebäude zu Terrassen geschlagen, welche ganz trocken bleiben. — Hr. H. *Hermann* in Petersburg, hat vor einiger Zeit der dortigen Acade-

Academie der Wissenschaften ein Manuscript unter dem Titel, *Geschichte des Kupfers* übergeben, wovon jetzt schon der erste Theil bis auf wenige Bogen abgedruckt ist. *Rinmanns* trefliche Geschichte des Eisens, hat ihm dazu die erste Idee gegeben; er hofft aber, solche in ihrer Art in mehrerem Betrachte noch vollständiger gemacht zu haben, als die des Eisens ausgefallen ist. Der erste Theil enthält in 10 Abschnitten 1) allgemeine Eigenschaften des Kupfers, 2) Classification seiner Erze, 3) die Beschreibung seiner Lagerstätten, Gangarten, und Metallmüller, 4) Grubenbau und Aufbereitung der Kupfererze, 5) von ihrem Probiren, Rösten und Beizen, 6) Beschreibung aller bisher bekannten verschiedenen Schmelzprocesse, vom Rohschmelzen bis zum Gaarmachen, 7) von Ausscheidung des Silbers aus dem Kupfer, 8) von Gewinnung des Kupfers durch die Cementation, 9) durch die Amalgamation, und 10) von der besten Bearbeitung der Kupfererze, um geschmeidiges Gaarkupfer zu erzeugen. Der zweyte Theil wird, nebst mehreren Versuchen, alles enthalten, was zur Kunstgeschichte des Kupfers gehört. Wer etwan ein Exemplar davon zu haben wünscht, hat sich bey Hrn. Jacobäer in Leipzig zu melden, denn die Academie führt selbst keinen directen Buchhandel mit Deutschland.

9.

Schemnitz den 20. May 1790.

I. Vor kurzem hat Hr. *Math. Tondi* aus Neapel, der durch einige chemische und medicinische Schriften auch in Deutschland schon rühmlich bekannt ist, (*) und welcher mit noch fünf

(*) S. Crells Annalen 1788. I. Band, S. 566., und Allg. Litt. Zeit. 1790. Jenner, im ersten werden seine Istitutioni di chimica, im zwoten seine Dissertatione sopra la lucertola angeführet.

fünf seiner Landesleute, von Sr. Majeſtät dem Könige bey der Sicilien, um die Bergwerkswiſſenſchaften ſich eigen zu machen, hieher geſendet worden, im hieſigen Königl. Laboratorium einige intereſſante Arbeiten vorgenommen. Nach Beendigung eines docimaſtiſchen Curſes, unter Anleitung des Königl. Bergraths und Lehrers der Chemie an der hieſigen Academie, Hrn. Anton von Ruprecht, unternahm er nämlich die Reduction einiger bis itzt noch minder bekannter Metalle, welche ſchon mehrere Chemiker umſonſt verſucht haben, und erhielt durch beſondere Handgriffe, ſowohl aus der *Waſſerbley-* als *Schwerſteinſäure* vollkommen gut gefloſſene Könige. Die Waſſerbleyſäure, welche aus dem bekannten Schlackenwalder geſchwefelten Waſſerbley bereitet, und ſorgfältig gereiniget wurde, gab einen König, deſſen ſpecifiſche Schwere gegen deſtillirtes Waſſer bey einer Temperatur von 10 Gr. Reaumur 6,963 iſt, von dunkelſtahlgrauer Farbe von auſſen, und wo der König auf einem türkiſchen Wetzſtein angeſchliffen wurde, wenig, doch metalliſch glänzender Oberfläche; auf der Oberfläche des Königs befanden ſich einige kleine Höhlungen, in welchen das Metall in nadelförmigen Cryſtallen angeſchoſſen iſt, die ſich unter einem Winkel von beyläufig 60 Gr. kreuzen; ſie waren indeſſen zu klein, um die Zahl ihrer Seitenflächen zu beſtimmen. Von innen iſt er vollkommen ſtahlgrau, glänzend, von unebenem Bruche, der körnig ſieht; er iſt nicht hart, beynahe weich, auf dem Probirſteine geſtrichen, iſt der Strich dunkelgrau, beynahe ohne metalliſchem Glanz; übrigens iſt er ſpröde, und wird, ſelbſt gepulvert, nicht vom Magnete gezogen.

Der *Schwerſteinkönig* wurde aus der vollkommen eiſenfreyen Schwerſteinſäure bereitet, die nach Scheelens Methode

aus

aus dem weißen Schlackenwalder Schwerſteine gezogen wurde. Die ſpecifiſche Schwere dieſes Königs iſt: 6, 823. Seine Farbe hält das Mittel zwiſchen jener des ſogenannten Waſſer - oder Leberkieſes, und der des Buntkupfererzes, oder Laſurkupfers auf dem friſchen Bruche; auf einem türkiſchen Wetzſteine geſchliffen, iſt die Farbe etwas lichter, und ſieht ungefähr wie 8 löthiges, mit Kupfer legirtes Silber, nur etwas grauer aus. Die Farbe von innen iſt mit jener von auſſen gleich; er iſt glänzend, auf dem Bruche uneben, von groſſem Korn mit ſpiegelnden Flächen, ſo daß der Bruch etwas blättrich ausſieht, halbhart, wie Hr. Werner dieſen Ausdruck nimmt, doch härter als der Waſſerbleykönig; der Strich auf dem Probirſteine iſt dunkelgrau, beynahe ohne metalliſchen Glanz; er iſt ferner ſpröde, und giebt ein dunkelbleygraues Pulver, das nicht vom Magnete gezogen wird. Auffallend iſt die ſo geringe ſpecifiſche Schwere dieſes Metalls gegen jene, die Hr. d'Elhuyar in der Vorausſetzung, daß er eben dieſes Metall aus dem Wolfram erhalten habe, dafür angiebt, und welche 17, 900 iſt.

Die Reduction dieſer beyden Säuren wurde blos mit brennlichen Zuſchlägen, ohne irgend einem Salze, vor der Eſſe bewirkt. Herr Tondi wird die Art ſeines Verfahrens hiebey, und die weitere Unterſuchung dieſer Könige, nebſt mehreren Verſuchen mit dieſen beyden metalliſchen Säuren, die er unter Leitung des Hrn. Bergraths von Ruprecht gemacht hat, unter welchen manche ſehr intereſſant ſind, nächſtens in einer beſondern Schrift bekannt machen.

Er erhielt auch aus dem ſchwarzen Braunſteine, nach vorhergegangener ſorgfältiger Abſcheidung des Eiſens, zu wiederholtenmalen Könige, die ſehr gut gefloſſen waren,

welches

Auszüge aus Briefen.

welches ihre vollkommen sphärische Figur beweißt, sie waren aber immer sehr klein und zerstreut; nur einmal erhielt er eine feste Kugel von etwa 2 Linien im Durchmesser, die von aussen kupferfarbig metallischglänzend war, allein diese Kugel war eine schwarzbraune Schlacke, die so hart war, daß sie eine englische Feile abnützte; ihr Bruch war muschlich, mit einem Worte, sie war eine vollkommene Schlacke, indessen steckte sie voll kleiner Könige. Diese sind, frisch bereitet, von aussen dunkelstahlgrau, beschlagen aber an der Luft bald mit einem braunen Roste. Auf dem Bruche sind sie lichtstahlgrau, uneben, von größerm Korn, glänzend, hart und sehr spröde; auf dem türkischen Wetzsteine geschliffen, sind sie silberweiß und bleiben an der Luft lange blank, so wie auch die gebrochenen Könige, doch werden diese bald bräunlicht; gepulvert werden sie vom Magnete angezogen, aber nicht in größern Stücken.

Endlich hat er aus der verrösteten Joachimsthaler Pechblende, die mit jener von Johanngeorgenstadt, in welcher Prof. Klaproth das besondere Metall, das er Uranit nennt, entdeckt hat, ganz übereinkömmt, und dasselbe Fossil ist, ebenfalls einen König erhalten, der eine silberweisse metallische sehr glänzende Oberfläche, oder vielmehr Rinde hat, von innen aber lichtstahlgrau ist, einen unebenen Bruch von feinem Korne hat, nur schimmernd, doch aber von metallischem Ansehen, hart und spröde ist, und dessen Splitter vom Magnete gezogen werden. Er bereitet sich eben jetzt einen reinen Uranitkalk, um auch einen von Eisen und anderen Metallen reinen König zu bekommen; denn daß dieses es nicht war, beweiset schon die silberweisse Rinde, welche von dem Kern des Königs ganz verschieden war.

II. Das fchwarze Foffil, das Hr. Bergrath Wiedemann im bergmänn. Journal befchrieben, und hier auf Pacher- und Michaeliftollen, wie auch zu Kongsberg in Norwegen bricht, ift eine befondere Art Kohle, oder vielmehr Reifsbley. Hr. Panzenberger hat damit einige Verfuche angeftellt, die diefs beweifen. Ob es gleich vor dem Löthrohre unverändert zu bleiben fcheint, fo verbrennen doch unter der Muffel, wenn es auf einem Röftfcherben offen geglühet wird, 90 Theile von Hundert, doch fo langfam, dafs ein Probircentner beynahe eine halbe Stunde Zeit fodert. Hiebey zeigt fich eine fchwache blaue Flamme, und manchmal, befonders vom Anfang, ein merklicher Schwefelgeruch, welches wahrfcheinlich von dem öfters fein eingefprengten Kiefe herrühren mag. Die Salzfäure ziehet 6-8 Theile von den rückftändigen 10 Theilen aus, davon 2-3 Eifen, das übrige Thonerde ift. Das unauflösbare Rückbleibfel ift Kiefelerde; es enthalten daher 100 Theile diefes Foffils: Kohlenftoff 90, Alaunerde 5-4, Eifen 3-2, Kiefelerde 2-4., woraus denn folgt, dafs diefes Foffil eine Art Reifsbley (Graphit) mit vielleicht zufällig eingemengtem Thon ift; da es fich indeffen von jeder Kohle, und auch vom Graphit auszeichnet, und fich in mehreren Orten, wie ich denn ein Stück aus der Gegend von Lyon befitze, als ein beftändig fich gleicher Körper findet, fo könnte es wohl einen eigenen Namen verdienen. Ich nenne es Anthrakolith (Kohlenftein) da es fo wenig unter die brennbaren Körper zu gehören fcheint.

Nun noch ein Wort über die Entftehung diefes Foffils. Die Kluft, worinnen folches fich findet, ift ganz mit einem bläulichgrauen Thon ausgefüllt, dem man es deutlich anfieht, dafs er feinen Urfprung einzig der Auflöfung des Gebirgsgefteines, gesteines, dem Grausteine, zu danken habe. Der Anthrakolith sitzt in diesem schmierigen Thon in zerstreuten Stücken von verschiedener Größe, die meistens eine mehr oder minder deutliche cylindrische Figur haben. Betrachtet man sie näher, so bestehen sie manchmal aus sehr deutlichen gebogen schaligen abgesonderten Stücken, die gleich den Jahresringen des Holzes um einen Mittelpunkt sich krümmen. Ich habe dieß bey so vielen Stücken bemerkt, daß mir kein Zweifel übrig ist, daß der Anthrakolith nicht einmal Holz gewesen seyn solle. Hr. Bergrath Wiedemann glaubte selbst abgesonderte Stücke bemerkt zu haben, allein er hatte nicht Gelegenheit, ganz deutliche Stücke untersuchen zu können. Es wäre dieß daher ein Pendant zu dem Joachimsthaler sogenannten Sündfluthholz, nur mit dem Unterschiede, daß das Sündfluthholz mehr von seiner Holznatur beybehalten hat. Denn manche Stücke, ob sie gleich so mit Kalkerde durchdrungen sind, daß sie mit Säuren stark brausen, brennen doch noch mit Rauch und bituminösen Geruch; ja, man würde aus ihrem noch unveränderten Gefüge mit vieler Wahrscheinlichkeit schließen können, daß es Buchenholz ist, wenn nicht die zwey Stücke mit den so deutlichen Buchenblätter-Abdrücken, die ich in Joachimsthal selbst aus der Grube ausführte und an das K. Naturaliencabinet in Wien abgab, dieses vollständig bewiesen. Das Joachimsthaler Sündfluthholz findet sich in der sogenannten Putzenwacke, die von jener Wacke, die auf Gängen dort, und in manchen Gegenden des sächsischen Obererzgebirges vorkömmt, gar sehr verschieden ist. Die Putzenwacke ist eine besondere Gebirgsart mit einer mergelartigen Grundmasse, welche Geschiebe und oft auch ziemlich scharfkantige Bruchstücke von Gneiß, Thon, Glimmer

Glimmer und Hornſchiefer, und verſchiedenen Arten von Porphyr zuſammenkittet; die mergelartige Grundmaſſe ſelbſt, iſt nicht durchaus gleichartig, ſondern an manchen Stellen mehr oder weniger thonartig, meiſt aber mit Kalkerde gemiſcht; hat auch wohl oft Kalk und Quarzkörner, meiſtens auch noch ganz verbleichten Glimmer und öfters Hornblende mit eingemengt. Alle die Gebirgsarten, von welchen ſich Bruchſtücke in der Putzenwacke finden, kommen theils als Lager, theils als Gänge in dem Joachimsthaler Erzgebirge vor. Es iſt daher mehr als wahrſcheinlich, daſs die Putzenwacke durch Brüche in dieſem Gebirge, und daher entſtandene Zermalmung der verſchiedenen Steinarten entſtanden ſey, die durch ſpätere Verwitterung und Auflöſung ſich das mergelartige Bindemittel ſelbſt bereitet haben. Man findet ſolche Putzenwacken ſowohl in Joachimsthal, als beſonders in Oelbecken mehrere; ſie nehmen unregelmäſsige, oft 20 und mehrere Lachter im Durchſchnitt haltende Räume ein, und viele gehen bekanntlich bis zu Tage aus. Die erſte Urſache dieſer Putzenwacken ſcheinen mehrere ſolche groſse Höhlen geweſen zu ſeyn, wie die iſt, welche Hr. Oberbergrath *Ferber* am erſten beſchrieben hat, und welche mit vier Läufen oder Gezeugſtrecken, von der fünften zu rechnen angefangen, iſt angefahren worden, welche alſo eine Höhe von wenigſtens 40 - 50 Klafter hatte. Die übrigen Dimenſionen finden ſich in Hr. *Ferbers* Beyträgen zur Mineralgeſchichte von Böhmen. Hr. Inſpect. *Werner*, welcher dieſe Höhle befahren, verſicherte mich auch, an der einen Wand dieſer Höhle eine Putzenwacke bemerkt zu haben; vielleicht hat ſich dieſe Höhle erſt ſpäter aufgethan. Jene Putzenwacke, die auf dem flachen Gang vorkömmt, und in welcher der Sündfluthbaum

baum vorkömmt, muß unstreitig durch einen Bruch bis zu Tage ausgebildet worden seyn, wobey die Buchen bis in eine Teufe von beynahe 200 Klafter saiger niedergerissen worden sind. Welche fürchterliche Veränderungen muß dieß Gebirge erlitten haben! Der Sündfluthbaum ist den Alten schon bekannt gewesen, denn *Mathesius* führt ihn schon an. Der Schemnitzer Anthrakolith hat unstreitig mehr von seiner Holznatur verlohren, und es scheint davon nichts als die Kohle ganz allein übrig geblieben zu seyn; wahrscheinlich haben dieß die vitriolischen Grubenwasser bewirkt; man weiß, daß altes Grubenzimmerholz, besonders was lange durch vitriolische Wasser befeuchtet wurde, nicht mehr brennt, sondern nur schwach glimmt, und langsam zu Asche wird; es verliert daher das Holz durch Vitriolwasser ganz die Basis der brennbaren Luft, wahrscheinlich auch jenes Pflanzenlaugensalz, das schon formirt darinn steckt, und sich auch aus dem Schwemmholz verliert. Endlich mögen auch besondere Umstände dazu beytragen, jene phosphorsaure Kalkerde, welche die reine Asche größtentheils ausmacht, ganz wegzuführen, so daß nichts als die reine Kohle übrig bleibt, die sich im Feuer sodann ganz ohne Asche verzehrt und als Kohlenluft, (fixe Luft,) in Verbindung des Sauerstoffs, (Oxygène) weggehet. Wir können durch ein anhaltendes scharfes Glühen, wohl auch durch die Kunst, die vegetabilische Kohle ihres brennbaren Luftstoffes (hydrogène) berauben, die sodann eben so lang, wie das Reißbley verbrennen; und wir haben wohl auch Kohlen von einigen Körpern, z. B. die Kohle der reinen Weinsteinsäure etc. die ganz ohne Rückstand verbrennen, und keine Asche geben; beydes aber zusammengenommen findet bey dieser natürlichen

Kohle ſtatt, und beydes ſcheinen vitrioliſche Waſſer bewirken zu können, welche zugleich bey ihrer Verbindung mit dem Stoff der brennbaren Luft Schwefel erzeugen, der ſich in demſelben Augenblicke mit dem freygewordenen Eiſen zu Kies verbindet, welcher ſich in dem Anthrakolith ſelbſt ſowohl, als in ſeiner Nachbarſchaft ziemlich häufig findet. Wenn nun auch die Entſtehungsart des Anthrakoliths zu erklären wäre, ſo iſt es indeſſen doch etwas ſchwer, ſich die Art vorzuſtellen, wie dieſes Holz in die Grube und zwar in eine ſogenannte Kluft, ob dieſe gleich mächtig genug iſt, gekommen. Mir iſt inzwiſchen wahrſcheinlich, daſs es nichts weiter als Ueberbleibſel eines alten Gezimmers ſind, die ſich in einer alten Strecke, die zu Bruch gegangen, befanden, und durch die Verwitterung des ſo leicht aufzulöſenden Grauſteins mit einer Art von Letten umgeben worden. Ich werde ſuchen, weitere Beweiſe für oder wider dieſe Meynung zu finden; nur iſt Schade, daſs das Ausgehende dieſer Kluft gröſstentheils unter der Stadt ſelbſt weggehet, wo daher die äuſſere Oberfläche ſo vielen Veränderungen unterworfen war, daſs die Spur eines Bruchs längſt vertilgt ſeyn muſs.

N. S. Eben zeigte mir Hr. Bergrath von Ruprecht mehrere Schwerſteinkönige, die er ſo eben bereitete; ihre ſpecifiſche Schweren ſind nicht durchaus gleich, doch fallen ſie beynahe alle zwiſchen 6 und 7, ſo daſs obige Beſtimmung ziemlich genau ſeyn dürfte.

Carl Haidinger,
K. Bergrath zu Schemnitz in Ungarn.

10.

Somberete im Mexic. 16. März 1790.

Endlich, mein lieber Freund! bin ich aus der Hauptſtadt dieſes Reiches hinaus, und kann nun einmal Ihnen anziehendere Nachrichten von den Bergwerken dieſes Landes geben, als bisher. Seit Freytags, als ich hier ankam, habe ich Hrn. Sonnen-

Sonnenschmid über alles ausgefragt, was nothwendig war, um zu wissen, wie wir uns bey der Einführung Ihrer Amalgamationsmethode benehmen werden. Wir haben schon alles vorbereitet, und nächstens sollen Sie hören, wie es uns hier gelungen ist. Meine Frau mag Ihnen die Abentheuer, die wir auf unserer Reise bis hieher bestanden haben, erzählen. Ich werde Ihnen von den Felsen und den Steinarten der Gebirge, die wir bestiegen oder betraten, Nachricht geben, so viel dieses die Behendigkeit, mit der man hier zu Lande reiset, erlaubte. Nachdem wir die Ebene, in welcher die Stadt Mexico liegt, zurückgelassen hatten, fingen wir an etwas höhere Berge, und dann wieder höhere zu besteigen, die sich durch 10 leguas (deren jede ungefähr eine halbe deutsche Meile ausmacht) fortziehen. Diese Berge sind aus eben der löcherichten Lava zusammengesetzt, aus welcher sowol die Berge rund um die Stadt Mexico, als auch grossentheils jene herwärts von Veracrux, von Jalapa bis Mexico bestehen. Doch stösst man dort auch auf Stücke von einem Porphyrfels, welche anzeigen, dass einige dieser Berge aus dieser Felsart zusammengesetzt sind, wovon man einen zu Chapultepec, einen isolirten Hügel eine Stunde westwärts von Mexico sieht, auf welchem der Graf von Galvez ein Lustschloss für die Vicekönige bauen liess. Nach der Sage der Mexicaner soll dieser Hügel lange vor der Eroberung dieses Landes, durch *Menschenhände*, welche die ungeheuren Porphyrstücke von der Ferne hieher brachten, zusammengetragen worden seyn. Einige Personen, welche das Innere dieses Hügels bey Gelegenheit, als man darinn eine Brunnquelle suchte, gesehen haben, versicherten mich, dass derselbe ganz aus einzelnen, auf einander geschichteten Steinstücken zusammengesetzt sey. Ich zweifle doch, dass Menschen, ohne Beyhülfe von Maschine, diese so grossen Steinmassen hätten heben, oder auch nur bieher schleppen können. Indessen zeigt man mehrere dergleichen Hügel im Lande, die man auf eben diese Weise zusammengetragen worden zu
seyn

feyn vorgiebt, und die noch gröſsere Wunderwerke der menſchlichen Kräfte wären. Wie es auch immer mit dieſen Hügeln beſchaffen ſeyn mag, ſo kehren wir lieber zu unſerer Reiſe zurück. Nachdem wir während 10 Meilen immer aufwärts fuhren, erreichten wir eine Ebene, die an beyden Seiten mit Bergen von mittlerer Höhe begrenzt war. Sie ſind zu weit vom Wege entfernt, als daſs ein Reiſender ſich aufhalten und ſie beſichtigen, oder unterſuchen könnte. So viel man aber aus den Steinen, mit welchen der Weg bedeckt iſt, urtheilen kann, ſo ſind die einen aus Porphyr, und die andern aus Kalkſtein. Auch Thonſchiefer (Schiſte) habe ich, obſchon ſeltener, angetroffen. Am häufigſten ſtöſst man aber auf mehr oder weniger poreuſe Lava, die beweiſst, daſs dieſes ganze Land voll vulkaniſcher Hügel iſt, wovon noch einige brennen, wie z. B. jener, den man von Mexico aus 12 Meilen gegen Aufgang ſieht. Der K. Bergbeamte Fiſcher hat eine andere in der Gegend von Valladolid de Mechoalan geſehen, als er die Kupferwerke dieſer Gegend beſichtigte.

Dieſe Ebene läuft 60 Meilen fort, dann wird der Boden hüglich. Nur bey Zacatecas, 140 Meilen von Mexico, kömmt man an höhere Berge. Von dieſer Stadt, welche auch einer der erſten Bergwerke bauenden Oerter des Landes iſt, fährt man, ohne einen ſteilen Abfall zu bemerken, beſtändig abwärts bis Somberete. Von dort aus entdeckt man aber eine Kette Berge von mittlerer Höhe, welche mit der Hauptgebirgskette, die das Land von S. O. nach N. W. durchſtreicht, gleiche Richtung haben. Hier findet man nichts als Porphyr, Thonſchiefer und Kalkſtein; ſeltner kommen hier Lavaſtücke vor. — Hier haben Sie die kurzgefaſste Sammlung meiner Beobachtungen bis hieher. Meine nächſten Briefe, welche unmittelbar von Bergwerken und Bergbau handeln, ſollen mehr anziehendes haben.

D. Fauſto d'Elhuyar.

II.

Guanaxuato den 17. März 1790.

Den 28. des vorigen Monats erhielt ich mit unausfprechlicher Freude Dein Schreiben in Leon, 12 Meilen gegen Abend von hier, aus den Händen meines beften Hrn. Generaldirectors, welcher mit feiner Gemahlinn, die Du in Wien, wo er fie ehlichte, gefehen haft, über Zacatecas nach Somberete reifste, um dort die durch Sonnenfchmid fchon vorgerichtete Bornifche Amalgamationsmethode in Umtrieb zu fetzen. Bey meiner Reife nach Leon trug mir Hr. d'Elhuyar auf, den Bergwerksbezirk, Comanga genannt, und die dortigen Gruben zu befehen. Diefer Ort liegt 7 Meilen gegen Mitternacht von Leon, und 18 Meilen mitternachtsfeits von Guanaxuato. Das Gebirge ift Thonfchiefer, und die darinn ftreifende Gänge beftehen aus Quarz, Blende, Bleyglanz, und Kiefen; fie halten im Durchfchnitt 6 Loth Silber, mit mehr oder weniger Golde. Diefer Bergwerksbezirk wurde am meiften von den Jefuiten bearbeitet. Seit ihrer Vertilgung aber ift er gänzlich in Verfall gekommen, indem das Ausbringen des Silbers auf die hier gewöhnliche Anquickungsart in Padio oder Höfen, unmöglich war, denn man brachte aus einem Monton nicht mehr als 6 Mark, öfters auch nur 2 Mark Silber heraus, das ift, die Hälfte, oder den fechften Theil des darinn befindlichen Silbers. Ueberdiefs hatte man einen unglaublichen Queckfilberverluft, fo, dafs nebft dem Mark Queckfilber auf jedes Mark Silber, noch 48 bis 50 p. C. Queckfilber verlohren gingen. Nun werde ich die neue Anquickungsart auch hier einführen, und ich hoffe, das Werk in Aufnahme zu bringen.

In Guanaxuato haben wir im verfloffenen Jahre 1789. durch Queckfilber 3686 barras, durch Schmelzen 1073 barras, in allem 4659 barras Silber erzeugt. Jede barra oder Stock Silber, enthält 135 Mrk., machen alfo zufammen 6,289,65

6,289,65 Mrk. Silber. Ein grofser Theil der mehrern Silbererzeugung, ift der Bornifchen Amalgamationsart zu verdanken, denn die Silberabgänge find weit geringer, als bey der vorigen Anquickung in Höfen, und die Arbeit geht weit geschwinder.

12.

Joachimsthal März 1790.

Es ift bey der Amalgamation im Grofsen allemal fehr vortheilhaft, vor Anftellung der wirklichen Arbeit erft Verfuche im Kleinen zu machen, um hiernach entweder die Vorfchrift zur Manipulation im Grofsen geben zu können, da man fonft nur die allgemeinen Erfahrungen zu Rathe ziehen könnte; oder nach denfelben den Fortgang der Arbeit unterfuchen zu können, und da hat man während dem Laufe der Arbeiten Verfuche zu machen nöthig. Für beyde Fälle hat die Amalgamation durch Schütteln, vor andern Arten zu amalgamiren den Vorzug.

Man hat nicht immer Zeit gnug, um mehrere Verfuche vor der Arbeit zu machen, weil es Fälle giebt, durch welche man genöthiget werden kann, gleich nach der Einlöfung der Erze, dieselben im Grofsen in die Arbeit zu nehmen, und kann man während der Arbeit nicht fchnell, und gleichfam auf der Stelle dem Fortgange der Arbeit beykommen, fo macht es Schaden. Ich habe mir dieferwegen hier eine Mafchine vorrichten laffen, durch welche das Erz in zwo Stunden hinlänglich durchamalgamirt wird, in drey Stunden kann ich alfo nun allemal mittelft Amalgamirens, und Probirens der Rückftände den Fortgang der Arbeit wiffen. Die Mafchine beftehet nach der hier untergefetzten Vignette, aus einer Welle a., woran ein Wafferrad b., und ein Kammrad c. fich befinden. Letzteres greift in einen liegenden Drilling d. ein, welcher eine kleine Welle e., mit einen krummen Zapfen hat. Der Krummzapfen ift durch die

Zugftan-

Zugſtange *f.* mit einem ſenkrechten, zwiſchen 2 ausgeſchnittenen Säulen *g.* auf- und niedergehenden Rahmen *h.* in Verbindung, in welchem Brettchen *i.* zur Stellung mehrerer Flaſchen, ſo angebracht werden, daſs ſie nach Willkühr weggenommen werden können. Man kann mehrere Etagen von Flaſchen im Rahmen vorrichten, wie die Vignette weiſst. Die Brettchen zwiſchen welchen die Flaſchen ſtehen, ſind ein wenig ausgeſchnitten, damit ſie nicht weichen können.

Die Kraft zur Bewegung iſt willkührlich. Ich brauche dazu das Waſſer der Mühle, und mein Drilling wird vom Kammrade der Mühle gedreht. Wer dieſe Gelegenheit nicht hat, kann um die Welle des Kammrades ein Seil mit Gewicht legen, welches das Spiel der Maſchine macht, indem es ſich von der Welle abwindet, alſo immer wieder aufgezogen werden muſs. Die Hauptſache bey dieſen Verſuchen iſt, daſs man das Gemenge von Erz, Waſſer und Queckſilber, in jeder Minute zweyhundertmal durch einen Raum von acht Zollen bewege. Gläſerne Flaſchen ſind allen andern Gefäſsen zum Gebrauch hierbey vorzuziehn, weil man in ihnen am beſten ſehen kann, wie das Gemenge vorgerichtet iſt. Je dicker die Miſchung von Erz und Waſſer iſt, deſto ſchneller erfolgt das Ausbringen. Ich gebe von hieſigen Erzen in eine Seitel Flaſche 12 Loth, Queckſilber 16 Loth, von letztern alſo ſo viel, daſs immer etwas ungemiſchtes zur beſſern Durcharbeitung übrig bleibt. Die Flaſche darf auch nicht voll ſeyn, damit ſich in derſelben das ganze Gemenge gehörig auf und nieder bewegen könne.

Erze im Gehalte 8 Mark, und andere im Gehalte 8 Loth, wurden in 2 Stunden, erſtere auf 2, letztere auf ½ löthige Rückſtände herabgebracht. Richtet man die Maſchine ſo ein, daſs mehrere Flaſchen angebracht werden können, ſo kann man leicht jede geröſtete Vormaaſse dahin unterſuchen, ob die Arbeiter mit gleicher Thätigkeit die Vorſchrift verfolgt haben. Hat man ein Waſſerrad zur Hülfe, ſo laſſen ſich die Verſuche ohne Aufwand machen. Hier zu Joachimsthal erspart man in jedem Quartale 20 bis 30 Gulden, die sonst zu dergleichen Versuchen aufgingen, welche jetzt ohne Kosten gemacht werden.

Joseph Mühling,
K. Amalgamationsdirector zu Joachimsthal
in Böhmen.

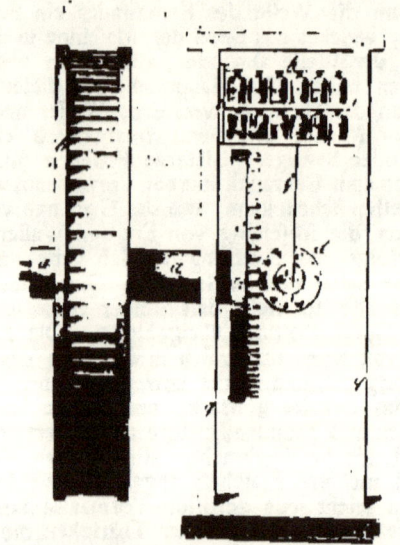

Inhalt des zweyten Bandes.

I. Abhandlungen.

Nachricht von dem Goldbergwerke bey la Gardette, vom Hrn. I. G. Schreiber, Directeur des Mines etc. - Seite 3 bis 22

Chemische Untersuchung der Kreuzkristallen von St. Andreasberg am Harze, und einer Art des derben Schwerspathes aus dem Rammelsberge, vom Hrn. Apotheker Westrumb zu Hameln - - - - - - 23 - 48

Beschreibung eines auf dem Sachsenhäuser Bergwerke eingeführten großen, mit einer beweglichen Axe, und vorlaufendem Spurnagel versehenen Hundes, vom Hrn. Bergcommissair Stockicht zu Braubach - - - 49 - 58

Ueber die Aufbereitung der Erze auf dem St. Annaschacht zu Kremnitz, vom Hrn. I. F. W. von Charpentier, Churfürstl. Sächsischen Bergrathe zu Freyberg - - - 59 - 79

Ueber das Verschmelzen der Bleyerze in Flammöfen, zu Bleyberg in Kärnten, vom Hrn. von Born, K. K. Hofrathe 80 - 102

Ueber den Gebrauch abgeschwefelter Steinkohlen oder Coaks, zum Schmelzen silberhaltiger Bley- und Kupfererze, auf der Weyerer Hütte in der Graffschaft Wied Runkel, vom Hrn. Cammerrath Kleinschmidt zu Osenbach - 103 - 120

Geschichte der Amalgamation zu Joachimsthal in Böhmen, vom Hrn. Carl Anton Rößler, K. K. Bergrathe und Oberberginspector in Böhmen - - - - 121 - 199

Theorie der Amalgamation, von don Fausto d'Elhuyar, Fortsetzung - - - - - - 200 - 296

II. Auszüge.

Des Hofraths von Leibnitz mißlungene Versuche an den Bergwerksmaschinen des Harzes, von F. W. H. von Trebra, Schluß - - - - - - 299 - 315

Geschichte eines Wasserkunstgeheimnisses vom Jahr 1565. u. s. von C. G. Voigt, Geheimer Regierungsrath und Geheimer Archivarius zu Weimar - - - 316 - 333

3. Das Lager von gebrannten Mauersteinen zu Marsal in Lothe-
ringen etc. vom Hrn. de Laumont, Inspecteur general
des Mines de France - - - - - - 334 - 338

III. Bemerkungen.

I. Umgehender Bergbau, und wichtigste Vorgänge dabey - 341 - 352
II. Auszug aus dem Tagebuche über eine Reise von Hanno-
ver bis in die Gegenden des Oberrheins etc. vom Hrn.
Ingenieur-Lieutenant Lasius - - - - - 353 - 382
III. Nachricht von den Flintensteinbrüchen bey Avio, in
Walsch Tyrol - - - - - - 383 - 389
IV. Von einem aus Backsteinen ausgewitterten Salz, vom Hrn.
Professor Gmelin, Göttingen 1789 - - 390 - 393
V. Vom Niederschlag eisenhaltiger Schlacken, und deren Anwen-
dung bey dem Schmelzen schwefelichter Bleyerze, vom
Hrn. Ilsemann, Clausthal 1788 - - - 394 - 397
VI. Ueber einige vorgeblich vom Himmel gefallene Steine,
vom Hrn. Abbé Stütz, Wien 1789. - - 398 - 409
VII. Auszüge aus Briefen.
   1) Von don Fausto d'Elhuyar, Guanaxuato 7. Jenner 1789 - - 410
   2) Von ebendemselben, Mexico 27. Aug. 1789 - - 430
   3) Aus Guanaxuato im Mexicanischen, 14. März 1789 - - 434
   4) Eben daher, 15. April 1789 - - - - 441
   5) Vom Hrn. John Hawkins, London Jun. 22. 1789 - - 444
   6) Vom Hrn. von Charpentier, Freyberg 19. Jan. 1790 - - 445
   7) Vom Hrn. Groschke, Mietau 27. März 1790 - - 447
   8) Vom Hrn. Crell, Helmstädt 3. May 1790 - - 448
   9) Vom Hrn. Carl Haidinger, Schemnitz 10. May 1790 - - 454
  10) Von don Fausto d'Elhuyar, Somberete im Mexican. 16. März 1790 461
  11) Aus Guanaxuato im Mexicanischen, 17. März 1790. - - 465
  12) Vom Hrn. Joseph Mähling, Joachimsthal März 1790. - - 466

Errata.

Im I. Bande noch aufgefunden; Seite 298. Zeile 30. ließ Granatkrystallen statt im Vereinbren
b gelförmigen Krystallen. — S. 403. Z. 30. l. aus dem Liegenden der Gänge st. aus dem
Mauren.

Im II. Bande: S. 139. Z. 7. l. sieben st. über. — S. 143. Z. 5. l. vor auf st. worauf.

Verzeichniſs der, bey der Societät der Bergbaukunde ferner aufgenommenen Mitglieder.

2. Oesterreich.
a. Ordentliche Mitglieder.
14.) Der K. K. Gubernialrath Cavalliere Landriani, zu Mayland.

3. Sachsen.
a. Ordentliche Mitglieder.
Die Herren Bergcommissionsräthe
10.) Wilhelm von Oppel, und ⎫
11.) Carl von Oppel,   ⎬ zu Freyberg.

c. Ehrenmitglieder.
8.) Der Herr Kammerherr Freyherr von Racknitz, zu Dresden.

9. In Frankreich.
a. Ordentliche Mitglieder.
7.) Monsieur Lavoisier.

11. In Norwegen.
b. Ausserordentliche Mitglieder.
4.) Der Herr Professor Ström, Hauptprediger auf Eger.

Rechnung bey der Societät der Bergbaukunde
über
Einnahme und Ausgabe
vom 10. März 1789 an, bis zum 15. May 1790.

Einnahme.	Rthlr	ggr	pf.
Die fernern Beyträge, welche von und bis zu obengesetzter Zeit von den Mitgliedern eingegangen sind, betragen -	425	-	-
Vorgeschossen bey der Rechnung - - - - -	216	3	8
Summa -	641	3	8

Ausgabe.	Rthlr	ggr	pf.
Vorgeschossen nach dem Rechnungsschlusse im I. Bande -	35	18	4
I. An Briefporto, und zwar			
1.) für eingegangene Briefe und Packete - - -	12	10	7
2.) für abgegangene Briefe - - - -	7	-	-
3.) für Wachsleinewand, Bindfaden etc. zum Einpacken	1	15	4
II. Zurechnungen von Directoren ausser Deutschland -	12	8	-
III. Noch für Papier, Druck etc. auf den ersten Band der Bergbaukunde - - - - -	208	19	5
IV. - - - - - - auf den zweyten Band der Bergbaukunde verwendet - - - -	363	4	-
Summa -	641	3	8

Clausthal,
gedruckt bey Johann Christian Wendeborn.

www.ingramcontent.com/pod-product-compliance
Lightning Source LLC
Chambersburg PA
CBHW022058300426
44117CB00007B/511